böhlau

Buchprojekt Fermentarium

In der Einfachheit liegt die Würze.

*Wer hätte sich gedacht, dass von ausgewählten Baumarten,
die ganzen oder geschnittenen Blätter fermentiert,
unsere verwöhnten Gaumen erfreuen?*

Fermentieren

von

Wildpflanzen

Neue Praxis und Kultur einer altbewährten Konservierungsmethode

Michael Machatschek & Elisabeth Mauthner

BÖHLAU VERLAG WIEN KÖLN WEIMAR

Bibliografische Information der Deutschen Nationalbibliothek:
Die Deutsche Nationalbibliothek verzeichnet diese Publikation in der
Deutschen Nationalbibliografie; detaillierte bibliografische Daten sind
im Internet über http://portal.dnb.de abrufbar.

© 2019 by Böhlau Verlag Ges.m.b.H. & Co.KG, Wien · Köln · Weimar
www.vandenhoeck-ruprecht-verlage.com

Alle Rechte vorbehalten. Dieses Werk ist urheberrechtlich geschützt.
Jede Verwertung außerhalb der engen Grenzen des Urheberrechtsgesetzes
ist unzulässig.

© Text und Fotos: Michael Machatschek & Elisabeth Mauthner
Die Unterlagen für das Buchprojekt reichten
die Autoren Anfang Januar 2019 beim Verlag ein.
Umschlaggestaltung: HawemannundMosch, Berlin
Satz und Layout: Ulrike Dietmayer, Wien
Bildbearbeitung: Pixelstorm, Wien
Korrektorat: Josef Georg Majcen

Druck: Finidr, Český Těšín, Tschechische Republik

ISBN 978-3-205-23157-8

Widmung

Die Art und Weise der Haltbarmachung durch Einsäuern hat unseren Vorfahren ihre Lebensgrundlage gesichert. Sie wird, wenn das Wissen durch praktisches Tun im alltäglichen Gebrauch bleibt, zukünftigen Generationen eine wichtige Bevorratungsmöglichkeit sein, um mit natürlicher und gesunderhaltender Nahrung bedacht zu werden.

Sofern jedem Kind die Möglichkeit gelassen wird, betreibt es ein geheimes Fermentarium. Deshalb widmen wir dieses Buch unseren Enkelkindern

Johanna, Maximilian und Katharina,

damit auch sie die Grunderfahrungen für einen „Sauermeister" oder „eine Sauermeisterin" sammeln können.
Mit dem Hintergrund um das Wildkräuter- und Fermentationswissen sind sie gut geerdet, können sich aus der Natur ernähren und mit einer sicheren Nahrungsbasis gelassen in die Zukunft schreiten.

*Wer sich mit der Vergangenheit auseinandersetzt,
ist der Zeit umsichtig voraus!
Man kann ausgewogen in die Zukunft gehen,
wenn man die Vergangenheit verstanden hat*

Inhaltsverzeichnis

	Widmung	5
1.	Einlassen auf eine andere Nahrungskultur	15
2.	Erfahrungen und Zugänge erleben	41
3.	Grundüberlegungen zum Fermentieren	59
4.	Über die Fermentation und ihre beteiligten Mikroben	79
5.	Sauerkraut und Grubenkraut, Salzgurke und Kimchi als verstehbare Beispiele für die Wildpflanzenfermentation...................	95
6.	Hinweise und Voraussetzungen für das Fermentieren und verwendbarer Utensilien	148
7.	Über den Umgang mit dem Salz in der Fermentation	173
8.	Grundanleitung zum praktischen Fermentieren im Glas	190
9.	Mit Wildpflanzen fermentieren	213

10. Rezeptteil
Sauer macht lustig und sauer macht froh 222

Fermentierte Blätter 227

Junge Scharbockskrautblätter fermentiert (*Ficaria verna*) 227 ▪ Scharbockskrautblätter mit einer Gewürzmischung fermentiert (*Ficaria verna*) 228 ▪ Fermentierte Bärlauchblätter (*Allium ursinum*) 229 ▪ Eingerollte Bärlauchblätter in Salzlake fermentiert (*Allium ursinum*) 230 ▪ Fermentierte Bärlauchblätter mit Karotten (*Allium ursinum*) 232 ▪ Löwenzahnblätter mit Bärlauch fermentiert (*Taraxacum officinale, Allium ursinum*) 234 ▪ Fermentierte Glockenblumenblätter mit Wasabino (*Campanula* spec., *Brassica juncea*) 236 ▪ Fermentierte Wasabino- und Radieschenblätter (*Brassica juncea, Raphanus sativus*) 238 ▪ Geschnittene Huflattichblätter fermentiert (*Tussilago farfara*) 240 ▪ Junge Huflattichblätter in Salzwasser fermentiert (*Tussilago farfara*) 241 ▪ Schwarzwurzelblätter mit einer Gewürzmischung fermentiert (*Scorzonera hispanica*) 244 ▪ Giersch mit Sellerie und Lauch fermentiert (*Aegopodium podagraria*) 246 ▪ Fermentierte Gierschblätter mit Karotten (*Aegopodium podagraria*) 248 ▪ Fermentierte Gierschblätter mit Gurke (*Aegopodium podagraria*) 249 ▪ Fermentierte Gierschblätter mit Zuccini (*Aegopodium podagraria*) 250 ▪ Rucola mit einer Gewürzmischung fermentiert (*Diplotaxis tenuifolia, Eruca sativa*) 252 ▪ Hauhechelferment (*Ononis spinosa*) 255 ▪ Bergbaldrianferment (*Valeriana montana*) 258 ▪ Das Wikingerferment mit Rosenwurz (*Rhodiola rosea*) 259 ▪ „Sauerkraut" aus Alpen-Ampferblättern (*Rumex alpinus*) 260 ▪ Weidenröschenblätter-Sauerkraut (*Epilobium angustifolium*) 263 ▪ Fermentierte Kapuzinerkresseblätter und -blüten (*Tropaeolum majus*) 265 ▪ Fermentierte Malvenblätter mit Stockrosenblüten (*Malva sylvestris, Malva verticillata, Alcea rosea*) 266 ▪ Fermentierte Nachtkerzenblätter mit Mairübe und Chinakohl (*Oenothera biennis*) 268 ▪ Fermentierte Radieschen mit den Blättern der Gundelrebe (*Raphanus sativus, Glechoma hederacea*) 270 ▪ Die Blätter des Weißen Gänsefußes mit Roten Ribiseln fermentiert (*Chenopodium album* subsp.)

272 ❘ Mit einer Gewürzmischung fermentierte Topinamburblätter (*Helianthus tuberosus*) 274 ❘ Topinamburblätter mit Gurken fermentiert (*Helianthus tuberosus*) 274 ❘

Fermentierte Baumblätter und „Sauerblätter" 278

Geeignete Sammelstandorte von Baumblättern 283 ❘ Weitere Umgangsempfehlungen 283 ❘ Berg-Ahorn-Sauerkraut mit oder ohne Gewürze (*Acer pseudoplatanus*) 284 ❘ Berg-Ahornblätter mit Bärlauch fermentiert (*Acer pseudoplatanus*) 287 ❘ Berg-Ahorn-Sauerblätter gerollt in Salzwasser (*Acer pseudoplatanus*) 289 ❘ Feld-Ahorn-Sauerkraut mit Sellerie (*Acer campestre*) 290 ❘ Fermentierte Eichenblätter (*Quercus robus, Qu. petraea*) 291 ❘ Berg-Ulmenblätter zu Sauerkraut fermentiert (*Ulmus glabra, Ulmus campestre*) 294 ❘ Mit Gewürzmischung gefüllte Flatter-Ulmenblätter (*Ulmus laevis*) 295 ❘ Fermentierte Kirschenblätter (*Prunus avium* subsp.) 298 ❘ Maulbeerbaumblätter fermentiert (*Morus alba, M. nigra, M. rubra*) 299 ❘ Mit getrockneten Maulbeerbaumblättern fermentierte Mairüben, ohne Salz (*Morus alba, M. nigra, M. rubra, Broussonetia papyrifera*) 300 ❘ Lindenblätter-Sauerkraut mit einer Lauch-Gewürzmischung (*Tilia* spec.) 301 ❘ Fermentierte Lindenblätter mit Karotten (*Tilia* spec.) 303 ❘ Rotbuchenblätter eignen sich auch für Fermente (*Fagus sylvatica*) 304 ❘ Junge Weinblätter in Salzwasser fermentiert (*Vitis vinifera*) 306 ❘ Fichtentriebe fermentiert (*Picea abies*) 308 ❘ Baum-Sauerblätter in Salzwasser wie Eichen (*Quercus* spec.) etc. 309 ❘ Verschiedene Streuwürzen aus fermentierten Baumblättern 311 ❘ Ulmenblätter-Fermentpulver (*Ulmus* spec.) 311 ❘ Mit Baumblätterpulver gefüllte Mairübenröllchen 312 ❘ Mit Baumblätterpulver fermentierte Kürbisscheiben 314 ❘

Fermentierte Sprossen oder Triebe 315

Bittere Schaumkrauttriebe mit Salz fermentiert (*Cardamine amara*) 316 ❘ Bitteres Schaumkraut in Salzlake (*Cardamine amara*) 317 ❘ Fermentierte Sprossen vom Guten Heinrich (*Blitum bonus-henricus*) 318 ❘ Fermentierte Sprossen des Japanischen Staudenknöterichs (*Fallopia japonica = Reynoutria japonica = Polygonum cuspidatum*) 320 ❘ Waldgeißbartsprossen in Salzwasser fermentiert (*Aruncus dioicus*) 320 ❘ Waldgeißbartsprossen mit einer Gewürzmischung fermentiert (*Aruncus dioicus*) 321 ❘ Fermentierte Gierschblütensprossen (*Aegopodium podagraria*) 324 ❘ Eingesäuerte Barbarakrautblütensprossen (*Barbarea vulgaris, Barbarea intermedia*) 325 ❘ Fermentierte Straußenfarnsprossen (*Matteuccia struthiopteris*) 327 ❘ Fermentierte junge

Sprossen der Knoblauchsrauke (*Alliaria petiolata*) 329 ▪ Fermentierte Blasenleimkrautblattsprossen (*Silene vulgaris*) 330 ▪ Fermentierte Brennnesseltriebe mit Gurken (*Urtica dioica, Urtica urens*) 332 ▪ Sauerampfersprossen mit Dörrbirnen fermentiert (*Rumex acetosa*) 334 ▪ Portulaktriebe mit Salz fermentiert (*Portulaca oleracea*) 336 ▪ Portulaktriebe mit Bierrettich fermentiert (*Portulaca oleracea*) 338 ▪ Portulaktriebe mit getrockneten Tomaten fermentiert (*Portulaca oleracea*) 340 ▪ Portulaktriebe mit Dörrbirnen fermentiert (*Portulaca oleracea*) 342 ▪ Fermentiertes Knopfkraut mit unreifen Äpfeln (*Galinsoga ciliata, G. parviflora*) 343 ▪ Fermentierte Borretschtriebe mit Gurken (*Borago officinalis, Cucumis sativus*) 345 ▪

Fermentierte Stiele und Stängel 348

Fermentierte Angelikablattstiele (*Angelica archangelica*) 349 ▪ Fermentierte Wiesenkerbelblattstiele und -stängel (*Anthriscus sylvestris*) 350 ▪ Fermentierte Klettenblattstiele (*Arctium lappa, A. minus*) 352 ▪ Fermentierte Wiesenbärenklaublattstiele (*Heracleum sphondylium*) 354 ▪ Fermentierte Löwenzahnstiele (*Taraxacum officinale*) 356 ▪ Fermentierte Dillestiele (*Anethum graveolens*) 358 ▪ Fermentierte Alpen-Ampferblattstiele (*Rumex alpinus, Rumex obtusifolius*) 360 ▪ Fermentierte Alpen-Ampferblattstiele mit Bärwurzblättern (*Rumex alpinus, Meum athamanticum*) 362 ▪ Madaun-Alpen-Ampferblattstieleferment (*Ligusticum mutellina, Rumex alpinus*) 364 ▪ Alpen-Ampferblattstiele in Salzwasser fermentiert (*Rumex alpinus*) 365 ▪ Ein Knabberferment aus Gierschblattstielen (*Aegopodium podagraria*) 367 ▪

Fermentierte Blütenknospen 369

Löwenzahnblütenknospen mit Bierrettich oder Radieschen (*Taraxacum officinale, Raphanus sativus* var. *sativus, Raphanus sativus* var. *albus*) 370 ▪ Bärlauchblütenknospen in Salzwasser (*Allium ursinum*) 372 ▪ Fermentierte Ackerwitwenblumenkapern (*Knautia arvensis*) 375 ▪ Schnittlauchknospen mit Radieschen fermentiert (*Allium schoenoprasum*) 376 ▪ Fermentierte Nachtkerzenblütenknospen (*Oenothera biennis*) 378 ▪ Kapern aus Wiesenpippau-Blütenknospen 380 ▪ Wiesenpippau-Blütenknospen mit Radieschen fermentiert (*Crepis biennis*) 382 ▪ Fermentierte Margeritenblütenknospen (*Leucanthemum vulgare*) 383 ▪ Fermentierte Angelikablütenknospen in Salzlake (*Angelica archangelica*) 384 ▪ Krenblütenknospen in Salzlake (Meerrettich – *Armoracia rusticana*) 387 ▪

Fermentierte Blüten und Blütenstände 388

Fermentierte Gurken mit Holunderblüten (*Sambucus nigra*) 389 ▎ Fermentierte Ringelblumen-Randblütenblätter mit Karotten (*Calendula officinalis*) 391 ▎ Fermentierte Indianernesselbütenblätter mit Kohlrabi (*Monarda didyma*) 393 ▎ Mit Honig fermentierte Mutterwurzblütenstände (*Ligusticum mutellina*) 394 ▎ Sonnenhutferment (*Echinacea purpurea*) 396 ▎ Margeritenblüten in Salzwasser (*Leucanthemum vulgare*) 397 ▎ Margeritenblüten mit Salz (*Leucanthemum vulgare*) 398 ▎

Sonderkapitel 401

Maisbart in Salzlake fermentiert (*Zea mays*) 402 ▎ Mit Gewürzmischung fermentierte Maiskolben (*Zea mays*) 404 ▎ Junge Maiskolben in Salzwasser fermentiert (*Zea mays*) 407 ▎ Rohe Fisolen in Salzwasser fermentiert und mit Kleinem Wiesenknopf aromatisiert (Grüne Bohnen = *Phaseolus vulgaris*; *Sanguisorba minor*) 408 ▎ Inkagurken in Salzwasser 410 ▎ Heilferment aus Schwarzem Rettich mit Honig 412 ▎ Kleine Herbstrüben in Salzlake 414 ▎ Graupen-Bohnenpaste – Fermentierte Paste aus Isländischem Moos und Käferbohnen (*Cetraria islandica*, *Phaseolus coccineus*) 415 ▎ Sauce zum Tunken und Überziehen von Speisen 420 ▎ Getrocknete Kugeln als Suppenwürze 420 ▎ Würzpulver 420 ▎

Milchsauer vergorene Pilze 422

Semmelstoppelpilz fermentiert (*Hydnum repandum*) 423 ▎ Fermentierter **Wiesenchampignon** (*Agaricus campestris*) 424 ▎ Gesäuerte **Kraterellen** für Feinschmecker (*Cantharellus lutescens, C. tubaeformis*) 426 ▎ **Pfifferlinge** fermentiert sind wunderbar (Eierschwammerl, *Cantharellus cibarius*) 427 ▎ Reisrolle mit fermentierten **Pfifferlingen** und Eichenblättern 429 ▎ Fermentierte **Stein- oder Herrenpilze** zum Garnieren (*Boletus edulis*) 430 ▎ Reisbällchen mit fermentierten **Steinpilzen** gefüllt (*Boletus edulis*) 432 ▎ Würziges Ferment aus dem **Echten Reizker** (*Lactarius deliciosus*) 433 ▎ Fermentierte **Ohrenpilze** oder Judasohr (*Auricularia auricula-judae*) 434 ▎

Wilde Wurzeln mit einer Gewürzmischung fermentiert 435

Wilde Karotten mit einer Gewürzmischung fermentiert (*Daucus carota*) 436 ▎ Löwenzahnwurzeln mit Gewürzen fermentiert (*Taraxacum officinale*) 437 ▎ Pastinaken- und Krenwurzeln mit Karotten (*Pastinaca sativa, Armoracia rusticana*) 440 ▪ Pastinakenwurzel mit Gewürzen (*Pastinaca sativa*) 441 ▪ Klettenwurzelferment (*Arctium lappa*) 442 ▪ Fermentierte Chinakohlrippen mit der Wurzel der Bibernelle (*Pimpinella major*) 444 ▪ Weißkrautstrünke mit Laserkrautwurzel fermentiert (*Laserpitium latifolium, L. siler*) 446 ▪ Natürliches Wurzelgewürz 448 ▪

Fermentierte Früchte und Nussfrüchte 450

Salz-Kirschpflaumen oder Myrobalanen (*Prunus cerasifera*) 451 ▪ Rote Zierpflaumen in Salzlake fermentiert (*Prunus* c.f. *cerasifera*) 452 ▪ Unreife Myrobalanen in Salzwasser fermentiert (*Prunus* cf. *cerasifera*) 453 ▪ Grüne Kriecherl-Oliven (*Prunus domestica* subsp. *insititia*) 454 ▪ Salz-Kriecherl (*Prunus domestica* subsp. *insititia*) 455 ▪ Verwilderte, grüne Weinbergpfirsiche in Salzwasser fermentiert (*Prunus persica*) 456 ▪ Wilde Marillen mit den Blättern der Schwarzen Johannisbeere (*Prunus armeniaca, Ribes nigrum*) 457 ▪ Grüne Mostbirnen als „Sauer-Früchte" bereitet (*Pyrus communis*) 458 ▪ Mit Salz fermentierte Apfelschalen (*Malus sylvestris*) 460 ▪ Entsaftete Preiselbeeren fermentiert (*Vaccinium vitis-idaea*) 461 ▪ Edelkastanienscheiben mit Gewürzen fermentiert (*Castanea sativa*) 462 ▪ Ganze Edelkastanien in Salzwasser fermentiert (*Castanea sativa*) 464 ▪ Eicheln mit Topinambur und Gewürzen fermentiert (*Quercus* spec.) 465 ▪ Junge Bucheckernbecher für Abenteuerinnen (*Fagus sylvatica*) 467 ▪

Unreife Samen fermentiert 468

Die unreifen Samen der Süßdolden fermentiert (*Myrrhis odorata*) 469 ▪ Unreife Pastinakensamen (*Pastinaca sativa* subsp. *sylvestris*) 470 ▪ Fermentierte grüne Angelikasamen (*Angelica archangelica*) 471 ▪ „Gänsefuß-Kaviar" vom fermentierten Weißen Gänsefuß (*Chenopodium album*) 472 ▪ Fermentierte Samen der rubinroten Gartenmelde (*Atriplex hortensis* var. *rubra*) 473 ▪ Junge, grüne Bärenklausamen für Würzmittel genutzt (*Heracleum sphondylium*) 474 ▪ Grüne Kapuzinerkressesamen fermentiert zum Naschen (*Tropaeolum majus*) 476 ▪ Knackige Zucchinikerne mit Salzwasser aufbereitet (*Cucurbita pepo* subsp. *pepo* convar. *giromontiina*) 477 ▪ Zucchinikerne mit einer scharfen Gewürzmischung (*Cucurbita pepo* subsp. *pepo* convar. *giromontiina*) 478 ▪ Fermentierte Würzsoße aus den grünen Samen von Doldenblütlern 479 ▪ Gewürzsalz 480 ▪

Fermentierte Getränke für den Hausgebrauch 482

Kräuter-Brotbier oder -Kwass 482 ❚ Brotbier oder Kwass mit Oregano (Echter Dost = *Origanum vulgare*) 484 ❚ Fermentierte Wildpflanzen-Blätter für Tee 485 ❚ Als Lernbeispiel Fermentierte Himbeerblätter für Tee 486 ❚ Beispiele anderer fermentierter Blätter für Tee 487 ❚ Wildkräuter-Honigwein und -Met 488 ❚ Fichtennadel- oder Kräuter-Met hergestellt aus dem Deckelwachs 491 ❚

Literatur- und Quellenverzeichnis 493

Danksagung 497

Anstelle zweier Biographien 498

Messen und Wiegen 500

Glossar 501

Bisherige Werke von Michael Machatschek und Elisabeth Mauthner, erschienen im Böhlau Verlag 502

Bislang wurden Kraut, Rüben und anderes Kulturgemüse fermentiert. Doch Wildpflanzen milchsauer zu vergären, erweitert noch mehr den Horizont gesunder Ernährung und des freien Denkens.

Durch die einfache Zubereitung von Fermenten treten Geschmäcker, Aromen und Düfte zutage, welche wir bislang noch nicht kannten. Im Bild fermentierte Blätter einer Glockenblume und der Linde mit gehobelten Gurken und ein frisch angerichtetes Salatferment mit den Blättern von Schwarzwurzel, Löwenzahn, Giersch und Knopfkraut mit Apfel und Bierrettich für eine Wochenreise.

1. Einlassen auf eine andere Nahrungskultur

Die weltweit wiederentdeckte und erfolgreich auferstandene Methode des Fermentierens zeigt einen Paradigmenwechsel im Ernährungsbewusstsein an. Die jetzige Salonfähigkeit fermentierter Nahrung ist eine Reaktion auf die immer stärker werdende Abhängigkeit industriell hergestellter und manipulierter Lebensmittel. Die Menschen entdecken gegenwärtig den Wert selber zubereiteter Speisen und wollen mit der Nahrungsherstellung verantwortlicher umgehen. Durch das gestiegene Gesundheitsbewusstsein in den privaten Haushaltsküchen feiert das Fermentieren von Gemüse wieder „Urständ".

Dabei werden im Sommer anfallende Ernten für den Wintervorrat haltbar gemacht. Die bekanntesten Beispiele für die Herstellung fermentierten Gemüses sind Sauerkraut und Sauergurken, Rübenkraut oder Rote Beete. Früher legte man alle Gemüsearten ein. In typischer Weise findet man diese Sauergemüsekultur heute in Osteuropa im alltäglichen Gebrauch vor, wo man auf vielen Märkten in Salzlake eingelegtes Gemüse feilgeboten bekommt. Unsere Großeltern erinnerten sich noch an die Gärtöpfe, in die sie verschiedenes Gemüse, Bohnen oder Fisolen zum Fermentieren einfüllten. In der westlichen Welt ist bis heute die Lebendkultur des „Sauereinlegens" von der sterilen Kultur des „Marinierens mit Essig" abgelöst worden. Was das Verschwinden der „Lebendigen Nahrung" und die „keimfreie Ernährung" für unsere Gesundheit bedeutet, darf sich Mann und Frau selber ausmalen.

Eine einfache und umweltschonende Konservierungsmethode

Fermentierte Erzeugnisse sind einfach herzustellen. Für diese alte Konservierungsmethode benötigt man lediglich ein Glas, geschnittene essbare Vegetabilen, etwas Salz und kühle Lagerräume sowie Mut, Experimentierfreude und vor allem Geduld von wenigen Wochen für die Herstellung. Es bedarf einer Offenheit, sich auf die prickelnden, völlig neuen und starken Aromen einzulassen. Fermente können im Geschmack sehr variieren, und es entstehen unglaublich köstliche Kreationen. Die Arbeit der Haltbarmachung leisten natürliche Mikroorganismen.

Bei der Fermentation laufen verschiedene Gärvorgänge ab, bei denen natürlich vorhandene Milchsäurebakterien Kohlehydrate in Milchsäure umwandeln. Bei diesen Prozessen wird zuerst der im Gärgefäß enthaltene Sauerstoff durch verschiedene Bakterienstämme abgebaut. Dann vermehren sich die Milchsäurebakterien, und mit der starken Säurebildung beginnt gleichzeitig die Konservierung. Denn durch vermehrte Milchsäurebildung entsteht ein saures Milieu, in dem sich die Fäulnisbakterien nicht mehr weiterentwickeln können.

Eingelegtes Gemüse in Salzlake war in Zeiten ohne Kühlmöglichkeiten schon vor über 5.000 Jahren üblich. Dafür benötigte man keine Energie zum Erhitzen und man hatte keine Kühlschränke zur Verfügung. Bei der Debatte um ressourcenschonende Umgangsweisen ist der Fermentation von Lebensmitteln größte Beachtung zu schenken, denn bei diesen sehr praktischen Verfahren unter Zuhilfenahme biologischer Prozesse wird weder zusätzliche Energie von außen benötigt noch fällt dabei Müll an. So kommen die gebrauchten Gläser mehrmals zur Verwendung, und der massive chemische Aufwand zur Nahrungskonservierung wird vermieden.

Gemüse- und Wildpflanzenfermente

Gerade zur Konservierung von Wildpflanzen blieben die Kenntnisse der Fermentation bislang eine unentdeckte Welt. Eigentlich handelt es sich um eine logische Form, Nahrung aus Wildpflanzen aufzuschließen und verfügbar zu machen. Für uns stellen sich deswegen viele Fragen:

Wie konnte bislang die Ernährungswissenschaft, die Archäologie und Ethnologie dieses wichtige Thema übersehen, wenn bereits seit Jahrtausenden unsere Vorfahren die Fermentationsvorgänge für Lebensmittelzwecke nutzten und bis heute noch vereinzelt in Kultur nehmen? Warum wurden die Fragen der Wildpflanzennutzung und ihre Haltbarmachung ausgeklammert? Und warum übersieht man seit Jahrzehnten die über Gebühr hohe gesundheitliche Bedeutung der Wildpflanzenfermente im Gesundheitsbereich?

Es erscheint trotz abwechslungsreicher Moden in der Gastronomie wenig überraschend, wenn die bislang älteste Bevorratungsweise nun wieder en vogue ist. Sandor Ellix KATZ hat dazu 2003 eine Art „Fermentationsevangelium" geschrieben und eine sehr wertvolle Apotheose der Gemüsefermentation angefertigt. Er zieht als Prediger durch Nordamerika und andere Kontinente, um diese Nahrungskultur wieder zu verbreiten. Sich mit der Fermentierung

Die Kombination Stoppelrübe mit einem einfachen Ferment aus Gurke mit den Blüten des Schwarzholunders führen uns in die höchsten Gefilde des Geschmackshimmels.

auseinanderzusetzen, geht nicht ohne sich mit KATZ' Arbeiten zu beschäftigen. Sein Buch kann als ein Meilenstein in der Geschichte der Ernährung angesehen werden, da er darin weltweit bedeutendes Wissen zusammengefasst und wichtige Anregungen gemacht hat. Ohnehin hebt die Fermentation die Intensität des Geschmacks der Nahrung. Doch gerade mit Wildpflanzen zu fermentieren, steigert die Möglichkeiten der Geschmacksvielfalt beträchtlich.

Dazu wollen wir unseren Anteil des Wissens zur Verfügung stellen und die Kenntnisse wesentlich erweitern, denn die vielfältigen Wildpflanzenfermente stellen wertvolle Innovationen für die Küche dar und sind für unsere Gesundheit höchst zuträglich. Wildpflanzenfermente ergeben äußerst heilsame Lebensmittel und helfen, wieder auf eine fundierte Basis in der Ernährung zu gelangen. Sie sind Handreichungen, einen praktischen Bezug zur

Mit Baumblättermehl bestreute und einer Gewürzsoße belegte Mairübenscheiben stellen die Basis für die Rübenröllchen dar. Diese, in Gläser gesteckt, lässt man fermentieren.

Natur herzustellen und somit in Notzeiten die Nahrungsversorgung zu garantieren. Und in Fragen der Ernährungssicherung sollen wir dafür dankbar sein, wenn das Wissen um die Nutzung von Wildpflanzen erweitert und durch den Gebrauch vorgezeigt wird. Nur durch den Gebrauch leben diese handwerklichen Kenntnisse in den nächsten Generationen weiter und erwirken in Zeiten der Not sogar eine Überlebensbasis.

Das „Sauermachen" der Wildpflanzen

Die Menschheit berücksichtigte die Wildpflanzen in der Ernährung seit eh und je. Doch beim „Sauermachen" wurde bis dato ihre Nutzung im Hausgebrauch übersehen, oder es bestehen zumindest über die vorzeitlichen Verwendungen der Wildpflanzen für Sauernutzungen keine Nachweise, obwohl durch die Fermentation der „wilden Rohmaterialien" unliebsame Stoffe neutralisiert und die Pflanzen dadurch für Nahrungszwecke aufgeschlossen werden können. Bei den Wildpflanzenfermenten gebraucht man die nutzbaren

Kräuter aus Garten, Feld und Flur. Wildpflanzen sind für die Fermentation in der Hauptsache im Frühling und Sommer am besten zu bewerkstelligen, Kulturgemüse hingegen eher vom Spätsommer bis zum Herbst. Die Vielfalt der Nutzungsmöglichkeiten an wild wachsenden Sprossen, Knospen, Blättern, Stängeln, Samen, Früchten und Wurzeln kennt dabei keine Grenzen und ist gut mit Kulturgemüse kombinierbar. Manchmal gelingen annehmbare Fermentsalate gerade aufgrund gut ausgewählter Mixturen von Wild- und Kulturgemüsearten. Doch darüber, was fermentierte Wildpflanzen bedeuten und welchen Wert sie haben, bestehen unseren Kenntnissen nach keine wissenschaftlichen Untersuchungsergebnisse.

Doch eines ist für unseren allgemeinen Zugang bedeutend und erprobt: Wir bereiten unsere Speisen besser zu oder kochen besser, wenn wir wissen, welche Sinnesreize unsere Speisen durch ihren Geschmack, durch Düfte, Aromen und durch ihre Farben auslösen können. Mit den fermentierten Nahrungsmitteln gelangen wir in eine kulinarische Sphäre anderer Wohlgerüche und Essenzen und sind angehalten, uns mehr Gedanken über die Lebensmittelherstellung zu machen.

Selbst ein Ersatz von Kaviar, Kapern und Oliven kann aus Wildpflanzen milchsauer vergoren hergestellt werden.

Die Fermente aus Pfifferlingen und Eichenblättern spielen harmonisch mit Reis zusammen. Wildkräuter, (im Bild rechts z.B. Mutterwurz), milchsauer veredelt, schmecken milder und werden bekömmlicher als in frischem Zustand.

Gerüche und Aromen sind mit Worten schwer beschreibbar

Die Fermentation mit Wildpflanzen stellt keine sinnliche Überforderung dar, sondern soll eine Rückführung zu althergebrachten Aromen bewirken und somit wieder appetitanregende Nahrung zur Gewöhnung bringen, welche unserer Verdauung guttut. Ein fundamentaler Umbau unserer Ernährung bedarf der Entfesselung unseres Denkens, welches der üblichen künstlichen Nahrung verschworen ist. Deshalb gilt: „Darm und Denken gehören zusammen und wir sollen öfters an unseren Darm denken!"

Wenn man Gerüche und Aromen zu beschreiben versucht, so hält man sich zumeist an Vergleiche oder greift auf Analogien zurück, damit andere sich in etwa „einen Geruch" oder einen „Geschmack davon machen" können. Man kommt allerdings um anschauliche Umschreibungen nicht umhin, denn

vielfach fehlen dazu die ausreichenden Worte. Die Schwierigkeit bei der großen Einordnung von Aromen wie z.B. „herb", „sauer", salzig", „rauchig", süßlich", „fruchtig", „streng", „scharf" oder „wohlriechend" unterliegt unserem persönlichen Empfinden und der Fähigkeit, sich treffend auszudrücken. Unsere individuellen Affinitäten zu bestimmten Duft- und Geschmacksgruppen dominieren ebenso, wie wir diese Aromen zum Ausdruck bringen. Der Schwankungsbereich, Aromen zu beschreiben, ist also sehr groß. Doch Anklänge an bestimmte Richtungen, welche aus anderen Bereichen stammen und mit Ernährung nichts oder nur am Rande zu tun haben, wie z.B. „tintig", „silageähnlich", „schwefelig", „erdig", nach Flechten schmeckend, „pilzig" oder „algig" und Ähnliches, sind für das Verständnis und die spätere

Erinnerung geeignete Eselsbrücken und zulässig. Einige riechen einfach „modrig", „faulig", „schwefelfaul" oder „ekelig".

Sowohl das Inhaltsstoffprofil als auch kleine Unterschiede der Zubereitungsmethode, äußere Bedingungen und die beteiligten Mikroorganismenstämme sind ein Grund für völlig unterschiedliche Aromen innerhalb eines Ferments oder bei den gleichen Ausgangsstoffen. Wir dürfen nicht vergessen, dass die Duftentwicklung beim Abbau organischen Materials das Ziel verfolgt, andere abbauenden Organismen anzulocken, weshalb diese Gerüche nicht unserem „Appetitlichkeitsverständnis", sondern dem anderer Lebewesen geschuldet sind. Man lässt sich auf eine Sache ein, wo man nicht abschätzen kann, was daraus geschmacklich entstehen wird und wie diese Geschmäcker von uns aufgenommen werden. Als wir das Knopfkraut-Buch geschrieben hatten, fragten uns die Leute, wie die Pflanze schmeckt oder riecht. Dazu gaben wir zur Antwort: Es riecht und schmeckt nach Knopfkraut und ist kaum mit anderen Pflanzen vergleichbar.

Hopfensprossen entwickeln durch die Konservierungsmethode des Fermentierens ein sehr intensives Aroma, welches bei längerer Lagerung „stinkig" werden kann.

Ansonsten im Glas nicht ansprechende Fermente können auf kreative Weise für Gaumen und Auge gestaltet werden: Birnenhälften mit Baumblätterferment.

Welche Verbindungen und Gerüche entstehen bei der Fermentation?

Praktiker vernehmen bei der Fermentation unangenehme Gerüche und gewöhnungsbedürftige Geschmäcker. Man meint, es seien Fehlgärungen oder die Nahrung beginne zu verderben, was unbestritten eintreten kann. Diese Aromen sind vollkommen selbstverständlich zur Natur gehörend, nicht künstlich vom Menschen nachgebildet, und auf die natürlich vorkommenden Bakterienkulturen kann man sich verlassen. Die Gerüche rühren von Zwischenprodukten aus der Vergärung von Biomasse her, welche in Abhängigkeit von den rohen Ausgangsprodukten entstehen. Dabei ist das Verhältnis von Stärkegehalt, Saccharose (Zucker) und anderen zuckerhaltigen Produkten oder Beigaben (Dicksaft und Melasse) ausschlaggebend. Es handelt sich dabei zumeist um anaerobe Gärungsprozesse unter Einwirkung von Bakterien, wobei „aromatische Verbindungen" aus Methan, Kohlendioxid und Ammoniak frei werden. Wenn u.a. durch Lauch, Zwiebel, Knoblauch etc. Schwefel daran beteiligt ist, so entstehen bei der anaeroben Zersetzung zumeist stark riechende Schwefelwasserstoffverbindungen, welche an Fäulnisprozesse erinnern.

Doch geht es um die richtige Handhabung und Stabilisierung und das rechtzeitige Einbremsen des bakteriellen Vorganges, bevor die Nahrung tatsächlich zu verwesen beginnt. Anfänglich versteht man die Dynamik des Fermentierens nicht, wenn es einen wegen des intensiven Geruchs bzw. Gestanks förmlich vom Sockel haut. Wegen der intensiven Gerüche können Beziehungskrisen, ja Scheidungsgründe und Nachbarschaftsstreit entstehen. Oder: Manchmal verschwinden unerträglich riechende Gläser einfach spurlos.

Unbewusst speichern wir viele Aromen, gute und unangenehme Gerüche ab und verbinden diese mit Geschichten. Unser Geruchssinn kann -zig Milliarden Gerüche differenzieren und als Sinneseindrücke speichern. Selbst mit 60 oder 80 Lebensjahren können wir uns anhand von Düften oder Geschmäckern an Kindheitserlebnisse erinnern. Die zweifelsohne sehr komplexen Geruchs- und Geschmackswelten wurden in den letzten 200 Jahren vereinheitlicht und die Möglichkeiten individueller Erfahrungen stark reduziert. Innerhalb der letzten drei Generationen und verstärkt in den letzten fünf Jahrzehnten erfolgte eine auffällige Erosion unserer Sensitivität. Es ist diesbezüglich von einem massiven Kultur- und Erfahrungsverlust zu sprechen. Dahinter stecken kultursoziologisch und sozialpsychologisch gesehen Machtgeschichten wie z.B. die Unterdrückung der Sexualität, Steuerung unseres Triebverhaltens oder intimer Querwelten wie ebenso die Abgrenzung vom Wilden der Natur und der Tiere. Viele Gerüche und Aromen wurden einfach negativ als „Gestank" abgetan.

Andererseits sind wir über Gerüche und Aromakonzentrationen in unserem Handeln eingeschränkt und emotional manipulierbar. Die Wissenschaft hat schon längst diesen Sensibilitätseinfluss auf das limbische System des Gehirns entdeckt, indem künstliche oder „nachgebaute" Geruchsmoleküle und Geschmacksaromen zur Manipulation unserer Emotionen freigesetzt werden, um z.B. das Kaufinteresse in bestimmten Shops wie Bäckereien, Parfümerien oder in Kaufhäusern zu steigern. Durch künstlich geschaffene Aromen entstanden suchtartige Abhängigkeiten von Lebensmitteln.

Fermentieren – Eine Arbeit mit Spannung und Neugier

Warum das Fermentieren revolutionär sei, fragte eine Teilnehmerin eines Seminars:

1. Gesellschaftlich hatte die Fermentation vom Anbau bis zur Verarbeitung, von der Lagerung bis zum Handel eine veränderte Wirtschaft zufolge.
2. Individuell wurde die Autarkie der Haus- und Subsistenzwirtschaft gefördert.
3. Gesundheitlich erfolgte eine wesentliche Verbesserung durch fermentierte Nahrungsmittel.

Wir haben uns heute von der Herstellung unserer Nahrungsmittel schon weitgehend verabschiedet. Eigentlich handelt es sich bei der Fermentation um eines der ältesten Konservierungsverfahren in der Geschichte der Menschheit. Doch der neue Umgang mit Fermentnahrung stellt in einer Zeit steril gemachter, standardisierter Lebensmittel und ungesunder Lebensweisen eine diametral entgegengesetzte Geisteshaltung und Eigenart in der Ernährung dar. Fermentierte Gemüse- und Wildpflanzenarten ermöglichen eine geschmacklich ausgezeichnete Nahrung mit einer besseren Bekömmlichkeit.

Und Fermentieren verbindet die Uraromen mit neuzeitlichen Nahrungsmitteln, verbindet die Bodenhaftung mit der Überhöhung ausreizbarer Ideen, verknüpft Ästhetisches mit Einfachem und stellt ein soziales Werken in der Küche dar. Fermentieren ist eine spannende, herausfordernde Unternehmung in unseren heute säuberlich arrangierten Lebensebenen. Damit gelangt man in natürliche Erfahrungswelten der Umwandlungsvorgänge, Schimmel und Fäulnis, von denen wir abgekommen sind, von denen man uns wegerzogen hat. Durch diese Form der Verwandlung von Nahrung durch die natürlichen Mikroorganismen entsteht eine geerdetere Naturwahrnehmung.

Im Gegensatz zu den technischen Fermentationsmethoden geht die spontane und langsam ablaufende Fermentation pflanzlicher (und tierischer) Nahrungsmittel von natürlichen Mikroorganismen aus, welche an den Vegetabilien anhaften oder von der Umgebung herrühren. Wenn man nach einfachen Regeln vorgeht, entstehen einwandfreie Esswaren mit einer hohen Geschmacksvielfalt. Das Fermentieren von Wildpflanzen führt uns aus dem üblichen, verkürzten System der heutigen Nahrungswelt heraus, lotet uns in Fragen des Nahrungsumgangs neu aus und bespielt unsere Küchen und Lagerräume von einer anderen Perspektive. Es entstehen „Geschmacksbilder",

Einlassen auf eine andere Nahrungskultur

welche die bisherigen Muster durcheinanderbringen und aufbrechen. Durch die neue Geschmackswelt erfolgt eine Erweiterung unseres Essenshorizonts.

Und was in Fragen des Ressourcenverbrauchs wesentlich ist – bei dieser Konservierungsmethode benötigt man keine unmittelbar zugeführte Energie für das Erwärmen oder Erhitzen, denn die ersten Prozesse laufen ausschließlich bei Raumtemperaturen so um 20°C ab und danach in kühlen Räumen. Und wenn bei diesem Verfahren keine Erhitzung erfolgt, verbleiben die natürlichen Nährwerte und Vitamine in den Pflanzenteilen erhalten und kommen uns in vollem Maße zugute. Fertige Fermente unterstellt man keinen zusätzlichen chemischen Haltbarkeitsmitteln.

Fermentation nutzte man für beinahe alle Lebensmittel. Als man z.B. die Milch der zahm gemachten Tiere nutzte und diese durch längere Lagerung versäuerte, war dieses Folgeprodukt unmittelbar oder verkäst wesentlich bekömmlicher geworden. Auch nach der Sauervergärung des Mehlteiges entstand besser verdaubares Brot.

Die Natur ist in ihrer Kreativität und Schönheit nicht zu überbieten.
Die bischofsstabartigen Wedelsprossen des Straußenfarns
wurden für Nahrungszwecke milchsauer eingelegt.

Über die Optimierung des Selberhergestellten

Doch eines soll man bei aller Euphorie nicht außer Acht lassen: Fermentieren ist kein Spiel, sondern diese faszinierende Tätigkeit ist mit Arbeit verbunden, und präzises Fermentieren ist nicht exakt einschätzbar. Die Herstellung hat nichts mit den Vorgangsweisen oder genau ausgetüftelten Versuchen in Labors zu tun. Das Fermentieren lässt sich nach Grundregeln durchführen, nicht aber mit gehirnchirurgischer Exaktheit konstruieren. Dazu ist im Grunde genommen erfahrungskundiges und beherztes Vorgehen notwendig. Was daraus entsteht, kann im Geschmack variieren. Man kann noch so akribisch arbeiten und sich noch so streng an die Rezeptur halten, die geschmacklichen Ergebnisse des Fermentierens gestalten sich stets anders. Fermentprodukten kann man dennoch bei gleicher Vorgangsweise und sauberem Arbeiten ähnliche Geschmäcker zuschreiben.

Die Spielräume der Fermentation sind breit gefächert, und zum Glück unterstehen wir keiner Findungskommission, wie wir dabei überhaupt zu Werke zu gehen hätten und was wir in den Küchen tun dürften. Fermentation benötigt handwerkliche Grundbedingungen, aber kein Korsett, damit sie gelingt und annehmbare Speisen entstehen. Die bürokratischen Behördenmanöver geben vor, unser Mikrobiom kontrollieren zu müssen, und zerstören im Grunde genommen unsere natürliche Bakterienumwelt und somit altes Gebrauchswissen. Sie bereiten der Industrielobby auf Kosten unserer Gesundheit einen gewinnträchtigen Weg. In fahrlässiger Weise erfolgt z.B. durch Pasteurisieren oder Chemiezusätze ein Verlust an mikrobieller Vielfalt, wodurch unsere Gesundheit auf das Spiel gesetzt wird.

Ein Kontra zur üblichen Lebensmittelbereitung

Durch die übliche und bis heute weiterentwickelte Lebensmittelverarbeitung sind die Methode und Produkte der profunden Fermentation verschwunden, da sie Individualität, handwerkliche Fähigkeiten und Gespür erfordern. Mit dem Siegeszug steriler Lebensmittel wurden gleichzeitig alte Haltbarkeitsmethoden verworfen und diese keinem weiteren Forschungsaugenmerk mehr unterstellt. Das hergestellte Sauer- oder Rübenkraut der Supermärkte wurde durch Pasteurisierung in seiner Qualität völlig entwertet und dürfte im eigentlichen Sinn nicht mehr diesen Namen tragen. So hatte sich seit den 1950er-Jahren bis heute eine Kluft zwischen althergebrachtem, subsistentem Erfahrungswissen der Nahrungsaufbereitung und moderner Verfahren der Sterilmachung durch die Lebensmittelindustrie vertieft. Doch die Zeit mit den mittlerweile futuristisch erkalteten, uniformen und abweisenden Supermarktwaren zieht eine Gegenreaktion nach sich.

Die Nobilitierung alternativer Essensbereitung in der Gastronomie schlägt in viele Richtungen aus und bedient sich in vielfacher Hinsicht des alten Wissens und alter Rezepturen. Denn mit der Adelung des Raren ist in der Gastronomie scheinbar Teures auf die Servierteller auftragbar und viel Geld zu machen. Die neu improvisierten Kochmoden reagieren stets auf ihre periodischen Krisensymptome. Die Medien muten hierbei ungeahnte mitreißende Kochideen an, welche in ihren Qualitäten fraglich sind.

Wenn also Karl VALENTIN meinte, „ . . . die Zukunft sei früher besser gewesen", so ist heute noch mehr als gestern keinen Verheißungen einer gesünderen Nahrungsrichtung mehr zu trauen. Die von uns entwickelte Fermentation mit Wildpflanzen ist im Prinzip nichts Neues, und sie orientiert sich dabei an einfachen und seit vielen Generationen überlieferten Gemüse-Haltbarkeitsabsichten, welche einst der Sparsamkeit verpflichtet waren. Insofern ist der „vergangenen Zukunft" im Sinne Karl VALENTINs mit den vielen profunden Essenszubereitungen mehr Positives als allen neuzeitlich reüssierenden Propagandakochereien abzugewinnen.

Doch die Praktiken der Fermentierung von Nahrung verschafften sich bis heute keinen medialen Respekt, da es sich hier um ein Gebrauchswissen der Haushalte handelt. Vielmehr ist inzwischen abseits der offiziellen Ernährungsmoden durch das Wohlwollen mundpropagierter Erfahrungen gerade in aufgeschlossenen Haushalten das Fermentieren zu einem Hype geworden, gerade deswegen, da rohe Gemüsereste per Fermentation einer Nutzung zugeführt werden können und somit nicht in der Mülltonne landen müssen. Zudem benötigt man dafür keine zusätzliche Energiezufuhr, denn die Arbeit verrichten Mikroorganismen.

Fermentieren hat etwas mit freiem Denken zu tun

Die Fermentationswelt ist eine andere, eine saure, durch das Zutun des Menschen eine salzige und prickelnde Angelegenheit. Die entstehenden Fermente stehen konträr zu den Geschmäckern der herkömmlichen Kocherei.

Oben: Die mit Maulbeerblättermehl gefüllten Rübenröllchen ergeben – fermentiert und mit Dinkelreis angerichtet – eine gesunde und kräftigende Mahlzeit.

Unten: Ein Radicchio-Feldahornblätterferment als Salat bereitet, passt gut zu Flammkuchen.

Für die ängstlichen und reinen Konsummenschen eigentlich ein Tabu oder ein unmöglicher Weg, da sie ständig homogene Aromen haben möchten. Der standardisierte Konsummensch lässt sich schwerlich auf neue und noch dazu gewöhnungsbedürftige Aromen und Speisen ein. Vor allem bei der Fermentation von Wildpflanzen gelingen nie Erzeugnisse, welche im Aussehen regelmäßig und im Geschmack einheitlich sind. Fermentationsbakterien sind unter häuslichen Verhältnissen nicht kontrollierten Kulturbedingungen unterstellbar. Die Erzeugnisse werden trotz Einhaltung grundlegender Vorgänge bei der häuslichen Fermentierung individuell.

Wer sich auf die einfache Weise des Fermentierens einlassen möchte, sollte sich von üblichen Manipulationen befreien und alle bisherigen Fachmeinungen über das Kochen und die sterile Welt der Fertigwaren hinterfragen oder hinter sich lassen. Durch das Selbererzeugen von Nahrung durch Gärtnern und Kochen wird ein Verhältnis zwischen Herstellung und Verbrauch geschaffen, welches die Verantwortung im Umgang mit den Lebensmitteln und somit der Natur beim Menschen und nicht bei anonymen Produzenten belässt.

Koschere Nahrung

Wer sich Gedanken über koschere Lebensmittelqualitäten macht und ein möglichst freies Leben in Unabhängigkeit industrieller Nahrungsmittelproduktion und Konsumwelt lebt, der ist auf die Gartenarbeit und die Sammelgänge für Wildkräuter, Wildfrüchte und Pilze angewiesen. Für den Winter sind das Einlagern und Bevorraten sowie die Kundigkeit im Konservieren und im Verkochen unerlässlich. Man bekennt sich mit der Fermentation zur Unmittelbarkeit der Arbeit, denn ohne die praktische Arbeit des Gärtnerns, des Sammelns und der Verarbeitung in der Küche entstehen keine Vorräte und schon gar keine Geschmackserweiterungen, sondern man ist dem Aromaeinerlei der Supermarktwaren oder der Bekochung durch andere ausgeliefert.

Bei der Bevorratung scheiden sich die Geister in echte Wildkräutler und Unwissende, denn ohne das Tun und die Aneignung von Einsäuerungs- und Fermentierungstechniken bleiben die Lagerregale und Keller leer. Und die Dampfplauderer und schwafelnden Vielredner geben großteils erfahrungsloses und andernorts abgefrühstücktes Wissen weiter, leben nicht von der unmittelbaren Arbeit im Garten oder aus der freien Landschaft. In Wahrheit ist das

Fermentierte Huflattich-Blätter dienen als geschmacklich interessante Unterlage für Kräutertopfen mit geräuchertem Fisch.

lächerliche Wichtigtun, wenn sie stolz ihre mit irgendwelchen Sachen gefüllten Fermentgläser präsentieren, eine Ablenkung. Real erwirtschaften sie Gemüse und Obst gar nicht selber, sondern beziehen diese aus den Supermärkten. Immer wieder gestalten Autorinnen und -autoren Wildpflanzenbücher und Beiträge mit zugekauftem Fotomaterial und tun so, als ob sie die abgebildeten Inhalte selber hergestellt hätten. Dieser Umstand des Bluffens lässt sich auch bei vielen Abbildungen der Gemüseverarbeitungsbücher eindeutig nachvollziehen, wenn der bunte Charakter des eingefüllten Gemüses zur Darstellung kommt, aber nicht das eigentliche Ferment, welches eben mit hoher Wahrscheinlichkeit an Farbe verliert oder sich olivbraun verfärbt.

Die Früchte der wild vorkommenden Kriecherl oder Kriechen-Pflaume (*Prunus domestica* subsp. *insititia*) finden durch die Fermentation eine weitere Nutzungsmöglichkeit und Wertschätzung.

Mit Worten kann man sich keine Erfahrung erarbeiten, aber mit dem Tun und der Ingebrauchnahme des Wissens. Beim Thema Fermentation werden sich die Geister der Wildkräutler in drei Gruppen scheiden: In jene, welche das Wissen in praktisches Tun im Leben umsetzen und Erfahrungen sammeln, in jene Leute, welche davon viel Aufsehen machen und darüber nur reden und schreiben, und in jene Neider, welche davon nur träumen, aber keine Ahnung davon haben werden.

Unsere Wohlsituiertheit kann schon morgen vorbei sein

Die derzeitige Situation der monopolistischen Dominanz modischer Fertigprodukte, mit hohem Grad an Wegwerfwaren, der anonymen Herstellung von Nahrungsmitteln und mit dem Verlust des Wissens rund um die Subsistenz, verdient unbedingt eine kritische Betrachtung.

Spätestens mit dem Verlust einer Lohnbeschäftigung oder eines geldeinbringenden Jobs beginnt die Misere. Dann fragt man sich, wie man ohne Geld unmittelbar etwas zum Essen zubereiten kann und was man sonst noch alles dazu benötigt. Und was passiert, wenn einige Wochen lang die

Stromversorgung im Argen liegt und weder Tiefkühltruhe noch Kühlschrank etwas zur Konservierung beitragen? Ja, dann beginnen das Denken und die Erinnerung, was wir früher alles genutzt hatten. Dann ist man in der Wirklichkeitsnähe des Lebens angelangt. Und mittelbar stellt sich die Frage, wie Vorräte für die vegetationslose und kalte Jahreszeit angelegt werden können.

Sehen und Beschreiben

Der Filmemacher Alexander KLUGE (2018) meinte kürzlich in einem Interview: „Menschen sind ungeeignet für das Funktionale. Schon der Darm macht das nicht mit, und auch unsere Haut ist nicht funktional. Wir sind lebendig. Der Eigensinn, der in uns eingebaut ist, weil wir so alte Lebewesen sind, protestiert, wenn eine Welt in die Funktionale gerät." KLUGE, dem es nicht darum geht, Urteile zu fällen, hält sich bei seinen Aussagen zum Konzeptdenken und den harten Wissenschaften sinngemäß u.a. an den Sozialphilosophen Oskar NEGT und den kritischen Kulturphilosophen Walter BENJAMIN. In vielen seiner Gespräche widerspiegelt Alexander KLUGE die Thematiken des Undefinierbaren, Unkontrollierbaren und ständig sich Veränderlichen oder Imaginären und meint, anstelle zu urteilen, böte die kritische Beschreibung des Wahrgenommenen eine bessere Basis für Veränderungen. Diese Herangehensweise des „Verstehens durch Sehen und Beschreiben" haben wir als Studentinnen und Studenten bei Karl Heinrich HÜLBUSCH 1987 gelernt und wurde in einer Studienarbeit „Ein Stück Landschaft" 1988 dokumentiert. „Es braucht kein Urteil, eine genaue Beschreibung genügt", sagte KLUGE.

Leute, welche fermentieren

Wer sind die Leute, welche vom Fermentieren überzeugt sind oder sich mit diesen Verfahren auseinandersetzen wollen? Es sind Menschen, welche eben dieses Funktionale, Gesteuerte, auf die Harte-Fakten-Wissenschaften basierende Normale und künstlich Konstruierte nicht billigen können. Vor dieser modernen unseligen Zeit war etwas anderes da, zumindest waren viele Bereiche beseelter. Es handelt sich um Wildkräutler, Gärtner und Bauern, welche sich das Ziel gesetzt haben, sich mit weniger oder ohne künstlich beeinflusste Nahrung selber zu versorgen. Sie möchten von der Vielzahl an natürlichen

Wer fermentiert, erkennt den Wert üblicherweise weggeworfener Pflanzenteile, wie z.B. Blattstiele von Rüben, Wurzelreste, Stängel, Blatt- und Fruchtreste etc., und bereitet daraus ohne viel Energieaufwand eine bekömmliche Nahrung.

Lebenskräften den Nutzen ziehen, und sie versuchen, direkten Kontakt mit der Natur zu halten, mit dem Boden und der Bodenfruchtbarkeit zu leben.

Es sind vielleicht handwerklich gut versierte Menschen, die selber aus dem Angebot der Natur und ohne künstliche Konservierungsmittel eine Verwertung betreiben und die Vorräte selber anlegen möchten. Doch greifen gerade landlose Leute, welche in Wohnungen leben, oder Studierende auf die Fermentation zurück. Dabei spielt die Einstellung mit, sich auf ein neues Terrain zu begeben und sich auf neue Geschmäcker einzulassen. Sie gehen das Wagnis ein, künstliche Aromen und gewohntes Standardessen hinter sich zu lassen und ungewöhnliche Konsistenzen und Geschmäcker kennenzulernen. Und es sind zumeist Leute, welche bereit sind, neue Techniken in Fragen der Vorratswirtschaft zu erlernen, und es sind jene, welche mit den vorhandenen Ressourcen sparsam umgehen möchten. Die Sehnsucht solcher Menschen ist sehr groß, sich auf die Suche nach dem archaischen Geschmack zu machen, nach dem ursprünglich Reinen, welches wir und unsere Vorgenerationen verloren haben. Deshalb ist die Hauptgruppe jene der Selbermacher und Freizeitköche, welche zu neuen Genussebenen vordringen möchten. Gesundheitsbewusste Leute, welche subsistentes Leben anstreben, schwören auf diese wunderbaren milchsäurevergorenen Produkte und diese Haltbarkeitsmethoden.

Jede Gärtnerin und jeder Gärtner hat solche, aber will sie nicht haben und wirft sie auf den Komposthaufen – die klein gebliebenen Gemüsearten: Doch zu unserer großen Überraschung liefern gerade die Kleinen die besten Fermente mit einem guten Biss und Geschmack (im Bild: Herbstrüben in Salzlake).

Sandor KATZ hat hartnäckig über viele Jahre seiner Kochkurse und über seine Fermentationsbücher das Thema unter die Leute gebracht. Und nachdem in Skandinavien einige Restaurants wieder selber hergestellte Fermentprodukte anbieten, versuchen jetzt im gesamten europäischen Raum Köchinnen und Köche, mit diesem Verfahren den Wert des Essens zu heben oder gutes Essen nachzuahmen.

Sauer-Eingelegtes ist der Gesundheit sehr förderlich

Unsere offensichtlich sanierungsbedürftige Verdauung benötigt Fermente. Aus gesundheitlicher und ökonomisch-ökologischer Sicht ist die Fermentation in der Argumentation in den Vordergrund zu stellen. Wir wollen hier nicht unbedingt alarmistisch auf eine sich dramatisch entwickelnde Apokalypse unserer Gesundheit hinweisen und die weltweiten Nahrungsunsicherheiten unterstreichen oder erzwungenermaßen aus Eigeninteresse der Fermentation Platz einräumen, als vielmehr andere Möglichkeiten selbstbestimmter Umgangsweisen aufzeigen. Es geht uns darum, diesen Beginn einer „kulinarischen Ideenschmiede" mit heilsamen Wildpflanzen Fermente herzustellen,

als Praxiswissen an angehende „Sauermeister" weiterzuvermitteln und damit das Feuer der Leidenschaft weiterzutragen. Wer einmal Gemüse fermentiert und mit Wildpflanzen weitere Versuche gemacht hat, wird von diesem Thema der Haltbarmachung in den Bann gezogen werden. Vergleicht man in Europa die Ernährung mit früher, so ist zumindest im Westen die Fermentation völlig abgekommen und durch essigsaures Gemüse aus den Supermärkten kompensiert worden. Dass dies nicht ohne gesundheitliche Folgen bleiben kann, bestätigen kritisch denkende Ärzte.

Jeden Tag sind ein paar Gabeln voll Fermentiertes als kleine Vorspeise aufzutischen, um den Appetit anzuregen und den Darm mit den hilfreichen Milchsäurebakterien zu versorgen. Fermentierte Lebensmittel bieten viele gesundheitsförderliche Vorteile. Darin befinden sich natürliche Mikroorganismen und umgewandelte Produktverbindungen, welche probiotische Wirkungen besitzen und für verschiedene Regulationen und Verdauungsleistungen im Darm, in Fragen der Lenkung und des Trimmens des Immunsystems und somit der Immunkraftstärkung und für die Nerven- und Gehirntätigkeit verantwortlich sind. Durch die Umwandlungsvorgänge der Fermentation steigt der Nährwert der Ausgangsmaterialien, indem weitere bioaktive Bestandteile, wie z.B. Enzyme, gebildet werden. Zudem bringt die Beteiligung der Wildpflanzen in den Fermenten eine zusätzliche Wertsteigerung aufgrund ihrer Fülle an Wirkstoffen und Aromen etc.

Der Giersch und die Früchte der Halbwildkulturarten des Steinobstes stellen Beispiele für „verschmähte Pflanzen" dar, denen man den Nutzwert absprach.

Wir möchten den Wert ihrer innewohnenden Qualität als Nahrungspflanzen durch Beschreibung des kulinarischen Gebrauchs darstellen.

Buffetplatte aus aufgeschnittenen „Paradies- oder Liebesäpfeln", mit verschiedenen Blatt- und Wurzelfermenten.

Die Samen des Weißen Gänsefußes (*Chenopodium album*) eignen sich als Kaviarersatz.

Der wilde Zauber der Bakterienwelt

Unter unserem Mikrobiom verstehen wir die Summe aller Bakterien, Pilze und Viren, welche unseren Organismus besiedeln und in verschiedener Hinsicht aktiv sind. Eine Vielzahl an Mikroorganismen hält sich gegenseitig in Schach, sorgt für die Funktion einer reibungslosen Verdauung und hält uns gesund, indem sie unser Immunsystem ausgleicht und stärkt. Wenn das Verhältnis der Bakterien in der Verdauung durcheinandergerät, können chronische Probleme, Durchfälle und Blähungen entstehen, und daraus folgen Schäden an der Darmschleimhaut und somit Erkrankungen. Rohköstler schwören auf die ideale Kombination fermentierter mit frischer Nahrung z.B. in Form von Beilagen oder von Salaten, denn die Milchsäurebakterien helfen, die schwerer verdauliche Nahrung besser zu verarbeiten. Neben der Verdauungsförderung spricht man den fermentierten Lebensmitteln gute Einflüsse bei Reizdarmsyndrom zu.

Je höher die Mikrobiomdiversität in unserem Darm und je höher ihre Menge, umso störungsfreier verläuft unsere Gesundheit. Man kann davon ausgehen, dass die Bakterien den Lebensnerv aufrecht halten. Durch den Einsatz echter und vielfältiger Fermentprodukte, Obst, Gemüse und Ballaststoffe halten wir unbewusst die Mikroorganismenwelt auf Trab und steigern ihre Vielfalt, ohne das Mikrobiom einem unnötigen Kontrollsystem aussetzen zu müssen. Je einseitiger und chemieträchtiger die Nahrung und je mehr Medikamente eingenommen werden, umso eher kommt es zu einer Störung und zu einer Einseitigkeit der Darmflora. Der Einsatz von allzu viel Kohlehydraten, Fett oder steril gemachten Fertigprodukten reduziert das Floraleben im Darm erheblich.

Schwefelhaltige Pflanzenteile, wie z.B. Radieschen, Porree, Bärlauchblätter und Schnittlauchblütenknospen sowie bitterstoffhaltige Teile, wie z.B. Löwenzahnknospen, die Blätter der Wegwarte oder des Wiesenkerbels, sauer eingelegt, regen die Darmaktivität an und stärken die Lebertätigkeit.

2. Erfahrungen und Zugänge erleben

Während der Kindheit übten wir uns bei praktischen Arbeiten des Garten- und Bauernlebens in unseren Fertigkeiten. Die entstandene Geschicklichkeit ließ Kenntnisse gewinnen, durch die Wiederholungen dieser Tätigkeiten wurde eine Routine entwickelt. Wer so häufig wie wir die Rübenkraut- und Sauerkrautherstellung „erlebte", entwickelte ob dieser „Vorbelastung" eine Wahrnehmung und Anschauung, wie man dieses Wissen auf Wildpflanzen übertragen kann, sei es in der kindlichen Nachahmung oder später bei eigenen ersten Versuchen in der Lehre, Studiumszeit und auf den Bauernhöfen, wo wir lebten. Mit den Jahren bringt man in Erfahrung, was funktioniert und brauchbar ist, und so wurde das Fermentieren zur vertrauten Einsicht. Bei manchen neueren Versuchen stellen unsere langjährigen praktischen Erlebnisse eine wichtige Basis dar, aus der wir schöpfen können und für unsere Tätigkeiten Sicherheit bekommen.

In der Kindheit erlernten wir bei der Sauerkrautherstellung das einfache Verfahren dieser Konservierungsform.

Erfahrungen und Zugänge erleben

Erfahrungen und Zugänge erleben

Wir haben in Erfahrung gebracht …

Voneinander getrennt haben wir eine Vielzahl an Rezepten während der vergangenen dreißig Jahre entwickelt, mal in wenigen Einzelversuchen und manchmal euphorisch mit jahreszeitlichen Schwerpunkten, wo dann projektmäßig Vergleichsversuche nebeneinander brodelten. Dazu gehörten die misslungenen Fermente, welche in den Sommern ein Opfer der aufgewärmten Lagerräume wurden. Einige Rezepte haben wir mehrmals ausprobiert und bei Ungereimtheiten neuerlich umgesetzt und verfeinert. Manche deponierte Gläser wurden per Zufall wieder gefunden, woraus sich aus der mehrjährigen Lagerung neue Erkenntnisse ableiten ließen. In der Schweiz, in Wien oder in Südtirol schlummern noch einige Behältnisse, welche wahrscheinlich den Entdeckern große Rätsel aufgeben.

Jede Person kann auf einfache Weise ihr eigenes Sauerkraut herstellen und lernt so die Grundregeln der Milchsäurevergärung und ihrer „lebendigen Nahrung".

Für die Sauerkrautbereitung im kleinen Haushalt benötigt man einen Küchenhobel oder ein Messer zum Zerkleinern, etwas Salz und ein zur Krautmenge passendes Schraubverschlussglas mit Deckel. Zum Stampfen können die Faust, ein Holzstampfer oder ein Holzquirl verwendet werden.

Erfahrungen und Zugänge erleben

Nun möchten wir unsere Erfahrungen an die Leser, Anwender, Experimentiergeister und Einsteiger weitergeben. So haben wir versucht, aus einer Unzahl täglicher Teilprojekte und Lagerversuche die relevantesten Ergebnisse zu destillieren und auf die wesentlichen Aussagen zu verdichten. Unsere Neugier auf die Fermentation ist wohl zu einem Teil der Affirmation der nachhaltig erfolgreichen Bevorratung von Sauerkraut ohne Energiezufuhr geschuldet und anderenteils auf eine Geschmackswelt unserer Kindheit zurückzuführen, in der wir Sauerkraut mit Butterbrot genießen durften.

…und das Wissen erlebt!

Als Kind ist man bestrebt, die Tätigkeiten der Erwachsenenwelt nachzuahmen, um sich die ähnlichen Erfahrungen anzueignen. Um das Kochen der Mutter gleichzutun, benutzten wir alte Dosen oder verwaiste Gläser der Kellerregale, welche wir der Mutter in unerlaubter Weise entwendeten. Die Kochmaterialien entnahmen wir der Natur: Das waren Blätter, Knospen, Sprossen, Stängel oder Früchte. Teils wurden sie zerkleinert oder gequetscht und alles Mögliche in der Welt eines Kindes damit gekocht und kredenzt. Dann schwebten z.B. die vielen Löwenzahnstängel im gesalzenen Wasser, welche sich durch den Spannungsverlust wunderschön wie Kunstwerke eingeringelt hatten.

Unser erstes Fermentarium der Kindheitstage bestand aus mehreren Wassergläsern, in die wir Löwenzahnstängel mehrere Tage lang einweichten, welche sich an den Enden kunstvoll einrollten.

Die Gläser waren in einer Ecke weggeräumt oder versteckt worden, denn Mutter durfte das ja nicht sehen, obwohl sie es genau wusste, da wir Salz oder Zucker von ihr beanspruchten. Doch sie ließ uns gewähren, waren wir doch Stunden und Tage lang mit dem „feuerlosen Köcheln" beschäftigt – und sie hatte ob des Kinderreichtums dadurch ihre Verschnaufpausen.

So kam es, dass wir für einige Tage die Gläser vernachlässigten und darin die Bakterien ausgelassen wüten konnten, die Wässer trübe wurden und sich an ihrer Oberfläche wunderbar ein Pilzrasen ausbreitete. Begleitet von diesen Gerüchen oder dem Gestank waren diese Kochereien dann doch nichts für uns, obwohl manche Versuche sauer oder wie Sauerkraut schmeckten, manchmal sogar wie Silage unseres Nachbarbauern rochen. Kinder haben da weniger Scheu, etwas in den Mund zu nehmen oder daran zu riechen, waren wir damals noch nicht von den Konsumwelten verwöhnt gewesen und hatten einen natürlichen Instinkt. Auch haben wir seinerzeit die wohlriechende Silage des Fahrsilos beim Bauern gekostet, welche wie eine gute Brotrinde roch. Und wir hatten einen natürlichen Bezug zur Erde, zum Laub, zum Verfaulenden und Vergorenen. Die künstlichen Gerüche und Aromen imitierter Nahrung aus dem standardisierten Repertoire der Konsumwelt veränderten unser Geschmacksempfinden gravierend und trennten uns von diesen natürlichen Zusammenhängen, und wir begannen bei vielen natürlichen und fremdgewordenen Düften die Nasen zu rümpfen.

Das Sauerkraut unserer Kindheit als Fermentationszugang

Unsere Eltern haben viele Jahre hindurch Ende Oktober den riesigen hölzernen Sauerkrautbottich mit fein gehobeltem Weißkraut (Weißkohl), gewürzt mit Kümmelsamen und Salz, vollgemacht. Das waren für uns lehrreiche Erlebnisse und wertvolle Übungen für das Erwachsenenleben.

Noch heute erzeugen wir jedes Jahr unser Sauerkraut selber. Durch unterschiedliche Würzungen erhalten wir spannende Geschmacksabwechslungen.

Verschiedene Raupen (im Bild Rübsenblattwespe, *Athalia rosae* auf Chinakohl) können in kurzer Zeit die Pflanzen bis zum Gerippe auffressen. Wir Kinder waren für das ständige Absuchen der Krautköpfe eingeteilt worden, um mit den flinken Fingern auftretende Raupen abzusammeln. So lernten wir schon früh einen aufmerksamen Umgang mit Gemüsepflanzen und die gesamte Ackerkultur kennen.

Da sich der Pachtbetrieb, den sie bewirtschafteten, auf fast achthundert Meter Seehöhe und in einer rauen Lage befand, begannen die Vorarbeiten für die Wintervorräte schon im Frühjahr, sobald der Schnee die Äcker und Felder freigab. Im sonnig gelegenen Bauerngarten wurden die Krautpflanzen vorgezogen, die Ende Juni im vorbereiteten, mit abgelagertem Stallmist gedüngten Feldacker im größeren Abstand ausgepflanzt wurden. Einige Wochen später, als sich die Zwischenräume mit den konkurrierenden Beikräutern zu füllen begannen, wurde der Krautacker gehackt, und im gleichen Durchgang häufelte man das untere Drittel des Krautstiels rundherum gleichmäßig mit Erde an, damit sich gut gestützt große Köpfe ausbilden konnten.

    Aber damit war es noch nicht getan, denn jedes Mal, wenn jemand von den Eltern in der Nähe des Krautackers zu tun hatte, wurden die Krautköpfe am Acker genau kontrolliert, ob die Kohlweißlinge ihre Eier auf der Unterseite der Krautblätter abgelegt hatten, um diese oder die schon geschlüpften, sehr gefräßigen, kleinen grünen Raupen abzusammeln. Manchmal tauchte dunkles Gewürm auf, welches sich in Massen an den „Gebeln" labte und die Blätter durchlöcherte, bis nur mehr ihr Gerippe übrigblieb. Im Volksschulalter wurden die regelmäßigen Kontrollgänge und das Absammeln der „Krautwürmer" an uns Kinder delegiert, da wir sowieso unsere Runden um den Acker zogen, gute Augen zum Suchen und kleine, flinke Hände zum Sammeln hatten. Die im Becher nach Hause gebrachten Raupen wurden von den Eltern verbrannt. So blieben die Löcher in den „Krautplotschen" auf ein annehmbares Maß beschränkt.

Als im Oktober die Temperaturen sanken, begannen die Eltern den 300 kg fassenden Sauerkrautbottich einzuwässern. Als die Krautköpfe auf dem Acker groß und reif genug waren, schnitt die Mutter die Köpfe mit einem Messer am Strunk ab und entnahm gleichzeitig die äußeren, harten Blätter, welche von uns Kindern für die Schweinefütterung eingesammelt und nach Hause genommen wurden. Am Hof putzten wir die Köpfe sauber zu und halbierten sie, der stärkere Teil des Strunks wurde entfernt und das zurechtgeputzte Kraut auf der Krautschabe geschnitten. Wir Kinder aßen die knackigen Strünke wie Obst und beobachteten die Eltern, wie sie den Krauthobel bedienten.

Das geschabte und danach gewürzte Kraut wurde in einem Holzschaffel zum gewaschenen und im Keller vorbereiteten Bottich getragen. Darin wurde eine Lage des geschnittenen Krauts verteilt, und aus der kinderreichen Familie mussten zwei davon das Kraut treten. Freilich waren die Füße im Brunnentrog zuvor sauber gewaschen worden, denn in das Haus war das Wasser auf diesem Hof Anfang der 1970er-Jahren noch nicht eingeleitet gewesen, und wir Kinder rannten früher draußen barfuß umher.

So traten wir im Kreis und in der Mitte das Kraut an, und die älteren Geschwister kamen erneut mit einem Schaffel voll und leerten dieses in den Bottich. Durch das lageweise ständige Stampfen trat die Zellflüssigkeit des Krauts aus, und erst, wenn genug Flüssigkeit vorhanden war, kam die nächste Ladung drauf. Zuletzt streuten Mutter und Vater fein etwas Salz auf die oberste Lage, ehe sie mit sauberen, hellen Krautblättern abdeckten und ein Leinentuch auflegten. Der innen genau abdeckende Holzdeckel wurde mit großen Steinen beschwert, sodass der Krautsaft hochstieg.

Das große Fass stand schon am Platz, wo das Sauerkraut zur vollen Ausreifung kam. Im Spätherbst und Winter wurden wir in den Keller geschickt, den Krautwasserstand zu überprüfen und auftretende Schimmel- oder Kahmbildungen zu melden. War zu wenig Wasser, so wurde eines erhitzt, nach dem Abkühlen mit wenig Salz versetzt und am Holzdeckelrand eingegossen, wodurch das Kraut wieder vollends damit überdeckt war.

In der Moderschichte des Bodens unter den Latschenästen (Legföhre, *Pinus mugo*) entstehen wunderbare Fermentgerüche, welche Moschusaromen freigeben.

Moschusgerüche auf den Alpweiden und Asseln im Kompost

Als wir beim Viehhirten während der Mittagsrast auf den Weideböden lagerten, da waren wir dem Erdmaterial und seinem Leben sehr nahe. Da verbanden uns die Gerüche und die Bakterien mit den duftenden Abgründen des Bodenlebens. Wir lagen auf den Almweiden, zwischen hohen Pulten der Zwergsträucher wie Alpenrose, Heidekraut und Heidelbeere, ganz nah mit dem Gesicht auf der Grasnarbe, auf den wunderbar riechenden Moosen und Flechten.

Manchmal riechen die natürlichen Humusböden moschusähnlich. Dies ist auf die Zersetzungsphasen der Humusformen oder auf die Beteiligung bestimmter Pflanzen zurückzuführen (wie z.B. Echter Speik, *Valeriana celtica*, im Bild).

Moschusgerüche auf den Alpweiden und Asseln im Kompost

Manchmal meinten wir, das wundersame Aroma entstamme einer Pflanze. Ja es gab den Echten Speik (*Valeriana celtica*) und eine Schwingel- und Nelkenart, deren Wurzeln und Blüten einen himmlischen, parfümartigen Duft verströmten, und wir machten uns auf die Suche nach diesen und anderen Kräutern. Die Entdeckung des Moschusgeruchs ging weiter auf Reise, und sie schien eine Krönung zu werden. Alle Baldriangewächse, aber im Besonderen der Echte Speik verströmen moschusähnliche Gerüche vornehmlich aus den Wurzeln und stärker aus den getrockneten Wurzeln. Und der sie unmittelbar umgebende Boden riecht ebenso danach.

Bald allerdings entdeckten wir, diese feinen Gerüche nach Patschuli entstammten den Humusauflagen, wenn sich dort der Bestandesabfall langsam verrottender Blätter und Grashalme akkumulierte. Moschusähnliche Gerüche entdeckten wir ebenso im Wald bei den vermodernden Stöcken gefällter Bäume oder der auf dem Boden liegenden, dahinmodernden Stämme. Und wenn wir während der Mittagsrast zum Schutze vor der starken Sonne unter den weit ausladenden Legföhrenästen (Legkiefer, *Pinus mugo*) lagen, den minimalen Schattenbereich ausnutzend, so erlebten wir dort auch auf wunderliche Weise den feinen Moschusgeruch. Sehr ähnliche Düfte finden sich im Humus der Adlerfarn- und Wurmfarnböden.

Doch die Geheimnisse sollten unergründlich bleiben, und wir möchten mit Absicht nicht nach wissenschaftlichen Kriterien die Geschehnisse der Natur sezieren. Die Natur soll ihre Geheimnisse bergen können. Bei der Kompostierarbeit sind wir später immer wieder diesem Patschuli-ähnlichen Aroma begegnet, wenn wir die reife Erde in den Händen hatten, die aus der Verrottung verschiedener Materialien herrührte und bei der schon die Asseln beteiligt waren. Diese traten in der Endphase der Rotteprozesse auf, um die kleinen und von Bakterien mürb gewordenen Holzfasern aufzuarbeiten. Auch der gut kompostierte Kuhfladen gibt beim Zerteilen Moschusgerüche ab.

Um nicht einen falschen Eindruck zu vermitteln, war uns bei der Beschäftigung mit dem Moschusgeruch klar, dass bei der Fermentation ganz andere Aromen und Gerüche entstanden als bei den Zersetzungsschritten danach, welche viele unangenehme Aromen nach sich zogen.

Erfahrungen und Zugänge erleben

Für Monate eine eigene Welt

In den letzten Jahren hatte sich uns bei den Umsetzungen und Versuchen die Außenwelt entzogen, so vertieft gingen wir den Überlegungen nach, um die Fermentationsanordnungen mit Konzentration durchführen zu können. Wir waren hineingezogen in die Abläufe der Bakterienwelt und vertieften uns in diese Thematik. So verbrachten wir, jeder für sich zurückgezogen, viele Wochen und Monate vom Frühling bis zum Herbst mit der Pflege der Mikroorganismenkulturen in den Gläsern mit den Fermentverkostungen.

Täglich wandten wir uns konsequenterweise der Verarbeitung zu. Doch selbst die einsamsten Menschen bekommen beim Fermentieren unweigerlich Besuch: von den unzähligen Essigfliegen, welche von den säuerlichen Aromen angezogen werden und selbst in hermetisch verriegelten Räumen auftauchen können.

Wir verdichteten das Wissen um die Fermentation und konnten die Weite der Möglichkeiten ausloten. So entstand eine unbeschreibliche Vielfalt an geschmacklichen Abenteuern. Von morgens bis abends waren wir mit dem Sammeln und Ernten, Reinigen und Herrichten der Pflanzen, dem Schneiden und Zerkleinern, Abmischen und Würzen beschäftigt. Die Zeit verlief nur scheinbar monoton im Tun. Diese Tätigkeiten waren sehr intensiv, und wir haben uns ganz dem Wirkungskreis natürlicher Mikroorganismen und dem geheimnisvollen Treiben verschrieben. Der Innenwelt der Mikroben kamen wir näher, wenn sich die Materialien in den Gläsern veränderten.

Wir befassen uns mit der Fermentation, um unsere eigene Ernährungsvielfalt zu erweitern, und wir wollen wissen, inwiefern die Menschen vor der Inkulturnahme und Züchtung von Pflanzen Vorräte angelegt hatten. Die Fragen zur Lagerung und den einstigen Behältnissen sind nach wie vor offen. Um dies herauszufinden, sind ohnehin die Archäologen und Ethnologen angehalten, kritischer wie bisher diesbezüglich ihre Funde zu interpretieren.

Heute können wir sagen, mit der Fermentation der Wildpflanzen zeigen wir einen Weg auf, der für die Erschließung neuer Nahrungsquellen eine wichtige Ergänzung und Erweiterung darstellt und wahrscheinlich für das Überleben des Sammlers „Mensch" von großer Bedeutung sein wird.

Im vorliegenden Buch sind anhand von ca. 150 Rezepten die allgemeingültigen Regeln des Fermentierens von und mit Wildpflanzen angeführt. Verschiedene Pflanzengruppen und Pflanzenteile haben uns in den Fermenten unterschiedliche Geschmackseindrücke und Erfahrungen gebracht. Diese Kenntnisse können grundsätzlich für andere essbare Arten und im Alltag gebräuchliche heilkräftige Pflanzen, welche nicht im Buch angeführt sind, angewandt werden. Freilich obliegt der sorgsame Umgang mit diesem Wissen jedem Einzelnen.

Selbermachen und die Nährgrundlagen schaffen

Bei unseren Fermentierversuchen entstanden viele Überraschungen und kunstvolle Ausführungen, welche unsere Bewunderung erregten. Durch das Einschweren mit kleineren Gläsern entstand u.a. durch den strukturierten Glasboden ein siegelartiger Abdruck bei den Abdeckblättern (im Bild: Ulme und Linde).

Wer selber einen Gemüse- und Obstgarten bewirtschaftet und mit dem Erntegut haushaltet und annähernd selbstversorgend lebt, kommt nicht umhin, Überschüsse oder die Vielzahl gleichzeitig reif werdender Früchte in Vorräten für den Winter anzulegen, um „aus dem Geld zu bleiben" (s. MACHATSCHEK, M. 2017). Durch die erweiternde Anwendung der Praktiken zur Sauerkrautherstellung machten wir eine Reise in eine Geschmackswelt, wie sie uns und auch einigen Generationen vor uns völlig unbekannt war, denn wer experimentierte schon mit Wildpflanzen und schenkten diesen eine nährende Bedeutung. So erhielten wir in der frischgemüse- und salatarmen Zeit köstliche Nahrungsmittel mit wertvollen Vitaminen, Mineralstoffen und Spurenelementen.

Neben der Bevorratung mit konservierenden Essigmarinaden und Salzlaken haben wir gerade die „Trockene Fermentation" nur mit Salz und, indem wir mit den Jahren vermehrt die Wildkräuter in den Vordergrund stellten, völlig neue Lebensmittel ausprobiert, welche unter heutigen Verhältnissen geschmacklich viele Möglichkeiten mit sich bringen. Die Sauerkrautbereitung aus Berg- oder Feldahornblättern oder z.B. Ampferblättern greift auf die Hinweise von Heinrich BROCKMANN-JEROSCH zurück. Doch probierten wir diese nicht für die Hauswirtschaft aus, so wäre es ein Wissen geblieben, welches vielleicht der Schweinemast dienlich gewesen wäre. Wir möchten allerdings nicht verhehlen, dass uns beim Ausprobieren die Zubereitung von Silage schon sehr faszinierte, bei der wir in der Kindheit mitgeholfen hatten.

Bei der Kompostverrottung entstehen aromatisch riechende Zwischenphasen. Ähnliche Düfte können auch bei den Fermentprodukten auftreten. Die Sauermacher versuchen die Fermentation durch fachgerechte Handhabung so zu stabilisieren, damit keine Verrottungsendphase entsteht.

Erfahrungen und Zugänge erleben

All die unzulänglichen Versuche mit fragwürdigen Geschmäckern und Gerüchen haben wir verworfen und durch neuerliche Experimente zu verbessern versucht. Bald wurden durch Wiederholung Fehler erkannt und Unzulänglichkeiten korrigiert, denn manche Zutaten schlagen sich geschmacklich. Die Anwendung und die vergleichenden Beispiele machten Ableitungen zu den angeführten Rezepten möglich. So entstanden bei den angeführten Fermentationsbeispielen Ergebnisse, welche nicht als Rezeptwissen, sondern vielmehr als Anhaltspunkte zu sehen sind, an denen man sich vorarbeitet und Erfahrungen sammelt.

*Brodelnde Gläser
brachten das Gehirn zum Nachdenken*

Unsere Beobachtungen mündeten über die Jahre in viele weitere Experimente. Vorteilhaft waren das breite Praxiswissen in der Garten- und Bauernwirtschaft und der tägliche Umgang mit den Wildpflanzen. Wir versuchten offen zu sein, vor allem bei der Verarbeitung von Wildpflanzen mit Gemüsekombinationen und ebenfalls durch die Beigabe von Gewürzen zu erfahren, unter welchen Bedingungen und beteiligten Zutaten nahrhafte Nahrung entstehen konnte. Die ausschließliche Deutung konkreter Verläufe war nicht unser Ziel, doch zumindest wollten wir die grundlegenden Zusammenhänge nachvollziehbar verstehen. Mit den Wildpflanzen leben, bedeutet fern des üblichen Denkens in eine eigene, subtile Welt einzutauchen.

Immer wieder sind wir fasziniert, wie es in den Gläsern binnen weniger Tage durch die Tätigkeit der Milchsäurebakterien brodelt.

Einige Lagerversuche der frühjährlichen Fermentationsbestände in Wien und Graz der 1980er- und 1990er-Jahre scheiterten zumeist an der sommerlichen Hitze und unzulänglichen Lagerbedingungen. Die Gasbildung in den Gläsern transportierte die Flüssigkeit nach außen, und die Regale auch der Tiefparterrewohnung und Kellerräume waren dadurch versaut worden. Deshalb verbrauchten wir, soweit es ging, diese Vorräte bis zum Sommer und begannen erst wieder im späten Sommer mit dem Fermentieren, wenn in den Gärten die großen Ernten anfielen. Erst durch die kühle, aber frostsichere Lagerung bei ca. 2 bis 7°C, wie z.B. in einer nordseitigen Garage, konnten die konservierten Vorräte bis in das nächste Frühjahr fortbestehen, und dadurch ersparten wir uns im hauswirtschaftlichen Sinne Kosten und Aufwände.

Und heute sind die Regale voll mit gefüllten Wildpflanzenfermentgläsern

Unsere Treppe auf der kühlen Nordseite des Hauses und die wandzugewandte Seite der Kellerstiege sind mit Wildpflanzenfermentgläsern vollgeräumt. Das ist der beste Platz, wo es dunkel und konstant kühl ist und die Treppe wie ein Regal genutzt werden kann. Zum Glück haben wir auch einen anderen Zugang, über den wir unseren Keller erreichen können. Täglich oder jeden zweiten oder dritten Tag öffnen wir ein Glas davon, um die Fermente als Vorspeise oder als Hauptgericht zu genießen. Intensive Fermente verwenden wir zum Untermischen in Salate und teilen den Verzehr auf mehrere Tage auf. Zwischenzeitlich lagern wir diese Gläser im Kühlschrank. Die Haltbarkeit einiger Sauergemüse währt nicht sehr lange, und da müssen wir im Gebrauch konsequent bleiben. Ohne genaue Aufzeichnung der einzelnen Entstehungsgeschichten und Zielsetzungen wollten wir die Fermentierprojekte nicht betreiben.

Im Frühjahr stellen wir wesentlich mehr Fermente her, als wir verzehren können. So wachsen verhältnismäßig mehr Vorräte für den Winter an, aus denen wir auch Aussagen über die Lagerdauer und Haltbarkeitseinflüsse ableiten können. Nicht führen wir in diesem Buch z.B. die Fermentation des Tabaks zur Herstellung von Rauchwaren und auch nicht die Zubereitung von Essig, Rauschmitteln oder Alkoholika (wie z.B. Most, Bier oder Wein) durch fermentierartige Konservierungsprozesse an.

In Jahren, in denen viele Gläser mit Fermenten entstanden, lagerten wir diese auf einer nicht benutzen Kellerstiege. Schon allein der bunte Anblick im Herbst und Winter erfreute unsere Gemüter und regte zu weiteren Wagnissen an.

Die geschaffenen Vorräte des Sommers lagern wir in kühlen und dunklen Räumen. Bei längerer Lagerung ist wegen der konstanten Lagertemperatur ein separater Kühlschrank behilflich.

3. Grundüberlegungen zum Fermentieren

Die „gelenkte Fermentation" von Lebensmitteln stellte innerhalb der Zivilisation eine Revolution dar, denn mithilfe von Bakterien konnte Nahrung besser aufgeschlossen und haltbar gemacht werden, und es waren Bevorratungen für einen längeren Zeitraum möglich. Das einzige Hemmnis waren die wenig vorhandenen Möglichkeiten der Schaffung sauerstoffarmer Bedingungen oder gar von Behältern. Doch dieser Umstand war durch Erdmulden oder Steinlöcher, Baumhöhlen und die ersten Gefäße aus Rinden, Holzstämmen, Spanholz und Tongefäße ausgeräumt worden, um mit geeigneten Abdeckungen halbwegs geschlossene Verhältnisse für das Fermentieren zu haben.

Ohne die Verwandlungsprozesse der Fermentation gäbe es z.B. keine Milchprodukte wie Käse, Joghurt oder Topfen. Unter anderem wandeln die Laktobazillen die weniger gut verträgliche Laktose in Milchsäure um, welche unserer Verdauung zuträglicher ist. Weiteres bilden diese Bakterienarten Omega-3-Fettsäuren, wodurch Ablagerungen an den Wänden der Blutgefäße vermieden werden und die Zellmembranen funktionstüchtig bleiben. Ohne die Steuerung der Fermentiervorgänge gäbe es keinen Wein und kein Bier, keine Wurst und kein Sauerkraut. Ohne Fermentierung von Getreide gab es früher kein Brot, und die Verdaulichkeit der durch Mikroorganismen beeinflussten Stärke war vergleichsweise viel besser. Bei den Gärprozessen eines Teigs mit langer Teigführung werden u.a. Bestandteile wie die Phytinsäure aufgespalten, welche für die verminderte Aufnahme von Nährstoffen verantwortlich ist bzw. den Abbau toxischer Stoffe bewirken kann. Und erst unter Zuhilfenahme der Fermentationsvorgänge wurde später Schokolade, Schwarztee, Tabak und Kaffee geschaffen.

Gemeinschaftlich organisiertes Leben

Mikroorganismen leben in symbiotischer Gemeinschaft mit anderen Lebewesen. Diese Koexistenz von Pflanzen und Tieren mit den natürlichen Mikroorganismen besteht, seit es Leben auf dem Planet Erde gibt. Die Menschen waren unweigerlich den Umwandlungsprozessen durch Mikroben ausgesetzt, deren Ziel der Abbau organischer Stoffe ist, um daraus über viele ökologische Nutzungskaskaden Nahrung für andere Lebewesen und im Endeffekt Verrottungsmaterial herzustellen, welches wiederum endgültig als

Nahrung den Erdlebewesen zu dienen hat. Dabei ernähren sich Bakterien unmittelbar von organischen Zersetzungsprodukten und im Abbauprozess vorgelagerter Bakterienstämme.

Der Mensch leitete aus diesen Abbauprozessen der Natur die Fermentation ab. Er verstand es, die Umwandlungsprodukte in bestimmten Ablaufphasen zu stabilisieren, damit sie von den Mikroben nicht auf natürliche Weise vollständig abgebaut werden würden. Der Mensch hat also die Fäulnisprozesse unterbrochen. Diese stabilen Zwischenprodukte, kühl und ohne Sauerstoffzufuhr gelagert, dienten als Nahrung.

So lernte der Mensch, auch Kulturgemüse für einige Monate bis Jahre haltbar zu machen oder die Nutzung einer reichen Ernte durch Haltbarkeitsbedingungen im Herbst in die kalte Jahreszeit hinauszuzögern. Und umgekehrt ist entwicklungsgeschichtlich nicht zu vergessen, dass die Anwendung von Bevorratungsmöglichkeiten angebauter Nahrung stets von den vorausgegangenen Aufbereitungsweisen der Haltbarmachung essbarer Wildpflanzen herrührte.

Belebter Kosmos im Glas und das Wilde der „Lebendigen Nahrung"

Beim Fermentieren kann man nicht von einer Unterwerfung der Bakterienwelt sprechen, sondern von einer Art der Regulation, mit einfachen Mitteln bestimmte Zustände an Nahrungsmöglichkeiten zu konservieren und verfügbar zu machen. Beherrschbar sind die Mikroben nicht, doch kann man mit diesen einen nützlichen Umgang pflegen, indem man diese durch die Bedingungen (wie Salz, Umgebungstemperatur) beeinflusst und steuert.

Die Realisierung der Festhaltung von Gerüchen und Geschmäckern ist ein Ziel, und die Möglichkeiten an Variationen sind deren so viele und nicht fassbar, denn die unbekannte Welt dieser Mikroorganismenprozesse führen immer zu anderen Ergebnissen. Bei der Fermentation im Haushalt sind vielfach die Variationen nur annähernd einheitlich umzusetzen, denn es entstehen durch die Arbeit der Mikroben stets neue Aromen oder eine Aromengruppe. Über die im Endeffekt jeweils beteiligten Mikroorganismen und ihren mengenmäßigen Anteil haben wir nur vage Kenntnisse. Beim Leben der Mikroben handelt es sich um ein ungewisses Terrain. Das wilde Leben der Bakterien und Pilze ist

Von den wild wachsenden Pflanzen, wie Pastinak und Wilder Karotte, lassen sich gemeinsam mit Kren und Kulturkarotte herrliche Fermentsalate zubereiten.

zu akzeptieren und nicht unter Laborverhältnissen wie bei der industriellen Lebensmittelherstellung in bestimmte Richtungen zu erzwingen.

Die Lebendigkeit der Natur sollte frei und wild walten können, auch mit dem Risiko einer überbordenden oder aus der Sicht des Menschen ausufernden Mikroorganismentätigkeit, welche zu neuen Geschmacksrichtungen führen. Die Natur stellt uns diese „Lebendige Nahrung" zur Verfügung, welche im Vergleich zu den in der Lebensmittelbranche hergestellten Waren als eine „Wilde Nahrung" zu bezeichnen ist. Aus archäologischer Sicht stellen die Fermente aus Wildpflanzen wahrscheinlich die natürlichste Nahrungsquelle dar, welche die Menschen seit ihrer Entwicklung koevolutionär begleitet haben. Außerdem lernten die Menschen mit den Gegenspielern, wie Krankheitserregern, einen Umgang zu finden, und sie haben erkannt, dass viele Bakterien und Pilzarten beschützende Begleiter sind, die die Gesundheit fördern.

Die ersten Abbauprozesse bei der Kompostmiete stellen Fermentationsvorgänge mit ähnlichen Gerüchen und Aromen dar (*im Bild* Krisztian Toth vom Weingut Umathum in Frauenkirchen, Burgenland 2014).

Fäulnis- und Verrottungsprozesse aufhalten …

Der Lauf der Natur ist es, biogenes Material ständig einer Verwandlung und dem natürlichen Abbau zu unterstellen. Die natürlichen Prozesse nehmen nur bedingt Rücksicht auf die einzelnen Lebewesen und bleiben unerbittlich beim Verfolgen ihrer Gesetze. Die Erfahrungen der Kompostierung biogener Abfälle in Bayern, Niederösterreich und der Schweiz führte uns vor Augen, dass diese Zersetzungsprozesse als die Verlängerung der Fermentierung angesehen werden können. Nach den Fermentationsvorgängen beginnen in der freien Natur die eigentlichen Fäulnis- und Verrottungsprozesse, wenn das Material ausreichend durchlüftet ist (vgl. FRANCÉ, R.H. 1922). Organismen leben von anderen Lebewesen oder von deren Abbauprodukten. Dabei ist auch bei den Bakterien von einer „Beseligung" auszugehen.

Verschiedene Hefe- und Schimmelpilze sind auf vermodernde biogene Masse angewiesen und benötigen für den Abbau Sauerstoff. Lässt man Essen einige Stunden lang offen und ungekühlt stehen, siedeln sich darauf Bakterien-, Pilz- und Hefekulturen an. Sie nutzen die Speisen für ihren Lebenszyklus und verfolgen die Aufgabe der Umwandlung und des Abbaus biogener Materialien. Es dauert sodann einige Tage, bis ein Schimmelrasen sichtbar wird. Als mikrobielles Endprodukt entstehen bei ausreichend Feuchtigkeit und jeweils spezifischen Temperaturverhältnissen letzten Endes mineralisierte Stoffe mit geringem Anteil beteiligter Lebewesen.

... und Vegetabilien kontrolliert veredeln

Organischem Material ist der Abbau bis zu Humusformen und somit ihre Mineralisierung vorbestimmt. Grundsätzlich wird Biomasse von tierischen Lebewesen konsumiert und somit energetisch genutzt und verwandelt. Bei den Abbauprozessen beteiligen sich auch viele Mikroorganismen. Dabei tritt z.B. unter dem Einfluss einer Milchsäuregärung ein kurzer bis länger wirksamer konservierender Effekt ein. Der Mensch machte sich diese Beobachtung der mikrobiellen Einflussnahme zunutze und begann diese Vergärung auf eine schöpferische Ebene zu bringen, indem er diese biologischen Zersetzungsprozesse steuerte und kontrollierte, um Rohmaterialien überhaupt als Nahrung und diese haltbar gemachten Zwischenprodukte für Vorräte verfügbar machen zu können.

Die Wechselwirkungen von Bakterien in der Entwicklung des Abbaus von Biomasse und somit der Fermentation und in der Darmwelt von Mensch und Tier ist unbestritten, und die vielen Querbeziehungen dieser beiden mikrobiellen Ökosysteme sind uralt. Denn die Fermente haben offenbar die Fähigkeit, verschiedene Erkrankungen der Darmwand zu heilen. Ist der Darm angegriffen, so wird auch unser Immunsystem labil. Profund hergestellte Fermentprodukte besitzen besondere gesundheitliche Qualitäten, weshalb milchsauer vergorenes Gemüse und vor allem das Sauerkraut von der Bevölkerung so gern angenommen werden. Fermentierte Lebensmittel enthalten viele Enzyme und gesunde Mikroorganismen, wodurch Vitamin C erhalten bleibt und Vitamin B12 gebildet wird, welches in der vegetarischen Ernährung in unzulänglicher Form zur Verfügung steht. Sie wirken unserer Gesundheit zuträglich und ausgleichend, entgiften den Körper und halten schädliche Einflüsse auf den Darm hintan.

Individuelle Aromen in jedem Glas

Wir bewegen uns bei den Fermentationsaromen an der Grenze zu den Verrottungs- und Zersetzungsaromen biogener Materialien. Aus unserem heutigen Verständnis sind diese Produkte für Fermentieranfänger nach dem Öffnen der Gläser gewöhnungsbedürftig. Selbst für langjährige Sauermacher treten neue Aromen und variantenreiche Geschmäcker zutage, zu Munde und in die Nase. Der Eigengeschmack des Natürlichen einzelner Wildpflanzen unterliegt bei der Fermentation einem Wandel, wobei die Würzung oder das Weglassen der Gewürze hier zwei Großvariationen ermöglicht.

Vom ersten Eindruck nach dem Riechen und Verkosten eines fermentierten Wildgemüseproduktes darf man nicht ausgehen. Da lässt man sich in die Irre leiten, denn die Gerüche der Fermentation wurden in unserer Erinnerung als „schlecht" und „abzulehnen" abgespeichert. Als wir verschiedene Versuche machten, erinnerte uns der Geruch manchmal an Silage oder an den Silage-Saft, häufig an Tinte aus dem Fass, später an Sauerkraut, auch an Miso und viele andere unschlagbare Aromen. Bei allen Gärstufen der Fermentation entstehen Aromastoffe. Diese entwickeln sich weiter, bis die Gärung abgeschlossen ist bzw. das Produkt verzehrt wird.

Wir haben uns nicht abschrecken lassen, sondern die Frage gestellt, wie man mit Wildpflanzenfermenten umgeht. Durch Ausprobieren machten wir die Erfahrungen, dass lange gelagerte Wildgemüsefermente, mit intensiven Gäraromen oder zu salzig und scharf geworden Gärprodukten, in Mischung mit anderen Beigaben, wie gekochte Linsen, Sellerie und Karotten oder rohem Chinakohl, Apfel, gemischt mit Honig und Öl, herrlichste Salate ergaben. Auf die Anrichtmenge der zu mischenden Komponenten kommt es an, und das ergibt sich bei Tisch, wo jeder Essensteilnehmer nach seinem Geschmack mehr oder weniger selber über die Kombinationen und Mengen entscheiden kann.

Seite 63: Die in Salzlake gelagerten Gemüse- und Obstüberschüsse halten durch die Tätigkeit der Milchsäurebakterien und erfolgte Säurebildung einige Jahre lang.

Heutiges Verständnis von Geschmack und Aroma hinterfragen

Fermentierte Speisen mit Wildpflanzen schmecken völlig anders als vergorenes Gemüse. Sie führen zu einer noch abwechslungsreicheren Vielfalt in unserer Ernährung. Sie stellen Geschmackserlebnisse dar, welche ursprünglicher sind und den der Natur näheren Menschen ausreichend geläufig waren und wieder sein werden. Man kann nicht von einem Aroma sprechen, sondern von vielen streng riechenden Aromen, welche sich durch den Einfluss der Wildkräuter, die unzähligen Kombinationsmöglichkeiten und verschiedenen Arten der Zubereitungsweisen ins Unendliche erweitern. Sie besitzen eigenwillige und gewöhnungsbedürftige Geschmäcker. Zudem besitzen einige fermentierte

Das „Gartenunkraut" Giersch (*Aegopodium podagraria*) bildet durch die Fermentation ganz besondere Geschmäcker und Aromen.

Speisen einen leicht herben bis bitteren Geschmack und andere wiederum ganz besondere Aromanoten.

Die selber hergestellten Erzeugnisse gelingen nie nach einem Schema, sondern bleiben selbst bei genauer Rezeptbefolgung im Ergebnis individuell variationsreich und andererseits verschieden im Geschmack, obwohl die gleichen Ausgangsmaterialien verwendet wurden. Dies ist von den Mikroorganismen abhängig, welche sich gerade bei den Fermentationsvorgängen beteiligen.

Die „Konsummenschen" haben sich von diesen säuerlichen und kräftig ausgeprägten Aromen schon seit vielen Generationen verabschiedet. In der Gastronomie sind Wildpflanzenfermente nur bedingt einsetzbar, da die von der Nahrungsverarbeitungsindustrie zur Geschmackshomogenität erzogenen

Bei der Essensbereitung und der Lagerung von Nahrung unterstehen die Speisen ständig dem Einfluss der Mikroflora.

Speisegäste in Erwartung einförmiger Geschmäcker stehen. Sie wären in ihren verinnerlichten Erwartungen überfordert und enttäuscht, denn der Gast braucht wieder mehr Zeit zum Geschmackfinden, um sich auf neue Aromen einzulassen.

Die Keimfeindlichkeit und Kriegsführung gegen Symbionten der Menschen

Die Wissenschaft hatte bis vor wenigen Jahren lediglich einzelne Bakterienarten erforscht, jedoch nie Lebensgemeinschaften verschiedener Mikroorganismen und ihre gegenseitige Beeinflussung. Daraus entstand die Meinung, eine Art und alle Arten seien gefährlich und wir hätten uns im Allgemeinen vor den Keimen zu schützen. Unsere heutige Einstellung zum Essen und zum Leben ist von dieser Keimfeindlichkeit getragen. Alles ist maschinell aufbereitet, mit chemischen Mitteln oder durch Pasteurisierung steril gehalten, sorgfältig meistens in Plastik abgefüllt oder verpackt, selbst Bioprodukte stehen unter chemischen Einflüssen, damit sie länger in den Verkaufsregalen haltbar bleiben.

Heute ist man dummdreisten Beratungen ausgesetzt, bei denen behauptet wird, man solle nur für wenige Tage Lebensmittel einkaufen. Begründet wird dies wegen der hohen Gefahr vor Schimmel. Auf diese Weise betreibt man ein falsches Problembewusstsein, und man macht aus Menschen inkompetente Konsumtrottel, welche auf die Supermärkte und auf Fertigprodukte angewiesen sind und davon abhängig werden. Wie man es auch anders machen kann, dazu werden keine Beratungen durchgeführt.

Wenn man sich mit der Ökologie der Mikroben beschäftigt, so ist gerade aus den Erfahrungen der Fermentation ihre Unbedenklichkeit abzuleiten. Eine

Die grünen Paradeiser sowie Gemüseüberschüsse lassen sich im Herbst mit Kultur- und Wildkräutern gewürzt ähnlich dem „essigsauren Russenkraut" milchsauer vergären.

sinnvolle Umgangsweise mit der Mikrobenwelt ist deshalb erstrebenswert, da wir uns über die Ernährung und Naturkontakte täglich mit jenen Bakterien und Pilzen arrangieren sollen, welche uns schädigen oder nützlich sein können. Auf diese Weise wird die Immunabwehr geschult und erprobt. Durch den Umgang mit den Mikroorganismen bleiben wir gesund. Durch den Kontakt mit den überall vorkommenden Bakterien erfolgt eine ständige und gegenseitige Anpassung auch der bakteriellen Gegenspieler. Die gesundheitliche Koexistenz ist gerade im Zusammenhang mit stark resistenten Keimen, wie z.B. bei periodisch auftretenden epidemischen Situationen, immens wichtig.

Doch antibakterielle Mittel sind zu schwach geworden, wie wir mittlerweile von den Krankenhäusern wissen, wo allein in den europäischen Ländern die konkurrenzstärksten Krankenhauskeime jährlich zu vielen Tausenden Toten führen. Je mehr desinfiziert wird, umso stärker werden die unliebsamen Keime und umso heftiger setzen diese dem Menschen zu.

„Lebensmittel" wurden durch Sterilisation „Tote Mittel"

Ob Lebensmittel unserer Gesundheit zuträglich sind oder nicht, entscheidet die Art ihrer Aufbereitung und Verarbeitung und die davon aufgenommene Menge. Die gemachte Angst vor den Keimen wird von der Werbung und Lebensmittelindustrie benutzt, um die Kaufwaren durch Behandlungsmaßnahmen möglichst lange vor Verwesung schützen zu dürfen, damit sie nicht an Wert und somit Kaufkraft verlieren. Sie werden steril gemacht und verdienen es nicht mehr, als „Lebens-Mittel" bezeichnet zu werden. Sie sind totgemacht worden! Auf diese Weise bleiben die Verluste gering und kann auf Kosten unserer Gesundheit ein größtmöglicher Gewinn abgeschöpft werden.

Auch Verbrauchsfristen sollen bewirken, dass Lebensmittel weggeworfen und dadurch neue Waren eingekauft werden. Hier spielt man ebenfalls mit der Angst vor der Mikrobenwelt. Dass die Lebensmittel allerdings unlebendig gemacht wurden, also auf Basis von Lebensmittelgesetzen „Tote Mittel" geworden sind, wissen die Konsumenten nicht. Deshalb ist in vielen Fällen von „Nicht-Lebensmitteln" zu sprechen. Mithilfe der Hygiene kann alles argumentiert werden. Auch die Freisetzung künstlich gezüchteter und konkurrenzstarker Mikroorganismen unterliegt schon weitreichenden Forschungsschritten, wobei überlegt wird, solche nicht nur für Kriegszwecke, sondern im „zivilen Krieg" freizusetzen, um damit wirtschaftlich höher wertschöpfen zu können.

„Sauerblätter" – Nahrung der Vergangenheit oder Nahrung der Zukunft? Wir verfolgen Hinweise und Versuche der Sauerkrautbereitung aus Baumblättern. Dieserlei Fermente bezeichnen wir als „Sauerblätter". Dazu sind z.B. sehr gut die Blätter von Ulme, Linde, Ahorn, Eiche, Maulbeere und Kirsche verwendbar.

*Eine hohe Diversität an Mikroorganismen
ist für unser Überleben bedeutend*

All die Kontakte zu den Mikroorganismen, sei es in der Natur oder indem sie in uns sind, stellen Verbindungen zu den natürlichen Lebensformen und zur Ökologie der Erde dar. Deshalb gilt: Finger weg von allen Ansinnen und Umsetzungen der mikrobiellen Kriegsführungen! Wenn wir uns in diese komplexen Strukturen der Mikroorganismenwelt einmischen, entstehen Ungleichgewichte unter den Keimen, welche unserer Gesundheit und unserem Leben arg mitspielen können (vgl. BUHNER, 2002). Je stärker wir in das System dieser Organismen eingreifen, desto stärker setzen wir den Menschen, welcher ein natürlicher Teil dieses Systems ist, einer Gefährdung aus. Unsere Gesundheit ist auf einen hohen Grad an Mikroorganismen-Biodiversität angewiesen, deren Stämme voneinander abhängig sind. Kommt es zu einer Beeinflussung dieser oder zu Verlusten innerhalb dieser Biodiversität, so geraten komplexe Systeme aus dem Gleichgewicht.

Alle Nahrung wird bei der industriellen Herstellung homogenisiert, pasteurisiert und somit leblos gemacht und im Geschmack standardisiert. Untersteht durch hohe Hygienestandards und Manipulationen kaum ein Kontakt zu den

An allen Teilen der Natur haften in Koevolution entwickelte wichtige, artspezifische Mikroorganismen, welche wir für unsere Gesundheit benötigen.

„wilden Bakterien", so wirkt sich diese Trennung der von uns angestammten Mikroorganismenkomplexe fatal auf unsere Gesundheit aus. Durch den Mangel natürlicher Mikrobenkontakte sind wir auch der Gesundheitsindustrie völlig ausgeliefert.

Der Kampf gegen Bakterien ist nicht von Vernunft getragen

Die Bakterien waren vor den Menschen da, und sie werden, nachdem der Mensch abgeht bzw. endgültig abgehen würde, immer noch wirksam sein. Die Menschen werden ohne Mikroorganismen nicht überleben, die Mikroben ohne die Menschen sehr wohl. Je natürlicher und unbeeinflusster diese Mikroben bleiben, umso mehr Nutzen ziehen wir davon.

Der Körper des Menschen ist voll mit Mikrolebewesen besiedelt und im Grunde genommen ein empfindliches Ökosystem – ein unter normalen Nahrungs- und Umgebungsverhältnissen im Gleichgewicht befindliches

Mikrobiom. Viele Krankheiten gehen von einem Ungleichgewicht der Bakterien im Darm aus. Und je gesünder der Darm ist, umso gesünder ist der ganze Körper und umso besser fühlen wir uns.

Dr. Martin BLASER ist Professor und Leiter des „Human Microbiom Programms" der Universität New York. Er beschäftigt sich seit über dreißig Jahren mit der Vielfalt jener Mikroben, die unser Verdauungssystem besiedeln. Sinngemäß meint er: Die Bakterien, welche auf und im Menschen leben, sind nicht zufällig dort, sondern sie haben jeweils einen Zweck zu erfüllen. Wenn diese Bakterien durch krasse Eingriffe verschwinden, sei dies besorgniserregend. Diese „Mikrobiome" im Darm sind ausschlaggebend für unseren gesundheitlichen Zustand und üben z.B. großen Einfluss auf Übergewicht, Diabetes und Asthma aus. Der Forscher kann mittlerweile viele Zusammenhänge herleiten, welche mit dem Überhang an verschriebenen Antibiotika und dem hohen Grad an Sterilität in unserem Leben zusammenhängen, wie z.B. allgemeine Allergien, Nahrungsmittelallergien (u.a. Weizen), Herz-Kreislauf-Krankheiten oder Autismus usw. Viele Krankheitsursachen führt er mittlerweile auf das durch äußere künstliche Eingriffe veränderte Mikrobiom unseres Darmtrakts und die falsche Zusammensetzung der Darmflora zurück.

Natürliche Fermente sind unersetzlich für unsere Gesundheit. Eine Zwischenmahlzeit mit milchsauer vergorener Nahrung – im Bild ein Brotbelag mit fermentierten Bärenklaublättern (*Heracleum sphondylium*) – stärkt das natürliche Mikrobiom im Darm und hält das Gehirn fit.

Milchsauer vergorene Nahrung ist als „lebendige Nahrung" zu sehen. Frisch gekochte sowie rohe Speisen werden mit fermentierten Baumblättern aufgewertet, sofern das Ferment nicht erhitzt wird.

Fermentprodukte bei verschiedenen Allergien

Gerade bei Beschwerden wie Allergien und Diabetes, welche in den letzten Jahrzehnten eine rasante Zunahme verzeichneten, bieten fermentierte Produkte eine Verbesserung: Der in den Pflanzenteilen und verstärkt in den beigegebenen Wurzeln abgespeicherte Zucker wird von Fermentationsbakterien umgewandelt. Derlei durch Vergärung verwandeltes Wild- oder Kulturwurzelwerk ist für Diabetiker genießbar. Wichtig sind auch die Erfahrungen für Menschen bei Laktoseintoleranz: Bei richtiger Fermentation wird Laktose durch Laktobakterien in Milchsäure umgewandelt, welche allgemein für die Aufschließung der Nahrung eine förderliche Wirkung bringt.

Darmtätigkeit und Gehirntätigkeit stehen miteinander in kommunikativer Verbindung. Falsche Ernährung und Stress ziehen das Darmmikrobiom in Mitleidenschaft und bringen dadurch viele Funktionen im Körper aus dem Gleichgewicht. Prof. BLASER geht davon aus, dass der normale Kontakt der Mikrobenwelt schon mit der Geburt beginnend gesundheitsprägend ist. Eine

im Zuge richtiger Ernährung gut aufgebaute Darmbakterienwelt bestimmt über die Immunabwehrkräfte und beeinflusst die Funktionen des Gehirns sowie die Stimmung, das Verhalten und die Gefühle, da die Mikroorganismen auf die Ausschüttung von Botenstoffen einwirken können. Das ist einleuchtend, wenn der Darm an die 90 Prozent des Serotonins erzeugt, welches wir als Neurotransmitter für unsere geistige und emotionale Stabilität und somit für das Wohlbefinden und Glücksgefühl benötigen.

Durch erhöhten Stress kommt es in Teilen zu einem Verlust der schützenden Darmschleimhaut. Die erhöhte Durchlässigkeit der Darmbarriere zur Darmwand führt zu Entzündungen und anderen Beschwerden, wie Depressionen, Angsterkrankungen, chronischen Darmerkrankungen und vermutlich Morbus Alzheimer. Die Darmflora reguliert unliebsame Mikroorganismen und ist für die Funktionstüchtigkeit der Darmwand und deren Schleimhaut verantwortlich. Vor allem fermentierte Lebensmittel tragen zu einer ausgewogenen Mikrobengesamtheit im Dünn- und Dickdarm bei. Daraus kann der hohe Wert der Fermente für unsere Verdauung ermessen werden, um gesundheitliche Komplikationen zu vermeiden.

Aus bisherigen Mikrobenforschungen ist zusammenfassend anzumerken: Fermentierte Nahrungsmittel vermeiden eine Veränderung des Darmmikrobioms, und somit kommt es zu keinen Defiziten, welche zu den genannten Beschwerden führen. Fermente helfen, die natürlichen Darmbarrieren gesund zu halten. Dies wirkt sich auf eine verbesserte Kommunikation zwischen Darm und Gehirnfunktionen und auf unsere Immun- und Emotionskraft aus. Wir können also durch eine Veränderung der aufgenommenen Nahrung das Mikrobiom in der Verdauung gestalten und pflegen. Mit hoher Wahrscheinlichkeit rühren Allergien, Fettleibigkeit und Atemnotbeschwerden mit dem mangelnden Erstkontakt mit Mikroorganismen z.B. bei Kaiserschnittgeburten zusammen. Die Hygieneverhältnisse unserer äußeren Lebenswelten verhindern ein richtiges Zusammenspiel der Mikroorganismen in unseren Gedärmen. Dies zieht Autoimmunerkrankungen nach sich.

Bakterienarten und ständig veränderliche Bakterienvielfalt

Die genetische Variabilität der Fermentationsbakterien verändert sich ständig, da ein hohes Austauschpotenzial zwischen den Bakterien herrscht. Dies steht in Abhängigkeit von den Umgebungsqualitäten. Deshalb müsste man richtigerweise von der Wirksamkeit von Bakteriengemeinschaften oder von Bakterienbreitbandspektren sprechen. Sandor KATZ empfiehlt daher, mehrere traditionell fermentierte Lebensmittel zu verwenden, um dem Darm eine Vielfalt an Bakterien zukommen zu lassen. Doch er warnt vor der Herstellung von Fermentprodukten in Form von Pillen, denn solche könnten nicht die Komplexität der dynamischen Mikrobenwelt, welche sich ständig wandelt, ersetzen. Obwohl wir uns durch tägliche Wäsche reinhalten und versuchen, schädliche Bakterien abzuwenden, ist die Kontaktnahme mit den „der Gesundheit zuträglichen Mikroorganismen" unvermeidbar, und das ist von der Natur gut eingerichtet worden. Somit erfolgt eine ständige Angleichung an unsere Darmbakterien. Die dynamische – nicht die statische – Gesundhaltung der Darmflora erfolgt durch natürlich fermentierte Lebensmittel und ständige Einnahme verschiedener, Abermillionen Bakterienstämme, welche für die Inschachhaltung der *Escherichia coli*-Bakterien zuständig sind.

In Krisenfällen stellt sich nicht mehr die „technokratische Frage", was darf als Lebensmittel benannt werden und was nicht, sondern wie können wir aus der Fülle der vorkommenden Wildpflanzen unbedenkliche Nahrung und abwechslungsreiche Speisen zubereiten.

Die Bakterien durch harte Chemie in Schach zu halten oder ausmerzen zu versuchen, schlägt in das Gegenteil um. Die Mikroorganismen, ob nützlich oder für uns Menschen unnützlich, brauchen einander und halten sich gegenseitig die Waage – einmal mehr und einmal weniger.

Portulak (*Portulaca oleracea*) lässt sich hervorragend fermentieren, und die Früchte der Eberesche (*Sorbus aucuparia*) verlieren durch die Fermentation ihre Herbheit.

4. Über die Fermentation und ihre beteiligten Mikroben

Die Fermentation von Lebensmitteln kann auf eine lange Tradition verweisen. Bereits die Urbevölkerung wendete die Fermentation mit *Lactobacillus* zur Konservierung von Nahrung an, bevor es Konservierungsmittel gab oder verschiedene Kühlmöglichkeiten ausgefeilt waren. Die enzymatische Bedeutung der in der Luft frei vorkommenden Bakterien hatte sich der Mensch geschickt zunutze gemacht. Er schaffte es, dieses mikrobielle Wachstum zu kontrollieren und die entstandenen Fermentprodukte und fermentierten Getränke in sein Nahrungsrepertoire, teils sogar als Grundnahrungsmittel, aufzunehmen. Die mit Enzymen ausgestatteten Mikroben zerlegen kompliziert aufgebaute Molekülstrukturen in für uns leichter verdaubare Elemente und somit leichter aufnehmbare Nahrung. Man kann also von einer Art Aufspaltung oder von „Vorverdauung" z.B. langer Proteinketten, Kohlehydraten und Fettverbindungen sprechen. Doch was bedeutet Fermentieren und wie läuft die Fermentation ab?

Begriffsherkunft

Die Fermentation umschreibt die enzymatische Verwandlung organischer Materialien durch Mikroorganismen in Säuren, Gase oder Alkohol und stammt vom lateinischen Wort „fermentare", welches „gären machen" bedeutet. Ein Ferment wird als ein „Gärstoff" umschrieben und ist aus dem lateinischen Begriff „fermentum" – die „Gärung" – entlehnt. Ebenso bezieht sich „fermentum" auf „Sauerteig" der Brotherstellung sowie auf „Gärungsmittel, gärendes Getreide, Malz, gegorenes Getränk, Gärungssubstrat", und damit meinte man früher ebenso „(Malz-)Bier, Erbitterung und Zorn" (s. DUDEN, Bd. 7, 1963).

Die Begriffe um „ferment" sind mit dem norddeutschen Begriff „Bärme" – der Bierhefe oder Hefe – urverwandt, welcher auf der indogermanischen Bedeutung „quellen, brodeln, aufwallen, sieden" beruht. Mit der Bärme wurden der sich bildende Schaum auf einer gärenden Flüssigkeit oder Schaumblasen auf einer gärenden Oberfläche bezeichnet.

Fermente mikrobiologisch betrachtet, sind den Eiweißen verwandte Körper, welche durch ihre Einflüsse komplizierte chemische Verbindungen in einfachere Moleküle und Produkte aufzuspalten vermögen.

Bei der Fermentation entstehen durch Oxidations- und Reduktionsprozesse intensive Gärungsblasen – in den ersten sechs Tagen mehr, und wenn die Gärreife abgeschlossen ist, bilden sich nur mehr selten Gasabscheidungen.

Was versteht man unter Fermentation?

Bei der Fermentation durchlaufen biogene Stoffe oder Lebensmittel komplexe Oxidations- und großteils Gärungsprozesse, bei denen Mikroorganismen in organischen Stoffen (Nahrung oder Futter) enthaltene Stärke und Zucker in Milchsäure und Essigsäure sowie Alkohol und Gase konvertieren. Im Grunde genommen unterliegen alle organogenen Ausgangsstoffe einer spontanen Gärung, da die Mikroorganismen an ihnen anhaften oder in ihnen vorhanden sind. Eine große Ausnahme bilden rasch vertrocknende Materialien, wo die Feuchtigkeit zur Entwicklung von Bakterien, Hefen und Pilzen fehlt.

In der technischen Mikrobiologie unterliegen Mikroorganismen oder enzymatisch-chemische Veränderungen u.a. durch künstlich hergestellte Enzyme einer gezielten Steuerung, damit ihre Tätigkeit des Abbaus und des Umbaus organischer Substanzen zur Herstellung von Lebensmitteln oder zur Bildung neuer organischer Produkte in großem Stil genutzt werden können. Bei industrieller Fermentation werden in große Konverter Reinzuchtzellkulturen beigegeben, um unliebsame Entwicklungen zu vermeiden.

Auf wissenschaftlicher Ebene beschäftigten sich Forscher mit diesem Themenbereich seit dem Mittelalter. Louis PASTEUR (1822–1895) sprach das Gebiet in den 1850er-Jahren als ein verworrenes an, als er sich mit Fragen der Mikrobenkulturen und die Einflüsse auf ihr Wachstum beschäftigte. Ursprünglich bezeichnete man mit der Fermentation eine Gärung, welche unter Ausschluss von Luft stattfand. Louis PASTEUR prägte den Ausdruck „Fermentation ist das Leben ohne Luft". Heute versteht man den Begriff der Fermentation in der Biotechnologie weiter. Er umfasst jegliche mikrobielle oder enzymatische Umwandlung organischer Stoffe, also auch diejenigen unter dem Einfluss einer Sauerstoffversorgung. Manche Fermentationen unterstehen dem Einfluss von Sauerstoff (= oxische oder aerobe Fermentation), andere laufen unter Abwesenheit von Sauerstoff (= anoxische oder anaerobe Fermentation) ab. In der Lebensmitteltechnologie benutzt man solche Mikroorganismenprozesse und enzymatische Vorgänge zur technischen Herstellung von Nahrungs- und Genussmitteln bzw. um diese geschmacklich und färblich zu beeinflussen und das Aroma zu verändern.

Die technische Biotechnologie oder Fermentationsindustrie nutzt heute die gesteuerte Fermentation zur Erzeugung z.B. von Biogas oder Bioethanol in etwa für Biokraftstoffverwendung, die Produktion von Aminosäuren, organische Säuren, wie Milchsäure, Zitronensäure und Essigsäure, bis zur Entwicklung von Enzymen wie z.B. Antibiotika und viele andere pharmazeutische Produkte.

Die Trockene und die Nasse Fermentation

Wir unterscheiden für die Haltbarmachung von Lebensmitteln im Haushalt zwei verschiedene Verfahren:

1. Die „Trockene Fermentation" wird so bezeichnet, da in die Behältnisse trocken eingefüllt wird: Das zerkleinerte Rohmaterial wird gesalzen, evtl. mit Gewürzen versetzt, dann durchgemischt und schichtweise in die Gläser gefüllt und bei jedem Befüllen gestampft, bis der Saft austritt. Oder es wird das Fermentiergut lageweise eingefüllt, dann wird bis zum Saften gestampft und dazwischen gesalzen und gewürzt.

2. Die „Nasse Fermentation" wird deshalb so genannt, da das Fermentiergut mit Flüssigkeit überschüttet wird: Es wird eine kalte Salzlake angerichtet und solange gerührt, bis sich das Salz aufgelöst hat. Das zubereitete, ganze oder geschnittene, zu fermentierende Gemüse schichtet man in die Gläser und übergießt es mit der kalten Lake.

Was passiert bei der Fermentation?

Täglich stehen wir unentwegt mit biochemischen Gärungsvorgängen in Verbindung, wenn wir uns in der Landschaft bewegen oder Nahrung zu uns nehmen, seien es Käse, Joghurt oder Sauerrahm, Salzgurken oder Sauerkraut, Brot, rohe Wurstwaren oder Speck usf., oder Schwarztee oder Kaffee trinken. Und wer in das Forschungsgebiet der Fermentation eindringen möchte, benötigt dafür bloß Kenntnisse der Sauerkrautherstellung und einfache Gläser, ein sorgfältiges Arbeiten und Vertrauen auf die Fermentationsbakterien, welche sich frei in der Natur bewegen und sich in natürlicher Weise auf den Rohstoffen vorfinden.

Dabei laufen die mikrobiellen Prozesse unter Ausschluss von Luft (anaerobe Vorgänge) oder im Beisein von Luft ab (aerobe oder oxidative Gärung, z.B. Essigsäuregärung). Die Fermentation von „Sauergemüse" benötigt anaerobe Bedingungen, sie sollte also unter sauerstoffarmen bis sauerstofflosen Verhältnissen bzw. unter Wasserabschluss ablaufen. Wer Nahrungsmittel – wie z.B. Wildpflanzen oder Gartengemüse – einer Fermentation unterziehen möchte, ist nicht auf die Zugabe von Bakterien-,

Das Erscheinen der Gärungsblasen verdeutlicht die Anwesenheit von Mikroorganismen und den Beginn der Milchsäurevergärung. Beim Austreten der Gärgase sind Blubbergeräusche zu vernehmen.

Pilz- oder Reinzuchtzellkulturen oder auf Zusätze von Enzymen (Fermenten) angewiesen. Die dafür notwendigen Mikroorganismen befinden sich in der Luft oder an den zu fermentierenden Waren in natürlicher Weise anhaftend. Sie führen zu einer natürlichen Vergärung der Ausgangsstoffe, wenn sie zu ihrer Ernährung ausreichend Zucker und Proteine zur Verfügung haben, wandeln sie diese in Spaltungsprodukte wie Alkohol, Säuren und Kohlendioxid um. Das veränderte Milieu des Rohmaterials hemmt die Lebensverhältnisse unerwünschter und Biomasse abbauender Mikroorganismen. Auf diese Weise erfolgt eine Konservierung. Real laufen die Prozesse komplizierter ab, und es können dabei blubbernde Geräusche entstehen.

Drei Ablaufphasen

Aus Verständnisgründen führen wir folgende Ablaufphasen der Prozesse an:

Erste Phase: Startphase – bei 18 bis 22 °C soll die Gärung in Gang kommen.

Zweite Phase: Eigentliche Gärphase oder eigentliche Fermentation – Gläser sollen dunkel bei ca. 15 °C drei Wochen gelagert werden – das Ferment ist bereits genussfertig.

Dritte Phase: Reifephase und Lagerung – unter kühlen und dunklen Verhältnissen (Kühlschrank, Keller) kann das Ferment auch länger gelagert werden.

Abläufe bei der Fermentation

Nach dem Einfüllen der Wildpflanzen oder des Gemüses und der Salzzugabe oder dem Übergießen des Fermentiergutes mit der Salzlake erfolgt innerhalb von zwei bis fünf Tagen in den Gefäßen der gasbetonte Fermentierprozess. Optimal läuft dieser Vorgang bei einem Temperaturbereich zwischen 18 und 22 °C ab. Dabei bilden sich Gasbläschen, welche an der Glaswand gut sichtbar sind, und an der Oberfläche Schaum. Dies wird von Blubbergeräuschen und Gasausdünstungen begleitet. Bei höheren Raumtemperaturen ist die Aktivität der Milchsäurebakterien stärker, und es kommt zu einer rascheren Fermentation. Durch die rasche Zunahme der Milchsäurebakterien werden Fäulnis verursachende Organismen verdrängt oder diese sterben ab.

Der Beginn des Fermentationsprozesses wird von selber durch die anfängliche Wärme in Gang gesetzt. Bis maximal zehn Tage kann der anfängliche Fermentationsprozess andauern. Ist die Gasbildung nach drei Wochen abgeschlossen, sollen die Fermentgläser auf einem Tablett oder Teller an einem kühlen Raum gelagert werden. Danach läuft die Reifungsfermentation ab, bei der die Gläser und Behälter bei kühler Temperatur zu lagern sind. Eine höhere Salzkonzentration mindert die Tätigkeit der Mikroorganismen. Dies ist auch ein Grund, warum im Winter bei geringerer Umgebungstemperatur weniger Salz zum Fermentieren verwendet wird.

Bei den mikrobiellen Tätigkeiten werden Aromastoffe entwickelt, Gerbstoffe abgebaut, bleiben Bitterstoffe erhalten oder werden umgewandelt, und natürliche Mineralstoffe werden besser für die Verdauung aufgeschlossen. Die Menschen nutzten und nützen die Effekte der Fermentation zur Herstellung und Haltbarmachung von Lebens- und Genussmitteln. Das bekannteste Beispiel hierfür ist die Produktion von Tee, Kaffee oder in unseren Breiten das Sauerkraut, Bier, Wein und Most bzw. Apfelwein oder Sauerteigbrot. Die Bereitung von Sauermilch, Joghurt oder Käse aus Rohmilch ist seit vielen Jahrhunderten üblich. Die Milchsäurebakterien siedeln sich aus der unmittelbaren Umgebungsluft an und vermehren sich bei Raumtemperatur ideal. Heute stellt man verschiedene Milchprodukte aus pasteurisierter Milch her, die mit Kulturen geimpft wird.

Fermentierte Baumblätter – in diesem Fall von der Eiche (*Quercus* spec.) – enthalten trotz Trocknung und Pulverisierung zur Herstellung einsetzbarer „Sauerblättermehle" eine Vielfalt an Milchsäurebakterien.

Die Mikroben sind überall:

Die Fermentationsbakterien zur Vergärung von Lebensmitteln kommen in der Natur frei vor. Es ist hochwahrscheinlich, mit Hefe und allgegenwärtigen Bakterien in Kontakt zu treten, denn sie finden sich überall vor und stehen im mittelbaren und unmittelbaren Kontakt mit allen Lebewesen. Viele verschiedene Mikroorganismen helfen bei der Verdauung die Nahrung – in unserem Fall die Wildpflanzen, Gemüse und Obst – aufzuschließen. Dabei arbeiten die einen Bakterien die anderen auf und nutzen sie wiederum als Nahrung oder sie leben miteinander und mit den Menschen und Pflanzen in Symbiose. Von

Links: Um in Vorzeiten den Bitterstoffbedarf abzudecken, verwendeten die Menschen in der Steiermark die frischen Blätter und jungen Sprossen der Ackerwitwenblume (*Knautia arvense*). Wir haben auf dieses Wissen zurückgegriffen und stellen mit Radicchio, Mairübe und Mairübenblättern ein „Bitterferment" her.

Rechts: Ein Blatt der Nesselblättrigen Glockenblume (*Campanula trachelium*)

diesen Prozessen vieler lebender, wachsender und sich vermehrender Zellen zieht die Verdauung ihren Nutzen. Es handelt sich hierbei um dynamische Lebensprozesse und Abhängigkeiten, welche für unsere Gesundheit und Vitalität sehr bedeutend sind.

Und ebenso wie beim natürlichen Abbau von Biomasse sind diese Bakterien bei den Transformationsprozessen von Nahrung beteiligt; diese fermentativen Umwandlungsvorgänge nutzte der Mensch zum Aufbrechen und Erschließen und zur Verbesserung und Konservierung von Lebensmitteln. Oliven, verschiedene Wildpflanzen und unreife Wildobstarten werden z.B. erst durch die Tätigkeit der Mikroorganismen für uns genießbar gemacht. Überdies konnte durch weltweit anerkannte Forschungsergebnisse bei Fermentierwaren eine Vermehrung des Vitamin-C-Gehalts gegenüber dem Rohmaterial nachgewiesen werden.

Bakterien helfen uns, Wildpflanzen haltbar zu machen

Die Hefebakterien stellen in der Hauptsache aus Stärke, Monosacchariden und Disacchariden Alkohol und Kohlendioxid her, die *Acetobacter* erzeugen Essigsäure. Die Vielzahl an verschiedenen Milchsäurebakterien, wie z.B. jene der Gattungen *Leuconostoc* und *Streptococcus*, aber vor allem die Gruppe der *Lactobacillus*, benötigen ebenso einen gewissen Anteil an Stärke, Mono- und Disacchariden, um Milchsäure zu entwickeln, u.a. stellt *Propionibacterium freudenreichii* Propionsäure her. Weitere Mikroorganismen und Pilze bilden Fettsäuren und Ammoniak.

Fermentation ist dynamisches Leben und schafft „Lebendige Nahrung". Bei der Transformation biogener Substanzen durch die Mikroorganismentätigkeit nutzen Mikroben Zwischenprodukte oder andere Mikroorganismen als Nahrung. Bei fermentierter Nahrung steigert sich durch die Tätigkeit der Mikroorganismen der Energiegehalt.

Natürliche Mikroorganismen

Die Fermentation ist von den Temperaturverhältnissen, der Salzkonzentration, dem pH-Wert, der Sauerstoff- und Nährstoffverfügbarkeit abhängig. Der Prozess der Fermentation ist durch eine vielgestaltige Abfolge verschiedener Mikroorganismen geprägt, welche auf die jeweils veränderliche Situation der genannten Faktoren und insbesondere der Entwicklung des pH-Werts, der sich unter einem Wert von 4,6 bewegt, reagieren. Die meisten Milchsäurebakterien sind in den Bedingungen allerdings sehr anpassungsfähig und benötigen für ihren Lebenszyklus Temperaturen von 18 bis 22°C. Für ihren Stoffwechsel brauchen die Mikroorganismen hauptsächlich Kohlehydrate und Eiweißverbindungen als Nährstoffquelle. Je nach Art nutzen sie einfache Zuckerverbindungen wie Glucose und Fructose oder komplexe Kohlehydrate wie Stärke und Zellulose. Bei den Vorgängen erzeugen sie Milchsäure, welche die Vermehrung anderer Organismen hemmt.

Im Fermentiergut befinden sich auch unerwünschte Bakterien, welche die Umwandlungs- und Gärungsvorgänge stark beeinflussen oder stören können. Das zunehmende Wachstum der Milchsäurebakterien hemmt jenes der unerwünschten Organismen und führt zu einem erfolgreichen Fermentationsprozess. Je besser die unliebsamen Bakterien während der Fermentation im Schach gehalten werden, umso besser entwickelt sich die Qualität der Fermente. Deshalb ist eine Startphase bei 18 bis 22°C für eine gedeihliche Entwicklung der *Lactobacillus*-Arten von großem Vorteil.

Fermenterzeugnisse sollen ohne Erhitzung bzw. Pasteurisierung genossen werden, damit die enthaltene Mikroflora unsere Verdauung und Abwehrkräfte stärkt. Im Bild: Fermentierte Blütensprossen des Echten Barbarakrauts (*Barbarea vulgaris*) auf Krentopfen-Brot.

Die Koevolution der Lebewesen

Täglich stehen wir mit mikrobiellen Lebensformen und symbiotischen Lebensprozessen in Verbindung. Im Darmtrakt haben Billionen von Mitbewohnern ihren Lebensraum und sind für verschiedene Aspekte der Verdauung und somit für viele andere gesundheitliche Aspekte zuständig. Die Koevolution des Menschen mit den äußeren und inneren Organismen erfolgte in gegenseitiger Anpassung, und diese Entwicklung ist für unser Überleben unumgänglich. Diese sollen wir nicht durch chemische Einflüsse stören. Gerät das Gleichgewicht mikrobieller Symbiosekulturen aus dem Lot, so führt dies zu Krankheiten und zum Tod der schwächeren Teilnehmer – und das ist unweigerlich der Mensch.

Wenn wir die Ökosysteme auf der Ebene der Mikroorganismen betrachten, so sind diese ebenso bedeutsam wie jene der Makroflora und Makrofauna, ja vielleicht sogar bedeutender. Je vielfältiger die Komplexe der Mikroflora sind, umso ausgeglichener und effektiver sind ihre Wirkungen im positiven Sinne. Je mehr Fermente wir selber herstellen, umso mehr Organismen dieser

Selbst bei Verwendung einer Salzlake mit einer zwei- bis dreifachen Salzmenge im Vergleich zur Trockenfermentation erfolgt eine Milchsäurevergärung am Fermentiergut.
Im Bild: Echtes Barbarakraut (Winterkresse, *Barbarea vulgaris*).

Mikroflora umgeben uns und umso höher sind unsere Abwehrmechanismen gegen unliebsame und unsere Gesundheit gefährdende Mikroben. Die Sauermeister prägen die Bakterienwelt um sich und bestimmen somit die mikrobielle Welt in ihrer Verdauung.

Anpassung an die Welt der Mikroorganismen

Die Menschen fermentierten lange bevor es chemische Konservierungsmittel gab. Sie taten dies, um gut verdaubare und aufgewertete Lebensmittel zu erhalten und um sich mithilfe transformativer Prozesse gesund und unabhängig zu ernähren. Aber das Pasteurisieren und Hygienisieren, wie dies die Lebensmittelindustrie heute betreibt, das steht dem entgegen und schafft lediglich „tote Nahrung". Heute bedeutet so ein Spruch wie „Noch länger haltbar" oder „Länger frisch" auf den Verpackungen biologisch hergestellter Verkaufswaren aufgedruckt, durch Erhitzung oder Bestrahlung zerstörte Lebendigkeit.

Die Vergärungen stellen Umwandlungsprozesse durch die bakteriellen Tätigkeiten dar. Die Urmenschen hatten in frühen Jahren diese natürlichen Prozesse bei den Lagervorräten beobachtet und die Zwischenphasen des Abbaus biogener Nahrung für die Konservierung zu nutzen gewusst. Sie lernten die Verfahren kennen, mit den *Lactobacillus*-Arten einen richtigen Umgang zu finden, ihr Wachstum zu regulieren und die durch natürliche Mikroorganismen aufbereitete Nahrung bekömmlicher zu machen. Wenn sie Gemüse, Knollen, Wurzeln, Früchte und vermutlich auch Fleisch im Erdreich oder geschlossenen Gruben lagerten, versuchten sie, die natürliche Konservierung durch Milchsäurebakterien zu nutzen, um die Nahrung im Geschmacks- und Verdauungswert zu heben und die Entwicklung der Fäulnisbakterien zu hemmen. Eine ausreichende Säureentwicklung machte diese Nahrungsmittel haltbar. Eine unserer Tanten lagerte wegen der gleichmäßigen Temperaturverhältnisse sogar Käse in einer Erdgrube.

Die Fermentationsprozesse pflanzlicher Biomasse zur Herstellung von Nahrung sind durch die verschiedenen Umwandlungszwischenprodukte und Mikroorganismen bestimmt. Ein jedes Ferment wurde von einer Vielfalt beteiligter Mikroorganismen beeinflusst und ist als ein mikrobielles Ökosystem zu bezeichnen.

Die Mikrobenbeteiligungen

Zuerst erfolgt eine alkoholische Gärung, wobei Hefen (Frucht-)Zucker in Alkohol umwandeln. Dabei entsteht CO_2 welches gasförmig abgeht. Den Beginn der eigentlichen Fermentation machen coliforme Bakterien, zu denen auch die Gattungen *Citrobacter*, *Enterobacter*, *Escherichia* und *Klebsiella* zählen und die molekularen Sauerstoff benötigen. Die wichtigsten teilnehmenden Bakterien sind: *Klebsiella pneumoniae*, *Klebsiella oxytoca*, *Enterobacter cloacae* und *Klebsiella aerogenes*. Sie gelten als unempfindlich gegenüber Penicillinen und würden aus Ernährungssicht die Entwicklungsrichtung zu unliebsamen Produkten mit unangenehmen Gerüchen einschlagen.

Nehmen die Säuregrade zu, so werden diese Bedingungen von den weitverbreiteten *Leuconostoc*-Bakterien zu ihrer Entwicklung genutzt. Die Gattungen der *Leuconostoc* und der *Weissella* gelten als Vertreter der Familie der Milchsäurebakterien (*Lactobacillales*) und diese initiieren die eigentliche Fermentation. Der wichtigste Vertreter ist *Leuconostoc mesenteroides*, welcher unter schwach sauren Bedingungen Gas und Milchsäure bis zu einer Konzentration von 0,25 bis 0,3 % produziert, nutzt anfänglich die zwischen den Pflanzenteilen höhere Konzentration des Salzes.

Diese heterofermentativen Bakterien wachsen im anaeroben Milieu und sind aerotolerant, da sie mit vorhandenem Luftsauerstoff umgehen können, diesen aber für ihren Lebenszyklus nicht benötigen. Je weiter der pH-Wert unter 5 absinkt, umso stärker vermehren sich in Folge und unter anfänglicher Gasbildung (CO_2) die eigentlichen *Lactobacillus*-Bakterien und umso höher entwickeln sich die Säureproduktion und die Sauerstoffverdrängung durch Kohlendioxid. Durch die Verwandlung von Zuckerstoffverbindungen in den geschnittenen Pflanzenteilen produzieren sie so hohe Milchsäuremengen, sodass die anfänglich aktiven, anderen Bakterienarten keine Lebensbedingungen mehr vorfinden. Oder anders gesagt: Die vermehrte Tätigkeit der salztoleranten Lactobazillen (*Lactobacillus plantarum*, *Lactobacillus cucumeris*) führt zu einer Verringerung der *Leuconostoc*-Bakterien, bzw. vergehen diese durch ihre eigene hohe Säureausschüttung, da sie ihre optimalen Bedingungen konterkarieren. Die Organismen *Lactobacillus plantarum* produzieren bis zu einem Säuregehalt von 1,5 bis 2,0% ebenfalls Säure und Gase. Die nachfolgende Art *Lactobacillus pentoaceticus* bzw. *Lactobacillus brevis* steigert bei niedriger Temperatur die Säurekonzentration auf 2,2 bis 2,7%. In den fertigen Fermentprodukten befinden sich hauptsächlich Milchsäure sowie geringe Mengen an Essig- und Propionsäure und etwas Alkohol und Aromaverbindungen. Die säuretolerantesten Bakterienstämme überleben die Gärungsprozesse, und der hohe Gehalt an Milchsäure gibt den Fermenten den Geschmack und macht sie haltbar.

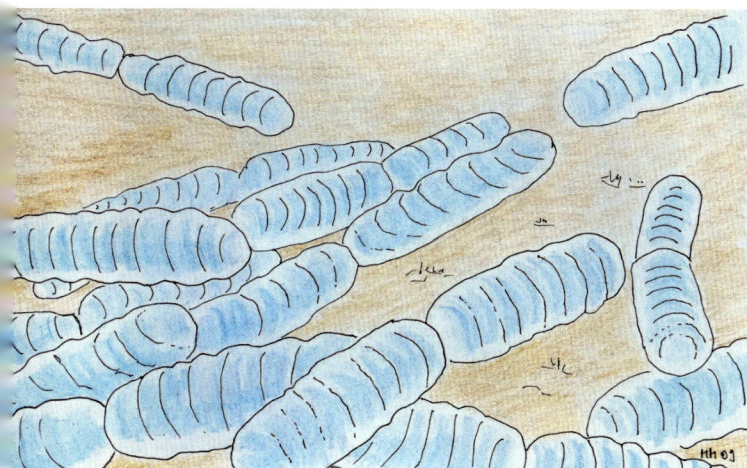

In der Hauptsache sind bei der Fermentation verschiedene Arten der Milchsäurebakterien beteiligt.

Rechts: Mit zunehmender Säurebildung vermehrt sich die Tätigkeit der *Lactobacillus*-Bakterien, und mit der pH-Wertänderung beginnt sich das Gemüse zu verfärben. Im Bild: Selbst gezogene Paprikaschoten (*Capsicum* spec.).

Die Milchsäuregärung

Am Anfang wird der vorhandene Sauerstoff von anderen Bakterien verarbeitet. Bei festem Einstampfen des Sauergemüses besteht keine Gefahr der Hefe- oder Kahmbildung, und es verändern sich bald die Verhältnisse. Es entstehen sauerstoffarme Bedingungen, wodurch die natürlich am Kultur- und Wildgemüse vorhandenen Milchsäurebakterien die enthaltenen Kohlenhydrate (Glucose und andere Monosaccharide) zu Milchsäure umzuwandeln beginnen und sich rapide vermehren. Bei diesen Energiestoffwechselaktivitäten werden zumeist noch andere Zwischen- und Endprodukte abgebaut. Durch ihre Tätigkeit entstehen Gase, wodurch der Sauerstoff verdrängt wird. So haben unliebsame Bakterien und Hefen keine Chance, sich zu entwickeln. Die aufsteigenden Gase gehen durch den losen Deckel ab. Durch die entweichenden Gase hört man ein Geblubbere. Erhöht sich das saure Milieu durch die Milchsäure weiter, so reduziert sich die Tätigkeit der Milchsäurebakterien, und es erfolgt bei geschlossenem Deckel eine gute Konservierung. Somit sind die Fermentationsvorgänge abgeschlossen. Während dieser Zeit benötigt die gut verlaufende Fermentation einen Temperaturbereich von 18 bis 22°C und einen Zeitrahmen zwischen zwei und maximal sechs Tagen. Für die endgültige Ausreifung eines Ferments benötigt es kühlere Verhältnisse um die 10°C von mindestens drei und fünf Wochen.

Grundsätzlich wäre für die Milchsäurevergärung weder eine Starterkultur noch Salz notwendig. Aus geschmacklichen Gründen mischt man auf ein Kilogramm Sauergemüse ca. sieben Gramm Salz bei.

5. Sauerkraut und Grubenkraut, Salzgurke und Kimchi als verstehbare Beispiele für die Wildpflanzenfermentation

Mit natürlich konserviertem Sauerkraut, Sauergemüse oder Wildpflanzenfermenten wird die Gesundheit über das Jahr aber vor allem über den Winter sichergestellt. Um Sauerkraut zu erzeugen, braucht es nur Kohlkraut und Salz. Hat man die Bereitung des Sauerkrauts über die Praxis begriffen, hat man auch die Milchsäurevergärung verstanden und kann selber leicht die meisten Gemüsesorten und, wie wir aufzuzeigen versuchen, ebenso die Wildkräuter, Wildfrüchte und Pilze einer Fermentation zuführen.

Die Auseinandersetzung mit der Haltbarmachung des Sauerkrauts und in interessanten, erweiterten Selbstversorgerthemen wie Grubenkraut, Salzgurke oder Kimchi dienen dazu, die Fermentationsprinzipien von Gemüse, Obst und in unserem Fall der Wildpflanzen zu verstehen.

Die große Bedeutung des Sauergemüses

In vielen Kulturregionen boten Garten- und Feldgemüse und erwiesenermaßen die Wildpflanzen die Lebensgrundlage. Die Fleischerzeugung verlangte einen höheren Energieeinsatz und benötigte bessere Standortbedingungen bei mehr Arbeitseinsatz. Die Ernten großflächig angebauter Ackerfrüchte oder Obstkulturen gingen in den Verkauf. Die tendenziell fleischarme Ernährung auf dem Lande und bei der armen Bevölkerung stellte deshalb die Notwendigkeit, Gemüseanbau für die Eigenversorgung zu betreiben, in den Mittelpunkt.

Die Menschen waren früher fast das ganze Jahr mit den Bevorratungstätigkeiten beschäftigt. Mit Gewürzen versehene, ausgefeilte Konservierungsverfahren waren notwendig, wenn der Handelstransport langsam vonstattenging und dabei über weite Strecken Frischgemüse oder Obst schlicht verfault wären. Der Winter benötigte ebenfalls solches, weshalb man der Haltbarkeit und Vorratswirtschaft einen hohen Wert beimaß. Sauergemüse bot für die Überwinterung der Menschen die beste Form an Essbarem, auch wenn in manchen Regionen großteils nur Sauerkraut und Kartoffel tagtäglich genossen werden mussten.

Josef Bachlechner aus Außervillgraten in Osttirol zeigte uns ein ausgedientes Sauerkrautfass. Das eingestampfte Kraut wurde mit einem Leintuch und einer Holzplatte, dem „Luck", abgedeckt und mit einem sauber geschliffenen Bachstein eingeschwert. Alle drei Tage entnahm man Sauerkraut mit einem Holz- oder Blechkandele. Das verbleibende Kraut musste wieder sauber abgedeckt und beschwert werden. Mit dessen Inhalt fand ein 13-köpfiger Haushalt über den Winter das Auslangen.

S. 97 / 98: Durch Fermentation haltbar gemachtes Grubenkraut, Zwiebeln und mit Knoblauch gefüllte Paprika, ganze Gelbe Paprika-Sorte und mit Weißkraut gefüllte Spitz-Paprika.

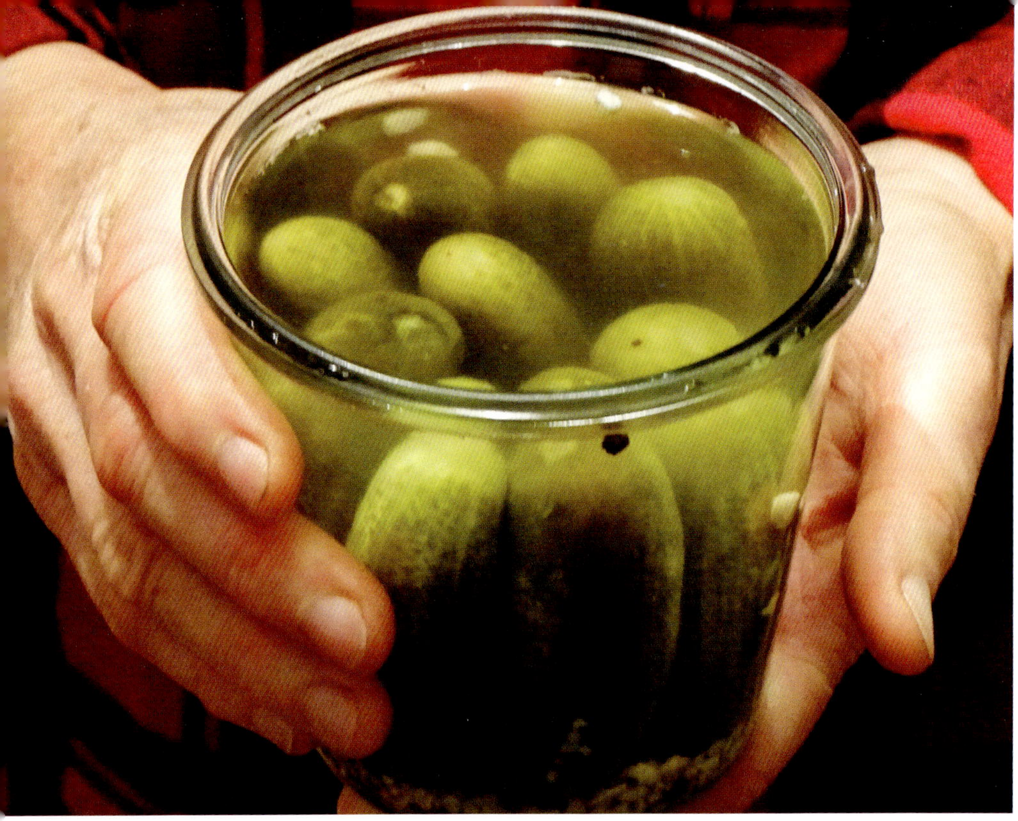

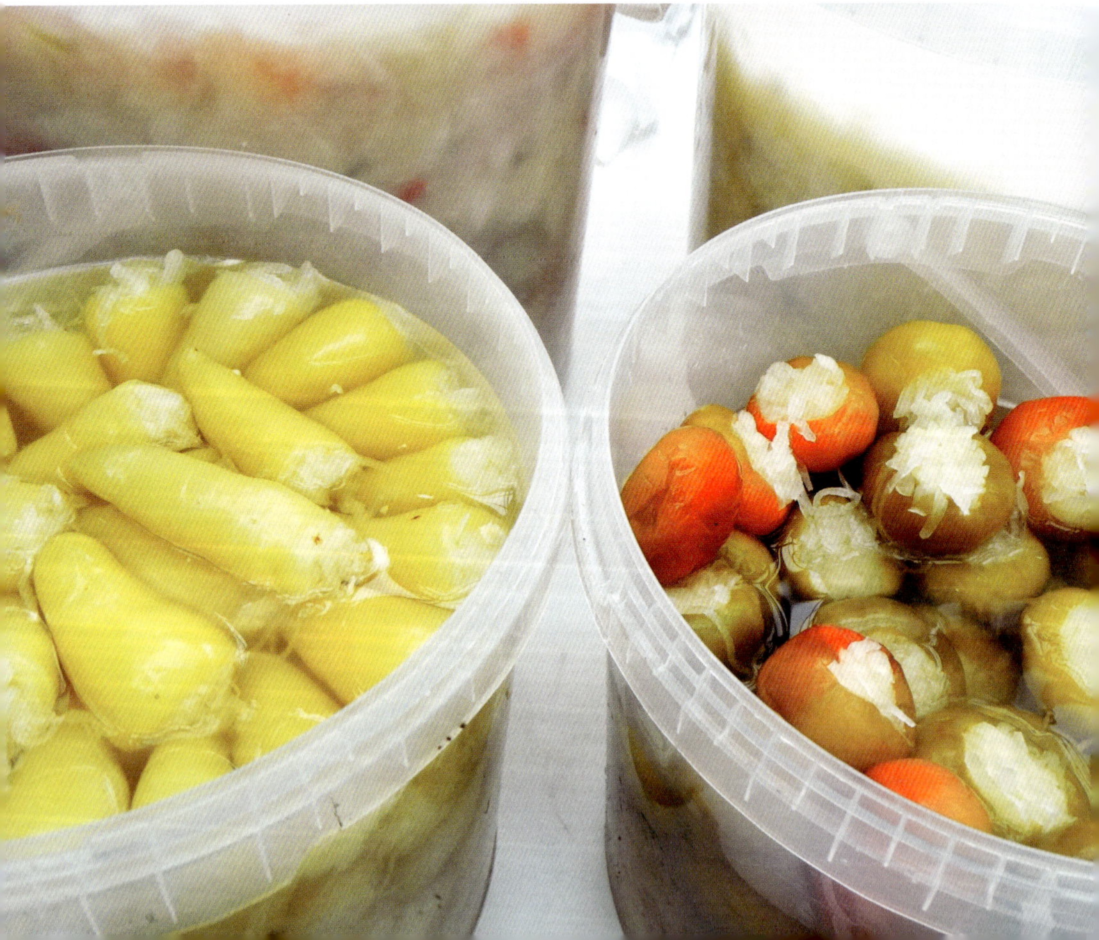

In den östlichen Ländern Europas und den ehemaligen Sowjetstaaten findet man auf den Märkten ein gutes Angebot an Sauergemüse. Sauer Eingelegtes gehört in diesen Regionen zum täglichen Gebrauch. Die dortigen „Sauermeister" veredeln mithilfe der Milchsäurebakterien eine Vielzahl an Gemüsearten.

„Sauer" und seine Wirkung

Der allgemeine saure Charakter von Speisen besitzt in der ayurvedischen Bedeutung die Eigenschaften heiß, leicht und feucht. Sauer verbessert den Geschmack der Nahrung, wirkt appetitanregend, mundreinigend und regt die Speichelabsonderung an. Es entfacht das Verdauungsfeuer, fördert die Befeuchtung und Verdauung der Nahrung und treibt Blähungen aus. Sauer weckt den Geist, fördert die Funktionen der Sinne und des Gehirns, vermehrt die Kraft und verleiht dem Herzen Zufriedenheit. Saure Speisen beleben den Stoffwechsel, wirken anregend auf den Kreislauf und fördern das Schwitzen. Und Sauergemüse hilft bei der Entgiftung des Körpers mit, wie z.B. das Fermentgemüse und fermentierte Wildpflanzen.

Wird Saures im Übermaß konsumiert, verursacht es Durst, steigert die Empfindlichkeit der Zähne, das Blinken der Augen und Gänsehaut. Bei geschwächten oder verletzten Personen können durch zu hohen Sauerspeisenkonsum Ödeme auftreten. Durch die erhitzenden Eigenschaften fördert das Saure die Reifung und Eiterung von entzündeten Stellen, Wunden, Verbrennungen und anderen Verletzungen. Es verursacht eine Empfindung von Brennen im Mund, Hals, in der Brust und am Herzen.

Sauerkraut und Grubenkraut, Salzgurke und Kimchi ...

Die Sauerkrautbereitung im Tontopf oder Krautfass

In einem einleitenden Kapitel haben wir auf biografische Erfahrungen der Sauerkrautherstellung während der Kindheit hingewiesen. Hier soll noch einmal in Kurzform die Bereitung im Sauer- oder Tontopf und für den einfachen Hausgebrauch angeführt werden:

Die Tongärtöpfe oder Krautfässer werden zuvor mit Wasser ausgebürstet und mit heißem Wasser ausgeschwemmt. Sie sollen ganz sauber sein. Wir lassen sie zumeist an der Sonne trocknen. Im Raum Oberösterreich verwendete man früher auch Steintröge, welche aus einem Stück Granitblock gemeißelt wurden, zur Herstellung und Lagerung des Sauerkrauts.

Mit Ruten und Holzreifen gebundene Taubenhölzer und Steintröge stellten die ersten Großgefäße für die Krautfermentierung dar. Danach folgten Fässer mit Eisenringen und einfache Tontöpfe. Seit geraumer Zeit existieren Gärtöpfe mit einer Wasserrinne und gebrannten Einschwersteinen.

Besonders schöne Keramik-Gärtöpfe kann man bei Heidi Lercher aus Prags in Südtirol erstehen, welche auf einer Töpferscheibe hergestellt werden.

Von den Krautköpfen entnahmen wir die Strünke mit einem speziellen „Strunkmesser". Das Kraut wird mit dem langen „Krautmesser" oder der „Krauthacke" geviertelt, und sofort begann man mit dem feinen Hobeln des Krauts auf dem hölzernen „Krauthobel". Die kleineren Stücke kann man beim Hobeln besser in der Hand halten als die ganzen unhandlichen Köpfe. Man kann das Kraut auch schneiden, hacken oder reiben.

Links: Für die Sauerkrautbereitung können die Weißkrautköpfe mit oder ohne Strunk verwendet werden. Durch Drehen des Strunkmessers kann beim Sauer- oder Grubenkraut der Strunk entfernt werden.

Oben: Der Krauthobel erleichtert das Zerkleinern in Streifen. Ebenso kann dies mit einem Messer erfolgen, was aufwendiger ist.

Beim Einfüllen in den Tontopf gibt es zwei Möglichkeiten:

1. Entweder wird das zerkleinerte Kraut sofort gesalzen und gewürzt in einer Wanne durchgemischt und dann lageweise eingefüllt. Als Grundregel gilt: Pro einem Kilogramm Sauergemüse sollen sieben Gramm Salz zur Verwendung kommen.

2. Oder es wird das in feine Streifen geschnittene Kraut in einer Lage von ca. fünf bis sieben Zentimetern in den Sauerkrauttopf eingefüllt und darüber Salz und Gewürze gestreut. Viele Sauerkrautbereiter streuen pro Lage Salz ein und übersehen dabei vielfach, dass sie das Kraut übersalzen.

Gleich mit der ersten Einlage des gesalzenen und „vorgeschwitzten" Krauts ist die Lage mit einem „Krautstößel" oder mit der Faust zu stampfen, damit die Pflanzenzellen angebrochen werden, der Saft austreten kann und Sauerstoff verdrängt wird. In den großen Krautbottichen aus Holz stampfte man lageweise mit den nackten Füssen, später auch mit Stiefeln.

Nach der Ernte werden die äußeren Blätter entfernt, die geputzten Köpfe geteilt und gehobelt. Kümmel, Wacholderbeeren und Salz hält man zum Würzen bereit.

In einer großen Schüssel wird das gehobelte Kraut mit den Gewürzen vermischt. In Schichten stampft man es so lange in den Gärtopf ein, bis jeweils die Flüssigkeit austritt. Dazu verwendet man einen Krautstampfer bzw. Krautstössel oder die zur Faust geballte Hand.

Schicht für Schicht wird das geschabte Kraut eingefüllt und gestampft, damit alle Luftblasen zwischen dem Kraut austreten. Der Stampfsaft soll sichtbar sein, damit es zu keiner Fehlgärung kommt. Zuletzt soll der Krautsaft das Kraut bedecken, dann gibt man zuvor drei oder vier beiseitegelegte, saubere Krautblätter als Abschluss darauf. Diese zuvor aussortierten Krautblätter dienen der Vermeidung des Aufschwimmens der geraspelten Krautstreifen.

Es soll unter dem Topfrand ein Raum von ca. zehn Zentimeter frei bleiben. Dieser Abstand ist notwendig, da es zum Einlegen der flachen Beschwersteine oder der Abschlusshölzer Platz braucht. Früher kamen auf die mehrteiligen Bretter aus Fichte zum Niederbeschweren Steine oder ein kleineres Gefäß, welches mit Wasser befüllt war. Dann füllt man eine Salzlake ein, damit der Flüssigkeitsstand über die Steine ragt.

Nach dem Aufsetzen des Tondeckels füllt man Salz- oder normales Wasser in die Wasserrinne ein, damit über diese Einrichtung die Gärgase entweichen können, doch keine Luft eindringen kann. Nun lässt man die gefüllten Töpfe (oder handhabbaren Fässer) einige Stunden an der Sonne stehen, vielleicht auch noch am kommenden Tag, damit sich die Milchsäurebakterien bei 15 bis 18°C rasch zu vermehren beginnen und es zu keiner Fehlgärung kommen kann. Durch das Gären entsteht beim Austreten der Gase ein leichtes Blubbern. Je nach Verhältnisse ist nach drei bis fünf Wochen der Gärprozess abgeschlossen und eine Aufbewahrung des Sauerkrauts in einem kühlen Raum bei 2 bis 7 °C angeraten.

Durch die Entweichung der Gase und die Verdunstung wird das Rinnenwasser verbraucht, weshalb die regelmäßige Kontrolle für das Nachfüllen wichtig ist. Die Flüssigkeit muss immer das Gemüse bedecken, damit es nicht zu faulen beginnt. Deshalb ist eine ständige Kontrolle des Sauerkrauts notwendig, denn es erfolgt eine Verdunstung oder ein Aufbrauchen der Flüssigkeit.

Das feingehobelte Kraut wird schichtweise so fest eingestampft, bis der Saft austritt. Damit das Fermentiergut nicht aufschwimmt, oxdiert und von unliebsamen Mikroorganismen aufgearbeitet wird, oder sich Schimmel bildet, deckt man z.B. mit mehreren großen Krautblättern ab. Nach dem Beschweren mit den Keramiksteinen und dem Deckelschließen wird die Tonrinne mit Wasser befüllt.

Älterer Kohl kann weniger Wasser enthalten, weshalb dieser mehr Saft beim Fermentieren aufsaugt. Dann sind eine ständige Kontrolle und ein Nachfüllen mit gering konzentrierter Salzlake oder Wasser noch obligater.

Bei den Holzbottichen legt man über die ganzen Krautblätter als Abschluss noch ein ausgekochtes Leinentuch auf und deckt dann mit Brettern ab, auf denen die Beschwersteine ausgelegt werden. Zuletzt gießt man Salzwasser drüber, damit alles unter der Flüssigkeit bleibt.

Schon nach wenigen Tagen bekommt das Kraut einen würzigen Geschmack. Das Sauerkraut gilt nach drei Wochen als fertig fermentiert und kann bereits genossen werden, wenn es angenehm sauer ist. Doch in der Regel lässt man es länger „ausreifen". Monat für Monat legt das Kraut bei kühlen Lagertemperaturen an würzigem und angenehmem Aroma zu und wird weicher.

Wenn in den ersten Tagen die Gärung richtig aktiv ist, entsteht durch die Bläschenbildung ein Schaum, welcher unbedenklich ist.

Auch in Tontöpfe eingestampftes Kraut kann ebenso mit einem Leinentuch und einem Rundbrett abgedeckt werden. Entsteht beim Einstampfen nicht genügend Saft, so ist mit Salzwasser aufzufüllen, sodass die Flüssigkeit das Kraut überdeckt.

Die Entnahme des Sauerkrauts zum Verzehr

Nach vier bis sechs Wochen der Fermentation werden der Topf geöffnet und die Tonscheiben entnommen. Neben dem Sauerkraut kann etwas vom Sauerkrautsaft genutzt werden. Die zur Seite gelegten Abdeckblätter benötigt man nach dem Entnehmen des Sauerkrautes zum neuerlichen Abdecken und Verschließen.

Sauerkrautgewürze und alternative Abdeckblätter

Kultivierte Würzmittel für das Sauerkraut können sein: Kümmel, Wacholderbeere, Meerrettich, Lorbeerblätter, Bohnenkraut, Estragon, Thymian, Fenchel, Dillsamen, Dillblüte, Piment, Paprikapulver u.a. Manche schwören auf die Beigabe von Zwiebeln, Äpfeln oder Karotten. Damit das Sauerkraut bei der Lagerung nicht zu weich wird, gibt man wenige gerbstoffreiche Blätter dazu oder schließt mit solchen ab. Dazu zählen die Blätter von: Sauer-, Vogel- und Kulturkirsche, Traubenkirsche, Weinrebe, Schwarzer Johannisbeere, Himbeere, Brombeere, Ulme, Eiche, Meerrettich (Kren) u.a.

Diese Beispiele sind ohne Weiteres auch für Wildpflanzenfermente geeignet. Sauerkraut kann mit oder ohne Salz zubereitet werden, wobei geschmacklich jenes mit Salz besser schmeckt. Sandor KATZ ist bei der salzlosen Sauerkrautzubereitung von jener mit beigegebenem Selleriesaft sehr begeistert, da dieser einen sehr guten Geschmack hineinbringt. Dazu verwendet er den gemixten Saft der Stangensellerie.

Mit Wildpflanzen gestrecktes Sauerkraut

Sauerkraut haben unsere Vorfahren seit Jahrhunderten eingeschnitten. Und wenn sie Ertragseinbußen zu erwarten hatten, weil ihnen die Gartenschädlinge, die Witterung oder ein Wildeinfall arg mitspielten, so erinnerten sie sich an das Wissen ihrer Vorgenerationen, welche verschiedene Wildkräuter in den Fässern mitverarbeiteten, um die Mengen zu strecken. Am bekanntesten sind wohl der Gute Heinrich (*Blitum bonus-henricus*) oder der Alpen-Ampfer (*Rumex alpinus*), oder die Blätter aller Brennnesselarten (*Urtica* spec.) und im Süden die Portulakarten (*Portulaca* spec.), in manchen Fällen auch Gänsefuß- und Meldearten (*Chenopodium, Atriplex*), Distelteile (*Cirsium* spec., *Carduus* spec.) und geringfügig Pfefferminze (*Mentha* spec.).

Zum Strecken und Aufwerten des Sauerkrauts verwendete man früher verschiedene Wildpflanzen und Baumblätter. Im Bild: Großblättrige Ampfer-Arten (z.B. *Rumex alpinus*, *R. obtusifolius*) und Große Brennnessel (*Urtica dioica*). Rechtes Bild: Alpenampfer-Sauerkraut.

Manche Sauerkrautvermehrungen führte man mit sehr hohen Anteilen von Bach-Ehrenpreis (*Veronica beccabunga*), Bitterem Schaumkraut (Bachkresse, (*Cardamine amara*) oder Echter Brunnenkresse (*Nasturtium officinale*) durch. Diese Wildpflanzen hackten die Leute fein und mischten sie dem gehobelten Kraut unter, bevor es eingestampft wurde. Ein Sauerkraut, bei der Herstellung leicht mit geschnittenen Blättern der Gartenpfefferminze oder des Maulbeerbaums gewürzt, kann man als Delikatesse würdigen.

Doch gab es von Bauern Äußerungen, dass sogar alleinig die Blätter von Gehölzen für Sauerkraut verwendet worden seien. Das war gut vorstellbar und konnte nur durch Experimente Bestätigung finden. So führten wir in den letzten 30 Jahren vielfältige Versuche mit Baumblättern durch, deren Ergebnisse durch Fermentation – mit und ohne Salz – dem Sauerkraut ähnliche Produkte hergaben. Doch die Aromen dieser Erzeugnisse waren völlig anders. Es kamen kräftigere, herbere und ungewöhnliche Aromen zur Geltung. Diese Fermente der Baumblättergläser können bei kühlen Temperaturen einige Jahre lang gela-

Der Grünkohl wird üblicherweise kaum für die Sauerkrautbereitung verwendet. Er eignet sich jedoch für Mischfermente.

gert werden. **Nur ab** und zu ergänzen wir bei den Kontrollen mit etwas Wasser.

Der **Rückgriff auf** das bewährte Gebrauchswissen der Vorfahren brachte die Menschen durch die periodisch auftretenden und unausweichlichen Hungerzeiten. Wenn die Menschen im späteren Entwicklungsverlauf unserer Kultur offenbar bessere Nahrungsmöglichkeiten in den Gebrauch nahmen, nutzten sie ehemals zum Strecken der Nahrung eingesetzte Wildpflanzen zur Mehrung des Schweinefutters.

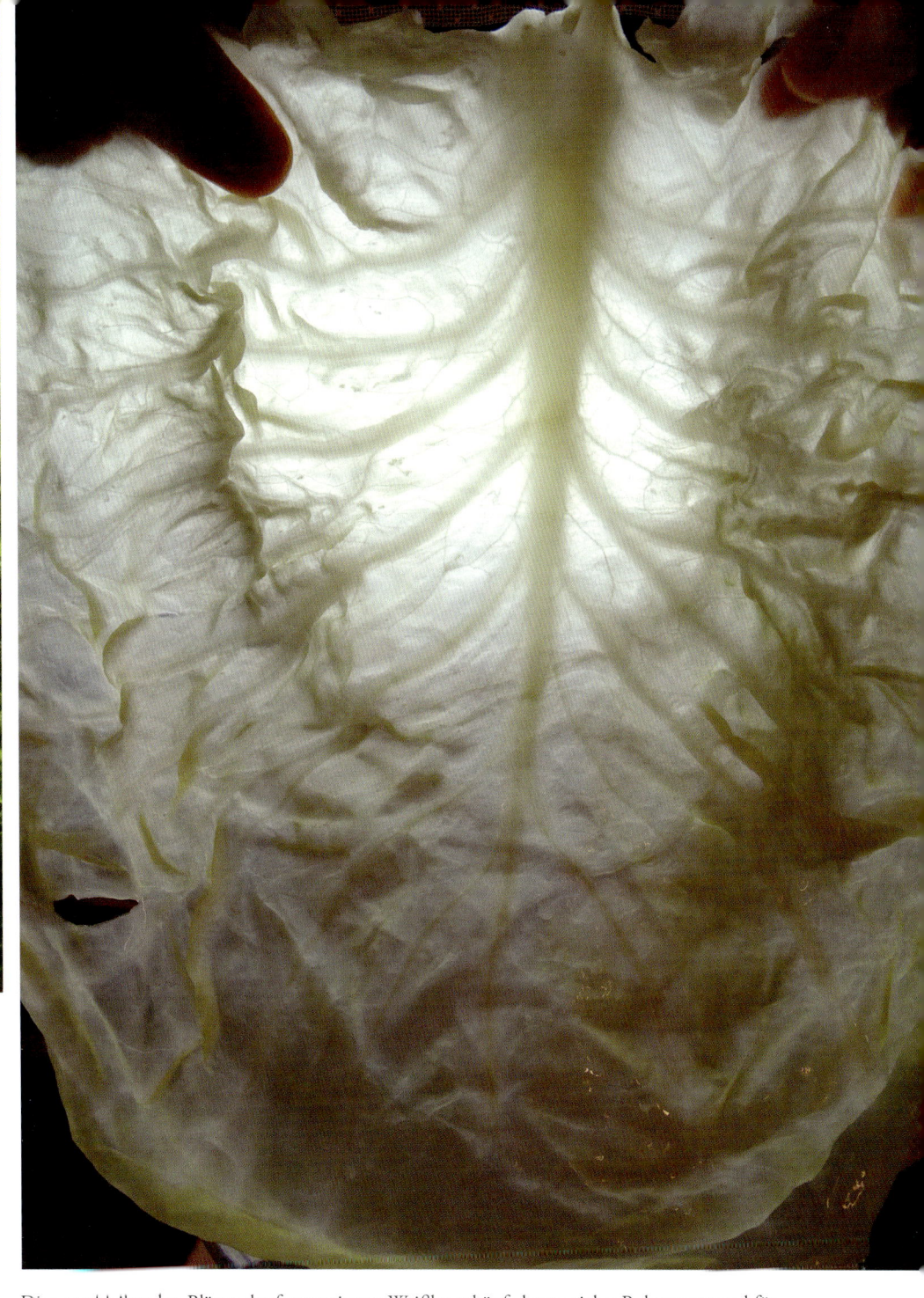

Die ganz bleibenden Blätter der fermentierten Weißkrautköpfe lassen sich z.B. hervorragend für Rouladengerichte und Büfetts verwenden.

Das Fermentieren ganzer Weißkrautköpfe hat den Vorteil, mit den ganzen Blättern eine höhere Speisenvielfalt herstellen zu können.

Geschichtliches zu Kraut und Rüben

Da in den kühlen Klimalagen nur selten andere Gemüse- und Fruchtarten mit viel Risiko gut kultivierbar waren, tragen neben dem Kartoffelanbau die Krautkulturen wohl den wichtigsten Gemüseanteil an der selbstversorgenden Ernährung. Vor der Einführung der Kartoffel stellten Kraut und Rüben das einzige Wintergemüse dar. Das Kohlgemüse war deshalb ein so bedeutendes Grundnahrungsmittel, da es als wichtiger Vitaminlieferant auf einfache Weise und für lange Zeit haltbar gemacht werden konnte. Krautspeisen tischte man in manchen Gegenden bis zu zwölf Mal in der Woche auf, da andere Lebensmittel eine Mangelware waren.

Der Begriff „Kraut" entstammt dem romanischen *crudo* und wandelte sich im Althochdeutschen zu *krut*. Die Bedeutung liegt in der rohen Verwendung für die Sauerkrautherstellung. Früher hatte jeder Bauernhof einen Krautgarten oder einen Kraut- und Rübenacker. Vor 1900 existierten noch ca. 120 verschiedene Kohlsorten. Bis heute hat die agrarpolitische Umstrukturierung der Landwirtschaft sowie die industrielle Verarbeitung die Reduktion auf ca. 20 Sorten auf dem Gewissen.

Zu klein geratene Mairüben lassen sich in Salzlake lagern.

Mithilfe der Milchsäurebakterien wird aus dem Weißkohl (Weißkraut, Kabis; *Brassica oleracea convar. capitata* var. *alba*) oder Spitzkohl Sauerkraut hergestellt.

Das Kraut (auch als Weißkohl, Weißkraut, Weißkabis, Kabis oder Kobis, Kappes, Kaps, Kappus, Kowas oder schlicht Kraut bezeichnet; *Brassica oleracea convar. capitata* var. *alba*) wie auch die Stoppelrübe (auch Mairübe, Herbstrübe, Weiße Rübe, Krautrübe, Ackerrübe, Wasserrübe oder Räben genannt; *Brassica rapa* subsp. *rapa*) gedeihen bei geringeren Tagestemperaturen und Wärmesummen. Deshalb baute man diese in unwirtlichen Gegenden und in höheren Lagen seit langer Zeit an und kultiviert diese heute noch in den Gebirgsräumen. Die Stoppelrübe wurde als Nachfrucht des Roggens Ende Juni angebaut und war im November geerntet worden. Im Zuge des späteren Wachstumszyklus finden sich in solchen Gebieten vor allem weniger beeinträchtigende Gegenspieler wie z.B. Kohlfliegen und Rübenwürmer ein. Das Sauergemüse dient seit vielen Jahrhunderten der bäuerlichen Ernährung, ja war sogar eines der wirklich wichtigen Grundnahrungsmittel – roh wie gekocht, im Winter wie auch in den Übergangsmonaten zum Sommer. Ohne Krautvorräte gab es in den Höhenlagen und rauen Gegenden kein Überleben.

Das Grubenkraut ist in Mitteleuropa beinahe in Vergessenheit geraten. Im Bild die blanchierten Krautköpfe für die Grubenlagerung vorbereitet. (Foto: F. Burger)

Sauerkraut und Grubenkraut und ihre Konservierungsmethoden

Die Tradition, Sauerkraut mit oder ohne Zugabe von Salz zu bereiten, existiert heute noch teilweise in den Haushalten der Alpenländer und in Ost- und Südosteuropa. Dabei ist zwischen zwei Arten zu unterscheiden: Sauerkrautherstellung ist seit der Hochblüte der Griechen und Römer bekannt, doch auch in China stellte man es schon lange her. Beim Grubenkraut, bei dem die Köpfe im Ganzen milchsauer vergoren werden, handelt es sich um eine ehemals slawische Kultur, wiewohl die an den felsigen Küstengebieten Europas vorkommenden Stammpflanzen des Krauts bereits schon in der Vorgeschichte nach der Aufbereitungsweise von Sauerkraut verwendet wurden. Doch jene Form der Haltbarmachung ganzer Weißkohlköpfe in einfachen und vor Frost geschützten Gruben milchsauer zu vergären, dürfte die ältere Form sein, ist aber heute leider abgekommen. Die Grubenkrautkultur existiert noch in wenigen Fällen in der Fischbacher Alpenregion und am Wechsel. Dort nennt man das Grubenkraut auch umgangssprachlich als „Ohlakraut". Bei der „Ohla" handelt es sich um eine alte Bezeichnung der Grube.

Die ganz großen Krautköpfe und manchmal auch verletzte oder aussortierte Exemplare lagerte man bis in die Adventzeit hinein im Erdkeller und nutzte sie frisch für Kochzwecke. Im Oktober hobelte man die gut ausgereiften

Köpfe und lagerte sie luftdicht in Bottichen für das Sauerkraut ein. Dieses kam zu den Weihnachtsfesttagen oder erst danach auf die Teller. Im Vergleich zum Sauerkraut war das Grubenkraut weniger verderblich, weshalb ersteres schneller zu verbrauchen war.

Im Oktober verwendete man für das Grubenkraut eher die festen ungleichen, mittelgroßen und kleineren Kohlköpfe, welche bis Ostern unberührt lagerten und von dem die Leute bis zur nächsten Krauternte aus den Gruben entnahmen. Doch die Mindestlagerung für eine gute Genussreife der Krautköpfe beträgt circa fünf Monate. Dann bekommt es einen milden Geschmack mit einer spritzigen Säure und eine kernigere Beschaffenheit als Sauerkraut.

Alte Leute berichteten von der Haltbarkeit von bis zu fünf Jahren, wenn das Grubenlager diese Zeit lang geschlossen blieb. Manche Bauern hatten wegen Plünderungen zwei Gruben – eine offizielle und eine versteckte – oder sogar eine dritte versteckt an einem nicht vermuteten Ort. Auch in Waldbereichen legte man Gruben an, da sie hier vor einfallenden Kriegsvölkern sicherer waren. In den Staaten Jugoslawiens, in Ungarn, Rumänien, Bulgarien oder in der Türkei legte man Gruben auch im Haus an oder fermentierte ganze Köpfe in großen Holzbottichen, welche im Keller standen.

Drei grundsätzliche Arten der Aufbereitung und Herstellungsprozesse bestanden beim Weißkraut, beim Rotkraut wie auch beim Rübenkraut:

1. Die Köpfe wurden von den äußeren, grünen Blattschichten befreit und etwas überbrüht, damit sie außen weich wurden, und ohne (!) Salzen behutsam in Erdgruben gelegt. Den Rüben wurden die Blätter (in Südtirol „Wadl" genannt) und der „Schwanz" (die Wurzel) entfernt und als Ganzes in die Gruben eingelagert. Die Rüben bestreute man mit etwas Salz.

2. Das sauber gereinigte Kraut wurde roh geschnitten oder gehobelt, gesalzen und in den befestigten Gruben eingestampft und milchsauer vergoren. Durch das Einstreuen oder Zettel des Krauts nannte man es in Südtirol mancherorts auch „Zettelkraut". Gleiches tat man mit Rüben, welche man salzte oder ungesalzen beließ.

3. Später gesellte sich die Aufbereitung und Vorratshaltung des gehobelten Krauts oder der gehackten Rüben in Tontöpfen oder Holzbottichen hinzu.

Diese Prinzipien wurden auch für anderes Gemüse angewendet.

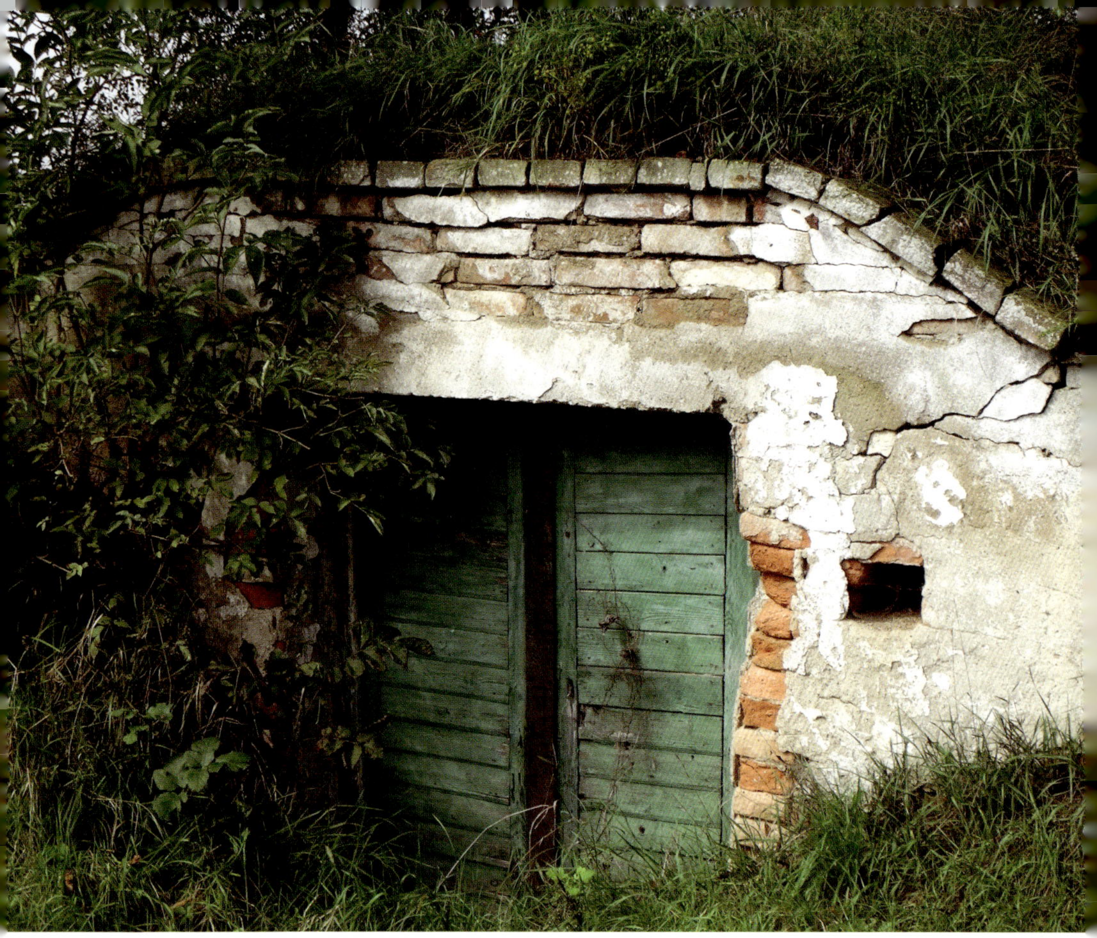

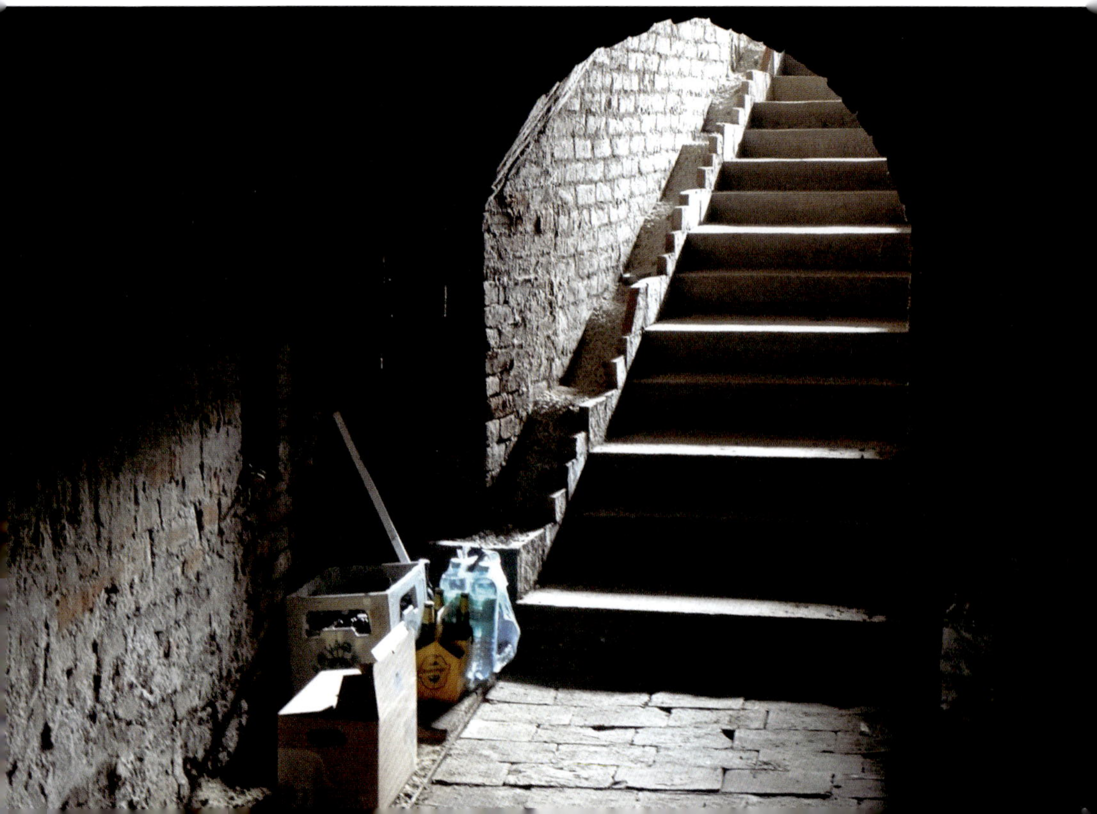

Sauerkraut und Grubenkraut, Salzgurke und Kimchi ...

Berichte über die Gemüselagerung aus dem heutigen Slowenien

Sauerkraut entstammt der slawischen und osmanischen Kultur. Die Herstellung von „Grubenkraut" war früher weit verbreitet und wird heute noch punktuell in der Türkei, in Kroatien, Bosnien, Slowenien und in der Steiermark betrieben. Über die slawische Kultur des südosteuropäischen Raums, vornehmlich die Balkanländer, kam die Sauerkrautbereitung nach Mitteleuropa. Einige Hinweise dazu verdanken wir verschiedenen Leuten, welche selber Gärten bestellen und Vorratswirtschaft betreiben. So berichten in etwa Marija und Janez BIZJAK aus Bled zur Salzfrage bei der Sauerkrautbereitung und Grubenkrautkultur 2018:

„Die Kenntnisse, Sauerkraut und Rüben ohne Salz zu bevorraten, sind noch bekannt, dieses Verfahren wird aber nicht mehr praktiziert. Bei uns in der Bergregion Südsteiermarks und im Julischen Vorgebirge nutzten noch in der Nachkriegszeit die Bauern die bis zu drei Meter tiefen Gruben, in denen Kraut und Rübe ohne Salzbeigaben gelagert waren. Auf die Kraut- und Rübenköpfe wurde zuerst eine dicke Schichte mit Heu gegeben, dann eine Schichte mit Sand (Schotter) und oben kam ein Holzdeckel und die schweren Steine zum Beschweren. Diese Kraut- und Rübengruben hießen *zasipnica* (die Miete, von Einmieten für das Überwintern)."

Sie schreiben weiter: „In Südostslowenien (Weinberge Bizeljsko) ist die Tradition für Rüben-Überwinterung in den unterirdischen künstlichen Höhlen sehr bekannt, die, ähnlich wie die Katakomben unter Rom, aus dem harten Silikatboden (eine geologische Besonderheit, ein Rest vom uralten Pannonischen Meer) ausgegraben sind. Viele dortige Bauern hatten ein Labyrinth gegraben. Diese Höhlen dienen heute weniger als Rübenlager, sondern aus den Labyrinthen sind heute bekannte Weinkeller entstanden. Es handelt sich hierbei um kulturelle Traditionen und geologische Wunder! Es lohnt sich, das zu besuchen! Die Höhlen nennen sich *repnice* (von *repa* = Rübe)." Kroatisch spricht man von „rupa" und meint damit die Grube, die Rübe oder eine Flur, wo Rübengruben angelegt wurden. Im südöstlichen Niederösterreich und in Burgenland nennt man diese „Gruawat".

Abb. S. 118: Einfache Erdlöcher zur Nahrungsmittelbevorratung stellen die Vorstufe der Erdkeller dar. Tiefe Erdkeller waren für die Lagerung der Wintervorräte und in den heißen Gegenden für eine funktionierende Kühlhaltung von Lebensmitteln wesentlich.

Entfernt gelegene „Waldkeller": Ruinen von aus Steinen errichteter und aufgelassener Keller findet man heute in nordseitig gelegenen Wäldern, wo aufgrund des schattenspendenden Blätterdachs das Gemäuer kühl blieb.

Um die Gruben oder „Lochkeller" für die Lagerung von Gemüse vorzubereiten, wurden sie mit Stroh oder Strohlaub- und Kräutergemisch gefüllt und dieses Material über mehrere Tage langsam abgebrannt. So verloren die „ausgebrannten" Gruben den „miachtlerten" Erdgeruch. An trockenen Tagen kleidete man die Gruben mit Stroh oder Heu aus und füllte sie mit den Lagervorräten an. Zuletzt deckte man mit Stroh ab, gab darauf einen Sand und eine Schichte saubere Erde und etwas Steinsalz. Mit „Graswasn" (Rasenziegeln), Brettern oder locker geschichteten Steinplatten deckte man ab.

Zur Lagerung der Rüben im Trester der Weinreben ergänzen Marija und Janez BIZJAK (2018) zusätzlich: „Sehr interessant ist die noch lebende Tradition in der Weinregion Vipava und Karst. Den alten Bauern und in guten Restaurants ist die Spezialität *Rüben aus dem Reben-Trester* (Pressrückstand) geläufig. In den großen Holzfässern lagerten die Weinbauern die Rübe derart: zuunterst kam eine Schichte (Rot-)Rebentrester, dann eine Schichte Rübe (ganze Köpfe), wieder Rebentrester, dann Rübe usw. bis zum oberen Holzdeckel. Kein Salz wurde dabei verwendet. Nach zwei Monaten sind die Rübenköpfe vom Trester durchgegoren und „präpariert" gewesen. Bedeutend sind die Rotrebensorten: Von diesen bekommen die Rüben eine rote Farbe, einen Rotweingeschmack und sie sind für das Reiben gut vorbereitet. Das ist etwas für die Genießer!"

Gleichwohl wurde in slawischen Ländern in den Kellern Gemüse in mit Weintrester befüllten Behältern oder Gruben gelagert, wobei sich der Vitamingehalt erst bei längerer Lagerung verringerte.

Das Sarma- und das Grubenkraut

„Kiseli Kupus" oder „Sarma" bedeutet „Gewickeltes Krautblatt mit Fülle" oder Krautroulade. Der Begriff „Sarma" wird auch für „Gefüllte Weinblätter" verwendet. Das heute traditionell hergestellte Sauerkraut besteht aus fein- bzw. dünnblättrigen Weißkrautsorten und wird im eigenen durch Druck entstehenden Saft milchsauer fermentiert. Nur etwas Salz ist an der Herstellung dieser Kost aus den Balkanländern beteiligt. Die Köpfe sind etwas zusammengedrückt und weich. Vielfach wird heute das sogenannte „Sarmakraut", welches in Salzlake fermentiert wurde, luftdicht in Plastik verpackt im Handel angeboten. Die Krautköpfe werden in der Türkei, in Bulgarien und den ehemaligen jugoslawischen Ländern in Grubenfässern oder großen Fässern gelagert, diese Köpfe bleiben fester und können relativ grob bleiben. Diese Grobheit und Festigkeit ist vermutlich falschen Krautsorten geschuldet.

Durch die technisierte, energieverbrauchende Lagerung der Nahrungsmittel in den Großkühlanlagen, Supermärkten und Kühlschränken sind die Kellerwirtschaft und das Gebrauchswissen um natürliche Vorratshaltung und Lagerhaltungen verlorengegangen.

Grubenkraut-Roulade

Die Bevorratung in Gruben war mit Risiko verbunden, wenn in etwa Vorratsschädlinge oder eine Fehlgärung auftraten. Deshalb versuchten die Menschen möglichst alle Störeinflüsse abzuhalten, indem sie in großen geschlossenen Behältern wie Holzfässer, Holzbottiche oder später dann auch in Tongefäße das Sauerkraut „idealer" fermentierten als in Gruben. Bei den Verkaufsläden der Türken kann man ganze Krautköpfe erstehen, welche in einem großen Holzfass fermentiert wurden. Damit diese wohlriechenden Köpfe (des Sarmakrauts) länger halten, werden sie kurzfristig für den Verkauf vakuumiert. Grubenkraut wurde hingegen in den meisten Fällen ungesalzen bereitet.

Hierzu sei noch eine Bemerkung von Galina SCHATALOVA (2006) angebracht: „Wenn man das Kraut als ganzen Kopf einlegt, werden die Vitamine wesentlich besser erhalten. Essen sollte man es in sehr kleinen Portionen. Die Aufbewahrung des Sauerkrauts geschieht in Holzzubern. Von gläsernen Behältern ist abzuraten, weil so die Vitamine schlecht erhalten bleiben. Im Emailgeschirr gehen sie ganz verloren."

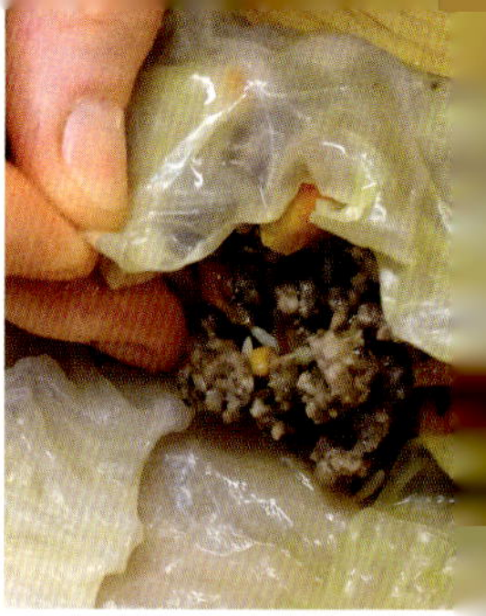

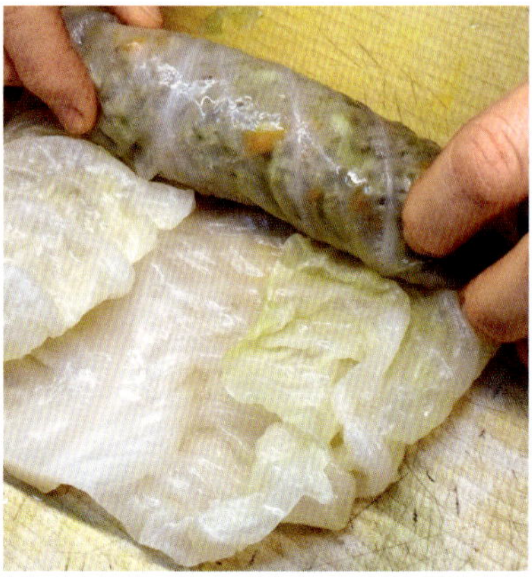

Zur Abwechslung hier ein Grubenkrautrezept – z.B. die *Grubenkraut-Rouladen:*

In die fermentierten Blätter wird eine gewürzte Mischung aus Verhacktem und Gemüse eingerollt. In eine Kasserolle gelegt, mit etwas Suppe untergossen, gart man die Rouladen zugedeckt im Backrohr bei ca. 180°C.

Sauerkraut und Grubenkraut, Salzgurke und Kimchi …

Überlebenskultur durch Grubenlagerung

Die Lagerung von Gemüse oder Wildpflanzen in Gruben stellt eine alte Methode der Haltbarmachung und Aufbereitung zu nährenden Lebensmitteln dar. Wir konnten über die Jahre einige Versuche der Naturvergärung mit eingelegten Pflanzenteilen in Erdgruben oder frostsicheren Erdlöchern machen, indem wir diese mit Brettern oder Steinplatten ausgelegt und bewandet sowie mit Laub ausgekleidet hatten. Darin stampften wir zerkleinertes Gemüse oder Blätter von Bäumen oder Wildpflanzen ein, ohne Konservierungsmittel und ohne Zusätze dazugegeben zu haben. Auch Früchte machten wir so bis in das Frühjahr hinein haltbar, nicht nur, wenn sie in den Gruben fermentierten. Das lernten wir von den Fahrenden und Gastlosen (s. KAUER, W. 1986) und aus den bäuerlichen Erfahrungen der Schweiz (Kantone Graubünden, Tessin, Wallis) zur Herstellung von Schweinefuttermittel aus Ampfer, welche wir durch viele Versuche in die Alpen-Ampferfermentierung für Nahrungszwecke ummünzten.

 Manchmal mussten wir bei Schimmelbefall die äußeren Schichten an den Bewandungen und oben entfernen. Der Hauptgehalt der inneren Fermentmasse war hingegen für Speisezwecke verwertbar. Ebenso machten wir Versuche unter Beigabe von wenig oder keinem Salz. Doch grundsätzlich benötigt man zur Fermentation kein Salz. Ungesalzene Fermente schmecken freilich anders als die mit Salzbeigaben.

 Auch Krautköpfe werden mit den Strünken nach oben in Erdgruben vergraben, alles Wurzelgemüse wie Rote Bete, Rüben, Gelbe Rübe, Stoppelrübe, Karotten, Pastinaken und Petersilienwurzeln mit der Wurzel nach unten oder waagrecht eingelegt und zuletzt mit Sand abgedeckt.

Links:
Geschnittenes Grubenkraut goldgelb angebraten, kann als Hauptspeise oder Beilage genossen werden.

Unten:
Aus geschnittenem Grubenkraut kann man ebenso ein schmackhaftes Szegediner Gulasch zubereiten.

Runde Krautgrube
aus Lärchenholz
(Foto: F. Burger)

Gefäße und Gruben

Die Verfahrenstechnik der Sauerkrautbevorratung und anderer milchsauer vergorener Gemüsearten finden ihre entwicklungsgenetischen Vorgaben in der allgemeinen Haltbarmachung pflanzlicher Nahrung in Erdgruben und primitiven Gefäßen. Schon vor mindestens 3000 Jahren hatte man Wildpflanzen ähnlich wie das Sauerkraut haltbar gemacht, und bis weit in die Römerzeit hinein wurden diese und das Kulturgemüse noch 1:1 nebeneinander bevorratet und auf den Märkten gehandelt. Später mischte man beim Einsäuern Wildpflanzen mit Kulturgemüse, und mit den Jahrhunderten wurde in den Mischungen der Wildpflanzenanteil reduziert. Doch in der Not griff man wieder auf die Versäuerung von Wildpflanzen zurück.

Wenn wir den geschichtlichen Verlauf der Vorratswirtschaft betrachten, so ist bei den kleinen Haushalten in Mitteleuropa das Vorhandensein

Früher fand man in der östlichen Hälfte Österreichs sogenannte „Krautgruben". In der Steiermark zeigte uns Frau Juliana Kiegerl aus Trahütten eine aus Steinplatten errichtete bis zu vier Meter tiefe Krautgrube, in welche ganze Krautköpfe mithilfe eines Holzhebels eingeschwert wurden.

hölzerner Gefäße und Behältnisse oder von Tongeschirr ausreichend gewesen. Reste davon finden wir bis in die späten 1990er-Jahre noch vor, und wenige Haushalte machen sich das Sauerkraut heute noch in Holzfässern oder Tontöpfen selber. Einzig Holzgefäße konnten sich die Leute selber machen und waren in der Herstellung nicht teuer. Kleinere und größere Fässer und Bottiche aus Holz fanden sich in den Haushalten überall.

Für die großen Mengen an Krautkohl (Weißkraut, Weißkohl) und Rüben nutzte man große, fassähnliche Bottiche oder legte das Kraut nach bestimmten Kriterien in Löcher und sorgfältig errichtete Gruben des Erdreichs ein. Das bloße Einlegen der Krautköpfe mit allen Blättern umgeben in frostsicherer Bodentiefe ist punktuell aus dem Alpenraum bekannt. Auch Josef BECHTOLD aus Rankweil in Vorarlberg berichtete darüber. Die Blätter fungierten als Schutz.

Die Einfassung der Gruben in der Weststeiermark bestand z.B. aus schwarzen, gehackten Steinplatten, welche vor dem Krautkopfeinschichten sauber geputzt wurden. In den Schächten fanden je nach Tiefe mindestens 100 und bis zu 400 Köpfe Platz.

Natur- oder Steinkeller, Erdmieten

Erdgruben tief in den Untergrund hineingehend und Erdmieten nur leicht in den Boden eingesenkt und mit Erdreich zu einem Rund- oder Längshügel ausgestaltet, verfolgen dieselbe Funktion. In mit Streu (z.B. Laub, Farne, Seggen, Heu, Stroh, Schilf, …) ausgekleideten Erdlöchern und Erdmieten lagerte man früher Kulturgemüse in größeren Mengen. Ebenso lagerte man in Stroh eingeschlagene Äpfel in Erdmieten. An der Bevorratung in den Gruben ist die einstige Haltbarmachung von Kulturpflanzen und, als diese noch nicht gezüchtet waren, von Wildpflanzen verstehbar. Erdgruben fanden sich auch in Kellern, und breite Holzschaffeln, mit Erde oder Sand gefüllt, beherbergten Wurzel- und Knollengemüse. Erdmieten errichtete man in geräumigen Kellern reicherer Besitzungen oder in Höhlen und Höhlengängen.

Kleiner Exkurs der Käselagerung in der Erde im Salzkammergut

Meine Tante Anna SCHÖNDORFER (Fuhrmann- oder Fuma-Bäuerin, Strobl am Wolfgangsee) berichtete 1983 von der Lagerung eines Süßkäses – sie meinte eines Berg- oder Hartkäses, welcher mit Lab zubereitet wurde – in einer Erdgrube. Man hob die Grube gut 70 Zentimeter aus, gab eine Lage Sand hinein und kleidete diese mit Fichten- oder Tannenästen, Heu oder Stroh aus. Die Käselaibe umwickelte man sorgfältig in von jungen Bäumen geschälter Fichten- oder Tannenrinde und band diese zusätzlich mit einem Leinentuch fest. Dann verteilte man auf die Äste etwas Stroh oder Heu und bettete darin die eingebundenen Käse ein. Nach einer weiteren Stroh- oder Heuschicht deckte man mit besagten Ästen ab, und darauf kamen noch einmal Streu und der Erdaushub, welcher leicht angetreten wurde. So behielt der Käse bis weit in das Frühjahr seine Reifequalität. Auch erzählte sie von einer weiteren Art, Krautköpfe haltbar zu machen: Die einzelnen Krautköpfe wurden in ein Papier eingewickelt und mit dem Strunk nach oben vergraben. Sie blieben bis lange nach dem Jahreswechsel in der Erde haltbar. Ähnlich machte man es mit Salathäuptel fester und widerstandsfähiger Sorten, welche allerdings nur selten bis Weihnachten im Erdreich frisch hielten. Die einzige Herausforderung stellten Mäuse, Ratten oder Füchse dar, welche eine feine Nase hatten und den Käse aufspürten, weshalb die Katzen auf dem Hof eine Förderung erfuhren und den Ratten und Füchsen per Hofhund und Jagd nachgestellt wurde.

Sauerkraut und Grubenkraut, Salzgurke und Kimchi …

Auch aus Niederösterreich und Burgenland bestehen Kenntnisse der Errichtung von zwei bis drei, ja sogar fünf Meter tiefen Gruben, welche über viele Jahre Bestand hatten. Sie hatten drei bis fünf Kubikmeter Fassungsraum. Wurden darin Erdäpfel eingelagert, so sprach man von „Krumpirigrui" oder „Krumpirluikn", von der Grundbirne der Erdäpfel oder kroatisch „krompiri" stammend. Versteckte „Tradgrui" – Getreidegruben – befanden sich an ausgewählten Plätzen im Haus oder Hof oder außerhalb der Hofanlagen.

Die Grube für das Grubenkraut

Die Erdgruben stellen im Prinzip große, regelmäßige, senkrecht nach unten verlaufende Löcher oder Behältnisse dar, welche im Boden installiert sind, um unter dem Gefrierpunkt zu liegen. Entweder handelt es sich um Naturgruben mit stabilen Lehmwänden oder um befestigte Gruben, welche mit Steinmauerwerk oder widerstandsfähigen, gehobelten Holzbrettern (wie z.B. aus Lärche, Tanne, Föhre, Eiche, …) ausstaffiert waren. Sich nach oben verjüngende Gruben bestanden ebenfalls in Ober- und Niederösterreich, Burgenland, Ungarn, Slowenien und Kroatien.

Der Grubenboden war mit starken, bündigen Brettern befestigt. So kommen die Gruben bei sorgfältiger Gestaltung der Bretterwände der Funktion von Fässern gleich. Zwischen natürlicher Erdwand und der Bretteraußenseite stampfte man Lehm ein, damit diese Brettergruben dicht waren. Auch der Grubenboden wurde mit Lehm ausgestampft und mit Brettern oder Steinplatten ausgelegt. Solche Gruben befanden sich auf beinahe jedem Bauernhof, waren und sind drei bis vier Meter tief und hatten zumeist einen runden bis ovalen Grundriss. In vielen Fällen war die Grundfläche quadratisch und die Wände aus schönen Steinplatten oder Steinmauern errichtet.

Im Winter durfte der Inhalt der Grube nicht einfrieren, und im Sommer musste er ausreichend kühl bleiben, damit die Vorräte nicht verdarben. Richtig ausgekleidet und gehandhabt stellen diese Gruben altertümliche Techniken der Bevorratung dar. Zum Vergleich sind die jährlich im Herbst sorgfältig errichteten Erdmieten nicht zu vergessen, in denen Gemüse und Früchte (z.B. Äpfel) auf Farn oder Stroh gelagert wurden. Erdkeller auf den Almen des Hochgebirges funktionieren sehr gut und halten in den heißen Sommern die Käse-, Milch- und Buttervorräte und Getränke kühl.

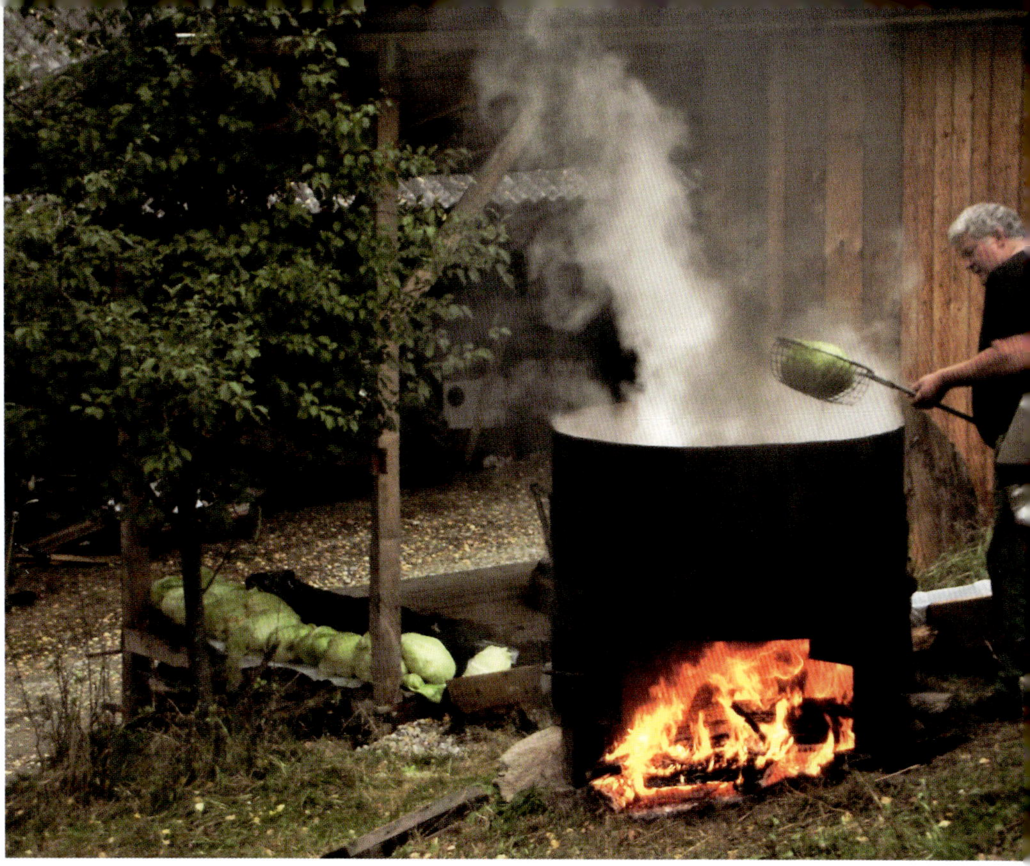
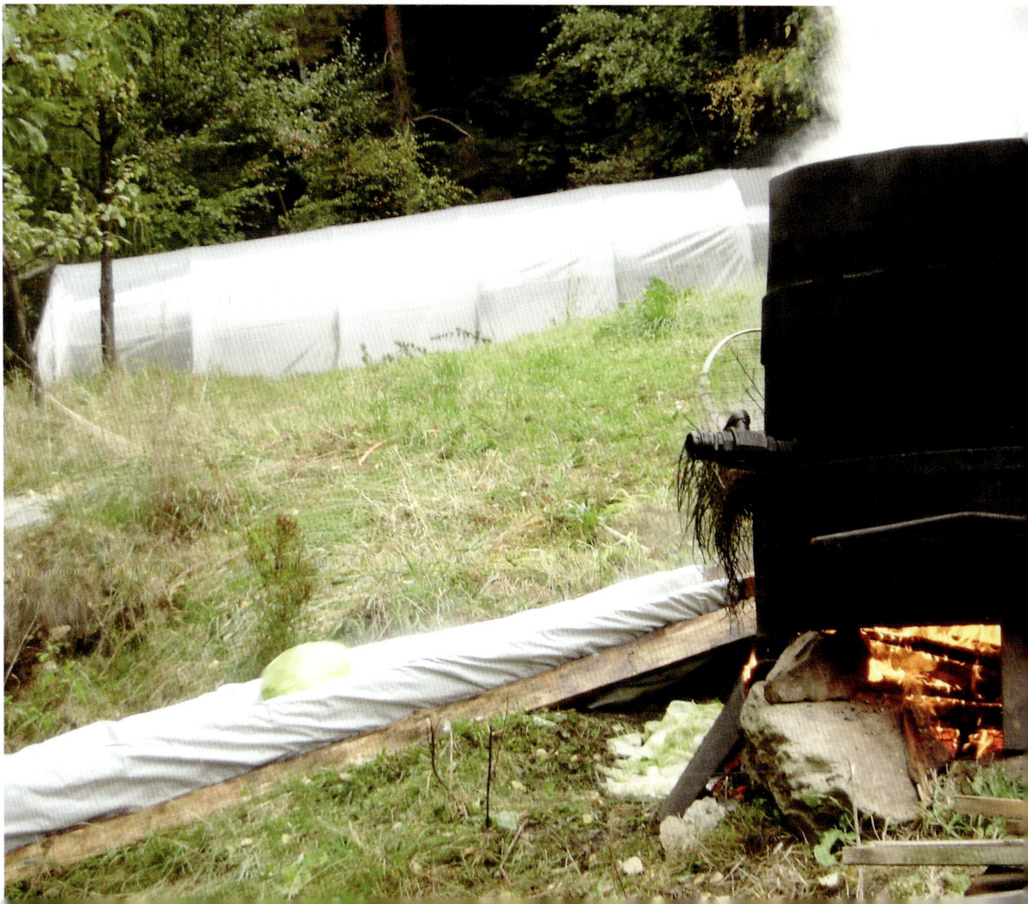

Die blanchierten Krautköpfe werden in die Lärchenholz-Grube gefüllt und mit ebenfalls blanchierten, losen Krautblättern, einem Leinentuch und Stroh bedeckt, ehe mit einem Holzdeckel verschlossen und beschwert wird. (Fotos: F. Burger)

Arbeitsschritte der Einlagerung des Grubenkrauts

Kraut für die Einlagerung erntet man mit Beginn des Oktobers, selten bis Mitte November. Von den Krautköpfen nimmt man meist schon bei der Ernte die äußeren zähen oder vom Raupenfraß gezeichneten Blätter weg. Einige schöne Blätter hob man für später auf. Nach Hause gebracht, blanchiert man sie in einem eigenen großen Wasserkessel, dem eisernen „Krautkessel", damit sie außen etwas weich und desinfiziert werden und Insekten, Würmer oder verkrochene Läuse absterben. Der kegelförmige Kessel wird mit Holz befeuert.

Manche Heizstellen waren improvisiert und befanden sich auf dem Feld oder am Dorfrand. Die Krautköpfe schwimmen an der Oberfläche des heißen Wassers auf, doch alle müssen einmal ca. zehn Minuten vollständig untergetaucht bleiben. Dann fischt man sie mit einer hölzernen Krautgabel oder einem großen Sieb heraus und lagert sie ca. einen halben Tag im Freien auf einer tischartigen Vorrichtung zum Abtropfen, wobei sich grüne Köpfe fahl verfärben und die Milchsäurebakterien Zeit finden, die ausgekühlten Köpfe zu besiedeln. Das Kraut verliert dabei seine Steifheit, wodurch es besser für eine dichte Lagerung taugt. Manche lassen die Köpfe nach dem Blanchiertag noch einen weiteren halben Tag lang offen liegen.

In die ca. ein Meter breite und zwei bis vier Meter tiefe Krautgrube reicht eine Holzleiter. Nun legt man den verdichteten Grubenboden mit schimmelfreiem Stroh aus, auf das man Kümmelsamen oder Kümmelstroh, manchmal auch etwas Thymian oder Bohnenkraut streut. Diese erfüllen die Funktion einer Desinfektion. Dann schichtet man eine Lage Kohlblätter drauf, wo die weiß-gelblichen, in einem Behälter abgeseilten Köpfe Stück für Stück, mit den Strunkstellen nach oben ausgerichtet, aufgelegt werden. Kleine Kohlköpfe gleichen größere Zwischenräume aus. Sorgfältig schlichtet man sie Schicht für Schicht übereinander, um möglichst wenige Lufthohlräume zu bekommen. Die einschlichtende Person steht auf den Köpfen und tritt diese vorsichtig ein. Manchmal steht sie auch auf kleinen Brettern, wodurch das abgemilderte Gewicht nicht die Struktur der Köpfe zerstört. Zuletzt werden die Köpfe mit ebenfalls blanchierten losen Krautblättern und einem mehrfach zusammengelegten Leinentuch abgedeckt, ehe eine Schicht Stroh und ein Bretterverschlag einen Abschluss bilden.

Die Bretter beschwert man mit gewaschenen Steinen oder durch die Hebelwirkung eines größeren Holzstammes, damit in den ersten Wochen rasch die Luft aus den Hohlräumen ausgepresst wird. Ganz zum Schluss gießt man Wasser ein, damit die Bretter und Steine überdeckt sind.

Für das Gewicht zum Beschweren gilt die Regel: Pro Meter eingelagerter Krautköpfe benötigt man zwischen 80 und 100 kg. Insgesamt bewegt sich die Gewichtslast zwischen 250 und 350 kg. Heute eignen sich dafür anstelle von Steinen ein in Form gebrachter Betonklotz oder mit Sand eingefüllte Säcke. Durch das Austreten von Zellflüssigkeit und Erweichen der Struktur verliert das Kraut während der kühlen Lagerung zwischen 30 und 50 Prozent an Volumen.

Fritz BURGER aus Feistritz am Wechsel (Niederösterreich), der die Sorte „Seibersdorfer Einschneidekraut" verwendet, gibt zuletzt kein Wasser dazu, sondern schließt die Grube nur luftdicht ab, ohne den Inhalt einzuschweren.

Nach zwei bis drei Wochen sinken die Köpfe ohnehin einen Meter ab, und die Abdeckung ist neu anzupassen. Manchmal kann es vorkommen, dass die oberste Schicht gammelig wird. Vor Jahren hat er das alte Wissen um die Grubenkrautbereitung aufgegriffen und mit Freunden eine runde Grube mit einem Innendurchmesser von 1,4 und einer Tiefe von 2,4 Meter gebaut. Die Stärke der Lärchenbewandung belief sich auf zwölf Zentimeter.

Die Köpfe bekommen durch das kurze Überbrühen eine weichere Konsistenz, wodurch die Fermentation bald eintritt und sie durch Fermentationsvorgänge zum Grubenkraut werden. Die Reifezeit dauert zwischen drei und vier Monate, um die ersten Köpfe herausnehmen zu können. Manche lassen diese länger in der Krautgrube und genießen die letzten Köpfe den Sommer über. Die Köpfe bleiben dabei ganz, schrumpeln allerdings etwas zusammen oder verlieren die ursprüngliche Form, wenn sie etwas zusammengedrückt werden. Wenn möglich entnimmt man schichtweise mehrere Kohlköpfe, füllt Wasser nach und deckt danach sorgfältig zu. Bei der Verwendung werden die äußeren Blätter entfernt, die Köpfe abgewaschen und sodann hauchdünn geschnitten. Das Geschnittene wurde roh oder nach mehreren Stunden des Kochens genossen. Mit ganzen Blättern bereitet man Rouladen und andere delikate Speisen.

Die entleerten Gruben reinigt man mit heißem Wasser, bürstet die Wände und den Boden sorgfältig durch und spült mit kaltem Wasser aus. Zuletzt lässt man die Gruben offen, damit sie etwas austrocknen. Auch Holzdeckel und Deckbretter, wie auch Steine reinigt man mit Wasser und legt diese zur Abtrocknung auf.

Über das Gruben- oder Brühkraut im östlichen Mühlviertel und westlichen Waldviertel

Der Lehrer und Direktor Karl RADLER aus Hagenberg dokumentierte 1948 für Ober- und Niederösterreich die gebräuchliche Behandlung der Krautköpfe zur Bereitung des Grubenkrauts. Für die Ortschaften Neustift unweit von Liebenau oder Königswiesen beschreibt er es exemplarisch, wo es noch bis in die späten 1960er-Jahre hergestellt wurde. Die Arbeit des Grubenkrauteinlagerns im „Krautboding" oder „Krautschaff" dauerte ungefähr einen Tag. Die Bauern sprachen sich untereinander ab, wer wann an der Reihe war.

Er berichtete, „ich bemerkte vor einigen Jahren unweit der Gehöfte eine Gruppe kleiner, ungefähr 1 m hoher Hüttchen." Es handelte sich um die Bodinge. „Zuerst machte man mich auf eine sehr einfache Heizanlage in unmittelbarer Nähe der Krautbottiche aufmerksam. Am Rand einer Böschung des Geländes ist ein aus Granitsteinen gemauerter runder Schacht sichtbar, ähnlich unserer Brunnenschächte, aber nur etwa 2 m tief. Man bemerkt daran eine Heiztüre und gegenüber eine etwas kleinere Öffnung für den Rauchabzug. Wenn im Herbst die Krauthäuptel geerntet werden, entfernt man nur die äußersten schadhaften und erdigen Blätter, die „Bletschen", und häuft die Krauthäuptel in der Nähe der Heizanlage an. Inzwischen wurde der große kupferne oder eiserne Krautkessel, der Gemeingut der Dorfschaft ist, herbeigeschafft und in die Heizanlage eingesenkt. Er wird nicht ganz mit Wasser gefüllt, und sobald dieses kocht, wirft man die Krauthäuptel hinein. Diesen Vorgang nennt man „Krautsieden". Aber schon nach ungefähr zehn Minuten kommen die Häuptel wieder heraus, und nun müssen sie „abgeseiht" werden. Man legt zu diesem Zweck eine Anzahl Bretter über zwei Zimmererstöcke oder über einen eigenen Schragen, legt auf dieses Gestell die vorher abgebrühten Häuptel und läßt sie da abtropfen. Inzwischen wird im Kessel die zweite Partie Häuptel gesotten. Schließlich kommen alle so behandelten Häuptel in die Boding. Jeder Bauer besitzt seine eigene Boding in der Nähe der Heizanlage." Im Salzburger Land nannte man die Grube »Krautsölln" oder „Krautsille". In der Steiermark bezeichnet man sie als „Krautaler" oder „Krautstieber".

Die kleinen Hütten stellen nur den oberirdischen Teil der sich im Erdreich befindlichen drei bis vier Meter tiefen Schächte dar, deren Wände mit senkrecht gestellten Föhren- und Lärchenpfosten ausgestattet sind. Die kreisförmige, ca. ein Quadratmeter große Bodenfläche ist mit dem ortsüblichen Erdmaterial (bloßer Erd- oder Flinsboden) versehen und wird mit dem Stroh des Kümmels ausgebettet. „Es gibt dem Kraut eine eigene Würze. Auf den Wiesen der Hochfläche wächst ja viel mehr Kümmel als in den tieferen Lagen", so RADLER (1948).

Damit die Leiter in den Schacht hinabgelassen werden konnte, entfernte man entweder das Dach (zumeist Pultdach) oder man stieg durch ein Türl in den Schacht ein. Eine zweite Person warf oder reichte die Krautköpfe nun hinunter. Der Häuptelschlichter steht vermutlich auf einem Brett auf den Köpfen, damit diese nicht zerdrückt werden können. „Sie müssen sorgfältig geschichtet werden, so daß keine zu großen Zwischenräume entstehen." Die

Die Abbildungen aus Oberösterreich zeigen hüttenartig überbaute „Krautbodinge" bzw. Krautgruben mit der vorgelagerten Feuerstelle, wo der gemeinschaftlich verwaltete Heizkessel aufgestellt wurde. Sie stammen von Karl Radler und sind entnommen aus: Oberösterreichische Heimatblätter Jg. 2, Heft 1, 1948. Linz.

Boding wurde bis ca. auf einen Meter über der Bodenoberfläche angefüllt und mit einer Lage Kümmelstroh abgedeckt. Darauf kamen Bretter und die Beschwersteine, damit das wertvolle Nahrungsmittel luftdicht abgeschlossen wurde. Karl RADLER erwähnt in seiner Beschreibung keine Wassereinfüllung.

Er schreibt weiter: „Das derart behandelte und eingelagerte Kraut ist in solch einem altertümlichen Silo jahrelang haltbar. Oft ist, wenn die nächste Krauternte stattfindet, der Vorrat in der Boding noch nicht aufgebraucht." Neue Ernten schichtete man auf die Reste der alten Häuptel drauf. Mehrere entnommene Köpfe werden am Hof über mehrere Tage verwertet, gehobelt und zerkleinert und wie das übliche Sauerkraut verwendet. RADLER weist auch auf die Bezeichnung der Krauthersteller hin, die „Krautsieder", welche mit Kessel von Dorf zu Dorf zogen, oder auf den Namen „Bodingbauer", die manchmal wahrscheinlich vom Beruf auch Bottichbauern waren und welcher noch in Oberösterreich weit verbreitet ist. Die Namen Krautsieder oder „Krauttreter" kommen in Ostösterreich vor und werden abwertend verwendet.

Das „Schwerkraut" aus Peter Roseggers Zeiten

In Peter ROSEGGERs Dokumentationen stellte er dem „Fasskraut" das „Schwer- oder Grubenkraut" gegenüber. Ergänzend seien zusätzliche Anmerkungen über das Grubenkraut sinnvoll:

Das Grubenkraut war früher in der gesamten Steiermark verbreitet, wozu Nachweise aus dem Ennstal, Mur- und Mürztal, der Weststeiermark und den Fischbacher Alpen bestehen. Wo Grubenkraut hergestellt wurde, gab es auf den Gehöften eine Herdstelle abseits der Gebäude im Freien. Dass die Kessel Gemeingut waren, beschreibt auch ROSEGGER: Der Eisenkessel zum Weichbrühen der Krautköpfe wird in manchen Gegenden der Steiermark als „Gmoankessel" bezeichnet, was auf gemeinschaftliche Nutzung hinweist. Dieser fasst beim Überbrühen an die 20 bis 30 der bauchigen „Gebel", manche sogar 40 davon und war so schwer, weshalb für den Transport von Hof zu Hof vier Rösser oder sechs Ochsen benötigt wurden. Der hierorts überdachte Grubenschacht – der „Krautaler" – konnte eine runde oder eine annähernd quadratische Grundfläche haben. Durch das Beschweren mit Steinen wird das Kraut plattgedrückt und der austretende, milchsauer vergorene Saft führt zur Konservierung.

Das Grubenkraut ist im Vergleich zum „Fasskraut" kerniger und wird länger gekocht. In der Steiermark wird das Kraut mit Schweine- oder Rindfett oder Speck abgeschmälzt oder mit einer Einmach („Gmachat") zubereitet. Dazu aß man Brot, Knödeln oder Kartoffeln und sehr selten eine Brat- oder Siedwurst oder einen Braten. ROSEGGER umschreibt zum feinen Naturgeschmack sein Lob auf ein wohlfeiles Nahrungsmittel: „Man wird seiner nie überdrüssig und ich kenne herrisch gewordene Bauernstämmlinge, die sich nur nach Einem fest mit Sentimentalität zurücksehnen – nach dem Grubenkraut".

Im österreichischen Freilichtmuseum Stübing nahe Graz findet man mehrere Eisenkessel oder „Gemeinkessel", die zum Weichbrühen der Krautköpfe dienten.

Grubenkraut-Knödel:

In einfacher Weise lassen sich mit klein zugeschnittenem Grubenkraut Knödel zubereiten, welche wir mit Wildkräuter würzten.

Die Menschen in osteuropäischen Ländern sind sich der gesundheitsfördernden Wirkung des milchsauer vergorenen Gemüses bewusst. Sie richten ihre Esskultur und ein entsprechendes Marktangebot danach aus.

Osteuropa würdigt noch heute das Sauergemüse

In Osteuropa und gegen den Osten hinaus hat das Einlegen von Gurken bis heute Tradition. Besucht man die Märkte z.B. in Budapest, Székesfehérvár, Szombathely oder Zalaegerszeg, Katowice oder Krakau, Minsk, Kaunas, Kiew, Lemberg, Košice, Woronesch, Cluj-Napoca, Brasov, Kraljevo, Novi Sad, Sofia, Skopje, Istanbul und Tiflis, Banja Luka, Zagreb, Karlovac oder Ljubljana, überall findet man wie die Salzgurken eine Vielzahl eingelegter Gemüsearten in den Geschäften oder bei den überdachten Ständen der Märkte. Selbst kleine Verkaufsläden in den Dörfern führen das ganze Jahr über Sauergemüse. Da hat sich in den Haushalten bis heute die Esskultur des Sauergemüses erhalten, und es hat den Anschein, beinahe hinter jedem Menschen steckt ein „Sauermeister". Dieses Subsistenzwissen ist in Westeuropa gänzlich abgekommen, außer der Verkaufsladen wird von Türken, Polen, Ungarn oder Leuten der Balkanländer betrieben, wiewohl es hier auch früher vertreten war. Dieses hauswirtschaftliche Wissen und diese Sauergemüsequalitäten sind dem modernen Industrialismus zum Opfer gefallen.

Salzgurken

Das einfache Haltbarmachverfahren ist zumindest aus antiker Zeit überliefert. Unsere Salzgurken oder Sauergurken entstehen aus der Milchsäuregärung. Vorteilhaft ist die Kompaktheit der Einlegegurkensorten, welche nach dem Waschen mit einer Gabel angestochen und in Gläser eingeschichtet werden. Man kann sie auch nach dem Waschgang einen Tag lang einsalzen und nach abermaligem Abwaschen einlegen, wie nun beschrieben:

Wer möchte, kann Gewürze wie Senfkörner, Dill, Meerrettich, Pfefferkörner, Piment, Lorbeerblätter, Knoblauch und evtl. Pfefferoni zum Würzen miteinlegen. Wir kochen das Wasser auf, welches wir salzen (auf einen Liter Wasser geben wir 20 – 25 Gramm Salz) und nach dem Abkühlen über die Gurken gießen. Manche geben auch die heiße Salzlake über die eingeschlichteten Gurken, wodurch allerdings andere Gurkenaromen entstehen. In der Sowjetunion gibt man zu den Gurken etwas Stangensellerie dazu.

Lorbeer- und Weinblätter nehmen wir zum Abdecken, damit die Gurken beschwert sind und nicht aufschwimmen, sondern vollkommen mit der Lake überdeckt bleiben, oder wir verwenden Holzspachteln. Sehr gut bewährt haben sich die Blattbeigabe von Eiche, Kirsche oder Traubenkirsche, damit die Gurken knackig bleiben. Die Deckel drehen wir nur leicht an, damit die Gärgase langsam entweichen können. Wir lassen die Gläser in normal temperierten Räumen (18 – 22°C) zwei bis fünf Tage stehen, ehe wir sie in die kühlen Lagerräume verfrachten.

Nun beginnt das Salz, Wasser und somit Zucker aus den Gurken zu ziehen. Die Salzkonzentration in den Gurken steigt und sinkt in der Lake. Es ist darauf zu achten, dass der Salzgehalt immer über zwölf Prozent erhalten bleibt und für die Fermentation die notwendige Säure entsteht. Nach ca. sechs bis acht Wochen sind sie genießbar. Ab dieser Zeit beginnen wir mit der Probeverkostung. Doch eine längere Lagerung macht die Gurken bekömmlicher.

Früher wurden Gurken auch mit Salz bestreut – ca. drei Prozent Salz – in Behältern eingelegt. Man bczeichnet diese Bevorratungsweise „Trocken eingelegtes Gemüse". Das Salz entzieht ihnen den Saft und bringt die Gurken zum Schrumpfen. Die Holzbehälter wurden nicht ganz vollgefüllt, mit einem ausgekochten Leinentuch abgedeckt und mit Salz bestreut. Die sich entwickelnde Salzflüssigkeit bildet das saure Milieu, in dem die Fermentation unter Kohlendioxidaustritt vonstattengeht. Bei dieser Haltbarmachung soll bald die entstehende Lake über der Tuchabdeckung schwimmen.

Über das Kimchi aus Korea

Manchmal ist es möglich in Restaurants mit asiatischer Küche das sehr würzige, saure bis salzige Kimchi als Vorspeise aufgetischt zu bekommen. Die

Ein Bild aus unserem Fermentarium: In Anlehnung an die gesunde, kalorienarme Kimchi-Kultur Koreas kann jeder Mensch scharf-würzige Chinakohlfermente mit Wildpflanzen kombiniert herstellen.

Bezeichnung stammt von „Chimchae", was „gesalzenes Gemüse" bedeutet. Es kann mit Sauerkraut verglichen werden, wird deutlich kürzer fermentiert. Was ist eigentlich das Besondere an den traditionell-koreanischen Kimchi-Speisen und inwiefern wirken sie heilsam?

Kimchi ist eine kalorienarme Speise (vgl. LIM, LIM 2016), welche aus der Fermentation rohen Kohlgemüses oder vieler anderer Gemüsearten entsteht. Dabei wird gewürztes Gemüse zur Reifung in Tongefäßen mehrere Wochen oder Monate gelagert. Vielfach dienen Chinakohlblätter als Basis, welche zwischen vier und fünf Stunden in gesalzenem Wasser eingelegt werden. Kimchi ist im Vergleich zu Sauerkraut jedoch salzreicher, da man mit viel Salzbeigabe das Herausziehen des Wassers beabsichtigt, um das Gemüse rascher weich zu machen und zur Vergärung zu bringen. Nach der Entsalzung mischt man sie mit würzig-scharfem Gemüse (Rettich, Zwiebeln, Knoblauch) und einer

Würz- oder Fischsoße (mit Chili, Ingwer usf.). Diese Soßen bestimmen das Aroma beträchtlich. Es hat einen sauren-scharfen Geschmack, wird in kleinen Mengen hergestellt und nach kühler Lagerung nach einigen Tagen bis Monaten genossen.

Durch Spülen des Gemüses erfolgen eine Entsalzung und somit leider ein Verlust guter Gemüsesäfte. Der Salzverlust entspricht nicht einem sorgsamen Umgang mit Ressourcen, da man die abgehende Flüssigkeit am Herd eindicken und zum Würzen von Suppen oder Soßen verwenden könnte. Auch in scharfer Soße eingewickelte Krautblätter bezeichnet man als Kimchi. Aus Gurken und Rettich bereitet man ebenfalls ähnliche Produkte. Die Kimchi-Kultur Koreas hatte den Zweck, während des Winters mit vitaminreichen Vorräten versorgt zu werden. Regional legen die Koreaner mit ihrem Herbstgemüse Wintervorräte mit verschiedensten Kimchiarten an, denen ein hoher probiotischer Wert beigemessen wird.

In China und Singapur, berichtete Vera KÖGLER, wird hingegen kaum Kimchi hergestellt oder genossen. Hier existieren vielmehr Gemüse-Erzeugnisse, welche in Essig eingelegt werden. Oder hier findet man fermentierte, mit niederen Schimmelpilzen versetzte Sojaprodukte, wie z.B. das traditionelle Fermentationsprodukt „Tempeh" aus Indonesien. „Es werden traditionell Sojabohnen in Bananenblätter eingelegt und man lässt dies fermentieren. Man bekommt dadurch eine sehr gesunde Mischung mit guten Anteilen vor allem von Mangan, Kupfer, Phosphor, Vitamin B2, Magnesium und natürlich Proteine", schrieb Vera KÖGLER.

Nicht unpraktisch sind festgriffige Baumblätter zum Abdecken des zu fermentierenden Glasinhalts. Mehrere Ulmenblätter übereinandergelegt decken gut ab und veredeln das Ferment geschmacklich. Durch das Niederpressen eines kleineren Glases entstehen siegelartige Muster auf den Abdeckblättern.

6. Hinweise und Voraussetzungen für das Fermentieren und verwendbarer Utensilien

Das Feuer der Euphorie veranlasst uns, voreilig die Fermentierung zu beginnen. Allerdings sollte man für ein erfolgreiches Tun zuvor einige Vorbereitungen treffen. Bevor das Fermentieren begonnen wird, möchten wir einige Hinweise und Voraussetzungen anführen:

Gläserwirtschaft

Wir betreiben mittlerweile ein Altglas-Management und bewahren die geleerten brauchbaren Schraubverschlussgläser mit säure- und lebensmittelechten Deckeln und Bügelgläser, von Etiketten befreit und sauber gewaschen, geordnet in Schränken, auf. Des Öfteren verwahren wir gebrauchte Gläser mehrere Tage im Wasser, um sie von Restgerüchen zu befreien. Stark verschmutzte Gläser werden sauber mit alternativem Geschirrspülmittel gereinigt und mit heißem Wasser gründlich nachgespült. Durch das Wasserschiff unseres Holzherdes haben wir ständig heißes Wasser zur Verfügung. Darin schwemmen wir noch einmal zur Nachreinigung kurze Zeit die Gläser und können sie so auf einfache Weise am Herd auch auf Gestellen trocknen, ehe wir sie wegräumen. Dadurch haben wir meistens passende Gläser für die unterschiedlichsten Fermentiermengen parat oder können diese für andere Konservierungszwecke unmittelbar in Gebrauch nehmen.

Wir verwenden zum Hauptteil alle Größen einfacher Einmachgläser mit Glas- und Drehverschlussdeckel. Diese wurden locker aufgesetzt, damit das Kohlendioxid ausdringen kann. In anderen Fällen nutzten wir die Einweckgläser mit Gummiabdichtung, wo ohne Weiteres die entstehenden Gase entweichen können und doch sehr gut abdichten. Gläser mit Schraubverschluss sind in den verschiedensten Größen günstig erhältlich wie auch die praktischen Gläser mit Bügelverschlussdeckel, welche mit oder ohne Gummi zu verwenden sind.

Für den Hausgebrauch und die Anfertigung vieler Fermente sind Gläsergrößen von 200, 300 oder 500 ml und für Haushalte mit mehreren Personen bis zu 1000 ml (ein Liter) gut geeignet. Glas ist ein gutes Material, ebenso wie emailliertes Tongeschirr, und wir sind sehr dankbar über die Erfindung

Vor der unmittelbaren Verwendung der Gläser stellen wir sie nach dem Abwaschen und dem heißen Nachspülen zum Abtropfen auf.

dieser mehrfach nutzbaren Behältnisse. Je nach Brauchbarkeit bewahren wir die sauber ausgewaschenen Gläser für die Vorratswirtschaft auf. Auch mit von Nachbarn und Bekannten geschenkten Waren legen wir saubere Gläservorräte an, welche in gut verschlossenen Kästen zum Schutz vor Staub verwahrt werden. Diese „Gläserwirtschaft" hat sich schon vielfach gelohnt.

Wenn man abends mit Sammel- oder Erntegut voll beladen nach Hause kommt und den Ofen für das Haltbarmachen von Marmelade oder Gemüse einheizt, ist man über eine große Auswahl sauber geputzter Gläser sehr froh und kommt mit der ohnehin aufwendigen Einmacharbeit rascher zu einem Ende. Die Gläser und Deckel werden dann für die unmittelbare Vorratshaltung in sehr heißem Wasser durchgespült, und nach dem Abtropfenlassen kann sofort mit dem Einfüllen begonnen werden. Und das gilt auch für das Einlegen in Lake oder die Herstellung von Fermentierwaren, wo wir die gespülten und ausgekühlten Gläser verwenden.

Bei den Prozessen entstehen durch Salz und die Säuren säuerliche Gase und salzige Flüssigkeiten, welche die Beschichtung der Deckel angreifen und zu korrodieren beginnen. Mehrmals verwendete Deckel schließen nicht mehr so gut, wenn man sie z.B. für Einweckgemüse oder Kompott benützen möchte. In Fachgeschäften besorgen wir uns deshalb einen doppelten Vorrat an neuen Deckeln und Verschlüssen, denn diese werden am meisten beansprucht.

Hinweise und Voraussetzungen für das Fermentieren und verwendbarer Utensilien

Gläser als Fermentierbehälter

Die heute auf dem Markt erhältlichen Gläser oder die Altgläser sind deshalb so von Vorteil, da man darin die Auswirkungen der Mikrobentätigkeit besser mitverfolgen kann als bei den traditionell verwendeten Tontöpfen. Speziell für die Wildpflanzenfermentation sind kleinere Gefäße zu bevorzugen, da von manchen Pflanzen keine großen Mengen vorhanden sind oder der Sammelaufwand zu langwierig wäre, um einen Gärtopf zu befüllen. Außerdem werden Wildpflanzenfermente sehr intensiv, und man benötigt davon keine so großen Mengen.

Die Gläser sollen weite Öffnungen haben, damit man die Ware gut stampfen und das reife Ferment herausnehmen kann. Zylindrische Formen sind vorteilhaft, da das Einstampfen der Ware und Reinigen der Behälter leichter erfolgt. Um unter Luftausschluss eine natürliche Milchsäuregärung zu erwirken, sind dichte Behältnisse obligat. Wegen des Eindringens von Essigfliegen sollen die Behältnisse gut abdeckbar sein, müssen aber die Gase herauslassen können.

Stellt man mehrere Fermente über einen längeren Zeitraum her, so kann man die jeweils pro Glas eingelagerte Menge kaum aufbrauchen, da man davon nicht so viel verzehrt. Das ist ein Grund, doch Fermentvorräte in mehreren, kleinen Gläsern anzulegen. Lediglich bei großen Mengen an zu fermentierenden Rohmaterialien sind Tongärtöpfe mit fünf oder zehn Liter sinnvoll oder offene Gefäße, wie Holzfässer oder „Sauerkraut-Bottiche". Doch kennen wir bisher niemanden, der auf einmal so eine Menge Giersch zur Versäuerung zu sammeln imstande oder gewillt war. Wir haben mittlerweile eine Fläche, wo wir durch mehrjährige Beerntung den Giersch vermehrt haben und die wenig vorhandenen Gräser und andere Kräuter einfach aussortieren. So bekommen wir große Mengen Giersch zusammen. Doch diese teilen wir mittlerweile auf mehrere Gläser auf. Größere Mengen beim Fermentieren auf kleinere Gläser aufzuteilen ist deshalb wichtig, denn, wenn etwas nicht funktionieren sollte, so trifft es nicht jedes Glas, sondern nur eines, und die ganze Arbeit war nicht umsonst. Im Speisekammer-Buch haben wir dazu die Zubereitung angeführt.

In geeigneten Körben lassen sich die mit Fermenten befüllten Gläser gut transportieren.

Neben den Schraubverschlussgläsern (Twist-Off-Verschlüsse) haben sich die altbewährten Drahtbügelgläser, Weck- und Rex-Gläser deshalb für die Fermentation geeignet, da die entstehenden Gase gut entweichen können und sie gut schließen.

Schraubverschlussgläser

Die Verwendung von Metallbehältern ist möglichst zu vermeiden. Aus Mangel anderer vernünftig hergestellter Deckel verwendet man zumeist säureresistente Drehdeckel zum Verschließen der Gläser, welche nur leicht angezogen werden. Es ist vorausschauend sinnvoll, vor dem Verschließen eine lebensmittelechte Folie zwischen den Schraubdeckel und den oberen Glasrand einzulegen, damit die Deckelinnenseite bei längerer Lagerung nicht korrodiert. Mit einer Folie wird verhindert, dass während der Gärungsprozesse überlaufende Flüssigkeit den Deckel angreift und zerstört. Unserer Erfahrung nach sind die meisten Schraubdeckel nicht korrosionsbeständig. Sie werden ohne dazwischengelegte Folie vom Salz angegriffen und rosten im Laufe der Zeit.

Der nur locker angedrehte Deckel soll das sich ausbreitende Kohlendioxid herauslassen und das Eindringen von Luft verhindern. Der verbleibende Raum von ca. 2 bis 3 Zentimeter über dem Fermentiergut füllt sich mit diesen Gasen, wodurch keine Luft eindringen kann.

Drahtbügelverschlussgläser oder Einmachgläser mit Klammern

Reine Glasgefäße mit Glasdeckel sind ideal, wie z.B. die früher üblichen Einmach- und Kompottgläser von Weck oder Rex. Die etwas aus der Mode gekommenen Einweckgläser mit Gummidichtung und Klammern lagern verstaubt auf vielen Dachböden, und die Besitzer sind dankbar, wenn sich jemand dafür interessiert und sie wieder in Verwendung nimmt. Oder auf den verschiedensten Flohmärkten können diese Gläser günstig erworben werden. Solche Gläser sind optimal zum Fermentieren verschiedener Wildgemüse- und Obstarten, da sie in unterschiedlichen Größen erhältlich sind, alte spröde Gummidichtungen neu ersetzt werden können und die Klammer bzw. der Bügel den Deckel gut verschließt. Diese sind deshalb empfehlenswert, da sie leicht die Fermentiergase rauslassen, jedoch das Eindringen von Luft vermieden wird.

Glasierte Tongefäße, Steinguttöpfe und Keramikwaren

Für größere Mengen Fermentiergut sind große Tongefäße und Steinguttöpfe ohne Weiteres gut geeignet. Ein Zehnliter-Ton-Gärtopf mit Wasserrinne ist für große Mengen an Gemüse wie Kohlkraut, Stoppelrübe, Blaukraut, Rote Bete oder Mischkraut und Mischgemüse vorzusehen. Für Gastronomieküchen haben wir größere Mengen würziger Mischungen des Weißkrauts mit ausgewählten Wildpflanzen hergestellt, für die wir ebenfalls Tongärtöpfe heranzogen. Am zweckmäßigsten ist ein Gärtopf mit Rille an der Öffnung, in deren Rinne Wasser eingefüllt wird und der passende Deckel luftabschließend daraufgesetzt wird. Beim Kauf von Gärtöpfen müssen zwei Stück halbierter Tonscheiben zum Abdecken bzw. Beschweren enthalten sein.

Die Töpfe weisen in der Regel ein Volumen von fünf, sieben, zehn und zwanzig Liter auf. Diese dürfen nicht zu hoch gefüllt werden, damit noch genügend Platz für die beschwerenden Steine bleibt. Bei Steingutgefäßen ohne Wasserrinne benötigt man zum Abdecken zuerst ein etwas größer zugeschnittenes sauberes Leinentuch, damit das fein geschnittene Gemüse nicht aufschwimmen kann, und ein genau angepasstes rundes Brett, das mit einem schweren Stein niedergepresst wird.

Im Ort Ardez, im Schweizer Kanton Graubünden, nützen die Leute ihre Dorfbrunnen, um u.a. einige Tage lang ihre Krautbehälter einzuweichen. Die geschwundenen Holztauben saugen sich mit Wasser an, wodurch die Behälter dicht werden.

Holzbottiche und Holzfässer

In bäuerlichen Haushalten findet man vielfach noch Holzbehälter zum Einsäuern von Kraut und Rüben. Außer in Osteuropa wird heute nur mehr selten anderweitiges Gemüse eingesäuert, obwohl früher alle Gemüsearten diesem Verfahren unterzogen wurden. Früher deckte man bei den großen Holzbottichen zum Abschluss mit gewaschenen Krautblättern das Sauergut ab und gab ein sauberes Tuch drüber. Dann legte man einen runden Deckel oder mehrere abschließende Bretter drauf, welche mit schweren und gewaschenen Steinen eingeschwert wurden, sodass die Salzlake den Deckel oder die Bretter überflutete. Werden diese Behälter mit reinem Wasser gewaschen, so bleibt im Holz der Bottiche teils die Mikrobenwelt für das nächstmalige Einsäuern erhalten.

Früher stellten im Mühlviertel Steinmetze aus einem Granitblock Behälter mit einer Wandung von 10 bis 15 cm her, welche einen Durchmesser von einem Meter und eine Tiefe von einem Meter hatten. Im Traun-, Hausruck- und Innviertel Oberösterreichs hatten diese Natursteintröge auch längliche Formen, aber kleinere Kubaturen.

Materialien zum Abdecken des Fermentierguts

Als Abdeckmaterial sind natürliche Materialien, wie z.B. Krautblätter, Baumblätter, Holzspatel, Holzspäne etc., zu bevorzugen. Quer- oder längsgeschnittene Meerrettichwurzeln (Kren) eignen sich ebenfalls dazu und erhöhen die Haltbarkeit der Fermente. Auch Glas- und Holzdeckel, kleine Ton- und Keramikscheiben, Teller oder Kleingläser dienen zum Abdecken des Fermentierguts. Press-down-Scheiben, lebensmittelechte und säurebeständige Kunststoffe sind nur in Ausnahmefällen zu verwenden.

Bei weithalsigen Gläsern sind runde Scheiben unbehandelten Holzes oder zugeschnittene, längliche Holzspäne ideal. Diese werden in heißem Wasser kurz ausgekocht. Neben Holzstäben verwenden wir zumeist Holzspateln. Weiteres sind Glas- oder Tonscheiben und kleine konische Gläser geeignet. Hat man nichts zur Hand, so ist damit gedient, aus Joghurtbechern z.B. eine scheibenförmige Platte oder ein Plättchen auszuschnciden, welche mit einem kleineren Glas und mithilfe des Drehverschlussdeckels niedergedrückt werden, sodass der Saft die Platte überdeckt.

Die fermentierten Abdeckblätter verwenden wir zum Einrollen von Speisen. Ulmenblätter eignen sich das ganze Jahr über besonders gut zum Abdecken des Fermentierguts.

Abdecken mit großen Blättern

Beinwell-, Malven-, Wein-, Schwarze-Johannisbeerblätter und verschiedene Baumblätter wie die der Eiche, Kirsche, Sauerkirsche, Maulbeere, Rotbuche, Berg- und Feld-Ahorn, Linde und der Ulme, sind zum Abdecken des Fermentierguts besonders geeignet, da sie durch ihre Blattnerven und Faserstruktur nicht so leicht zerfallen. Strauch- oder Baumblätter zeigen bei der Fermentation keine Auflösungserscheinungen. Bei kleinen Blättern werden mehrere versetzt aufgelegt verwendet. Bei mehreren Blättern übereinander kann bei Schimmelbefall das ganze Paket wie ein Deckel abgehoben und entfernt werden. Ein natürlicher Fäulnisschutz ist durch die äußere Blattbeschichtung gegeben, denn die Kutikula (*Cuticula*) enthält in den Epidermiszellen natürliche Wachsverbindungen, wodurch kaum Schimmel auftritt. Die natürlichen Abdeckblätter müssen in den Gläsern ebenfalls mit der Fermentierflüssigkeit überstanden sein. Ab und zu verwenden wir vom Weißkraut feste Außenblätter zum Abdecken des Fermentierguts und drücken diese z.B. mit einem Stein oder kleinen Glas unter die Fermentierflüssigkeit oder Salzlake.

Ebenso wie Baumblätter sind zu diesem Zweck mehrere Krenscheiben (Meerrettich), Holz- oder Glasscheiben dienlich.

Materialien zum Beschweren und Niederdrücken

In Wasser ausgekochte Steine mit runder oder flachrunder Form sind eignete Beschwerhilfen, um nach dem Schließen vorsichtig die Abdeckbehelfe im Glas unter den Fermentiersaft zu drücken, damit das Fermentiergut nicht zu schimmeln beginnt. Dazu gebrauchen wir harte Gesteinsarten, welche silikatischen Ursprungs sind, wie Gneise, Granite, Orthoklas, Feldspat, Quarze, … Sand- oder Kalkgestein wird durch die Säure angegriffen, korrodiert sichtbar und beeinflusst das Fermentiergut. Und der sich auflösende Kalk reduziert die Säurekraft und die Haltbarkeit des Ferments. Der natürliche Geschmack der Fermente geht verloren.

Zum Beschweren sind Gläser oder Glasscheiben, glasierte Tonscheiben oder Keramik geeignet. Zumeist geben wir über die zuletzt draufgelegten Holzspateln kleine Gläser oder kleine Schnapstrinkgläser und drücken mit dem Deckelverschließen das Fermentmaterial unter die Flüssigkeitsoberfläche.

Plastikbeutel mit Wasser gefüllt

Mit Wasser gefüllte Plastikbeutel sind für eine kurzzeitige Lagerung verwendbar. Sie müssen aber fein säuberlich über der Oberfläche der eingestampften, saftlassenden Vegetabilen angelegt sein, sodass keine Luft seitlich eindringen kann. Das Glas wird zusätzlich mit einem Deckel geschlossen. Lagert man das befüllte Gefäß länger, z.B. ein halbes Jahr, tritt zumeist durch die Flüssigkeitsverdunstung zwischen Gefäßrand und wassergefülltem Plastikbeutel Sauerstoff hinzu, und es bildet sich in den meisten Fällen Schimmel. Deshalb ist regelmäßige Kontrolle wichtig, ob genug Flüssigkeit über dem Plastikbeutel steht.

Verwaltet man viele befüllte Behälter gleichzeitig, ist es oft schwirig und sehr zeitaufwendig, die Fermente sorgfältig zu pflegen, da die Flüssigkeiten je nach Gefäßgröße, Raum und Temperatur (Jahreszeit) unterschiedlich verdunsten. Da kann die Übersicht verlorengehen. Nur in wenigen Fällen greifen wir auf diese Art der Abdeckung zurück, da die Konservierung für längere Zeiträume nicht funktioniert und Plastikmaterial, so weit es möglich ist, vermieden werden sollte.

Weitere Beispiele verschiedener Beschwer- und Abdeckmaterialien:

Gläser und Glasscheiben, silikatische Steine, Plastikbeutel sind nicht empfehlenswert.

Gerätschaften zum Zerkleinern des Gemüses bei Mischfermenten, wie ein einfacher Hobel und Küchenreiben, sollen im Sauermeisterhaushalt nicht fehlen.

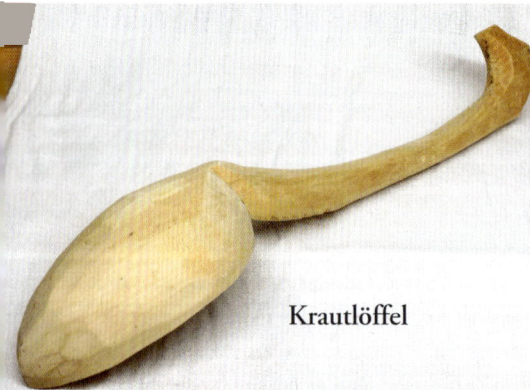
Krautlöffel

Krauthobel

Moderne Reibe

Strunkmesser

Materialien

Sonstige Werkutensilien für Sauereinleger

An zusätzlichem Geschirr ist dafür notwendig: Schleuder, Wasch- oder Abtropfsieb, verschiedene Größen von Schüsseln zum Anmischen, größere Küchenbretter zum Schneiden, Messer zum Schneiden und/oder Küchenhobel bzw. Krauthobel oder Küchenscharbe oder Reibeisen, Schäler, Kochlöffel zum Durchmischen, Stampfer, Stößel, Krautstößel, Gewürzmörser, …

Gefäße zum Unterstellen der gärenden Gläser sind unbedingt erforderlich: Mit hoher Wahrscheinlichkeit tritt infolge der Gärung und Gasbildung Flüssigkeit aus den Fermentiergefäßen aus. Untertassen, Teller, flache Wannen oder Serviertablette, auf welche die gärenden Lagergefäße gestellt werden, halten die Regale oder den Kühlschrank sauber, falls durch eine heftige Gärung Flüssigkeit überläuft. Gleichfalls verwenden wir Plastikwannen als Untersätze, in denen sich mehrere Fermentgläser befinden. Mit diesen sind sie auch gut transportierbar.

Nicht zu vergessen sind Abdeckhilfen, wie Deckel, Holzspatel, evtl. Press-down- oder Holzscheiben, sowie kleine Gläser oder Steine zum Niederdrücken der Fermentiermasse unter die Flüssigkeit, damit keine Schimmelbildung entsteht.

Krautstampfer aus Jadersdorf

Verschiedene lebensmittelechte Press-down-Scheiben: Diese Hilfsmittel werden immer häufiger zum Niederdrücken beim Einlegen von Obst und Gemüse verwendet.

Über die Beschaffenheit des Wassers

Verwendet werden sollte unbehandeltes Wasser von reinen Quellen ohne lange Zuleitung. In städtischen Bereichen und Dörfern ist die Chlorierung des Wassers zu bedenken, welche antibakteriell wirkt. Damit das Trinkwasser mikrobiologisch einwandfrei ist, wird es zumeist prophylaktisch desinfiziert. In Europa unterzieht man heute weite Bereiche der Trinkwasserversorgung einer Desinfektion durch Chlor. Das Wasser kann zudem anderen Chemikalien-Einflüssen unterstehen, wie in etwa darin weitere aktive Zusätze oder Spritz- und Düngermittel aus der Landwirtschaft etc. enthalten sein können. Manchmal sind im Trinkwasser aus Grundwasser- und Uferfiltratbrunnen die Chlorgaben so stark, dass man diese Mittel riecht. Neben der Chlorung bedient man sich der Ozonung und der UV-Bestrahlung. Sollte bei der Fermentation Leitungswasser aus einer kommunalen Versorgung verwendet werden, so empfehlen sich vor der weiteren Verwendung das kurze Aufkochen und darin das Auflösen des Salzes nach der Abkühlphase. Das Abkochen führt zum Verdampfen des Chlors.

Besitzt man natürlich reines Quellwasser, so ist das Abkochen nicht erforderlich. Wir sind seit einigen Jahren Mitglied einer eigenen Wassergenossenschaft, welche für die Sicherstellung unserer Wasserversorgung neu gegründet wurde, und können nun ein naturreines Trinkwasser beziehen. Die gut schüttende Quelle ist etwas kalkhaltig.

Verwendung von Gewürzen für das Fermentieren

Die Beigabe von Gewürzen beeinflusst die mikrobiellen Vorgänge bei der Fermentation so stark, sodass man von einer Art der Standardisierung oder Homogenisierung der Geschmäcker sprechen muss. Offenbar erfolgt durch Gewürzbeimischungen eine Lenkung der Mikroorganismen durch die ätherischen Inhaltsstoffe. Trotzdem bewegt man sich bei der Verwendung der Gewürze auf einem Terrain, bei dem man auf die entstehenden Erzeugnisse persönlich Einfluss nehmen kann. Vor allem die Kombinationen mit scharfen Gewürzen lenken die Fermentationsprozesse hin zu angenehmeren, anregenderen und geschmackvolleren Aromen. Zudem besitzen die Gewürzbeigaben verschiedene Wirkstoffe (s. KATZER, FANSA 2007).

Je vielfältiger man die Fermentierungsvorhaben verfolgt, ohne dabei nach Rezeptvorgaben vorzugehen, umso vielfältiger werden die Erzeugnisse und deren Wirkungen auf unsere Gesundheit und unser Wohlbefinden. Und die Abwechslung mikrobenbeeinflusster Nahrung erhöht die Bereicherung unserer Nahrungspalette enorm.

Gewürze

Bezieht man geringe Mengen von Gewürzen in die Fermentation ein, so ist das Besondere ihre Natürlichkeit im Gegensatz zu den gekochten Speisen. In Bezug auf das Fermentieren seien im Folgenden die Bedeutungen der wichtigsten Kulturgewürzpflanzen angeführt:

Neben den Wildkräutern eignen sich alle Gartengewürzpflanzen zum Aromatisieren der Fermente (*v.r.n.l.:* Krenblätter, Weinberglauch, Malven-, Borretsch-, Liebstöckel-, Oregano- und Hohlzahnblätter, Fenchelkraut und Kapuzinerkresse.

Gewürze

Anis (*Pimpinella anisum*)

Anissamen werden hauptsächlich zum Würzen von Gebäck, Brot und Schnäpsen verwendet. Als Tee oder in warmer Ziegenmilch gezogen, ist Anis ein gutes schleimlösendes Mittel. Die Wirkstoffe der Anissamen sind blähungswidrig, krampflösend, entgiftend und antiseptisch. Anis unterstützt stillende Frauen durch seine drüsenanregende und sekretionsfördernde Eigenschaft.

Chili (*Capsicum annuum*)

Frische grüne und rote Chilis haben einen hohen Gehalt an Vitamin C. Frisch wie auch getrocknet beschleunigt scharfes Chili die Verdauung, regt eine vermehrte Schweißabsonderung an, wirkt blähungswidrig, auswurffördernd und hilft bei Verstopfungen der Nebenhöhlen. Die erhitzenden Substanzen des Chilis im Übermaß genossen rufen Schwindel, Durst und Ermüdung hervor.

Wird mit Chili gewürzt, so ist im Gebrauch eine geringere Salzmenge notwendig, denn der Wirkstoff Capsaicin macht Speisen geschmacklich salziger. Zudem wird weniger gegessen, langfristig die Energieaufnahme verringert und somit das Körpergewicht reduziert. Eine salzärmere Kost wirkt sich auf einen niedrigeren Blutdruck aus.

Dille (*Anethum graveolens*)

Die ätherischen Öle der Dillblätter verleihen den Fermenten ein wundersames Aroma und helfen, Blähungen zu vermeiden. Frisch haben sie eine höhere geschmackliche und Heilwirkung. Die getrockneten und zerkleinerten Blätter haben einen leicht süßlichen Geschmack und wirken ungekocht (!) appetitanregend, verdauungsfördernd, entzündungshemmend, krampflösend und beruhigend bei Störungen des Unterleibs der Frauen sowie verdauungs- und nervenberuhigend.

Fenchel (*Foeniculum vulgare*)

In der Küche finden die süßen und würzigen Fenchelsamen häufig in Gewürzmischungen Verwendung. Bei einer Verdauungsschwäche von Kindern und älteren Menschen sind Fenchelsamen von bester Wirkung. Sie beruhigen die Nerven, ihr Duft wirkt auf den Geist und fördert die Aufmerksamkeit. Fenchelsamen lindern Bauchschmerzen und Husten, lösen Verschleimungen, fördern die Menstruation und die Milchbildung bei Stillenden.

Ingwer (*Zingiber officinale*)

Bei uns ist Ingwer als Gewürz für pikante Soßen, Gebäck, Lebkuchen und Gewürzweine bekannt. Er wird zu selten als Heilmittel eingesetzt. Ingwer wärmt den Magen und verbessert die Verdauung. Er ist speichelflussanregend, auswurffördernd, schleimreduzierend, antibakteriell, blutreinigend, milchreinigend und erhitzend. Er wird bei Verstopfung, Erbrechen, Kolik, Blähungen, Herzschwäche, Ödemen, Rheuma und bei Impotenz hilfreich eingesetzt.

Knoblauch (*Allium sativum*)

Knoblauch gilt als eine verjüngende Heilpflanze. Er wirkt entgiftend für das Blut, Lymphsystem und den gesamten Organismus. Knoblauch wirkt schmerzstillend, gefäßerweiternd, herzstärkend, blutzuckersenkend, cholesterinspiegelsenkend, leberstoffwechselanregend, menstruationsfördernd und aphrodisierend. Knoblauch in großer Menge genossen, hat eine erdende, aber abstumpfende Wirkung auf den Geist.

Koriander (*Coriandrum sativum*)

Getrocknete Koriandersamen sind aromatisch, und sie wirken kühlend, verdauungsfördernd, harntreibend, blähungswidrig und aphrodisierend. Frische Korianderblätter besitzen einen eigentümlichen Geschmack, sind zart und empfindlich, sie sollten nicht geschnitten, nicht gehackt und nicht gekocht, sondern frisch verwendet werden. Der verdauungsanregende Koriander sollte aus hormonellen Gründen von Männern öfters verwendet werden.

Gewürze

Kren oder Meerrettich (*Armoracia rusticana*)
Früher war der Kren zur Konservierung verschiedener Gemüsearten sehr bedeutend, denn er half, eine falsche Gärung oder Fäulnis zu vermeiden. Auf ein Kilogramm Gemüse verwendete man ungefähr 200 Gramm fein geriebene Wurzel. Die Krenwurzel besitzt viel Vitamin C und Mineralstoffe (u.a. Mg, Fe, K, Ca), gilt als ein wertvolles Blutreinigungsmittel und gehört durch seinen hohen Gehalt an Schwefelöl zu den wichtigsten die Eiweißverdauung unterstützenden Mitteln. Meerrettich wirkt anregend, harntreibend, schweißtreibend, antibiotisch und aphrodisierend. Er hilft bei Asthma, Erkältung, Kolik, Gicht, Rheuma und bei Infekten.

Kreuzkümmel (*Cuminum cyminum*)
Durch Rösten bekommen die Kreuzkümmelsamen ein nussartiges Aroma und verlieren etwas vom strengen Geruch. Frische Kreuzkümmelsamen sind aromatisch, appetitanregend, adstringierend und stärken die Sehkraft. Sie vertreiben Blähungen, helfen bei Durchfall, Brechdurchfall und Heiserkeit.

Kümmel (*Carum carvi*)
In unserer Region ist Kümmel im Sauerkraut und in den Fermenten wegen seiner verdauungsfördernden und entgiftenden Wirkung Pflicht. Als desinfizierende wie aromaspendende Zutat wirken die Samen verdauungskräftigend, reinigen die Blutgefäße, lösen den Schleim und treiben die Blähungen. Kümmel in der Ernährung regelmäßig eingesetzt, vermindert Fäulnis- und Gärungsprozesse im Darm.

Lauch oder Porree (*Allium ampeloprasum*, Syn. *Allium porrum*)
Frisch ist der vitamin- und mineralstoffreiche Porree oder Lauch einer der wichtigsten Verdauungsanreger. Man verwendet ihn zum Bestreuen von Salaten und sonstigen Speisen. Doch auch in den Fermenten trägt der Lauch seitens Geruch und Geschmack zu einem genussvollen Ganzen bei. Die gesundheitliche Bedeutung ist der Zwiebel und dem Knoblauch sehr ähnlich.

Paprika (*Capsicum annuum*)

Innerhalb der Paprikapulver ist zwischen den Sorten und je nach Herstellung zu unterscheiden: sie variieren von mild, süß bis sehr scharf. Die roten Sorten gelten als milder, brennend scharf sind hingegen bräunlich-rote Pulver. Durch die Trocknung ist die Bedeutung als Vitaminlieferant sehr geschmälert. Jedoch liegt die Kraft des aromatisch riechenden Pulvers in seiner Appetit- und Verdauungsanregung und in der Unterstützung des Immun- und Herz-Kreislauf-Systems. Das Capsaicin der scharfen Sorten verursacht Hitzeempfindung und fördert Durchblutung und Schweißbildung. Dies bedingt wiederum an heißen Tagen eine Senkung der Körpertemperatur und eine gesteigerte Körpererfrischung. Im Winter wärmt das antirheumatisch wirksame Paprikapulver.

Pfeffer, Schwarzer Pfeffer (*Piper nigrum*)

Die verschiedenen Pfefferfarben entstehen durch unterschiedliche Reifezeiten und Verarbeitungsweisen. Pfeffer ist dafür bekannt, dass er erhitzende Energie und einen scharfen Geschmack erzeugt. Er vertreibt die innere Kälte, stärkt das Verdauungsfeuer und den Stoffwechsel. Pfeffer ist ebenso ein gutes Aromamittel, er steigert den Appetit, wärmt den Magen und regt die Verdauung und die Sinne an.

Pfefferoni (*Capsicum annuum*)

Die Inhaltsstoffe von Chili und von Paprika bzw. Pfefferoni sind annähernd identisch, doch Chili kommt einer schärferen Würzkraft nach und muss deshalb vorsichtiger dosiert werden. Der Pfefferoni kann frisch geschnitten oder getrocknet und pulverisiert eingesetzt werden. Er regt den Kreislauf an und treibt den Schweiß, heizt den Körper auf, regt das Verdauungsfeuer an und wirkt entgiftend.

Schwarzkümmel (*Nigella sativa*)

Nigella hat unterschiedliche Namen, zum Beispiel, „Zwiebelsamen" oder „Schwarzkümmel", und in der Türkei wird dieses Gewürz auch als „Schwarzer Sesam" bezeichnet. Früher nutzte man auch andere *Nigella*-Arten zum Würzen. In der Indischen Küche werden die Samen vor der Verwendung trockengeröstet, um ihr Aroma zu verstärken. Danach werden sie z.B. unter gekochte Linsen, Eintöpfe („Curries") oder zum Einlegen von Gemüse verwendet. Bei den Ländern des Mittelmeerraums ist *Nigella* ein häufiges Gewürz für Fladenbrot und Käsearten.

Schwarzkümmel wirkt entgiftend bei Leber- und Gallethematik, unterstützt die Verdauung, hilft bei Magen-, Darmstörungen und Atemwegserkrankungen. Des Weiteren hat er eine anregende Funktion, er wirkt schweiß- und harntreibend, blutdruck- und blutzuckersenkend.

Senfkörner (*Sinapis alba*)

Die Senfsamen sind annähernd geruchlos und entwickeln beim Kauen jedoch eine beachtliche Schärfe. Sie sind von scharfem Geschmack und erhitzender Energie. Sie beseitigen Kälte, Schleim und Feuchtigkeit aus dem Körper, unterstützen die Eiweißverdauung und helfen bei Erkältungen und Atemwegserkrankungen. Senfsamen wirken stimulierend, schweißtreibend, durchblutungsfördernd, entzündungshemmend und menstruationsfördernd.

Wacholderbeeren (*Juniperus communis*)

Wacholderbeeren gehören in Mitteleuropa nicht nur wegen der Verdauungsanregung in das Sauerkraut. Sie wirken harntreibend, schweißtreibend, blähungswidrig, schmerzstillend und entgiftend. Wacholderbeeren kommen bei Immunschwäche, Gelenksschwellungen, Ödemen, Akne, Bronchitis, Ekzemen, Jucken, Psoriasis, fettigem Haar und anderen Hauterkrankungen zum Einsatz.

Gewürze

Weinberglauch (*Allium vineale*)

Die schwefelhaltigen ätherischen Öle im Weinberglauch regen den Appetit an und haben eine anregende Wirkung auf die Sekretion der Magen- und Darmdrüsen, auf Leber und Gallenblase und unterstützen die Eiweißverdauung.

Zwiebel (*Allium cepa*)

Die Aromen der Zwiebeln spielen in den Küchen eine wichtige Rolle. Eine ebenso große Bedeutung spielen ihre schwefelhaltigen Inhaltsstoffe in der Heilkunde. Sie sind schweißtreibend, schmerzstillend, entzündungshemmend, schleimbildend, auswurffördernd, harntreibend, leberstoffwechselanregend, blutzuckersenkend und menstruationsfördernd.

Wird mit Zwiebeln großzügig gewürzt, riecht das fermentierte Blattgemüse nach den Zwiebelringen der in Essigmarinade eingelegten Heringe (Bismarckhering, österr. „Russen") und schmeckt durch den Zwiebelanteil ähnlich wie „Russenkraut".

Andere wichtige Gewürzpflanzen

Verschiedene frische Blätter und Triebe wild wachsender Gewürzpflanzen wie z.B. Schafgarbe, Wiesenknopf, Gundermann, Knoblauchrauke, Bärlauch, Kerbel, Kümmel, Kapuzinerkresse, Brennnessel, Knopfkraut, Bibernelle, Petersilie, Liebstöckel, Majoran, Oregano, Ysop, Beifuß, Salbei, Estragon und Barbarakraut sind je nach Dafürhalten zum Würzen von fermentiertem Wildgemüse geeignet. Je nach Jahreszeit ihrer Ernte und der Intensität ihrer Aromen und Inhaltsstoffe entscheidet sich ihr Anteil im Mischungsverhältnis.

Fermentieren mit einer Gewürzmischung

Das Einbringen einer Gewürzmischung ist eine neuzeitliche Variante, da in früheren Zeiten kein oder nur wenig Kulturgemüse und handelsübliche Würzkräuter zur Verfügung standen. Beim Fermentieren von Baumblättern ist diese Möglichkeit von Vorteil, da die geschnittenen Blätter die entstehenden Gewürzsäfte aufsaugen – und dadurch erhält man saftige, geschmackvolle Fermentierprodukte.

Auch herbe Wildgemüsearten profitieren von einer Gewürzmischung, da dadurch die herben Aromen gestreckt werden. Nicht zu vergessen ist ein geringfügig süßer Ausgleich extrem bitterer Mischkomponenten, z.B. mit Honig, Sirup, frischen oder gedörrten Früchten etc. Wird ein Ferment z.B. mit Dörrbirnen gewürzt, entsteht ein sämiger, dickflüssiger sowie süßlicher Saft, der in das Wildkraut einzieht, wovon herbe Pflanzen besonders profitieren.

In einer Gewürzmischung sollen vor allem *Laucharten* (z.B. Porree oder Knoblauch oder Zwiebelarten), *Kreuzblütler* (z.B. Blätter oder Wurzel des Krens, der Rüben oder Rettiche, Senfkörner, …), Karotten, Ingwer, Chili (Soße oder Pulver) und Salz enthalten sein. Wir verwenden beliebige und um Komponenten erweiterte Abstimmungen.

Weitere Komponenten der Gewürzmischung

Karotten, Radieschen, Rettich, Mairüben, Lauch, Kren, Zwiebel, Knoblauch, Chili und Ingwer fein gerieben oder geschnitten, bringen Aromen, aber auch Flüssigkeit in die Fermente. Zusätzlich befördern getrocknete Tomaten, Dörrpflaumen oder Dörrbirnen das gewisse Etwas in fermentiertes Wildgemüse. Getrocknete Tomaten ungesalzen wie gesalzen, klein geschnitten schaffen eine schöne Farbkomponente und eine pikante Süße in das Wildgemüse-Sauerkraut. Bei Verwendung gesalzener, getrockneter Tomaten ist unbedingt das Salz im Rezept zu reduzieren. Im Rezeptteil finden sich dazu viele verschiedene Beispiele von Gewürzmischungen. Über den Umgang mit Salz ist im weiteren Großkapitel Näheres ausgeführt.

Fermentiergut soll unbedingt unbehandelt sein

Idealerweise sollte das Wildgemüse und Wildobst von nicht überdüngten Flächen, wo kein Kunstdünger und keine Spritzmittel hinkommen, herstammen. Der eigene Garten ist die beste Kontrolle, dass nur gute Qualitäten in das Gärgefäß kommen. Von hier können auch die Reifegrade der sammelbaren Wildpflanzen ständig beobachtet werden.

In den Supermärkten wird das Gemüse als frisch deklariert, obwohl es wegen des langen Transports und der längeren Lagerung behandelt wird, sei es mit Spritzmittel, Wachsen oder durch Begasungen usf. Diese chemische Sterilisierung dient dem Zweck, die Entwicklung biomasseabbauender Mikroorganismen und des Schimmels zu verhindern, um möglichst keine Verluste einzufahren. Die meisten aufgeklebten Markenzeichen und die Verpackungsmaterialien sind in Pestiziden getränkt. Wenn man kein eigenes Obst oder Gemüse besitzt, sind diese gut zu waschen, um die künstlichen Wachsschichten zu entfernen oder zu schälen. In der Landschaft findet man Standorte, wo das Obst nicht geerntet wird. Oder man fragt bei den Bauern nach, ob man es haben kann, und kauft ihnen Obst und Gemüse ab, wenn man sich vergewissert hat, dass das Land ohne Chemieeinsätze bewirtschaftet wurde.

7. Über den Umgang mit dem Salz in der Fermentation

Der notwendige Tagesbedarf von Salz liegt bei ca. fünf Gramm. Das entspricht der Menge eines vollen kleineren Teelöffels. Real konsumieren wir allerdings zwischen 7,5 und 16 Gramm, und das ist der Gesundheit abträglich. Galina SCHATALOVA (2002) empfahl 1996 zwei Gramm als tägliche Kochsalzmenge in der Ernährung und bezog diese Menge später auf Meersalz oder Steinsalz. In kleinen Mengen wirkt Salz verdauungsfördernd und hebt den Appetit. In mäßiger Dosierung wirkt es als Abführmittel. In großen Mengen ist es als Brechmittel wirksam und reduziert das koordinative Denken. Die Weltgesundheitsorganisation rechnet auch in Natrium-Äquivalenten, wobei ein Gramm Natrium ca. 2,5 Gramm Natriumchlorid entspricht.

Aus gebrochenen Salzsteinen lässt sich ganz einfach eine Salzlösung oder ein Salzpulver herstellen (im Bild: Salz-Quadersteine aus Rumänien).

Salz im Übermaß

Wird Salz im Übermaß aufgenommen, verursacht es Durchfall, Durst, vermehrt Ohnmachtsgefühle, führt zu Stauungen des Blutes und zu Krankheiten, welche mit Blutungen einhergehen, sowie zu rheumatischen Beschwerden und Muskelschwund. Des Weiteren verursacht ein zu hoher Salzkonsum infektiöse Hauterkrankungen, faltige Haut, beschleunigt ein frühzeitiges Ergrauen der Haare, wie auch das Ausfallen der Haare und der Zähne. Es entsteht eine Übersäuerung der Verdauungsprozesse, und es werden die Funktionen der Sinne gestört und die Manneskraft geschwächt.

Hohe Salzmengen enthalten Brot, Käse, Wurst oder Fertiggerichte. Eine zu hohe Salz- bzw. Natriumaufnahme stellt schon mittelfristig ein Risiko für Bluthochdruck, Schlaganfälle, Herzinfarkte, Magenkrebs und Nierenleiden dar, heißt es in wissenschaftlichen Kreisen. Doch die Studien widersprechen sich, denn neueste Ergebnisse besagen, Bluthochdruckpatienten sollten schon eine gewisse Menge (zwei Gramm pro Tag) an Salz verwenden, um die Sterblichkeit zu verringern. Vor allem zu niedrige Chloridwerte erhöhen die Rate der Todesfälle. Chili hilft über Gehirnreaktionen gekostete Speisen weniger zu salzen bzw. diese nachzusalzen.

Doch Salz hat eine große Bedeutung als Schutzmechanismus vor Infektionen. Das „Natürliche Antibiotikum" wirkt als Verstärker unserer Immunkräfte. Im Gegenzug ist die Auswirkung von zu hohen Salzmengen auf die Entwicklung von Multipler Sklerose, Parkinson, Alzheimer oder in etwa auf Autoimmunerkrankungen noch nicht vollkommen geklärt.

Salz und seine Wirkung im Menschen

In kleinen Mengen genossen wirkt Salz verdauungsfördernd und regt den Appetit an. Es ist leicht löslich, wirkt wasserzurückhaltend, weichmachend, beruhigend, abführend und eröffnend. Es verändert die Beschaffenheit des Speichels und fördert den Speichelfluss, verursacht Brennen im Mund und Hals. Es erweicht unterschiedlichste Ansammlungen im Körper und baut die Steifigkeit ab. Es macht alle Organe weich und reinigt die Gefäße.

Salz gibt der Nahrung „einen salzigen Grundgeschmack, welcher von Natrium-Ionen herrührt. Rezeptoren für das Salzige befinden sich im gesamten Mundbereich, überall auf der Zunge, wobei die vorderen Zungenränder mehr Rezeptoren aufweisen" (s. THIS-BENCKHARD, H. 2001). „In Lebensmitteln bildet das Kochsalz mit Proteinen chemische Komplexe, die bei Kälte stabil sind, durch Hitzeeinwirkung aber zerstört werden. Von diesen Komplexen werden die Geschmackspapillen nicht stimuliert. Bei rohen, kalten Lebensmitteln wirkt also immer nur ein Teil des Salzes, und das ist der Grund, warum sie – bei gleicher Salzkonzentration – weniger salzig schmecken als gekochte oder warme", bemerkte Hervé THIS-BENCKHARD (2001).

Über den Umgang mit dem Salz in der Fermentation

Grundsätzlich sind heimische, natürliche und unjodierte Salzarten zum Fermentieren zu bevorzugen.

Verschiedene Salzarten und deren Zusätze

Da Salz ein geeignetes Milieu für das Wachsen von Milchsäurebakterien ermöglicht, hemmt oder reduziert die Salzmenge die Entwicklung der Mikroorganismen. Deshalb und wegen des charakteristischen Geschmacks wurde es seit einigen Jahrtausenden zum Konservieren von Lebensmitteln verwendet. Je nach Konzentrationshöhe tolerieren die für die Fermentation bedeutenden Milchsäurebakterien bestimmte Salzmengen.

Raffiniertes Salz oder Tafelsalz enthält verschiedene Zusätze, wie z.B. Jod, Fluoride, Natriumiodat oder Kaliumiodat, welche sich gegen ein wohlwollendes Gedeihen der Mikroorganismen auswirken können. In anderen Ländern werden anstelle der Iodate Iodide mit Thiosulfaten als Stabilisatoren zugesetzt. Als Rieselhilfen verwenden die Salzfirmen Calciumcarbonat, Magnesiumcarbonat, Aluminiumoxid, Silikate oder Kaliumhexacyanidoferrat (II). Diese können zu einer Trübung führen, wenn man Salz in Wasser auflöst. Unjodiertes Salz hat einen guten Einfluss auf jene Mikroorganismen, welche für die Vergärung zuständig sind, und jodiertes hemmt bzw. reduziert ihre Entwicklung.

Über den Umgang mit dem Salz in der Fermentation

Die Prozesse der Mikroorganismen werden durch die Zusätze im raffinierten Salz eingeschränkt.

Bei einigen Zusätzen sind folgende Einflussnachweise bekannt: Die Rieselbeigabe Calciumcarbonat (Kalk) reduziert die Kraft der Säure und somit die Haltbarkeit des Ferments und seinen Geschmack beträchtlich. Die Kalkverbindungen können allerdings der Fermentierware eine weichere Textur verleihen. Das Magnesiumkarbonat kommt in der Natur in großen Mengen als Magnesit (Bitterspat) und im Dolomit vor und bedingt im raffinierten Salz enthalten je nach Wildpflanzen- und Gemüsemischverhältnis einen bitteren Beigeschmack.

Fein vermahlenes Steinsalz oder Natursalz europäischer Herkunft ist in unseren Breiten deshalb vorzuziehen, da wir diese auf kurze Entfernungen beziehen können und wir nicht wie z.B. durch den Bezug des Salzes aus Tibet oder Himalaja dort die traditionellen Volkskulturen zerstören, wie man im Kinofilm „Die Salzmänner von Tibet" 1996 sehen konnte. Natursalz ist häufig mit Eisen versehen, wodurch es eine rosa- bis rostbraune Farbschattierung besitzt. Das führt zu einer Dunkelverfärbung des Gemüses. Meersalz ist zumeist von guter Qualität. Es ist dann geeignet, sofern es nicht durch Chemikalien aus der Müllverbrennung auf Schiffen oder durch Radioaktivität und Meeresmüll verseucht ist. So schlagen wir vor, unraffiniertes Salz aus der Region zu verwenden. Natursalz enthält verschiedene andere mineralische Bestandteile aus dem Gestein, aus dem es herausgebrochen wurde.

Damit das Salz bei der Trockenen Fermentation gut verteilt wird, empfiehlt sich das Anmischen des Fermentierguts in einer Schüssel.

Was bewirkt das Salz bei der Fermentation?

Grundsätzlich funktioniert die Fermentierung unter Sauerstoffausschluss ohne Salz. Auch die Natur gibt bei diesen Abbauprozessen kein Salz bei. Doch aus geschmacklichen Gründen und zur Steuerung der Vergärung von Rohmaterialien gab man Salz dazu. Die Salzbeigabe hielt sich bis heute. Die Kunst der Fermentation liegt in der Mengenfrage des beigegebenen Salzes, sodass nach den Fermentationsvorgängen der Gesamtgeschmack nicht zu salzig oder zu extrem sauer wird. Das zugefügte Salz muss die zu fermentierende Ware so lange vor Fäulnis schützen, bis die Milchsäuregärung abgeschlossen ist. Für Weiteres übernimmt u.a. auch die Milchsäure die Haltbarmachung. Aufgrund richtiger Salzbeigaben erfahren Milchsäurebakterien eine Förderung, wodurch unerwünschte Bakterien verdrängt werden.

Das Salz dringt langsam in die Pflanzen ein und zieht den Zellsaft heraus. Es reguliert anfänglich die Mikrobenentwicklung und somit die Säurebildung.

An sehr warmen Tagen fermentiert, benötigt man geringere Salzmengen, da wärmere Temperaturen ohnehin die Lactofermentationsbakterien fördern, als dies an Tagen mit niedrigen Raumtemperaturen der Fall ist. Je mehr Salz wir bei den einzelnen Versuchen verwendeten, umso langsamer verlief die Fermentation und umso saurer entwickelten sich im Endeffekt die Fermente. Freilich liegt die Erzielung geschmackiger Fermentationsprodukte in der richtigen Weise des Schneidens und Einstampfens und in vielen Fällen bei der Würzmischung.

Wenn Bakterien in der Fermentnahrung Zuckerverbindungen zu Milchsäure verwandeln, steuert die Menge des beigefügten Salzes die Geschwindigkeit und die geschmackliche Entwicklungsrichtung der Gärung. Bei hoher Salzkonzentration (bei mehr als 15g/kg Fermentiergut bei der Trockenen Fermentation und 30g/Liter Salzlake der Nassen Fermentation) konserviert das Salz bereits unmittelbar. Die Fermentware ist allerdings stark übersalzen. Bei niedriger Menge (7g/kg Fermentiergut) konservieren die entstehende Milchsäure und Essigsäure. Im Gegensatz zu den in ausschließlicher Essigmarinade eingelegten Gemüsearten, werden die mit Salz oder in Salzlake eingelegten Waren vergoren.

Anfänglich verwendeten wir zu viel Salz bei den Haltbarkeitsversuchen. Und die verkosteten Fermente waren in den meisten Fällen übersalzen.

Nachdem wir nicht auswässern wollen und somit einen großen Salzanteil in den Abfluss schütten müssten, haben wir uns auf wesentlich geringere Salzmengen eingependelt. Und je länger wir über die Jahre fermentierten, desto weniger Salz verwendeten wir bei der „trockenen Fermentation" und beim Einlegen in Salzlake. Dabei blieb der wunderbare Geschmack der Wildpflanzen und Rohmaterialien besser erhalten, da er die Chance der Entfaltung hatte und unsere Geschmackssynapsen von Salz nicht beeinträchtigt waren.

Natürliche Salzsteine werden grob zerkleinert und dienen der Bereitung von Salzlake.

Trockenes Salz oder Salzlösung verwenden?

Bei der „Trockenen Fermentation" bestehen zwei Möglichkeiten: Entweder verwendet man das trockene und abgewogene Salz und mischt dieses unter die zu fermentierende Rohware, ehe man in die Gläser einfüllt. Das Salz dringt in die Vegetabilien ein und entzieht deren Saft, wodurch eine geringe Menge Salzlake entsteht. Oder man füllt schichtweise ein, stampft das Gemüse und streut jeweils danach wenig Salz darüber. Doch hierbei betrügt man sich selber, da man stets zu viel Salz einstreut. Wir bleiben bei den angeführten Salzmengen von 7g Salz/kg Fermentiermaterial strikt.

Bei der folgenden Vorgangsweise spricht man von der „Nassen Fermentation": Man gibt die Fermentierware in ein Glas und füllt nicht ganz bis zum Glasrand ein Salzwasser darüber. Für die Herstellung einer Salzlake benötigt man auf einen Liter Wasser 15 bis 20g Salz. Wir verwendeten naturreines und frisches Wasser oder kochten es in anderen Wohnsituationen (z.B. in Städten) oder bei chloriertem Wasser auf und kühlten es ab, ehe wir das Salz darin durch Rühren auflösten. Dieses wurde über die dicht eingelegten Gemüseteile gegossen. Tendenziell bleibt die Lösung salzig, und selten entsteht eine saure Lake. Die eingelegte Ware kann schrumpfen.

Die verwendbare Salzmenge ist beim Fermentieren schwer abschätzbar, weshalb ein Abwiegen von Vorteil ist.

In Bezug auf Salzgaben können wir auf unsere Aufzeichnungen zurückgreifen und aus Erfahrungen schöpfen. Nach vieljährigen Versuchen haben sich für uns folgende optimale Mengenangaben ergeben, auch um mit nicht zu viel Salz unsere Gesundheit aufs Spiel zu setzen:

- Bei der „Trockenen Fermentation" wird das Fermentiergut gestampft und wir verwenden 7g Salz/kg Fermentiermaterial (= ein kleiner Teelöffel voll).

- Bei der Salzlake oder „Nassen Fermentation" wird die Fermentierware eingelegt und mit der Lake übergossen. Dabei verwenden wir 15 bis 20g Salz/1L Wasser (= zwei Teelöffel oder einen Esslöffel voll).

Die Angaben stellen in Bezug auf die sparsame Verwendung von Salz eine Quintessenz dar. Die zwei- bis dreifache Salzmenge bei der Lake verwendeten wir deswegen, da nach dem Verzehr des Fermentgutes die Lake übrigbleibt, welche einen Teil des Salzes enthält, welcher freilich nicht vergeudet, sondern anderweitig genutzt wird. Grobes Salz verwenden wir für die Salzlake und fein gemahlenes oder gemörsertes Salz zum Einstreuen oder Untermischen in das „trockene" Fermentiergut.

Ohne Salz fermentieren

Man bedenke: Früher hatte man auch ohne Salz fermentiert, doch aus geschmacklichen Gründen gesalzene Fermente bevorzugt. Milch zu Käse ohne Salz verarbeitet, schmeckt uns nicht so gut wie Käse, welcher gesalzen wurde oder bei der Pflege gesalzen wird. Nicht zu vergessen ist das Gebrauchswissen im Umgang mit den Pektinen in den verschiedenen Pflanzenteilen: Das Salz strafft die Pektinfasern, wodurch die Fermente im Biss knackiger werden und nicht zu weich bzw. breiartig.

Wir gehen davon aus, dass in Vorzeiten die Menschen kein Salz hatten oder eintauschen konnten oder es nicht immer ausreichend zur Verfügung stand. In Kärnten, Slowenien und der Steiermark haben wir fundierte Hinweise bekommen, wie früher die Leute auch ohne Salz fermentierte Vorräte anlegten: Zur

Auch ohne Salz entwickeln sich Fermentationsorganismen und Milchsäure.

Fermentation ohne Salz möchten wir allgemein die beiden Beispiele der Roten Rüben (Rande, Rana, Rohna, Rote Bete; Unterart von *Beta vulgaris* subsp. *vulgaris*) und der Mairüben (Herbst- oder Stoppelrübe; *Brassica rapa* subsp. *rapa* var. *majalis*) anführen. Unbewiesenen Hinweisen zufolge dürfte früher auch die Feldrübe ohne Salz in ähnlicher Weise eingestampft worden sein. Wir haben alle drei Gemüsearten ohne Salz vergoren und sind über die Ergebnisse sehr überrascht. Sie schmecken anders, da das Salz fehlt, doch haben diese Fermente das ureigene Aroma des jeweiligen Gemüses bewahrt und bei den meisten Versuchen sogar gesteigert. Diese Fermente entwickeln wie auch ungesalzenes Weiß- oder Rotkraut Milchsäure. Meerrettich unter das Gemüse gemischt, schützt vor einer Fehlgärung und Fäulnis.

Die gehobelten und fest eingestampften Stifte der Mairüben bleiben, wenn sie zu Beginn der Einsäuerung gesalzen wurden, fest und können „drahtig" werden. Auch beim Kochen erweichen sie nicht mehr und verlangen den Essern ein kräftigeres Kauen ab. Obwohl das gesalzene Rübenfermentgut jedoch anders schmeckt, ist es schwerer zu verdauen. Werden die geraspelten Roten Rüben beim Einstampfen mit Salz bestreut, so kann es passieren, dass ihre Konsistenz ebenfalls fest und drahtig wird.

Die vegetabilisierten Mineralien der Pflanze

Die Qualität des rohen Ausgangsmaterials ist eine wichtige Voraussetzung für qualitätsvolle und heilkräftige Fermentprodukte. Die Eigenschaft pflanzlicher Nahrung bestimmt sich im Wesentlichen aus den Voraussetzungen am Standort, den Einflüssen auf die Standorte und aus dem jahreszeitlichen Witterungsverlauf und dem Erntezeitpunkt. Der Gehalt vegetabilisierter Mineralien und Inhaltsstoffe ist in den Pflanzen jeweils unterschiedlich.

Das gesamte Leben beruht auf Prozessen, welche z.B. in der Spagyrik als Vorbild dienten. Prinzipien davon sind in alten Alchemieverfahren enthalten. Auf pflanzlicher, tierischer und mineralischer Ebene wird in der Natur durch natürliche Vorgänge das „Wesentliche an Heilkraft" getrennt und wieder zusammengeführt. Abbau (durch Fäulnis und Vergärung), Humifizierung und Mineralisation auf der einen Seite und die Neunutzung und Eingliederung in neues Leben andererseits nutzt die Spagyrik durch die Verfahrenstechniken wie thermische Trennverfahren (Destillation) und Mehrfachdestillation

(Kohobation), Aufschließung durch Mazeration, Trocknung und Veraschung (Kalzinierung, Kalzination) der Destillationsrückstände. Der letzte Verfahrensschritt ist die Quintessenz oder Konjugation, die Vereinigung der in den einzelnen Schritten getrennten Teile der Pflanzenstoffe. Der Arzt THEOPHRASTUS BOMBASTUS VON HOHENHEIM (1493 – 1541), bekannt als PARACELSUS, hat diese weltanschaulichen und praktischen Regeln der Alchemie und den therapeutischen Einsatz formuliert und zusammengefasst. Seiner Anschauung nach ist das Ungleichgewicht zwischen den Wirkprinzipien Merkur (Kraft des Lebens, Geist), Sulfur (individualisierende Kraft, Seele) und Sal (formende, strukturierende Kraft, Körper) die Ursache unserer Krankheiten. Das Wirkpotenzial der Pflanzenstoffe sei offenbar durch spagyrische Verfahren erhöht und die z.B. aus Pflanzen gewonnenen Mineralstoffe seien besser verfügbar gemacht worden.

Das uralte Verfahren der Fermentation von Wildpflanzen stellt im gleichen Sinne eine Essenzialisierung der Pflanzeninhaltsstoffe und Pflanzenenergien dar. Bei der Fermentation erhält man auf schonendste Weise (keine zusätzliche Energieeinwirkung) wertvolle Heil- und Nahrungsmittel, welche tagtäglich zum Einsatz kommen und auch ohne Salz geschmacklich angenommen werden.

Die Erdessenz unserer Vegetabilien

Die Menschen lebten in Vorzeiten ihren Urerfahrungen gemäß nach spagyrischen Gesichtspunkten. Beim Betrachten der Landschaft wussten sie sehr genau, wo sie welche Pflanzen zu sammeln hatten, und verfügten über konkretes Wissen, welche individuellen Kräuter mit bestimmten Qualitäten versehen und zu pflücken waren, um gewisse Gütekriterien an Inhaltsstoffen zu erhalten. Manche Standorte, mit hohen Fels-, Stein- oder Sandanteil und wo ein geringer Humusaufbau vorhanden war, enthielten mehr Mineralstoffe, welche in den Pflanzen eingelagert wurden. Ebenso war die Lage zur Sonne – die Exposition – bzw. die Art der Sonneneinstrahlung von wesentlicher Bedeutung. Solche Kräuter waren gehaltvoller und enthielten mehr Sal aufgrund der extremeren Bedingungen.

Mineralien und Mineralsalze sind in den Pflanzenteilen enthalten. Je nach Vegetabilisierungsgrad wechseln die Gehalte primärer und sekundärer Inhaltsstoffe. Vom späteren Herbst bis in das Frühjahr findet man mehr

Durch das Beimischen von Wildpflanzen spart man beim Fermentieren Salz. Im Bild: Große Brennnessel (*Urtica dioica*) oder Gänsefuß-Arten (z.B. *Chenopodium album*). Oder man mischt Kräutersalz bei.

davon in den Wurzeln als auch in den Rinden junger Zweige und älterer Gehölzblätter und -nadeln vor. Bei manchen Pflanzen befindet sich das meiste Sal in den Wurzeln, bei den meisten Gehölzen in der Feinrinde des Reisigs und in der Stammrinde, und im Winter in ihren Wurzeln. Man kann bei der Wurzel vom Sal der Pflanze sprechen oder auch davon ausgehen, dass sich in der Wurzel vielfach ein Überhang an Sal befindet. Andere Pflanzen legen ihre Mineralien in Stängeln oder Früchten an oder verwandeln sie in Salkräfte der Samen um.

Besonders viel Mineralstoffe im Verhältnis zum Volumen enthalten Pflanzen wie z.B. Hohlzahn, Hirtentäschelkraut, Spitz-, Mittlerer und Breit-Wegerich, Gefleckte Taubnessel, Vogelmiere, Distelarten, Laucharten, Schierlingsblättriger Reiherschnabel, Feld- oder Vogerlsalat, Feld-Thymian, Löwenzahn, Klette, Wegwarte, Klatschmohn, Echte Kamille, Kleiner Wiesenknopf, Portulak, Vogel-Knöterich, Steinklee, Pastinak, Wilde Karotte sowie Wacholder (*Galeopsis* spec., *Capsella bursa-pastoris*, *Plantago lanceolata*, *Plantago media*, *Plantago major*, *Lamium maculatum*, *Stellaria media*, *Cirsium* und *Carduus*, *Allium* spec., *Erodium cicutarium*, *Valerianella* spec., *Thymus pulegioides*, *Taraxacum officinale*, *Actium* spec., *Cichorium intybus*, *Papaver rhoeas*, *Matricaria chamomilla*, *Sanguisorba minor*, *Portulaca oleracea*, *Polygonum aviculare*, *Melilotus officinalis*, *Pastinaca sativa*, *Daucus carota* sowie *Juniperus communis*) und viele andere auch.

Das Sal ist das Konzentrat der Pflanzenstoffe oder der in den Pflanzen enthaltenen Mineralien. Bei der heutigen Fermentation stellt das Salz einen Regulator dar. Doch früher fermentierte man mit ganz geringen Mengen Salz oder ohne Salzbeigaben. Und in manchen Gegenden Südösterreichs und Sloweniens ist heute noch die Sauerkrautbereitung aus Rüben, Rot- und Weißkraut (Weißkohl) ohne (!) Salz bekannt.

Der Kubus des Terroirs ist Sal – die Erdessenz

Das „Sal der Pflanzen" ist die innerste Essenz, die Erdessenz und der Kubus des Terroirs, der Standorte der jeweiligen Pflanzenvorkommen. Nicht jedes Individuum einer Pflanzenart enthält den gleichen Gehalt an Mineralien, Wirkstoffen und Energie, da dies vom Standort, der Witterung und der Einflüsse der Landnutzung abhängig ist. Man kann auch vom „Lokalkolorit" sprechen, welcher in den Pflanzen geschmacklich zum Ausdruck kommt.

Gebirgspflanzen sind reicher als Sal und auch jene Pflanzen, welche auf Fels-, Stein- oder Sandmaterial vorkommen. Je mineralreicher der unbeeinflusste Boden ist, umso reicher ist die Nährstoffzusammensetzung bzw. der Salgehalt. Mineralisiert man das Sal der Pflanze, so gelangt man zur Urform der Heilkunde: den vegetabilisierten Mineralien der Pflanze!

Eine profunde Düngung mit organischen Düngern, bei denen pflanzliche Nahrung durch die Verdauung der Tiere „spagyrisch konvertiert" wurde, kann die Verfügbarkeit des Salgehalts eines Bodens erhöhen. Überdüngung, welche auf den Grundnährstoffen wie Stickstoff, Phosphor und Kalium beruht, kann dies nicht erwirken und führt zu einer verzehrten Mineralsalzaufnahme unserer Pflanzen (vgl. KRAUTGARTNER, A. et al 2013). Über die Jahre entstehen durch künstliche Düngung ökologische Ungleichgewichte in den Böden, welche die natürliche Mineralstoffverfügung blockieren und die Voraussetzungen natürlicher Bodenfruchtbarkeit konterkarieren und andere Folgen nach sich ziehen.

Der Standort bestimmt über die Qualität der Nahrung

Betrachten wir das Beispiel der Weinreben: Diese baute man ursprünglich auf den kargsten und nicht auf den nährstoffreichen Standorten an, wie dies heute geschieht. Der Weingarten fand sich am Berg („Weinberg") und nicht in der Ebene („Weinacker"), und man nutzte vornehmlich felsige, steinige und flachgründige Mineralböden mit Sonnenexposition. Stellt man aus den Rebteilen hagerer und trockener Standorte Asche her, so erhält man innerhalb der Alchemie ein sehr wertvolles Salz, welches seit einigen tausend Jahren als Medizin sehr begehrt war. Man sprach davon, dass es sich selber vermehre. Führt man dies von Pflanzenteilen der gedüngten Weinäcker oder der ohnehin mit Nährstoffen besser versorgten Ebene durch, so ist im Vergleich dazu diese „Weinasche" fast wertlos.

Ähnlich ist es z.B. mit den Kartoffeln: Wenn wir einen Vergleich zwischen selber angebauten und im Geschäft gekauften Knollen machen, tritt die Bedeutung des Sals auf einfacher Ebene zutage. Die eigenen sind eindeutig

Rechts: Mit Wildpflanzen zu fermentieren, bedeutet in die Fermente natürliche Mineralstoffe und die Salkräfte hineinzubringen. Der Standort bestimmt über die Qualität dieser Inhaltsstoffe.

Die Bedeutung der Erdessenz in den Vegetabilien – zum Beispiel ist die Wilde Karotte (*Daucus carota*) von sandig-steinigen Böden gehaltvoller als von humosen Böden.

kleiner, doch besitzen diese einen vollen Geschmacksgehalt. Die aus der intensiven Landwirtschaft stammenden oder die zusätzlich gedüngten Knollen der Bio-Landwirtschaft sind mit Wasser vollgesogen und schmecken nach dem Kochen und Dämpfen oder nach längerer Lagerung nicht mehr gut. Ihr geschmacklicher Gehalt ist aufgrund des fehlenden Sals sehr stark reduziert. Und so ist es mit allen neuzeitlichen Nahrungsmitteln. Denen fehlt der Gehalt an natürlicher Ausreifung, der nicht durch Künstlichkeit erzielbar ist.

Fermente spagyrisch betrachtet

Was bedeutete das auf die Fermentation übertragen: Bei Verwendung von Pflanzen der mineralstoffreichen Standorte oder von Pionierkräutern humusarmer offener Böden, z.B. der Gartenbeete und Äcker, wie auch jener Pflanzen ungedüngter Standorte, benötigt man weniger Salz zur Fermentherstellung, da der hohe Mineralstoff- und ätherische Gehalt die Haltbarkeit erhöhen. Gleichwohl sind Pflanzen hagerer Standorte intensiv im Geschmack und Geruch, fester im Griff und enthalten mehr Faseranteile. Aufseiten der geschmacklichen Entwicklung war bei unseren Experimenten bemerkenswert: Je mehr natürliches Sal in den Pflanzen steckte, umso weniger Salz war für die Bereitung der Fermente notwendig geworden!

Dasselbe Prinzip gilt für das Futter unserer Wiederkäuer in Bezug auf die Milch- und Käsequalität. Unserer Vermutung nach bedingt Milch stark gedüngten Futters nicht lange lagerbaren Käse und mindere Käsequalität. Solche Milch beeinträchtigt unsere Gesundheit gravierend, da das im Wachstum überschießende Futter die Information an unseren Körper weitergibt, ebenfalls das natürliche Wachstum in Erneuerung betreffender Körperzellen zu „übersteigen".

Dieses Faktum auf alle Lebensmittel übertragen, wird bei einseitigem Verzehr vermutlich zu einer der Krebsursachen führen.

Werden den Pflanzen bzw. den Gemüsearten – je nachdem – höhere oder geringere Mengen organischer oder künstlicher Dünger verabreicht, so bekommt man eine größere oder geringere Steigerung in den Erntemengen. Es verliert sich allerdings das Sal und der geschmackvolle Gehalt, oder er steigert sich oder bleibt besser im nicht gedüngten Falle. Das zu entscheidende Gleichgewicht zwischen den beiden Parametern „Natürlichkeit des Standortes" und „Einflussnahme durch die Düngerart und Düngungsmenge" ist in der Art der Agrarkultur zu finden. Sal kann man nicht künstlich durch Düngung zur Steigerung bringen, und Salz vermag das natürliche Sal der natürlichen Inhaltsstoffe nicht auszugleichen.

Fermentation und Pudrifikation liegen nahe beisammen

Verwendet man Salz in der Fermentation, so merkt man die Wirkung der herausgezogenen Energie und der ausgezogenen Wirkstoffe in den Ferment-Säften weniger gut, da das Salz unmittelbar die Geschmackspapillen beeinflusst. Verwendet man kein Natriumchlorid, so erfolgt ebenfalls der Auszug der guten Nährstoffe durch die Salkräfte, und es tritt ebenso eine Versäuerung der Vegetabilien ein.

Die ungesalzenen Fermente schmecken freilich anders als die gesalzenen. Salzlose Fermentation stellt die spagyrische Pudrifikation dar, bei welcher tendenziell mehr Fäulnisaromen auftreten. Beim Pudrifizieren (natürliche Faulung) werden die Pflanzenteile in einem Tonbehälter (oder Glas) fest zusammengestampft, bis aus den Zellen der Eigensaft austritt und gleich wie bei der Sauerkrautbereitung das Luftporenvolumen minimalst bleibt. Die dabei enthaltenen Mineralien gesammelter Wildpflanzen von richtigen Standorten oder Gemüse und Obst profund bewirtschafteter Gemüse- und Obstkulturen erfüllen die Wirkung des Salzes. Der Geruch pudrifizierter Pflanzen findet Anklänge an Silage oder Gärheu und dieser hängt von den der Pflanzen typischen Inhaltsstoffen ab. In der Spagyrik werden nach der Pudrifikation die Zersetzungsprodukte einer Destillation unterzogen. Geschmacklich werden Fermente von den Schwefelstoffgehalten beteiligter Mischkomponenten am stärksten geprägt.

8. Grundanleitung zum praktischen Fermentieren im Glas

Das Essen zuzubereiten stellt eine Kontemplation dar. Dazu gehören ebenso die Langsamkeit und die Bedächtigkeit, sowie eine tägliche Kontinuität innerhalb einer Tagesordnung. Ohnehin werfen uns manipulierend unvorhergesehene Einflussnahmen und Geschehnisse aus der Bahn. Zumindest zu den Schwerpunkttätigkeiten, den „Tageseckpfeilern" des Morgens, des Mittags und des Abends, sollte man zurückkehren und dabei die Jahresrhythmen nicht außer Acht lassen, wenn man von den Wildpflanzen lebt und die Natur eine zeitliche Gliederung aufdrängt.

Fermentierte Bachbunge (*Veronica beccabunga*) mit Zwetschken gemischt auf gebratenen Kürbisscheiben, dazu Dinkelgetreide.

Bachbunge oder Bach-Ehrenpreis (*Veronica beccabunga*) liefert viel Vitamin C, Mineral- und Bitterstoffe, heilsame Glykoside und Flavonoide und bereichert im Winter hergestellte Fermente ungemein. Diese sind verdauungsfördernd, harntreibend, körper- und blutreinigend.

Leben mit Wildpflanzen

Das rhythmische Leben braucht Kenntnisse der Einschätzung und diese bekommt man durch die vielseitigen praktischen Erfahrungen und durch die konstruktive, fruchtbare Reflexion. Damit wollen wir auf eine richtige Abschätzung des zu fermentierenden Gutes verweisen, dass es von wesentlicher Bedeutung ist, nicht von der Einstellung einer Rezeptgläubigkeit auszugehen, „man nehme so und so viel Menge" der Zutaten und erzeuge dadurch wohlwollende Gemische an Fermenten.

Wir sind fest davon überzeugt, dass man die Zubereitung des Essens selber oder zumindest für einen kleinen Kreis durchführen sollte, denn für das liebevolle Kochen investiert man gerne wertvolle Zeit, um energiereiche und heilkräftige Speisen auf die Teller zu bringen.

Handwerkliche Aspekte des Fermentierens

„Das Leben und sich selbst wahrnehmen! Wir müssen glücklich sein wollen …" Diese Sätze hörte ich in einem Radiobeitrag, während ich mit der Hand das Gemüse für eine Gewürzmischung fein schneide. Irgendwie, dachte ich, passen diese Aussagen gut zu unserem Tun, bei der Speisebereitung möglichst viel mit der Hand zu schneiden, achtsam zu sein, sich beim Rühren, beim Mischen und beim Stampfen der Fermentwaren zu spüren. Keine Küchenmaschine, kein Küchengerät kann die Erfahrungen, wie sich was anfühlt, einbringen. Wie riechen die verschiedenen Gewürze und das Gemüse und wie die entweichenden ätherischen Öle? Wie spüren sich die aufkommenden Gefühle an und wie gewahren sich Gedanken?

Werden mit einer Küchenmaschine getrocknete Gewürze zerkleinert, so beinhalten sie nur mehr ein geringes Aroma. Durch die Geschwindigkeit und die mechanische Heftigkeit, mit der diese von einer Maschine klein geschlagen oder pulverisiert werden, und die dabei entstehende Wärme entweichen viele Aromastoffe.

Beim händischen Verrichten der Arbeiten entwickelt man hingegen Erfahrungen und baut ein Gespür auf. Die Nahrung bei der Bereitung anzugreifen, ruhig, entspannt und schonend zu zerkleinern, bedeutet andererseits ebenso, sich wahrzunehmen, sich das Handeln bewusst zu machen, die Dinge und Geschehnisse selber in die Hand zu nehmen.

Unreife Steinobstarten entwickeln beim Sauerlegen amaretto-artige Aromen.

Dasselbe gilt bei der Wildpflanzenauswahl für die Gemüsenutzung oder den würzenden Gebrauch: Genaues Hinschauen und Erspüren ist da angesagt, wie greifen sich die Exemplare an? Sind sie jung, frisch und saftig und zum Fermentieren geeignet oder sind die Pflanzen alt, trocken und zäh und vielleicht für die Ziegen als Futter geeignet? Wie fühlt sich die Konsistenz der Zutaten beim Mischen an, wie riecht das Zusammengeführte? Entsteht beim Kneten genug Flüssigkeit, muss ich die Mischung eine kurze Zeit stehen lassen, damit das Salz das zu fermentierende Gemüse etwas weicher macht und die Ware dadurch leichter zu verarbeiten wird? Alle diese Fragen beantwortet beim händischen Arbeiten die Intelligenz der Finger.

Fermentation ist ein Veredelungsvorgang

Wohl wesentlich älter als die Kochverfahren ist die Nahrungserschließung von Speisen durch die Fermentation. Erst durch Vergärungsprozesse wurden ansonsten ungenießbare Nahrungsquellen erschlossen. Dabei galt es grundsätzlich, über einfache Prozesse diese ungenießbaren oder schwer verdaulichen Rohmaterialien für Nahrungszwecke verfügbar zu machen und in manchen Fällen geschmacklich zu verwandeln.

In der Zivilisationsgeschichte des Menschen wurde so ziemlich alles, was Nahrungsmittel darstellte, einer Fermentation unterzogen, da diese über einige Wochen bis mehrere Monate, ja sogar Jahre länger haltbar blieben, wenn man die Tätigkeiten der Mikroorganismen im Griff hatte und diese Veredelungsprodukte kühl lagerte. Es handelt sich hierbei um einfache Methoden, Rohnahrung in besser verdaubare Ebenen zu heben. Alle kennen das Sauerkraut aus den Holzbottichen, welches ohne Konservierungsmittel und nur mithilfe der Milchsäurebakterien (Lactobazillen) und mit oder ohne Salz haltbar gemacht ist und das Essen über den ganzen Winter sicherstellen kann. Als Beispiele dienen zudem das koreanische Kimchi oder der Essig, Joghurt, Käse, Wurst, Wein und Bier. Tante Anna sprach davon, dass sie früher im Salzkammergut „Süßen Bergkäse" auf den Almen während der Sommerzeit herstellten und die Laibe ebenfalls in Erde eingruben. Sie taten dies, damit sie besser ausreiften und die im Sommer hergestellten Milchvorräte länger, annähernd bis Mitte des nächsten Sommers, haltbar blieben.

Diese Umstände der Fermentation nutzten die Menschen, um durch die biochemischen Prozesse in Lebens- und Genussmitteln bessere Aromen zu erwirken und ungenießbare bis teils schwer verdauliche Rohstoffe zu veredeln. Als Beispiele dienen u.a. Miso, Tee, Tabak, Kaffee, Schokolade, Brot, verschiedene Gärgetränke, Wildfruchtgetränke und Kombucha. Diesen Produkten kommt durch die Fermentationsprozesse eine wesentlich längere Haltbarkeit zu. Ebenso steigern sie die im Verlauf der Verdauung stattfindende Umwandlungs- und Aufnahmefähigkeit. Sie erhöhen bestimmte Eigenschaften, wie z.B. die Förderung der Tätigkeit unserer Organe und Sinnesorgane.

Zähes Fleisch entwickelte sich durch längeres Abhängen und somit durch Fermentationsprozesse in ein verwertbares Nahrungsmittel. Selbst den leicht verwesbaren Fisch unterzog man diesem Verfahren, wodurch in der antiken Zeit des Römerreiches würzige Fischsoßen wie z.B. *Garum* (*Liquamen*) entstanden.

Auch Speisepilze lassen sich ausgezeichnet fermentieren – im Bild: Echter Reizker (*Lactarius deliciosus*).

Fermentierte Samen von Süßdolde, auch Myrrhenkerbel (*Myrrhis odorata*) genannt – lebendig oder was?

Lebendigkeit der Nahrung

Nachdem Fermente durch natürliche biologische Prozesse entstehen, kann man von einer „Lebendigen Nahrung" sprechen. In seinen Büchern und bei seinen Vorträgen weist Sandor Ellix KATZ immer wieder auf dieses wichtige Verständnis der Wechselwirkung zwischen Nahrungsbezieher und Nahrung hin. Will man die Fermente aus pflanzlichem Rohmaterial für Ernährungszwecke nutzen, so bedarf es einer Stabilisation der natürlichen Mikroorganismen, indem man ihre Aktivitäten lenkt oder stark einschränkt. Dies ist in einem sauren Milieu gegeben. Die Fermentation beschreibt die Umwandlung von biogenen Stoffen durch die Tätigkeit der Bakterien. Früher bezog man den Begriff ausschließlich auf die Tätigkeit anaerober Bakterien und heute wird er durch die Lebensmitteltechnologen auch auf die aerobe Aktivität der Mikroorganismen bezogen.

Die Einschränkung dieser Lebendigkeit untersteht bei den Fermenten der Sauerprodukte (!) zwei Parametern: dem Luftabschluss und dem Salzeinfluss. Dadurch reduzierte sich die Aktivität der Mikroorganismen stark, da sich durch die zunehmende Säurebildung und den Sauerstoffmangel die Bedingungen für aerobe Mikroben gegen Null bewegten. War der Sauerstoff verbraucht, hatten die anaeroben Mikroben die volle Bestimmung eingenommen und wandelten die Säfte in Säure um. Deshalb sprechen wir hierbei bewusst von Sauerprodukten und der Beruf, Gemüse, Obst und Wildpflanzen zu „saurer Nahrung" zu verwandeln, ist als „Sauermeister" zu bezeichnen.

*Bestimmende Gradienten
für einen guten Verlauf einer Fermentation*

Welche sind die Gradienten, welche für einen guten Verlauf einer Fermentation bestimmend sind?

Um einen guten Verlauf bei den Fermentationsvorgängen zu garantieren, müssen die vegetabilen Zutaten frisch und sauber verarbeitet werden.

Werden sie gewaschen, so soll eine Abtrocknung erfolgen, damit keine Fehlgärungen stattfinden.

1. Die Güte des Ausgangsmaterials an Wildpflanzen, Gemüse und Obst

2. Die sorgfältig geernteten und zubereiteten Zutaten

3. Wärme und Temperaturverlauf der Startumgebung

4. Feuchtigkeits- und Salzgehalt sowie unbeeinflusstes Salz

5. Reinlichkeit beim Herstellen

6. Kühle, vielleicht lichtgeschützte Lagerräume oder ein Kühlschrank

Lokalkolorit – Die Herkunft des Rohmaterials

Die Herkunft des beteiligten Gemüses oder Obstes ist wesentlich für das Gelingen guter Fermentationsprodukte. Wir verwenden an Kulturpflanzen jene aus dem eigenen und vielfältigen Anbau, da diese weder während der Kultivierung noch zur längeren Lagerung mit Pestiziden behandelt werden. Manchmal beziehen wir frische Tauschwaren von Verwandten, regionalen Bauern oder anderen Gärtnern. Wir legen großen Wert darauf, dass die Rohprodukte keine Überdüngung erfahren. Das Rohmaterial ist immer zu waschen und erst danach zu verwenden, aber keinesfalls mit chemischen Mitteln auch nicht im Garten zu behandeln. Haftet noch Erde an, so können aerobe Bodenmikroorganismen Fehlgärungen bewirken.

Die im Supermarkt angebotenen Waren können zu Fehlprozessen führen oder verzögern mit hoher Sicherheit die Tätigkeiten der Mikroorganismen beim Fermentieren. Wir konnten beobachten, Gemüse aus der starken Düngung bzw. agroindustriellen Landwirtschaft enthält Informationen der „Unreife" und der „Überschießung" und treibt sehr intensiv. Solche aus den Behältern entnommenen Fermente unterliegen einer eiweißreicheren Vergärung und führen zu Blähungen. Auch geschmacklich sind sie anders als die Fermentnahrung reifen Gemüses und sorgfältiger Wildkräutersammlungen. Manchmal ist konventionelles Gemüse vom Bauernmarkt besser für die Fermentation geeignet als das Biogemüse im Supermarkt, welches zur längeren Lagerung mit künstlichen Hilfsmitteln beeinflusst wurde.

Bezüglich Wildpflanzen nutzen wir die Angebote des Lokalkolorits der mittelbaren und unmittelbaren Umgebung. Finden wir interessante Qualitäten nutzbarer Pflanzenteile, wo wir uns gerade aufhalten und wo uns solche Pflanzen gerade „zufallen", so sammeln wir sie mit der Gewissheit einer langen arbeitsreichen Nacht, daraus Fermente einzulegen. Wir verstehen – frei nach Karl Heinrich HÜLBUSCH – unter Lokalkolorit die örtliche Eigenart eines Standortes, welche die atmosphärisch-klimatischen und anthropogenen Einflüsse im Boden geformt versammelt. Der Boden umfasst die natürlichen Faktoren eines Standortes und bringt diese zum Ausdruck. Die vorkommenden Pflanzen spiegeln diese zusammenspielenden Qualitäten des Bodens wider und sind dadurch in ihrer Eigenart charakterisiert. Die Pflanzen in ihrer Gemeinschaft sind Ausdruck dieser Standortbedingungen und unterstehen ebenso den Einflüssen des Menschen. In Frankreich spricht man in ähnlicher Weise vom „Terroir", und man bezieht den Begriff auf kulinarische Produkte.

Die praktische Umsetzung der Trockenen Fermentation

Im Folgenden seien die Schritte des Fermentierens allgemein dargestellt:

1. Das Glas mit der vorbereiteten Gemüsemischung befüllen, fest andrücken und lageweise einstampfen.
2. Unter der Glasöffnung soll ein zwei Fingerbreiter Abstand freibleiben.
3. Abdecken mit großen Blättern, Holzscheiben, Holzspateln, Ton- oder Keramikscheiben …
4. Beschweren mit Kleinglas oder Stein.

Kühle und dunkle Lagerräume (Keller, nordseitige Räume unter 10°C oder Kühlschränke) führen zu einer guten Ausreifung und längeren Haltbarkeit der Glasinhalte.

5. Mit Wasser oder Salzlake den austretenden Fermentiersaft evtl. ergänzen.
6. Evtl. Abdecken des Glasrandes mit lebensmittelechter Folie, damit das Salz den Deckel nicht angreift.
7. Drehverschlussdeckel leicht anziehen oder Deckel aufsetzen.
8. Ca. zwei bis sechs Tage in der Küche auf einem Tablett oder Unterteller lagern.
9. Dann in kühlen und dunklen Räumen weiterfermentieren bzw. reifen lassen.

Zum Vorgehen beim Fermentieren

Großes Fermentiergut ist zu zerkleinern, damit die Mikroorganismen mehr Angriffsfläche haben und besser andocken können. Raspeln ist eine gute Form, um Gemüse oder großes Obst in einen kleinstrukturierten Zustand zu bekommen. Wildkräuter sollen quer zumindest zu den Fasern der Stängel oder Blattnerven und bei zu großen und schon älteren Blättern geschnitten werden. Bei Fermentierwaren mit sehr hohem Flüssigkeitsgehalt ist es vorteilhaft, diese an der Luft etwas anzuwelken oder aktiv durch Lüftung vorzutrocknen. Pilze sollen unbedingt vorgetrocknet werden, damit sie eine festere Konsistenz bekommen, ansonsten werden sie sehr weich, lösen sich auf, und es bleibt eine schleimige Masse im Glas übrig. Jüngere Zucchini und Gurken enthalten viel Wasser und sollen etwas getrocknet werden. Wir verwenden ausschließlich reifere und somit festere Exemplare zum Fermentieren.

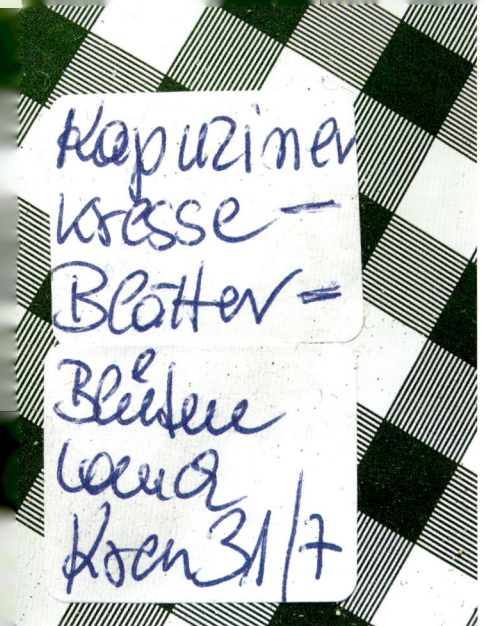

Um Korrosion an den Deckelinnenseiten zu verhindern, können beim Verschließen säureverträgliche Kunststofffolien verwendet werden. Beschriftungen sollen die wichtigsten Zutaten und das Datum enthalten. Kühle Lagerung ist obligat.

Gut verschlossen, kühl und dunkel gelagert halten manche Wildpflanzenfermente über ein Jahr lang.

Befüllen der Gläser bzw. Fermentierbehälter

Behälter sind ca. auf drei Viertel voll zu befüllen. Das Gewicht zum Beschweren braucht etwas Platz. Während der Gärung vermehrt sich durch die Gasbildung das Flüssigkeitsvolumen und steigt an. Die Flüssigkeit benötigt ebenfalls einen Raum von ca. zwei Fingerbreit, damit sie arbeiten kann. Aufsprudelndes Wasser kann überlaufen. Deshalb ist eine Auffangtasse oder eine ähnliche Unterlage unterzustellen, Beschwersteine aufzulegen und der Deckel locker anzuziehen.

Den Schraubverschlussdeckel während der Gärphase nicht zu fest zudrehen, damit die Gase entweichen können. Beim Starten werden die spärlichen Lufteinschlüsse des Ferments im Glas verarbeitet. Ist der Gärprozess abgeschlossen, sinkt der Flüssigkeitsspiegel wieder ab, da besteht die Möglichkeit, dass das Fermentiergut die vorhandene Flüssigkeit aufsaugt und zu wenig davon im Behälter ist. Dann muss Salzwasser nachgefüllt und der Deckel wieder verschlossen werden.

Flüssigkeit ständig kontrollieren

Wird das Ferment in einem Glas zubereitet, so empfiehlt sich, nach dem Stampfen und Austreten des Saftes das Fermentiergut so zu beschweren, dass der Saft dessen Oberfläche abdeckt. Die Flüssigkeit muss gut einen Fingerbreit über dem Fermentiergut stehen. Während der Gärphase dehnt sich durch Gasbildung die Flüssigkeit aus, weshalb desöfteren Flüssigkeit überläuft, die später nach abgeschlossener Gärung im Behälter fehlt. Fermentierte Blätter saugen nach dem Gärprozess vermehrt Flüssigkeit auf. Deshalb sind ständige Kontrollen notwendig, um früh genug einen Salzwassermangel zu beheben. Bei längerer Lagerung sind weitere Kontrollen erforderlich. Kräuter und besonders Baumblätter vermögen mehr Flüssigkeit anzusaugen als Kulturgemüse.

Lagerungsbedingungen und Lagerungsdauer

Der Prozess der Fermentation läuft im Sommer schneller ab als im frühen Frühjahr und späten Herbst. Im Winter verlangsamt sich die Tätigkeit der Mikroorganismen. Fermentierte Wildgemüseerzeugnisse können nach drei Wochen bereits verzehrt werden. Bei kühler und lichtgeschützter Lagerung in einem Keller oder Kühlschrank sind sie allerdings monatelang haltbar. Bei längerer Lagerung verlaufen im sehr abgemildertem Ausmaß die Gärprozesse weiter, werden die Fermente weicher und säuerlicher. Im Grunde genommen können fermentierte Erzeugnisse bis zu einem Jahr bedenkenlos gelagert werden. Einige sind schon nach wenigen Monaten aufzubrauchen, andere davon haben wir nach drei Jahren erst probiert. Sie waren säuerlich, hatten einen intensiven Geschmack und verzeichneten jedoch eine gute Genießbarkeit.

Mit den Monaten verfärben sich die meisten Wildpflanzenfermente graugrün bis olivbraun. Dies ist vermutlich auf den Anteil von Gerbstoffen zurückzuführen, welche erst im Verlauf der Zeit in Wirkung treten und zur Farbbildung beitragen.

Fehler beim Fermentieren und Fehlgärungen

In neuzeitlichen Büchern finden sich zuhauf wunderschöne Abbildungen lediglich in Salzlake eingelegten Gemüses, alles im Fotostudio ganz bunt arrangiert, doch nicht fermentiert. Echt und richtig fermentiertes Gemüse verblasst, wird braun oder olivbraun.

Wer mit der Fermentation noch keine Erfahrung hat, stößt unausweichlich auf Anfangsprobleme. Diese Erfahrungen sind unvermeidbar. Regelmäßig können Pilzbildungen, Schleime an der Oberfläche oder Madenbefall auftreten, oder es macht sich bei besonderen Umständen sogar Fäulnis breit. Selbst nach einigen Jahren Erfahrung schleichen sich bei unseren Experimenten immer wieder Fehler ein, und es entstehen unliebsam schmeckende Erzeugnisse mit sehr kräftigen und strengen oder widerlichen Gerüchen und Reifegraden. Solche Fermente muss man nicht unbedingt einem Verzehr unterziehen.

Bildet sich an der Oberfläche der Lake ein weißes Häutchen, so sollte diese „Kahmhefe" entfernt werden. Dann sind der obere Teil des Steinguttopfs oder Glases und alle Abdeckutensilien sofort zu säubern. Man entnimmt vorsichtig die oberste Krautschicht und gießt nach dem Andrücken mit Salzlake einen Flüssigkeitsüberstand nach und macht wieder den Aufbau sachgerecht zu. Entfernt man bei Fäulnisprozessen an der Oberfläche nicht die oberste Schicht, so dringen die Wurzelmyzelien tiefer ein. Es kann eine breiartige Konsistenz entstehen und es beginnt das gesamte Ferment übel zu riechen.

Grundanleitung zum Fermentieren im Glas

Dies deutet auf die Tätigkeit der Buttersäurebakterien und Kahmhautbilder hin, welche beginnen, das Ferment unter Begleitung dieser für uns widerlichen Gerüche und Geschmäcker abzubauen. Verschiedene Ursachen können z.B. eine Fehlgärung des Ferments oder Schimmelbildungen bedingen. Probleme treten bei mangelnder Reinlichkeit bei Geschirr und Werkzeug auf oder wenn z.B. vergessen wurde, Wasser nachzufüllen, wenn Luft eindringen kann, wenn die Rohwaren zu stark gedüngt wurden, wenn das Rohmaterial vor der Verarbeitung zu lange gelagert wurde und sich darauf eine Schimmelverpilzung einstellen konnte, oder wenn die Starttemperatur zu niedrig oder die Lagertemperatur nach der Startphase zu hoch war.

Folgende Phänomene treten auf:

1. Wird das zu fermentierende Wildgemüse zu locker in das Glas geschichtet, bleiben zu viele Lufträume, was zur Oxidation des Gemüses und bei längerer Lagerung zur Schimmelbildung führt. Oder es dringt Luft von oben her ein.

2. Das Fermentiergut muss mit genügend Flüssigkeit abgedeckt sein. Sinkt der Saftspiegel, ist unbedingt kaltes Salzwasser nachzugießen, sonst verfärbt sich die obere Gemüseschicht, das Ferment beginnt, unangenehm zu Riechen, und eine Schimmelbildung kann erfolgen. Regelmäßige Kontrollen sind notwendig, damit das Fermentiergut ständig mit Flüssigkeit bedeckt ist.

Abb. 1 – 3: Eindrücke schöner Schimmelrasen entstanden aus nicht sachgemäßen Handhabungen. Diese können sein: Der Deckel schließt nicht richtig ab oder fehlende Fermentierflüssigkeit, nach dem Entnehmen des Fermentierguts ein unzureichendes Abdecken, Beschweren und Verschließen, aktives Einbringen von Keimen, zu warme Zwischen- oder Endlagerung, unachtsamer bzw. liebloser Umgang mit der „Lebendigen Nahrung".

Abb. 4: Beispiel für mangelndes Beschweren und unsachgemäßes Wiederverschließen bei Ampferstielen mit der Folge von Oxidationsprozessen und Verfärbungen.

Abb. 5. Die unbedenklichen Kahmbildungen können am Glasrand oder an der Oberfläche schwimmend auftreten und entfernt werden. Dies deutet auf die Tätigkeit der Buttersäurebakterien und Kahmhautbilder hin, welche beginnen, das Ferment unter Begleitung für uns widerlicher Gerüche und Geschmäcker abzubauen.

3. Ist das Gewicht zum Beschweren zu gering, steigt während der Gärung die Gemüsemasse auf und ragt nach dem Gärprozess über der Flüssigkeit heraus. Oder verringert sich die Flüssigkeit und bleibt das Gemüsevolumen ausgedehnt, so ist der oberste Teil ohne Flüssigkeit und bekommt zu viel Sauerstoff.

4. Verwendet man zu reifes Obst oder zu viel Dörrobst in der Gewürzmischung, entsteht durch den Fruchtzuckerüberhang eine zu starke alkoholische Gärung. Ein Stärkegehalt im Fermentiergut führt zur Gefahr einer Verhcfung.

5. Bei zu langer Lagerung oder Lagerung bei zu warmen Temperaturen verändert sich die Konsistenz des jeweiligen Wildgemüseferments und wird zumeist zu weich, patzig oder andererseits zu strohig, faserig und trocken. Weiche Fermente verwenden wir in manchen Fällen zur Herstellung von Pasten, welche bald verzehrt werden.

6. Bei sehr langer Fermentierung bekommt das Fermentiergut eine weiche Konsistenz, was dem Genuss keinen Abbruch tut. Freunde der Fermentkultur meinen, sie seien sodann zum Verzehr nicht mehr geeignet. Mischt man diese anderen Speisen unter, so können sie eine Bereicherung sein.

7. Gerade im Säuregrad schwanken die Fermente und fermentierten Flüssigkeiten sehr stark. Zu lange Lagerung erhöht den Säuregrad, wobei sich mit der Zeit auch Essigsäure langsam vermehrt. Das hängt ab von der Temperatur während der beginnenden und bei den nachfolgenden, reifenden Fermentiervorgängen. Deshalb entwickelt sich manchmal auch eine Essigmutter an der Oberfläche.

8. Ab und zu entwickelt sich an der Oberfläche ein weißlicher Überzug. Dieser kann als geschlossene Decke entstehen, dann spricht man von der „Kahmhaut". Es treten manchmal ebenso kleine, dem Schimmel ähnliche Stücke an der Oberfläche der Salzlake auf. Beide Phänomene sind nicht unbedingt bedenklich, doch wir entfernen sie wegen etwaiger Verwechslungsmöglichkeiten mit bedenklichen Fehlentwicklungen.

9. Legt man bei warmem Wetter die Fermentware in die Behältnisse ein, so kann es zu einer dünnen Schichte eines Schleimmantels mit Hefepilzen kommen.

Unwissende Fermentierer erfahren bei den ersten Versuchen ekelerregende Gerüche und Geschmäcker. Davon sollten sie sich aber nicht abhalten lassen, sondern die Oberfläche wieder sauber abschließen und die Gärgläser oder Gärtöpfe an einem kühlen Ort aufstellen. Beim Fermentieren treten Mikroorganismen auf, die Schwefelverbindungen reduzieren und in Schwefelwasserstoff (Sulfide) umwandeln, welche die eigentümlichen Gerüche verursachen. Doch diese tauchen nur in einem Übergangsstadium auf. Gibt man den Fermenten Zeit, so verflüchtigen sich diese Miasmen wieder durch die Tätigkeit anderer Mikroben.

Schimmelbildungen

Damit sich für den Menschen liebsame und unliebsame Schimmel entwickeln können, sind Sauerstoff bzw. ein Luftkontakt und ebenso ein feuchtes Wärmeumfeld oder Kohlendioxid notwendig. Dieses Umfeld wird zudem ebenso durch die Schimmelentwicklung selber geschaffen und/oder verstärkt. Doch auch bei kühlen oder kalten Bedingungen finden sich graue, grüne bis bläuliche Schimmelrasen ein, deren Gifte uns gesundheitlichen Schaden an Niere und Leber zufügen können.

Durch nachfolgendes Erhitzen lassen sie sich nicht in ihrer schädigenden Wirkung reduzieren. Ist einmal ein Großteil des Ferments mit Schimmel und weißlichen Schleimen über- und durchzogen und riecht es sehr muffig, so ist der ganze Glasinhalt zu entsorgen. Besonders bei der sommerlichen Wildpflanzenfermentation oder Sauerkrauterzeugung können sich aufgrund der Tageswärme graue Schimmelbärte entwickeln, welche ihr Wurzelgeflecht tief in die Fermentware verankern, und somit das Ferment breiartig werden lassen. Deshalb stimmt die Erfahrung, dass die Fermente leichter im Frühling und im Spätherbst gelingen, oder wenn im Sommer die Umgebungstemperaturen kühler sind. Ein Wildkräuterprobeferment während eines Almsommers auf einer Seehöhe von 1800 m verlief erfreulich, da dort ein geeigneter Keller für die ausreifenden Gärprozesse vorhanden war.

Deshalb sind die Vermeidung von Lufteinschlüssen bei den Fermenten und das feste Luftauspressen so bedeutend, um unliebsame Bakterien- und Schimmelentwicklungen zu vermeiden. Verwendet man Gemüse und Obst bei den Fermenten, sollten diese nicht zuvor in einer Plastikverpackung gelagert werden, denn darin befinden sich gute Voraussetzungen wie Kondenswasser und Kohlendioxid für das gedeihliche Wachstum von Schimmel.

Weitere Hemmbedingungen des Pilzwachstums sind Wasserentzug bzw. Trockenheit, hohe Salz- oder Zuckergaben, Erhitzung und desinfizierende Säuren wie z.B. Essigsäure oder Benzoesäure. Wir benutzen häufig Essig zum Reinigen von Gefäßen, bevor wir diese noch einmal heiß mit Wasser abspülen und dann austrocknen lassen. Bei der Fermentation im Glas oder Bottich vermeidet das überstehende Fermentwasser oder eine überstehende Salzlake die Schimmelbildung.

Grundanleitung zum Fermentieren im Glas

Die entstehende Fermentflüssigkeit beinhaltet wertvolle Essenzen, welche der Verdauung zugutekommen. Unreife Samen in Salzlake fermentiert ergeben sehr aromatische, aber würzige Saucen.

Entnahme des gesäuerten Wildgemüses für den Verzehr

Unsere Erfahrung ist, dass die oberste Schicht durch den Sauerstoffkontakt nicht so aromareich ist. Deshalb vermischen wir die oberste Schicht und den unteren Teil in einer Schüssel. Schmeckt die oberste Schicht jedoch unangenehm, entfernen wir diese und geben sie zum Kompost. Das Fermentiergut wird mit einer Gabel aufgelockert und pur als appetitanregende Vorspeise oder Zwischengang genossen. Vielfach mischen wir das Ferment oder einen Teil davon mit frischem Rohgemüse, Obst oder Kompottobst (ohne Saft) oder mischen damit einen Salat an, wo Öl untergehoben wird.

Es entsteht eine Fermentflüssigkeit

Einerseits entsteht durch das Kneten, Drücken und Stampfen des zu fermentierenden Wildgemüses die austretende Flüssigkeit. Des Weiteren zieht das zugefügte Salz einen Teil des Zellsafts aus dem Gemüse heraus. Auf diese Weise bildet sich in den ersten Tagen der Fermentation im Gärbehälter Flüssigkeit, die über das zu fermentierende Gemüse stehen muss, damit möglichst wenig bis keine Luftzwischenräume bestehen, da die Milchsäuregärung nur in sauerstofffreier Umgebung optimal funktionieren kann. Durch die Gärung werden die vitamin- wie mineralstoffhaltigen Gemüsesäfte mit Fermenten und wertvoller Milchsäure angereichert, wodurch hochwertige Heilsäfte entstehen, die gesundheitlich äußerst wertvoll sind.

Wer das tolle Geschmackserlebnis des Sauerkrautsafts aus der natürlich vonstattengehenden Sauerkrautherstellung kennt, weiß auch die anfallenden Fermentiersäfte sehr zu schätzen. Wir bezeichnen diese delikaten, sauren Auszüge als gute „Verdauungsanreger". Regelmäßig genossen, stärken sie ungemein gut die Verdauung.

Zur Verwendung der Fermentierflüssigkeit

Die Salzlake kann für andere Zwecke genutzt werden, da sie die wertvollen Fermentationsbakterien enthält: In der Lake befinden sich neben Wasser und Salz die Milchsäure aus der Laktofermentation, welche unseren Körper keineswegs übersäuern, sondern den pH-Wert basisch ausgleichen. Die wertvollen

Die einzelnen Fermente haben neben dem kulinarischen auch einen hohen gesundheitlichen Wert, der vor allem von Allergikern und ernährungsbewussten Menschen sehr geschätzt wird (im Bild: Vorspeisenteller mit Eichen-Sauerblatt, Schwarzholunderblüten- und Portulakferment auf Mairübe und Apfel).

Fermentationssäfte wurden in den Großfamilien früher als Essigersatz verwendet. Einmal äußerte ein älterer Nachbar einen Spruch, der von Verstand gezeugt war und welcher ebenso für Wildpflanzenfermentsaft Geltung hat:

„Solange der Saft der eingeschnittenen Mai-Rüben oder jener des Sauerkrauts im Keller sind, wird kein Essig gekauft. Solange wir diesen Saft trinken, kommt keine Krankheit ins Haus! "

Früher musste man sparsam mit dem Salz umgehen, weshalb man die Salzlake der Sauergemüsevorräte sorgsam verwendete. Zumeist wurde sie abgefüllt und zum Impfen für das neue Einlegen gebraucht. Ebenfalls um Salzlake zu sparen, wurde in Vorzeiten das aus der Flüssigkeit herausgenommene Gemüse gut abgetropft und in die Selche oder den Kamin gehängt, um es durch Räuchervorgänge haltbar zu halten. Der kalte, desinfizierende Rauch gab dem Gemüse eine besondere Note. Vor allem die ganzen Köpfe des Grubenkrauts geräuchert, sind eine Delikatesse.

Deshalb empfehlen wir: Die überschüssigen, gut vergorenen Säfte durch ein feines Sieb zu filtern, in saubere Schraubverschlussflaschen zu füllen und gut verschlossen, kühl und dunkel zu lagern. Bei der Verwendung als Marinade anstelle von Essig für Salate bleiben die verschiedenen Bakterien erhalten.

Wird ein Teil eines Ferments zum Essenanrichten aus dem Glas genommen, so ist danach das sorgfältige Verschließen notwendig. Das Ferment wird wieder fest angedrückt, danach werden Holzspateln oder eine Deckscheibe mit der Glaswand verspannt und etwas Lake oder Wasser nachgeschenkt. Solange die Flüssigkeit über den festen Fermentteilen steht, bleibt das mit einer Scheibe verschlossene Ferment im Kühlschrank längere Zeit erhalten. Von leeren Gläsern übrigbleibende Salzlake kann zum Abdecken anderer Fermente verwendet werden.

Einsatz der entstehenden Salzlake für Heilzwecke

Die Milchsäurebakterien fördern die positive Entwicklung der Darmflora, indem eine Vermehrung schädlicher Bakterien hintangehalten wird. Jeder Fermentiersaft enthält Cholin bzw. Azetylcholin, welche als Neurotransmitter die Übertragung von Nervenimpulsen und zudem die Peristaltik des Darms anregen. Weiters haben die fermentierten Wildgemüsesäfte eine reinigende Wirkung auf den Magen, Darm, die Leber und somit auf den ganzen Körper.

Die Lake wurde bei Arthritis eingesetzt. Man kann sie verdünnen und tassenweise zum Trinken pro Mahlzeit gebrauchen oder löffelweise kurmäßig zu den einzelnen Mahlzeiten einnehmen. Im Südtiroler Pustertal sagt man:

„Wenn die Ruibe kimp ins Haus, muiss da Dökta hinaus."

Dieser Spruch veranschaulicht die hohe Bedeutung des Rübenwassers in der Volksheilkunde, denn der Fermentsaft fand im Winter direkten Einsatz bei Grippe, starkem Husten, bei Fieber und für den neuerlichen Aufbau der Darmflora. Dieselbe Wirksamkeit gilt deshalb ebenso für das Rübenkraut, Sauerkraut und für die bei der Fermentation von Wildpflanzen entstehenden Säfte.

Auch für mehrwöchige Entgiftungs- und Entschlackungskuren ist der verdünnte Fermentiersaft geeignet. Verschiedentlich wurde durch Beigaben anderer Säfte ein Getränk daraus bereitet, um damit z.B. zu entschlacken. Im Darm entstehen aus der Einwirkung der Fermentationsbakterien Gase. Vor allem zu Beginn des Verzehrs von Fermenten treten diese auf. Das ist normal und ein Zeichen dafür, dass sich die Verdauung wieder einpendelt.

Salzwasser macht Flecken auf den Holztischen

Abtropfendes oder verschüttetes Salzwasser verursacht auf natürlichen Holztischen, Holzarbeitsplatten und Holzgeschirr Flecken, wenn es nicht sofort entfernt wird. Nach kurzer Einwirkzeit entstehen helle, bei längerer dunkelgraue Flecken, die sich nicht mehr entfernen lassen. Es ist von Vorteil, Teller, Tablette oder Tassen unter die befüllten Gläser zu stellen, damit die sich ausdehnende Flüssigkeit während des Fermentier-Vorgangs aufgefangen werden kann.

Unreife Gelbe Myrobalanen (Kirschpflaume, *Prunus cerasifera*) in Salzlake eingelegt, ergeben eine wundervolle Nascherei zwischendurch.

9. Mit Wildpflanzen fermentieren

Durch die Fermentation von Wildpflanzen erschließen wir zweifelsohne neue Nahrungsquellen. Mit der Behandlung dieses Buchthemas aktivieren wir ein altes Wissen, wie dies unsere Urvorfahren bereits kannten, um über die Mikrobenwelt Nahrung zu veredeln. Und warum sollen wir heute in Zeiten des exorbitanten Bevölkerungszuwachses nicht auf die bereitgehaltenen Segnungen, Wildpflanzen zu verwerten, zurückgreifen? Den hohen gesundheitlichen Wert der Wildpflanzen in unserer Ernährung haben wir bereits eingangs erwähnt. Trotzdem gehen wir davon aus, dass verschiedene in den Pflanzen vorkommende Wirkstoffe bei der Fermentation nicht erhalten bleiben.

Das Fermentieren mit Wildpflanzen erfordert neben den grundsätzlich einzuhaltenden Vorgangsweisen auch weitere Berücksichtigungen. Verzeichnen manche Pflanzen z.B. hohe Bitterstoffgehalte, so kann mit geringem Einsatz von Honig oder Sirup ein bekömmliches Fermentprodukt entstehen, welches immer noch durch eine zulängliche Bitterkeit versehen ist.

Wildpflanzen in die Fermentation einbeziehen

Mit Wildpflanzen zu fermentieren, ist anspruchsvoller als mit Gemüse. Beim Sammeln sind die geeignete Textur und die richtige Wuchsphase ebenso ausschlaggebend, wie die richtige Einschätzung der Standortbedingungen und der Einfluss der Witterung auf den Pflanzenwuchs. Die in der freien Landschaft und in Gärten gesammelten Wildpflanzen besitzen aufgrund ihrer Anpassung an die natürlichen Voraussetzungen andere Qualitäten. Sie verzeichnen einen größeren Gehalt an Trockenmasse, mehr sekundäre Inhaltsstoffe und dadurch einen geringeren Wassergehalt. Somit enthalten sie im Gewichtvergleich mehr Nährstoffe, Farb- und Aromastoffe und schmecken wesentlich aromatischer. Schon beim Vergleich mit denselben Kräutern aus dem Garten, wo gut aufbereiteter Kompost als Dünger verwendet wird, lässt sich dies im Aroma und Geschmack ausmachen. Doch diese Kräuter aus unseren schonend kompostgedüngten Flächen schmecken noch allemal besser als solche aus den stark gedüngten Äckern und Grünländern.

Und weiter: Faserreiche Wildpflanzen sind durch feines Schneiden zu zerkleinern. Die Appetitlichkeit von Fermentprodukten erfordert auch eine richtige Abschätzung und Ausgewogenheit an beteiligen Zutaten.

In der Natur findet man im Spätherbst natürlich fermentierte Preiselbeeren.

Erntezeitpunkt und Standorte

Pflanzen müssen jung saftig und zart sein, aber doch fest im Griff. Sie sollen nicht fest verfasert sein. Der Erntezeitpunkt und Erntestandort der Wildpflanzen bestimmen über die spätere Qualität des Fermentierprodukts:

- **Wenn zu früh geerntet wird,** kann aufgrund des hohen Eiweißgehaltes die Ware breiartig weich werden und einen unangenehmen Geruch hervorbringen.
- **Zu stark gedüngte Standorte** führen zu weichen und patzigen Fermentierwaren, welche zudem einen höheren Grad unangenehmer Geschmäcker und Gerüche mit sich ziehen, welche jauchig, faulig und nach Silage schmecken.
- **Wird zu spät geerntet**, entsteht aufgrund des hohen Rohfasergehalts ein strohiges und faseriges Fermentiergut, welches stark zu kauen und schwerer verdaubar ist.
- **Von zu trockenen oder hageren Standorten** geerntetes Sammelgut zieht sehr faserige Fermentierprodukte nach sich. Diese können mitunter ein sehr starkes Aroma aufweisen.

Fermentierte Blätter und Sprossen können, wenn sie fest im Biss oder zäh sind, vor dem Essen fein geschnitten werden. Zum Schneiden ein Messer mit glatter Schneide verwenden, dann wird ein glatter Schnitt und das Fermentiergut franst nicht aus. Zu weich gewordene Fermente eignen sich für Pasten, Soßen und Salatwürzen sowie für kalte Suppen oder Mixgetränke.

Pflanzenteile, die fermentiert werden können

Blätter von Kräutern
Baumblätter
Junge Sprossen oder Triebe
Blatt- wie Blütenknospen
Blütenstände, Blüten- und Blütenteile
Stängel und Blattstiele

Fruchtstände, Früchte und Fruchtteile
Samen
Wurzeln
Pilze und Flechten

Aus Gründen der praktischeren Herstellung und des Geschmacks ist es bei dieser Konservierungsmethode vorteilhaft, Wildpflanzen mit Kulturgemüse zu

Die Samen der Roten Gartenmelde in Salzlake: Die Kombination wildwachsender mit kultivierten Pflanzen eröffnet eine größere Geschmacksvielfalt.

kombinieren. Bei der Herstellung von Fermentierprodukten sind seitens der Mischverhältnisse zwei Variationsrichtungen möglich:

Geringe Mengen intensiv bis würzig schmeckender Wildpflanzen, wie z.B. Bibernellblätter und -wurzeln (*Pimpinella major, Pimpinella minor*), Flechten oder Fichtennadeln (*Picea abies*), sind mit größeren Mengen an Kulturgemüse zu mischen. Saure Wildpflanzen wie z.B. Sauerampfer (*Rumex acetosa*) sind deshalb mit mehr Kulturgemüse zu strecken, da sie ansonsten nach der Reifefermentation sehr sauer sind. Kombinationen mit intensiv schmeckenden Wildpflanzen sind ohnehin in kleinere Gläser (ca. 200 ml) abzufüllen.

Hat man kleine Mengen Wildgemüse zur Verfügung, weil der Sammelaufwand sehr groß ist (Beispiele sind Scharbockskrautblätter oder Gänseblumenknospen; *Ficaria verna, Bellis perennis*) oder man findet nicht ausreichend davon, so sollen diese in Kombination mit Kulturgemüse in kleinere Gläser zum Fermentieren gelagert werden.

Hingegen sind milde Wildgemüsearten, wenn man sie zumeist in großen Mengen zur Verfügung hat, wie z.B. Giersch, Knopfkraut, Guter Heinrich oder Löwenzahn (*Aegopodium podagraria, Galinsoga ciliata, Galinsoga parviflora, Blitum bonus-henricus, Taraxacum officinalis*) als Hauptbasis mit geringen Mengen fein geschnittener Kulturgemüsearten zu kombinieren, um das Aroma der Wildpflanzen nicht zu beeinträchtigen.

Welche Kulturgemüsearten eignen sich zum Mischfermentieren?

Karotte, Pastinake und Weißkraut bringen eine Süße in das Fermentprodukt hinein. Mit Sellerie fermentierte Wildpflanzen bekommen ein rundes Aroma, halten relativ lange und schmecken ausgezeichnet. Bei Verwendung von Blättern mit geringem Feuchtigkeitsgehalt (z.B. von Gehölzen, oder Arten wie Acker-Witwenblume, Topinambur, Taubnessel; *Knautia arvensis, Helianthus tuberosus, Lamium* spec.) liefern Gurken, Zucchini, Radieschen, Rettich, Mairübe und/oder Zwiebel in das Ferment die notwendige Flüssigkeit. Außerdem bringen Radieschen, Rettich, Mairübe und/oder Zwiebel eine Würze in die Endprodukte. Kürbisfrüchte und Topinamburknollen bilden bei Kombinationen mit Wildpflanzen einen guten Grundkörper.

Kulturobst und Wildobst versäuern

Hingegen sind junge und unreife bzw. noch grüne Obstarten mit wenig Zuckergehalt wie z.B. Kriecherl, Kirschpflaume, unreife Birnen und Äpfel bzw. deren Kleinsorten, unreife Marillen etc. zum Fermentieren geeignet. Erntet man sie ganz jung, so ist das Fruchtfleisch stark pektinhaltig und sind die Kerne noch weich und werden nach der Fertigstellung mitgegessen.

Von den Wildobstarten sind Preiselbeere, Dirndl- bzw. Kornelkirsche, Schlehdorn, Berberitze, Heidelbeere, wilde Kriecherlarten gut zum Versäuern verwendbar. Kriecherl verwenden wir deshalb, weil wir so viele in der Landschaft finden.

Nicht für die Fermentation eignen sich frische und reife Obstfrüchte, wie Apfel, Zwetschke bzw. Pflaume, reife Marille bzw. Aprikose, Birne, Melone oder Orange sowie Kartoffeln. Sie vermaischen aufgrund des hohen Zucker und Saftgehalts in den meisten Fällen, und es entstehen nicht zumutbare Fermentergebnisse. Dörrobst ist hingegen geeignet.

Beilagen zu den fertigen Wildkräuterfermenten

Nach dem Öffnen der Fermentbehälter stehen Fragen der Kombinationsmöglichkeiten mit anderen Speisen an. Eine äußerst gute Erweiterung ist die Verwendung fermentierter Zutaten zu Salaten, wobei man hierfür lediglich frischen Salat schneiden und Öl hinzufügen sollte. Andere Bestandteile haben die Bedeutung der Abmilderung scharfer oder sehr saurer Fermenterzeugnisse. Zum Mitservieren eignen sich je nach Fermentaroma und -struktur Blattsalate, Karotte, Kohlrabi, Gurke, Tomate wie auch Apfel, Birne, Steinobst, Melone, …

Gekochtes Gemüse als Hauptspeise ist immer gut kombinierbar und ergibt eine sättigende Mahlzeit. An Beilagen sind die im Geschmack neutralen vorteilhaft, da das Fermentaroma zur Geltung kommt. Besonders gut geeignet sind Kartoffeln, verschiedene Reissorten, Getreidereis, Hirse, Buchweizen, Maispolenta, …

Essig bei den Salaten zu verwenden, ist in den meisten Fällen nicht notwendig, da die Fermente selber eine Säure entwickelt haben. Bei der Speiseölauswahl sind wiederum keine Grenzen zu setzen. Naturbelassene, kaltgepresste Öle sind vorzuziehen.

Auch Nüsse stellen eine gute Aromakombination dar. Als Süßstoffe sind natürliche und schonend hergestellte Produkte wie Honig, Sirup, zu flüssig geratene Marmelade, Obstsoßen und Blütengelees gut verwendbar. Zu sauer gewordene oder salzige Fermente können mit Joghurt oder Sauerrahm geschmacklich gemildert werden.

Interessant sind auch folgende Geschmackseindrücke: Werden Wildpflanzenfermente zu Speisen beigelegt und beim kombinierten Essen mitgenossen, so ist am Geschmack erkennbar, ob es sich bei den Grundprodukten um eine gut hergestellte Nahrung handelt oder um eine unkoschere. Bei Fisch merkt man aus der Wildpflanzenfermentkombination sofort die Modrigkeit des Wassers, sprich der unzulängliche Wasserwechsel tritt zutage. Bei Gemüse treten geschmacklich unangenehme Überdüngungsphänomene hervor. Teils schlagen sich sogar die Inhaltsstoffe bei solchen Kombinationen, sofern die Herkünfte von Gemüse oder auch von Fetten im Fleisch fragwürdig in der Herstellung sind.

Ein frisch eingefülltes Ferment aus leicht gesalzenen Mairübenscheiben mit einer Gewürzmischung aus Ulmenblättermehl, Lauch und Topinamburknolle aromatisiert.

Fermentieren im Winter

Die grünen Teile verschiedener Wildkräuter und diese sehr fein geschnitten, können im Winter Verwendung finden. Beispiele hierfür sind: Bitteres Schaumkraut (*Cardamine amara*), Löffelkraut (*Choechlearia* spec.), Brunnenkresse (*Nasturtium officinalis*), Wiesen-Kerbel (*Anthriscus sylvestris*), Kleiner Wiesenknopf (*Sanguisorba minor*), Erdbeere (*Fragaria vesca*), Vogelmiere (*Stellaria media*), Brennnessel (*Urtica dioica, U. urens*), Taubnesseln (*Lamium* spec.), Wasser-Ehrenpreis (*Veronica beccabunga*), Wiesen-Labkraut (*Galium mollugo*), … In geringen Mengen können Echter Ehrenpreis (*Veronica officinalis*), Thymian (*Thymus pulegioides, Thymus serpyllum*) Gebrauch finden.

Zum Aromatisieren von fermentierbarem Gemüse eignet sich das Pulver getrockneter Wildkräuter (wie z.B. der Knopfkräuter, Sauerklee, Oregano, Taubnessel, Hohlzahn, Topinambur, Giersch, Karotte, Kümmel; *Galinsoga* spec., *Helianthus tuberosus, Oxalis acetosella, Origanum vulgare, Lamium* spec., *Galeopsis* spec., *Aegopodium, Daucus, Carum*) oder von getrocknetem Baumlaub (wie z.B. Kirsche, Ulme, Eiche, Rotbuche, Zürgelbaum, Fichte;

Prunus avium, Ulmus, Quercus, Fagus sylvatica, Celtis australis, Picea abies) als zusätzliche würzende Beigabe. Jung geerntete Maiwipferl (Fichten- und Tannensprossen) oder die jungen Sprossen des Wacholders (*Juniperus communis*) jeweils getrocknet und pulverisiert können zum Würzen verwendet werden. Ältere Nadeln (z.B. von Fichte, Tanne, Wacholder) besitzen einen höheren Grad an unechten Fetten und Wachsschichten in der Kuticula. Sie würden beim Fermentieren mit zunehmender Lagerzeit verseifen und unangenehme Geschmäcker nach sich ziehen. Nach der Fermentation kommt diese Unannehmlichkeit stärker zu Geltung. Über Verwendung und Vorzüge der Baumblätterpulver bzw. -mehle berichten wir bereits in anderen Büchern.

Getrocknete Kräuter sind zum Aromatisieren für Rüben, Rettich, Lauch, Kürbis, Äpfel, Topinambur, Pastinake, Schwarzwurzel etc. gut verwendbar. Ebenso erfüllen Dörrobst bzw. geschälte und geringe Mengen zerkleinerter Apfel- und Zwetschkenkerne süßende bzw. aromatisierende Funktionen.

Die Schale unreifer Äpfel und Birnen lassen sich gut fermentieren.

Rezepte

Sauer macht lustig und sauer macht froh !

Nothing gives the scientific investigator greater pleasure
than to make new discoveries; but his job is redoubled
when his observations prove to have a direct application
in practical life.

Nichts macht dem wissenschaftlichen Forscher mehr Freude,
als neue Entdeckungen zu machen; aber seine Arbeit wird verdoppelt,
wenn sich seine Beobachtungen als direkte Anwendung
im praktischen Leben erweisen.

Louis PASTEUR

Fermentierte Lebensmittel stellen ein authentisches Essen dar. Sie sind mehr als die Summe ihrer Zutaten. Die Entrücktheit der vielen Variationen an Fermentkonstruktionen soll jedoch niemals den Blick auf das Wesentliche verstellen. Die Fermente mit Wildpflanzen sind etwas ganz Besonderes, etwas für Genießer, welche die neuen natürlichen Aromen kennenlernen wollen. Von den Konzentraten in den Gläsern reichen kleinere Mengen pro Mahlzeit, die pur genossen oder kreativ in Gerichte integriert werden können.

Zeitersparnis beim Zubereiten gesundheitsfördernder Mahlzeiten

Nicht die komplizierten und aufwendigen Zubereitungen, sondern die einfachsten Speisekombinationen bringen die Aromen am besten hervor. Hat man fermentierte Produkte auf Vorrat, sind der Kreativität beim Zubereiten einer wertvollen Mahlzeit keine Grenzen gesetzt. Eine Portion fermentiertes Wildgemüse, etwas Hanföl darüber träufeln, ein Stück Vollkornbrot oder einen geschnittenen Apfel dazu, und schnell ist ein vitamin- und mineralstoffreiches Essen fertig angerichtet. Das Fermentierte beinhaltet notwendige Ballaststoffe für einen aktiven Darm und die Milchsäurebakterien sorgen für eine gesunde Darmflora. Ein gesunder Darm wiederum hat eine positive Wirkung auf das Immunsystem und die Tätigkeit der Organe und des Blut- und Herzkreislaufes.

Kombinationsempfehlungen beim Essen

Bei richtigen Beilagen und Hauptspeisen entstehen hintergründige Aromen, wobei die Natürlichkeit der Kräuter und des Gemüses und die durch Fermentation abgewandelten Geschmäcker am meisten faszinieren. Verschiedene Essenszubereitungen seien aufgezeigt, um einfache und relativ flott anzurichtende Möglichkeiten in Erinnerung zu rufen:
- Kartoffeln ohne Salz in der Schale gekocht zu fermentierten Erzeugnissen gegessen, mildern stark gewürzte, bzw. sehr lange gelagerte, säuerliche Gärungsaromen ab.

Rezepte – Vorbemerkung

- Stampfkartoffeln mit etwas Sahne zubereitet, bringen ein cremiges Volumen zu den trocken gewordenen, oder festen und strohigen Fermentiergemüse.

- Gebratene Kartoffelscheiben passen, als Unterlage oder darüber angeordnet, zu milden wie auch zu scharfen Wildgemüsefermenten gegessen.

- Angebratenes Gemüse von Sellerie, Kohl, Lauch, Fenchel, Kürbis und Mangold harmonieren mit verschiedenen fermentierten Wildgemüsearten.

- Reis und eine Portion fermentiertes Gemüse ergeben eine vollständige, leichte und gesunde Mahlzeit. Kalt zugestellter und unter Rühren zum Kochen gebrachter Rundkornreis klebt besser und ist deshalb zum Füllen von verschiedenen Blättern geeignet.

- Buchweizen, Hirse, Quinoa, Dinkelreis oder Rollgerste in Wasser gekocht, leicht gesalzen und noch heiß, mit Butter verfeinert, zu Wildgemüsefermenten angerichtet, bereichern die fleischlose Ernährung. Auf diese Weise kann man eine warme Mahlzeit genießen, ohne die wertvollen Bakterien im fermentierten Wildgemüse zu zerstören, da dieses nicht erhitzt wird.

- Verschiedene Zubereitungen der Mais-Polenta stellen eine milde und sehr bekömmliche Basis in Kombination von milchsäurevergorener Nahrung dar.

- Erfrischende Stifte von Mairüben, Äpfeln oder fein geschnittenem Chinakohl in fermentierten Wildpflanzen untergemischt, lassen sehr interessante Salate entstehen.

- Des Weiteren eignen sich Vollgetreide oder Kürbis und verschiedene Gemüsearten mit geschnittenen Zwiebeln oder Lauch als Gewürz für würzige Salate.

- Gekochte rote und braune Linsen oder Bohnen mit fermentiertem Wildgemüse zu Salat verarbeitet, gleichen übermäßige Schärfe und Säure aus. Freilich regen sie die Darmtätigkeit überdurchschnittlich an, aber solche Gerichte schmecken vorzüglich.

Rezepte – Vorbemerkung

- Sonnenblumen-, Kürbiskerne, Sesam und Nüsse über Fermentsalate gestreut, mildern Säure und Schärfe ab und liefern zusätzlich gut verdaubare Fettsäuren.

- Fermentierte Blätter saugen das Salatdressing auf. Dadurch werden sie angenehm zu kauen, eventuelle Schärfe und der Salzgehalt werden ausgeglichen.

- Öl wie auch Sauerrahm oder Joghurt nehmen die Schärfe und gleichen die Säure aus.

- Bei langer Lagerung laufen die Versäuerungsprozesse weiter und nimmt der Säuregehalt des zu Fermentierenden immer weiter zu. Mit süßsauer eingelegtem Obst und Gemüse, Honig, gesüßten Wildobstsoßen, Kompotten und Marmeladeresten kann die Säure abgemildert werden. Auch ein wenig Joghurt, Sauerrahm oder Sahne verfeinern würzige Speisen.

Ganze fermentierte Huflattichbllätter mit einem Glockenblumen-Natternkopf-Blätterferment.

Erstes Frühlings-
ferment mit den
„glasig" gewordenen
Scharbockskraut-
blättern.

Fermentierte Blätter

Verschiedenste im Frühjahr frisch geschobene Blätter sind zum Fermentieren geeignet und können auf diese Weise für die kalte Jahreszeit haltbar gemacht werden. Beim Sammeln ist darauf zu achten, dass der Standort nicht überdüngt ist, denn die Qualität der Blätter wirkt sich auf die Bakterientätigkeit und somit auf den Geruch und die Konsistenz des Ferments aus.

Junge Scharbockskrautblätter fermentiert
(*Ficaria verna*)

Zutaten für ein kleines Glas:
200 g Scharbockskrautblätter
2 – 3 g Salz

Zubereitung:
Junge Scharbockskrautblätter vor der Blüte sammeln, waschen und schleudern. Eine dünne Schicht Blätter in ein sauberes Schraubverschlussglas geben, wenig Salz darüber verteilen, nächste Lage Blätter draufgeben, salzen und hineinstampfen, bis sich Flüssigkeit bildet. Es folgt die nächste Schicht Blätter usw., bis das Glas ungefähr drei Viertel voll ist. Hineindrücken oder stampfen, bis genug Flüssigkeit darübersteht. Ansonsten sind zwei bis drei Esslöffel Salzwasser darüber zu geben. Mit einem großen Blatt oder einer Glasscheibe abdecken, beschweren und das Glas verschließen. Zwei Tage in der Küche stehen lassen, damit die Gärung in Gang kommt, anschließend kühl und dunkel lagern. Nach drei Wochen sind die Blätter fermentiert und können bereits genossen werden. Die Sauerblätter sind drei bis vier Monate lagerbar.

Schon in kleinen Mengen als Vorspeise genossen, ist das leicht herbe Scharbockskraut-Ferment wegen des hohen Vitamin-C-Gehalts sehr wertvoll.

Die zarten, fermentierten Blätter waren olivgrün bis glasig geworden. Sie hatten einen säuerlichen Geruch und Geschmack. Die etwas herben Blätter schmeckten fein zu Butterbrot, Kartoffeln, Reis und bereicherten verschiedene Salate.

Im Bild ist eine Gewürzmischung ohne Scharbockskrautblätter dargestellt.

Scharbockskrautblätter mit einer Gewürzmischung fermentiert
(*Ficaria verna*)

Zutaten für ein 250-ml-Glas: 4 Handvoll Scharbockskrautblätter

Gewürzmischung:
1 Zwiebel oder ¼ Stange Lauch, 2 Karotten, 1/2 cm Ingwerwurzel, 2 Tropfen Chili, 1 TL Honig, 4 g Salz

Zubereitung:
Die jungen Scharbockskrautblätter vor der Blüte sammeln, waschen und schleudern. Für die Gewürzmischung die Zwiebel schälen und fein schneiden, die Karotten und die Ingwerwurzel fein reiben, mit Chili, Honig und Salz mischen.

Eine dünne Lage Blätter in ein sauberes Schraubverschlussglas geben, eine dünne Schicht Gewürzmischung darüber verteilen, nächste Lage Blätter einschichten und hineinstampfen, bis sich Flüssigkeit bildet. Nächste Schicht Gewürzmischung und dann eine Lage Blätter eingeben usw. bis das Glas ungefähr drei Viertel voll ist. Hineindrücken oder Stampfen bis genug Flüssigkeit darübersteht, mit einer angepassten Scheibe abdecken und beschweren. Das Glas mit dem Schraubdeckel verschließen. Zwei Tage in der Küche stehen lassen, damit die Gärung in Gang kommt, dann kühl und dunkel zum Fermentieren lagern. Nach drei Wochen ist das Ferment für den Genuss fertig. Bei längerer Lagerung den Flüssigkeitsspiegel kontrollieren. Sinkt er, ist etwas Salzwasser nachzugießen.

Nach der dreimonatigen Lagerung waren die Blätter und Stängel schön glasig. Der Geruch säuerlich, der Geschmack erfrischend mit leicht herbem Abgang. Das Herbe wurde durch eine kleine Honiggabe behoben. Dieser vitaminspendende Appetitanreger ist als kleine Vorspeise zu genießen oder kann zur Jause aufgewartet werden.

Fermentierte Bärlauchblätter
(Allium ursinum)

Zutaten für ein 500-ml-Glas:
300 g Bärlauchblätter, 3 g Salz

Zubereitung:
Die jungen Bärlauchblätter waschen, gut abtropfen lassen oder schleudern. Wir legen sie auf Tüchern zum Abtrocknen auf. Sie können sowohl als ganze Blätter als auch in Zentimeter breite Streifen geschnitten und mit dem Salz vermischt dicht in das Schraubverschlussglas gedrückt werden. Zuletzt sind einige Löffel Salzwasser darüber zu geben. Mit großen Bärlauchblättern oder einer Holz- oder Glasscheibe abdecken, beschweren und das Glas mit dem Schraubdeckel verschließen. Zwei Tage in der Küche stehen lassen, damit die Gärung in Gang kommt, danach kühl und dunkel fermentieren lassen. Nach drei Wochen sind die Blätter fermentiert und für den Genuss fertig. Das ungeöffnete Bärlauchferment ist bis zu einem halben Jahr haltbar.

Die nach Schwefel riechenden Blätter schmeckten in den ersten zwei bis drei Monaten am besten. Wir würzten damit verschiedene Reisgerichte, Kartoffeln und Topfenfüllungen. In Salate gemischt und fein geschnitten zu Aufstrichen verarbeitet, prägten die zarten, würzenden Blätter den Geschmack. Zusätzlich ist die entstandene Fermentierflüssigkeit eine wertvolle Würzsoße.

Eingerollte Bärlauchblätter in Salzlake fermentiert
(*Allium ursinum*)

Zutaten für ein 300-ml-Glas:
60 junge Bärlauchblätter, 150 ml Wasser ca. 5 g Salz

Zubereitung:
Voll entfaltete aber frische Bärlauchblätter sammeln, waschen und einrollen und mit einem Faden zusammenbinden. Zum Beispiel können vier Rollen zu je fünfzehn Blätter verwendet und nebeneinander in das vorbereitete Schraubverschlussglas gestellt werden. Das Salz ist in kaltem Wasser aufzulösen

und über die Röllchen zu gießen. Eine Press-down-Scheibe darüberlegen, damit die Röllchen in der Salzlösung bleiben und das Glas verschließen.

Einen Tag in der Küche stehen lassen, damit die Gärung anlaufen kann, danach kühl und dunkel fermentieren lassen. Nach vier Wochen sind die Blätter für den Genuss fertig.

Nach drei Monaten haben wir das erste Glas geöffnet. Die fermentierten Bärlauchblätter und die Flüssigkeit rochen nach Schwefel, aber nicht streng. Die Farbe der Blätter veränderte sich in ein Olivgrün und die Flüssigkeit im Glas war leicht getrübt. Wir haben zwei Blätter übereinandergelegt, mit gekochten Rundkornreis gefüllt und eingerollt. Die Röllchen schmecken angenehm pikant und würzig. Die geschnittenen Blätter eignen sich gut zum Würzen von Salaten oder streichfähigen Cremen. Die zurückbleibende Lake bietet sich in hervorragender Weise zum Würzen von Speisen an.

In den ersten drei Monaten schmecken die fermentierten Bärlauchblätter am angenehmsten, mit zunehmender Lagerung werden sie in der Konsistenz weicher und im Aroma intensiver. Bis zu sechs Monate kann das Ferment gelagert werden.

Fermentierte Bärlauchblätter mit Karotten
(*Allium ursinum*)

Zutaten für ein 700-ml-Glas:
300 g Bärlauchblätter, 200 g Karotten, 5 g Salz

Zubereitung:
Junge Bärlauchblätter waschen, gut abtropfen lassen und nach dem Schleudern in fünf Millimeter breite Streifen schneiden. Die gewaschenen Karotten fein reiben. Alle Zutaten gut vermischen und dicht in das Schraubverschlussglas drücken, bis die Flüssigkeit entsteht. Mit großen Bärlauchblättern oder einer Glasscheibe abdecken, beschweren und das Glas mit dem Schraubdeckel verschließen. Zwei Tage in der Küche stehen lassen, damit die Gärung in Gang kommt, danach kühl und dunkel fermentieren lassen. Bereits nach drei Wochen ist das Mischferment genusstauglich. Das Bärlauchferment ist bis zu einem halben Jahr haltbar, schmeckt aber in den ersten zwei bis drei Monaten am besten.

Rezepte – Fermentierte Blätter

Beim Öffnen des Glases und beim Entnehmen des Ferments machte sich der typische schwefelige Geruch der Lauchgewächse breit. Die Schärfe des Bärlauchs war beinahe abgebaut, die Blätter blieben in der Konsistenz zart und die Fermentmischung ergab eine frisch-säuerliche Speise.

Dieses Ferment kann pur zu einfachen Gerichten gegessen werden, es ist aber auch zum Würzen verschiedener Salate gut geeignet. Die entstandene Fermentierflüssigkeit ist unbedingt als Salatwürze zu verwenden.

Sarah und Lea vom Hochkarhof (Göstling, Niederösterreich) lernen von klein auf durch das Mithelfen bei den Wildkräuterseminaren.

Löwenzahnblätter mit Bärlauch fermentiert
(*Taraxacum officinale, Allium ursinum*)

Zutaten für ein 1000-ml-Glas:
250 g junge Löwenzahnblätter, 250 Bärlauchblätter, 230 g Pastinakwurzel, 3 cm Ingwerwurzel, 5 Tropfen Chilisoße, 8 g Salz

Zubereitung:
Junge Löwenzahn- und Bärlauchblätter sammeln, waschen, gut abtropfen lassen und in zwei bis drei Millimeter breite Streifen schneiden. Die mit einer Bürste gewaschenen Pastinak- und Ingwerwurzeln fein reiben. Die restlichen

Zutaten zufügen und gut durchmischen. Lage für Lage in das Glas stampfen, bis etwas Flüssigkeit übersteht. Mit einigen großen Blättern oder einer Scheibe abdecken, beschweren und verschließen. Zwei Tage in der warmen Küche stehen lassen, damit die Gärung anlaufen kann. Beobachten, dass genug Flüssigkeit über dem Fermentiergut steht, wenn nicht, ein paar Esslöffel Salzwasser zufügen, danach kühl und dunkel lagern. Nach ca. drei Wochen ist das Ferment für den Genuss fertig, es kann aber ein halbes Jahr gelagert werden.

Nach einer dreieinhalbmonatigen Reifezeit hatte das dunkel olivgrüne Gemüse einen sehr harmonischen senfartigen Geruch entwickelt. Der Geschmack war säuerlich, mit einer angenehmen Schärfe und einer bissfesten, eher trockenen Konsistenz. Die geringe Herbheit stammt von den Löwenzahnblättern und von der Schale der Pastinakenwurzeln. In einer Mischung mit würfelig geschnittenen Äpfeln verliert sich das Herbe und wird zu einem sättigenden Salat. Das Ferment ist gut mischbar mit Honig, frischem Obst und mit in Butter gedünstetem Gemüse schmeckt es mild und harmonisch.

Die leicht würzigen Wasabinoblätter bereichern die Fermentküche!

Fermentierte Glockenblumenblätter mit Wasabino
(*Campanula spec., Brassica juncea*)

Zutaten für ein 1000-ml-Glas:
4 Handvoll junge Glockenblumenblätter, 4 Handvoll Wasabinoblätter, 3 g Salz

Gewürzmischung: 3 Karotten, 3 cm Ingwerwurzel, 10 Knoblauchzehen, 3 – 5 Tropfen Chilisoße, 2 g Salz

Zubereitung:
Die jungen Glockenblumen- und Wasabinoblätter waschen, gut abtropfen lassen oder trockenschleudern. Für die Gewürzmischung die Karotten und die Ingwerwurzel fein reiben, Knoblauch schälen und fein schneiden, mit Chilisoße und Salz mischen. In ein sauberes Schraubverschlussglas eine dünne Lage Glockenblumenblätter hineindrücken, eine Prise Salz darüberstreuen, eine dünne Schicht der Gewürzmischung darüber verteilen und hineindrücken, eine dünne Lage Wasabinoblätter darauf fest hineindrücken, ein Prise Salz drüberstreuen, Gewürzmischung darüber und wieder mit den Glockenblumenblättern beginnen. Lage für Lage fest in das Glas drücken oder stampfen bis sich genug Flüssigkeit bildet und über das zu fermentierende Gemüse steht, mit einer passenden Scheibe abdecken, ein Gewicht darauf geben und das Glas mit dem Schraubdeckel verschließen. Das Glas zwei Tage in der warmen Küche stehen lassen, damit die Gärung in Gang kommt, danach kühl und dunkel gelagert fermentieren lassen. Nach drei Wochen sind die Blätter für den Genuss fertig, das geschlossene Glas kann auch bis in den Winter hinein gelagert werden.

Nach sechsmonatiger Lagerzeit haben wir das Glas mit den fermentierten Glockenblumenblättern geöffnet. Ein leicht säuerlicher Geruch war beim Öffnen zu vernehmen. Eine gute Säure mit leichter Schärfe war am Gaumen zu vermerken. Die Karotten sind als Gewürz bestens geeignet, sie bringen eine hintergründige Süße hinein. Die Glockenblumenblätter werden in der Kombination mit Wasabinoblätter oder Rucola sehr aufgewertet.

Die fermentierten Blätter eignen sich fein geschnitten mit frisch gekochten Kartoffeln oder Reis als schnelles Gericht. Als pikante Abwechslung in das geschnittene Frischgemüse- oder in den Obstsalat gemischt, wirken sie belebend.

Fermentierte Wasabino- und Radieschenblätter
(*Brassica juncea, Raphanus sativus*)

Zutaten für ein 500-ml-Glas:
2 Handvoll Wasabinoblätter, 2 Handvoll Radieschenblätter

Gewürzmischung:
2 Bund Schnittlauch, 1 große Karotte, 2 cm Ingwer, 3 Tropfen Chili, 5 g Salz

Zubereitung:
Junge Wasabino- und Radieschenblätter waschen und trockenschleudern. Für die Gewürzmischung den Schnittlauch fein schneiden, die Karotte und die Ingwerwurzel fein reiben und mit den übrigen Zutaten gut vermischen. Eine dünne Schicht Wasabino- und Radieschenblätter in ein sauberes Schraubverschlussglas geben, darüber eine dünne Lage von der Gewürzmischung verteilen und gut hineindrücken. Anschließend die Blätter und die Gewürzmischung abwechselnd in das Glas drücken, bis etwas Flüssigkeit übersteht. Mit einer Scheibe aus Glas oder Holz abdecken und mit einem passenden kleineren Glas oder Stein beschweren. Den Schraubdeckel aufsetzen und verschließen. Zwei Tage in der warmen Küche stehen lassen, sodass der Gärprozess starten kann, dann kühl und dunkel lagern. Nach ca. drei Wochen kann das Fermentierte probiert werden, es hält sich kühl und dunkel gelagert ein halbes Jahr.

Nach zwei Monaten haben wir das Glas mit den fermentierten Wasabino- und Radieschenblättern geöffnet. Ein milder, leicht säuerlicher Geruch, mit einer geringen Schärfe durchdrungen kam aus dem Glas. Der gute essigsaure Geschmack wird in harmonischer Weise durch eine leichte Schärfe vom Ingwer und Chili abgerundet.

Die saftigen weichen Wasabinoblätter ergänzen sich sehr gut mit den Radieschenblättern, die etwas fester sind in der fermentierten Konsistenz. Wasabino ist ideal zum Fermentieren, die Stängel werden glasig und bleiben bissfest. In der Kombination mit den Radieschenblättern, werden diese genial verwertet.

Mit Butterbrot, Reis, Kartoffeln oder Getreide angerichtet, entstehen genussvolle Mahlzeiten.

Geschnittene Huflattichblätter fermentiert
(*Tussilago farfara*)

Zutaten für ein 700-ml-Glas: 6 Handvoll junge Huflattichblätter, 3 g Salz

Gewürzmischung:
2 Karotten, 1 cm Ingwerwurzel, 100 g Lauch, 1 Bund Rucola, 2 g Salz, 1 TL Honig

Zubereitung:
Die in schattigen Bereichen sauber geernteten, jungen Huflattichblätter in feine Streifen schneiden, mit Salz bestreuen und beim Durchmischen gleichzeitig etwas Durchkneten.

Für die Gewürzsoße die Karotten und die Ingwerwurzel fein in eine Schüssel reiben. Den Lauch und den Rucola schneiden, Salz und Honig zufügen und mit den geschnittenen Huflattichblättern vermischen. Lagenweise in ein sauberes Schraubverschlussglas stampfen bis genug Flüssigkeit ausgetreten ist und über das Fermentiergut steht. Mit einem großen Blatt abdecken, beschweren und das Glas verschließen. Zwei Tage in der Küche stehen lassen, damit die Gärprozesse in Gang kommen, danach kühl und dunkel fermentieren lassen. Nach drei bis vier Wochen ist das Ferment für den Genuss fertig, kann aber bei kühlen Verhältnissen bis über ein halbes Jahr gelagert werden.

Nach acht Monaten Lagerzeit war der Geruch säuerlich, die fermentierten Huflattichblätter bissfest, aber in der Mischung mit den Gewürzen bekömmlich und kann in großer Menge gegessen werden. Die Farbe der Gewürze bleibt erhalten dies schließt auf wenig Gerbsäuregehalt in den Huflattichblättern.

Auf Blinis angerichtet mit einer pikanten Joghurtsoße gegessen, schmeckt das fermentierte Huflattichblätterferment mild und bekömmlich. Werden Zwiebeln anstelle von Lauch mitfermentiert, bekommen diese eine glasige Konsistenz, zusätzlich entsteht ein Aroma ähnlich dem Russenkraut und ist mit gebratenem Fleisch gut kombinierbar. Aber auch mit Reis, Kartoffeln und Getreide entstehen köstliche Gerichte.

Junge Huflattichblätter in Salzwasser fermentiert
(*Tussilago farfara*)

Zutaten für ein 500-ml-Glas: 60 junge Huflattichblätter, 300 ml Wasser, 6 g Salz

Zubereitung:

Huflattichblätter möglichst jung und nicht von sonnigen Standorten ernten. Die Blattstiele entfernen, waschen und gut abtropfen lassen. Je sechs Blätter übereinanderlegen, einrollen und mit einem Zwirn zusammenbinden. Die Rollen dicht in ein sauberes Glas stellen. Das Salz im Wasser auflösen, das Glas damit auffüllen, sodass die Blätter bedeckt sind. Eine Press-down-Scheibe darüberlegen, ein Gewicht daraufgeben und das Glas verschließen. Zwei Tage in der Küche oder einem warmen Raum stehen lassen, dann kühl und bis zur Fermentreife dunkel lagern.

Ebenso wie die Weinblätter lassen sich Huflattichblätter (links oben) fermentieren und verwenden.

Nach sechs Monaten haben wir das Glas mit den fermentierten Huflattichen geöffnet. Der erste Geruchseindruck war streng und herb. Die Blattform ist gut erhalten, dadurch zum Einrollen bzw. Umhüllen von verschiedenen Frucht- oder Gemüsestiften geeignet, wie Avocado- und eingelegte Schwarzwurzelstücke. Die Blätter sind etwas filzig, fest im Biss, mit einem leicht moosigen Geschmack. Fein geschnitten sind die Blätter für Salate geeignet, die zusätzlich mit Blütengelee, Marmeladeresten oder Honig abgeschmeckt werden können, dazu passt Käse.

Kleinere Huflattichblätter einzeln auflegen, einen Teelöffel Topfencreme, mit Dille gewürzt, daraufsetzen und darüber Streifen eines marinierten Herings anbringen.

Schwarzwurzelblätter mit einer Gewürzmischung fermentiert
(*Scorzonera hispanica*)

Zutaten für ein 1000-ml-Glas:
400 g junge Schwarzwurzelblätter

Gewürzmischung:
3 Karotten, 3 cm einer Ingwerwurzel,
1 Zwiebel, 10 Knoblauchzehen,
5 getrocknete Tomaten, 5 Tropfen Chilisoße,
je nach Schärfe, 2 TL Honig,
5 g Salz

Zubereitung:
Saubere, junge Schwarzwurzelblätter in fünf Millimeter Streifen schneiden. Die Karotten und die Ingwer-Wurzel fein reiben und in eine Schüssel geben. Die Zwiebel und Knoblauchzehen schälen

und fein schneiden, ebenso die getrockneten Tomaten fein schneiden, mit den restlichen Gewürzen zu den Karotten geben und gut vermischen. Eine dünne Schicht geschnittener Schwarzwurzelblätter in ein Schraubverschlussglas füllen, eine ebenso dünne Lage von der Gewürzmischung darüber geben und fest hineindrücken. Mit den Blätterstreifen fortfahren und alternierend Schicht für Schicht gut hineindrücken, bis die Blätter und die Gewürzmischung schichtweise im Glas sind und etwas Flüssigkeit, die sich durch das Hineindrücken bildet, darübersteht. Mit ein paar große Blätter abdecken, eine Tonscheibe darüberlegen und mit einem Gewicht beschweren. Den Schraubdeckel aufsetzen und leicht zudrehen. Zwei Tage in der warmen Küche stehen lassen, damit die Gärung zum Anlaufen kommt, danach kühl und dunkel fermentieren lassen. Nach drei Wochen sind die Schwarzwurzelblätter fermentiert und können genossen oder längere Zeit als Vorrat für die kalte Jahreszeit gelagert werden.

Nach vier Wochen haben wir die fermentierten Schwarzwurzelblätter das erste Mal verkostet: Der Geruch war sehr angenehm würzig bis leicht säuerlich. Die Konsistenz der Blätter war überraschend bissfest, gut durchgezogen und anregend gewürzt. Wir genossen das Ferment als Vorspeise, anstelle von Salat und mischten es mit frischgekochtem, lauwarmem Gemüse.

Giersch mit Sellerie und Lauch fermentiert
(*Aegopodium podagraria*)

Zutaten für ein 750-ml-Glas:
200 g Gierschblätter, 180 g Sellerie oder Stangensellerie, 180 g Lauch, 6 g Salz

Zubereitung:
Die jungen Gierschblätter mitsamt den Stielen waschen, trockenschleudern und schneiden. Die geschälte Sellerie fein reiben und den Lauch fein schneiden. Alle Zutaten gut miteinander vermischen und schichtweise in ein Glas drücken oder stampfen, bis Flüssigkeit übersteht. Mit einem Deckel abdecken und einem Stein oder kleinem Glas beschweren. Das Glas mit dem Deckel verschließen und zwei Tage in einer warmen Umgebung stehen lassen, damit der Fermentationsprozess startet. Anschließend das Glas kühl und dunkel stellen. Nach drei Wochen ist das Sauergemüse bereits fertig, geschlossen kann es bis zu einem Jahr weiter reifen.

Dieses „Giersch-Sauerkraut" ist vom Geruch und Geschmack sehr einladend. Es besitzt eine angenehme Säure, die Gierschblätter sind saftig und weich, sie profitieren von den Gewürzen und sind angenehm zu essen.

Als kleine Vorspeise, als Beilage oder Salat mit ein paar Tropfen Öl gemischt, ist das Ferment zu servieren. Auch als Mahlzeit mit Butterbrot schmeckt das intensive Ferment sehr gut.

Die kulturfolgende Pflanze Giersch vermehrt sich gut auf anthropogen beeinflussten Standorten.
Früher säuerte man die gestielten Blätter wie Sauerkraut ein.

Fermentierte Gierschblätter mit Karotten
(*Aegopodium podagraria*)

Zutaten für ein 700-ml-Glas:
5 Handvoll junge Gierschblätter (ca. 150 g), 300 g Karotten,
1 Zwiebel, Zesten von einer halben Orange, Saft von einer Orange,
1 EL Ingwer, gerieben, 1 TL Chili, 4 g Salz

Zubereitung:
Junge Gierschblätter waschen, trockenschleudern und schneiden. Die Karotten grob reiben, die Zwiebel fein schneiden. Alle Zutaten gut miteinander vermischen und lagenweise in ein Einweckglas drücken oder stampfen, solange bis Flüssigkeit übersteht. Mit einer Glasscheibe abdecken und einem Stein beschweren. Das Glas mit dem Schraubdeckel verschließen und eine Nacht in einer warmen Umgebung stehen lassen damit der Gärprozess starten kann. Anschließend das Glas kühl und dunkel gären lassen. Nach drei Wochen ist das fermentierte Giersch-Karottengemüse fertig und kann genossen werden.

Nach vier Monaten roch das Ferment beim Öffnen säuerlich nach Orangenschale. Die gesamte Mischung war vom Aroma und Geschmack sehr angenehm. Die Orange brachte mit den Karotten eine exotische Komponente hinein. Mit der Orangenschale sparsam umgehen, erwischt man zu viel, drängt sich ein bitterer Geschmack auf. Die Karotten bringen Süße wie auch eine ansprechende Farbe in die überwiegend olivgrüne Gierschmasse.

Dieses Ferment eignet sich pur und in Mischung mit Gemüse für Vorspeisen und für Salate, mit Obst ebenso für Nachspeisen verwendbar. Wem das Ferment zu herb erscheint, kann mit Honig vorsichtig abmildern.

Fermentierte Gierschblätter mit Gurke
(*Aegopodium podagraria*)

Zutaten:
6 Handvoll Gierschblätter (ca. 170 g), 320 g Gurke (1 kleinere),
5 Knoblauchzehen, 1 Messerspitze Zitronenschale, 1 EL Ingwer, 5 g Salz

Zubereitung:
Junge Gierschblätter waschen, trocken schleudern und schneiden. Die Gurke in Stifte hobeln, die Knoblauchzehen schälen und fein schneiden. Die angegebenen Zutaten gut miteinander vermischen und lagenweise in ein Einweckglas drücken oder stampfen, bis genug Flüssigkeit übersteht. Mit Baumblättern abdecken und einem Stein beschweren. Das Glas mit dem Deckel verschließen und eine Nacht in einem warmen Raum stehen lassen, damit der Fermentationsprozess starten kann. Anschließend das Glas kühl und dunkel lagern. Nach drei Wochen ist das Giersch-Gurken-Ferment für den Genuss fertig. Geschlossen kann es gekühlt bis zu einem Jahr gelagert werden.

Nach vier Monaten der Lagerung haben wir das fermentierte Giersch-Gurken-Gemüse geöffnet. Ein leicht säuerlicher Geruch entwich beim Öffnen des Deckels und beim Entnehmen der fermentierten Gemüsemischung. Beim Essen war eine angenehme Schärfe zu spüren, wobei die Schärfe und die Säure in Kombination mit gerösteten Mandeln ausgeglichen waren. Dazu kochten wir noch Reis, und das schnelle Mittagessen war fertig.

Giersch harmoniert beim Fermentieren mit Kulturgemüse wie Karotten, Sellerie, Radieschen oder Zucchini hervorragend. Mit Kartoffeln ist diese Gartenpflanze besonders gut geeignet, wenn man in das Ferment zusätzlich etwas frischen, feingehackten Giersch untermischt.

Fermentierte Gierschblätter mit Zucchini
(*Aegopodium podagraria, Cucurbita pepo*)

Zutaten für ein 1000-ml-Glas: 250 g Giersch (ca. 10 Handvoll), 250 g Zucchini, 250 g Lauch, 3 Knoblauchzehen, 3 cm einer Krenwurzel, 1 TL Honig, 7 g Salz

Zubereitung:
Junge Gierschblätter waschen, trockenschleudern und schneiden. Die Zucchini in Stifte hobeln, den Lauch und die Knoblauchzehen fein schneiden, die Krenwurzel fein reiben. Alle Zutaten gut miteinander vermischen und lagenweise in ein Glas drücken oder stampfen, bis Flüssigkeit übersteht. Mit einer Glasscheibe abdecken und beschweren. Das Glas mit dem Schraubdeckel ver-

schließen und zwei Nächte in einer warmen Umgebung stehen lassen, damit der Fermentationsprozess startet.

Anschließend das Glas kühl und dunkel gären lassen. Nach drei Wochen ist das fermentierte Giersch-Zucchinigemüse fertig und kann genossen werden.

Nach einer fünfmonatigen Lagerzeit war der Geruch angenehm lauchartig; die Flüssigkeit mit einem hellen Niederschlag versehen. Der Geschmack war sehr sauer, etwas seifig, da die Wachse der Kutikula bei zu langer Lagerung verseifen. Der Giersch war für seine Zartheit doch knackig im Biss und gut zu essen.

Den sauren Geschmack haben wir durch Zugabe von süßsauer eingelegten roten Paprika abgemildert und zu fein geschnittenen marinierten Rindfleischsalat gegessen. Als Mischsalat mit Wildobstsoßen, Kompott oder süßsauer eingelegten Vogelbeeren leicht gesüßt und Weißbrot dazu gereicht, ergibt das Ferment eine erfrischende Mahlzeit. Ausreichend natürliche Süße, welche die Säure ausgleicht, kommt in das Fermentierte, wenn es eine Nacht mit Dörrobst angesetzt wurde.

Rucola mit einer Gewürzmischung fermentiert
(*Diplotaxis tenuifolia, Eruca sativa*)

Zutaten für ein 500-ml-Glas: 5 Bund Rucola, 3 g Salz

Gewürzmischung:
1 Karotte, 3 Radieschen, 1 cm Ingwerwurzel, 1 Zwiebel, 5 Tropfen Chilisoße, 1 TL Honig, 2 g Salz

Zubereitung:
Der Begriff „Rucula" steht im Volksgebrauch für mehrere Pflanzen: für die Garten-Senfrauke (*Eruca sativa*), für die Schmalblättrige Doppelrauke (*Diplotaxis tenuifolia*) oder Mauer-Doppelrauke (*Diplotaxis muralis*). Von diesen Arten sind die nach Rucola schmeckenden Blätter in ähnlicher Weise zu verwenden.

Die jung geernteten Rucolablätter waschen, gut abtropfen lassen und mit dem Salz mischen. Für die Gewürzmischung die Karotte, Radieschen und die Ingwerwurzel fein reiben. Die Zwiebel klein schneiden, Chilisoße, Honig und Salz zufügen und gut durchmischen. Die Rucolablätter im Glas außen rundherum anordnen, innen die Gewürzmischung einfüllen und gut hineinstampfen. Schicht für Schicht einfüllen und festdrücken, bis Flüssigkeit über das Gemüse steht. Ungefähr drei Zentimeter unter dem Glasrand abschließen, mit einer Keramikscheibe abdecken, dann beschweren und mit dem Deckel verschließen. Zwei Tage in der warmen Küche stehen lassen, damit die Fermentierung in Gang kommt. Kontrollieren, ob genug Flüssigkeit über das Gemüse steht, wenn nicht, zwei bis drei Esslöffel Salzwasser zufügen, danach kühl und dunkel lagern. Nach drei Wochen ist der fermentierte Rucola fertig und kann genossen werden. Oder man behält das Ferment als abwechslungsreichen Vorrat für den Winter auf, wobei darauf zu achten ist, dass ständig genug Flüssigkeit darübersteht.

Nach achtmonatiger Lagerung haben wir unser Glas geöffnet. Das fermentierte Rucolagemüse hatte einen anregenden, gut säuerlichen Geruch, welcher etwas nach Zwiebel tönt. Die Farbkombination der gut erhaltenen, dunkelolivgrünen Blätter mit der Gewürzmischung ist sehr einladend. Die glasig gewordenen Blattstiele und die Blätter sind perfekt im Biss, angenehm zu kauen, währenddessen sich das typische Rucolaaroma entfaltet. Die fermentierten Blätter lassen sich auf dem Teller sehr kreativ anordnen. Sie können am Teller problemlos geschnitten werden. Der Salzgehalt ist gut dosiert und das Ferment hat eine gut verträgliche Schärfe.

Rucola ist ideal zum Fermentieren, da das Blatt die Form behält, saftig bleibt und sein typisches Aroma mit der Säure gut harmoniert. Mit frischem Paprika schmeckt es sehr erfrischend und bekömmlich zu Gemüsereis oder frisch gekochten Kartoffeln.

Hauhechelferment
(*Ononis spinosa*)

Zutaten für ein 500-ml-Glas: 150 g Hauhechelblätter und junge Triebspitzen, 150 g Radieschen, 1 mittlere Zwiebel, 3 g Salz

Zubereitung:
Die jungen sehr zarten und sich leicht harzig anfühlenden Hauhechelblätter ernten wir von gealterten Weiden. Wir lassen die Blätter ganz. Auch zupfen wir die unbedornten Triebspitzen ab. Die Radieschen grob reiben, die Zwiebel fein schneiden. Alle Zutaten gut miteinander vermischen und lagenweise in ein Glas drücken, bis etwas Flüssigkeit darübersteht. Mit einer Holz- oder Glasscheibe abdecken und beschweren. Das Glas mit dem Schraubdeckel verschließen und zwei Tage in einer warmen Umgebung stehen lassen damit die Fermentation in Gang kommt. Anschließend das Glas kühl und dunkel stellen. Nach drei Wochen ist das Hauhechelferment gereift und kann genossen werden.

Anstelle von Radieschen können Karotten oder Sellerie mit Hauhechel fermentiert werden. Nach dreimonatiger Lagerung hatte das Ferment einen säuerlichen Geruch, es war fest im Biss und hatte interessante Aromakomponenten. Der säuerliche Geschmack ist ganz leicht nach Paprika gehend. Es lässt sich angenehm essen und ist als Vorspeise oder für Mischsalate bestens geeignet. Aber auch mit gekochten Karotten, Sellerie und Kartoffeln harmoniert dieses Ferment.

Bergbaldrianferment
(*Valeriana montana*)

Zutaten für ein 500-ml-Glas: 300 g Bergbaldrianblätter, 2 bis 3 g Salz

Zubereitung:
Das folgende Rezept gilt z.B. auch für den Großen Baldrian (*Valeriana officinalis*), von denen ebenfalls die Blätter und jungen Triebe fermentiert werden können. Werden die Blätter dieses Baldrians in der Blütezeit gesammelt, werden die Fermente stark bitter.

Ausschließlich junge, zarte Bergbaldrianblätter auswählen, diese fein schneiden und mit dem Salz vermischen. Lagenweise in ein Schraubverschluss-Glas drücken, bis etwas Flüssigkeit darübersteht. Mit einer Scheibe abdecken und beschweren. Das Glas mit dem Schraubdeckel verschließen und zwei Tage in einer warmen Umgebung stehen lassen, damit der Fermentationsprozess gut beginnt. Anschließend das Glas kühl und dunkel stellen. Nach drei Wochen ist das Bergbaldrianferment fertig und kann schon genossen werden.

Nach vier Monaten holten wir ein Glas davon aus dem Keller und öffneten es. Der erste Geruch war unverkennbar, eindeutig nach Valeriansäure mit einer leichten Säure. Nach dem Entnehmen, aus dem Glas, entwickelte sich eine dichte, balsamische Duftkombination, ähnlich dem Patschuli. Dieses Ferment ergibt mit einem süß-, säuerlichen, feinwürfelig geschnittenen Apfel gemischt und mit ein paar Nüssen und wenigen Tropfen Hanföl versetzt, ein sinnliches Gericht.

Werden die Bergbaldrianblätter im Sommer geerntet und im Ganzen fermentiert sind sie aufgrund der Zähigkeit intensiver zu kauen. Deshalb empfehlen wir diese vor dem Servieren fein zu schneiden und je nach Belieben unterzumischen. Junge Blätter können ohne weiteres im Ganzen serviert und genossen werden.

Das Wikingerferment mit Rosenwurz

(*Rhodiola rosea*)

Zutaten für ein 700-ml-Glas: 500 g Rosenwurzblätter und junge Triebe, 4 g Salz

Zubereitung:
Die jungen saftigen Rosenwurzblätter und -triebe entnehmen. Die größeren Blätter und Triebe schneiden, kleinere können ganz bleiben. Mit dem Salz vermischen und schichtweise in ein Einweckglas drücken, bis Flüssigkeit austritt. Mit einer Glasscheibe abdecken und beschweren. Das Glas mit dem Schraubdeckel verschließen und zwei Tage in eine warme Umgebung stellen, damit der Gärprozess in Gang kommt. Anschließend das Glas kühl und dunkel stellen. Nach drei Wochen ist das Wikingerferment für den Genuss tauglich.

Während der dreimonatigen Reifezeit entwickelte das Rosenwurzferment einen zitronenartigen Geruch, der beim Öffnen des Glases im Raum stand. Wobei beim Riechen und Kauen der süßlich schmeckenden Rosenwurzblätter ätherische Rosenaromen vorhanden waren. Das pure Ferment, mit seiner gelblichen Flüssigkeit, ist leicht herb und etwas zusammenziehend. Die geschnittenen fermentierten Blätter eignen sich hervorragend zum Mischen mit in Butter gedünstetem Gemüse, für pikante Salate und besonders für Obstsalate. Mit frischen Birnen, Äpfeln, orangen Cocktailtomaten und anderen Obstarten gemischt und etwas Honig gesüßt, schmeckt das Rosenwurzferment nach tropischen Früchten oder leicht nach Mango. Solch kreative Salatvariationen sind sehr empfehlenswert. Besonders interessant ist eine Obstsalatkombination mit halbierten Walnüssen, auf die man eine geringe Menge geschnittenes Rosenwurzferment gibt. Vorzüglich in Kombination mit Rohkostsalate geeignet.

Die im Juni geernteten Blätter werden beim Fermentieren schon zäh. Die Kompaktheit der Blätter spiegelt den extremen Standort, mit Fels, Stein und Schotter, auf dem die Pflanze gedeiht, wider. Deshalb ist eine Fermentation zum frühestmöglichen Zeitpunkt anzustreben.

Die nahe verwandte Gruppe der Fetthennen und Mauerpfefferarten (*Sedum maximum* bzw. *Hylotelephium telephium, Sedum rupestre, Sedum album, Sedum acre,* …) lieferte uns wahrlich interessante Fermente, trocken wie nass fermentiert.

„Sauerkraut" aus Alpen-Ampferblättern
(*Rumex alpinus*)

Zutaten für ein 1000-ml-Glas: 800 g junge Alpen-Ampferblätter, 6 g Salz

Zubereitung:
Alpen-Ampferblätter stehen in großen Mengen zur Verfügung. Sie sind schnell gesammelt und verarbeitet. Schon vor 30 Jahren experimentierten wir mit den Blättern der großblättrigen Ampferarten auch der Talwiesen. Mittlerweile besteht dazu eine Fülle von Erfahrungen, welche wir hier in Form eines Rezeptes anführen möchten:

Die sauber gesammelten, frisch ausgewachsenen Alpen-Ampferblätter sind eine Minute in kochend heißem Wasser zu blanchieren, abzuseihen, in kaltem Wasser abzuschrecken. Anschließend drückt man sie aus. Mehrere Blätter werden übereinandergelegt und in ca. Zentimeter breite Streifen geschnitten. Die Streifen in eine größere Schüssel geben, das Salz darüber streuen und gut durchmischen. Eine dünne Lage Blätterstreifen in ein sauberes Drahtbügelverschlussglas geben, mit der Faust stampfen oder mit einem Stampfer gut hineindrücken, die nächste Lage Blätter darübergeben und wieder stampfen. So weiter machen, bis alle Blätter dicht in das Glas gestampft sind und etwas Flüssigkeit darübersteht. Es sind ca. drei Zentimeter zum oberen Glasrand frei zu lassen. Ein paar große Blätter zum Abdecken verwenden, gut beschweren und mit dem Deckel verschließen. Zwei Tage in der warmen Küche stehen lassen, damit die Fermentierung in Gang kommt. Kontrollieren ob genug Flüssigkeit über das Fermentiergut steht, wenn nicht, zwei bis drei Esslöffel Salzwasser zufügen, danach kühl und dunkel lagern. Nach vier bis fünf Wochen ist das Gärgut fertig und kann genossen oder als abwechslungsreiche Kost für den Winter bevorratet werden. Bei längerer Lagerung ist darauf zu achten, dass das Alpen-Ampfer-Sauerkraut ständig mit Flüssigkeit bedeckt ist. Die längste Lagerung dauerte bei uns vier Jahre und das Ferment hatte immer noch einen annehmbaren Geschmack.

Nach sieben Monaten haben wir das erste Glas des fermentierten Alpen-Ampfer-Sauerkrauts geöffnet. Obwohl der Ampfer auf nährstoffreichen oder stark gedüngten Plätzen vorkommt, entwickelten sich keine starken Gerüche. Trotz langer Lagerzeit entwickelten die Ampferblätter keine Säure. Sie schmecken wunderbar gut, sind keineswegs bitter, weich im Biss und besitzen eine leicht schleimige Konsistenz. Sie haben keine Fasern, lassen sich gut schneiden und können in großen Mengen gegessen werden.

Ein Salat lässt sich mit wenigen Tropfen Essig, Kürbiskernöl und Zwiebeln anrichten. Eventuell ist etwas Honig darüberzugeben und zu frisch gekochten Kartoffeln genießen. Das Kürbiskernöl frischt die olivgrüne Farbe auf.

Wie Sauerkraut gekocht, mit gerösteten Zwiebeln und einer Einbrenn gebunden, haben wir die fermentierten Alpen-Ampferblätter, wie zu Großmutters Zeiten, mit Holzknecht-Nocken oder Knödeln gegessen. Wir waren glückselig mit diesen Aromen und der „experimentellen Archäologie" endliche praktische Kenntnisse über die Verwertung einer einstigen Gemüsepflanze zu erhalten, wozu wir aus der Schweiz wertvolle Anregungen erfuhren (vgl. BROCKMANN-JEROSCH, H. 1921). Verschiedene einzelne oder in Kombination eingesetzte Gewürze, wie Kümmel, Koriander, Dill, Estragon, Lauch, Kirsch- oder Ulmenblätter, Pfefferminze, Thymian oder Oregano erwirkten eigene geschmackliche Aromen und Aufwertungen.

Weidenröschenblätter-Sauerkraut
(*Epilobium angustifolium*)

Zutaten für ein 500-ml-Glas: 300 g Weidenröschenblätter, 3 g Salz

Zubereitung:
Junge Weidenröschenblätter sauber sammeln, eine Minute in kochend heißem Wasser blanchieren, abseihen, in kaltem Wasser abschrecken und ausdrücken.

Die Blätter in eine Schüssel geben, das Salz darüberstreuen und gut durchmischen. Eine dünne Lage Blätter in ein sauberes Schraubverschlussglas geben, mit der Faust gut hineindrücken oder stampfen, die nächste dünne Lage Blätter darübergeben und wieder stampfen. So weiter, bis alle Blätter dicht in das Glas gestampft sind und etwas Flüssigkeit darübersteht. Ca. drei Zentimeter zum oberen Glasrand freilassen. Eine Holzscheibe zum Abdecken darüberlegen, gut beschweren und mit dem Schraubdeckel verschließen. Zwei Tage in der warmen Küche stehen lassen, damit der Fermentationsbeginn gefördert wird. Kontrollieren, ob genug Flüssigkeit über das Fermentiergut steht, wenn nicht, zwei bis drei Esslöffel Salzwasser zufügen, danach kühl und dunkel lagern.

Die Weidenröschen-Sauerblätter werden durch die Beigabe von Öl bekömmlicher.

Nach vier bis fünf Wochen ist das Weidenröschen-Sauerkraut fertig und kann genossen oder als abwechslungsreicher Wintervorrat sehr lange gelagert werden, wobei darauf zu achten ist, dass die Sauerblätter ständig mit Flüssigkeit bedeckt sind.

Nach achtmonatiger Lagerzeit haben wir das Glas mit den Weidenröschen-Sauerblättern geöffnet. Ein Geruch nach Medizin und Weidenröschen tritt aus dem Glas. Beim Herausnehmen ziehen sich schleimige Fäden. Trotzdem sehen die hellolivgrünen Blätter sehr appetitlich aus, sind mild, haben wenig Säure und schmecken typisch nach Weidenröschen. Pur sind sie etwas kratzig im Hals, mit Sonnenblumenöl oder Kartoffeln gemischt ist das Kratzige nicht mehr wahrnehmbar.

Als Salat mit gehobelten Kohlrabi- oder Kürbisstreifen (z.B. Longue de Nice), fein geschnittenen roten Zwiebelstücken, Sonnenblumenöl und ein paar Tropfen gesüßter Weißweinessig, zu frisch gebratenen Kartoffelspalten, auf ein blanchiertes Kohlblatt angerichtet, stellen wertvolle Nahrungskombinationen dar.

Wesentlich ist, dass junge Blätter gesammelt werden. Die Weidenröschenblätter können vor dem Fermentieren, aber auch vor dem Servieren geschnitten werden. Eine weitere Möglichkeit wäre, die ganzen oder geschnittenen blanchierten Blätter mit einer Gewürzmischung gemischt zu fermentieren.

Trotz Fermentation bleibt das typische Kapuzinerkressearoma gut erhalten.

Fermentierte Kapuzinerkresseblätter und -blüten
(*Tropaeolum majus*)

Zutaten für ein 300-ml-Glas: 4 Handvoll Kapuzinerkresseblätter, 3 Handvoll Kapuzinerkresseblüten, 100 g Lauch, 4 cm Krenwurzel, 4 g Salz

Zubereitung:
Kapuzinerkresseblätter und -blüten sauber sammeln und in fünf Millimeter breite Streifen schneiden. Den gewaschenen Lauch fein schneiden und die Krenwurzel fein reiben. Alle Zutaten gut miteinander vermischen und Lage für Lage in ein sauberes Schraubverschlussglas stampfen, stampfen bis etwas Flüssigkeit darübersteht. Ca. drei Zentimeter zum oberen Glasrand frei las-

sen. Eine Scheibe zum Abdecken darüberlegen, gut beschweren und mit dem Deckel verschließen. Zwei Tage in der warmen Küche stehen lassen, damit die Fermentierung in Gang kommt. Kontrollieren, ob genug Flüssigkeit über das Fermentiergut steht, wenn nicht, zwei bis drei Esslöffel Salzwasser zufügen, danach kühl und dunkel lagern. Nach vier bis fünf Wochen ist das Ferment fertig und kann genossen oder als abwechslungsreicher Wintervorrat bis zu einem Jahr, gelagert werden, wobei darauf zu achten ist, dass das fermentierte Blattgemüse ständig mit Flüssigkeit bedeckt ist.

Nach sechseinhalb Monaten Lagerzeit haben wir das Glas mit dem Kapuzinerkresseferment geöffnet. Vorerst steigt ein unbeschreiblicher Duft aus dem Glas, bei konzentriertem Riechen ist das Kapuzinerkressearoma voll erfassbar. Wenig Fermentierflüssigkeit ist im Glas verblieben, diese wurde von den Blättern aufgesaugt. Durch die orangen Farbakzente der Blütenstreifen, ist die fermentierte Kapuzinerkressemischung optisch sehr ansprechend. Das Ferment ist von bissfester, gut knackiger Konsistenz mit einem unerwartet fruchtigen Aroma. Der geriebene Kren hebt das Aroma der Kapuzinerkresse, das Laucharoma bleibt im Hintergrund. Weder die Schärfe des Krens noch die der Kapuzinerkresse ist zu spüren.

Diese wunderbar gut gelungene Fermentmischung gehört zu unserem Favoritenkreis. Als appetitanregende Vorspeise, pur oder in Kombination mit in Butter gut angebratenem Lauch, schmeckt das Kapuzinerkresseferment vorzüglich. Zu gekochten Kartoffeln, Reis oder Getreide als Mittagessen haben wir dieses vorzügliche Ferment relativ rasch verspeist.

Fermentierte Malvenblätter mit Stockrosenblüten
(*Malva sylvestris, Malva verticillata, Alcea rosea*)

Zutaten für ein 300-ml-Glas:
16 große, junge Malvenblätter, 16 Stockrosenblüten, feste, saure Nektarine, 5 bis 10 Weinrauteblätter (je nach Geschmack), 5 Knoblauchzehen, 4 g Salz

Zubereitung:
Die Spinatmalven- oder andere Malvenblätter und Stockrosenblüten sauber sammeln. Von den Stockrosenblüten die Blütenblätter herunterziehen und mit den Malvenblättern in feine Streifen schneiden. Die Nektarine in kleine

Die schleimige Konsistenz dieses Ferments schmeichelt dem Magen.

Würfel schneiden. Die Weinrauteblätter und die geschälten Knoblauchzehen fein schneiden. Alle Zutaten gut miteinander vermischen und Lage für Lage in ein sauberes Schraubverschlussglas stampfen, bis etwas Flüssigkeit darübersteht. Ca. drei Zentimeter zum oberen Glasrand frei lassen. Mit einem großen Malvenblatt abdecken, eventuell eine Press-down-Scheibe darüberlegen, gut beschweren und mit dem Schraubdeckel verschließen. Zwei Tage in der warmen Küche stehen lassen, damit die Fermentierung in Gang kommt. Kontrollieren, ob genug Flüssigkeit über das Fermentiergemüse steht, wenn nicht, zwei bis drei Esslöffel Salzwasser zufügen, danach in kühlen und verdunkelten Räumen lagern. Nach vier bis fünf Wochen ist das Ferment essfertig. Oder man lagert es ein gutes halbes Jahr weiter, wobei darauf zu achten ist, dass das fermentierte Blattgemüse ständig mit Flüssigkeit bedeckt bleibt.

Nach einer sechsmonatigen Lagerzeit haben wir das Glas mit dem Malvenferment geöffnet. Ein Geruch nach fermentiertem Knoblauch und leichter Säure entweicht dem Glas. Das Ferment ist von schleimiger, weicher Konsistenz, wobei der Knoblauch bissfest ist. Es ist als sehr bekömmlich zu werten, mit einem senfähnlichen Aroma und einem Kokosaroma im Nachgeschmack.

Das Rezept stellt ein ideales Mischverhältnis dar, rund und harmonisch im Geschmack, sehr gut gelungen, obwohl die Blüten nicht sichtbar sind. Das dem Magen sehr wohltuende Fermentprodukt harmoniert wunderbar mit in Dampf gekochtem und anschließend in Butter gut angebratenem Kohl. Besonders delikat schmecken die leicht süßlichen, angebratenen Strünke von Kohl und Kraut zu fermentierten Malven. Aber auch zu gekochten Kartoffeln, Reis oder Getreide und sonstigem Gemüse. Noch ein Tipp: Ein Glas ist zu wenig!

Fermentierte Nachtkerzenblätter mit Mairübe und Chinakohl
(*Oenothera biennis*)

Zutaten für ein 750-ml-Glas:
4 Handvoll junge Nachtkerzenblätter, 1 Mai- oder Herbstrübe mit Blättern, 6 Chinakohlblätter, 1 Apfel, mittelgroß; 5 Knoblauchzehen, 2 cm Ingwerwurzel, ½ TL Kümmel, 1 TL Schabzigerklee, 2 TL Chili, 8 g Salz

Das Mischferment mit
Nachtkerzenblättern, Mairüben
und Chinakohl bleibt in der Konsistenz
saftig und schmeckt anregend.

Zubereitung:
Die jungen Nachtkerzenblätter sauber sammeln, wenn notwendig waschen und in feine Streifen schneiden. Die gewaschenen Chinakohlblätter, den Apfel und die geschälten Knoblauchzehen schneiden. Die Ingwerwurzel fein reiben. Alle Zutaten gut miteinander vermischen und Lage für Lage in ein sauberes Rex-Glas stampfen, so lange, bis etwas Flüssigkeit darübersteht. Mindestens drei Zentimeter zum oberen Glasrand frei lassen. Eine Scheibe zum Abdecken darüberlegen, gut beschweren und mit dem Deckel verschließen. Zwei Tage in der warmen Küche stehen lassen, damit die Fermentierung in Gang kommt. Kontrollieren, ob genug Flüssigkeit über das zu fermentierende Gemüse steht, wenn nicht, zwei bis drei Esslöffel Salzwasser zufügen, danach kühl und dunkel lagern. Nach vier Wochen ist das Ferment fertig und kann genossen, oder als abwechslungsreicher Wintervorrat, kühl bis zu acht Monate, gelagert werden. Wobei darauf zu achten ist, dass das fermentierte Blattgemüse ständig mit Flüssigkeit bedeckt ist.

Nach einer viermonatigen Reifezeit haben wir das Glas mit den fermentierten Nachtkerzenblättern geöffnet. Ein säurebetonter Geruch ähnlich dem würzigen Schabzigerklee-Aroma strömt aus dem Glas. Die Nachtkerzen-Blätter sind saftig und leicht schleimig, das restliche Gemüse ist von gut knackiger bissfester Konsistenz mit einer anregenden Schärfe.

Diese wunderbar gut gelungene Fermentmischung ist als appetitanregende Vorspeise mit Sonnenblumenkernen oder Walnüssen angereichert ein Gewinn. Als Fülle für Roggene Blattln oder in Kombination mit Bratkartoffeln, Reis oder Getreide als Hauptmahlzeit geeignet.

Fermentierte Radieschen mit den Blättern der Gundelrebe
(*Raphanus sativus, Glechoma hederacea*)

Zutaten für ein 750-ml-Glas:
3 Handvoll junge Gundelrebeblätter, 2 Bund Radieschen mit Blättern, 10 cm Lauch, 1 cm Ingwerwurzel, 1 TL Chili, 6 g Salz

Zubereitung:
Die jungen Gundelrebeblätter sauber sammeln, nur wenn notwendig waschen, trockenschleudern und in feine Streifen schneiden. Ebenso die gewaschenen Radieschen, Radieschenblätter und den Lauch nach Belieben schneiden. Die Ingwerwurzel fein reiben. Alle Zutaten gut miteinander vermischen und Lage für Lage in ein sauberes Schraubglas stampfen, so lange, bis etwas Flüssigkeit darübersteht. Mindestens zwei Fingerbreit nach oben bleiben frei, damit die sich ausdehnende Flüssigkeit während der Gärung Platz findet, ohne überzulaufen. Eine Holzscheibe zum Abdecken darüberlegen, gut beschweren und mit dem Schraubdeckel verschließen. Zwei Tage in der warmen Küche stehen lassen, damit die Fermentierung in Gang kommt. Kontrollieren, ob genug Flüssigkeit über das zu fermentierende Gemüse steht, wenn nicht, zwei bis drei Esslöffel Salzwasser zufügen, danach kühl und dunkel lagern.

Nach vier Wochen ist das Ferment fertig und kann verzehrt werden. Das Glas kann ebenso als abwechslungsreicher Vorrat kühl bis zu sieben Monate gelagert werden, wobei darauf zu achten ist, dass das fermentierte Gemüse ständig mit Flüssigkeit bedeckt bleibt.

Nach siebenmonatiger Lagerung ist die Fermentmischung im Geruch und im Geschmack sehr sauer und scharf. Mit Sonnenblumenöl angereichert, wird das fermentierte Gemüse jedoch abgemildert und ist angenehm zu essen. Die Gundelrebe- und Radieschenblätter sind von weicher, nicht faseriger Konsistenz, die der Radieschen ist gut knackig.

Das Ferment auf gerösteten Bauern- oder Weißbrotscheiben angerichtet ergibt eine erfrischende Zwischenmahlzeit. Ideal eingesetzt sind diese Fermentaromen in unterschiedlichsten Mischsalaten.

Rezepte – Fermentierte Blätter

Die Blätter des Weißen Gänsefußes mit Roten Ribiseln fermentiert
(*Chenopodium album* subsp.)

Zutaten für ein 750-ml-Glas:
4 Handvoll junge Blätter des
Weißen Gänsefußes, 100 g Rote Ribiseln,
feste Früchte (Johannisbeere), 10 cm Lauch,
1 TL Schwarzkümmel, 1 TL Chili, 6 g Salz

Zubereitung:
Die jungen Gänsefußblätter sauber sammeln und in Streifen schneiden. Den gewaschenen Lauch fein schneiden. Alle Zutaten gut miteinander vermischen und in ein sauberes Schraubglas drücken. Mindestens zwei Fingerbreit bleiben nach oben frei, damit die sich ausdehnende Flüssigkeit während der Gärung Platz hat. Eine Scheibe zum Abdecken darüberlegen, gut beschweren und mit dem Deckel verschließen. Zwei Tage in der warmen Küche stehen lassen, damit die Fermentierung in Gang kommt. Kontrollieren, ob genug Flüssigkeit über das zu fermentierende Gemüse steht, wenn dies nicht der Fall ist, sind zwei bis drei **Esslöffel** Salzwasser hinzuzufügen. Danach ist das Glas kühl und dunkel zu lagern. Das Ferment ist nach vier Wochen für die Esstauglichkeit fertig. Es kann aber auch als Vorrat kühl bis zu drei Monaten gelagert werden.

Nach maximal vier Monaten soll das Gänsefuß-Ribiselferment aufgebraucht werden, da die Konsistenz immer weicher wird. Das Sauergemüse hat einen ausgeprägt pikanten Geruch und Geschmack, welcher mit

Gebratenes Gemüse (wie z.B. Gurke) harmoniert hervorragend mit Fermentbeigaben.

Sonnenblumenöl beträufelt, abgemildert wird. Die auftretenden Ribiselkerne stören beim Essen nicht, diese sind wertvolle Ballaststoffe für den Darm.

Auch andere essbare Gänsefußarten können für die Fermentation herangezogen werden. Die jungen Gänsefuß- oder Meldeblätter können mit Salz und Gewürzen wie Kümmel, Pfeffer, Estragon, Dille, Wacholderbeeren gemischt oder mit geraspelten Äpfeln wie Sauerkraut eingestampft werden. Wobei darauf zu achten ist, dass keine Hohlräume bleiben, da dort der Schimmel entstehen kann.

Mit einer Gewürzmischung fermentierte Topinamburblätter
(*Helianthus tuberosus*)

Zutaten für ein 750-ml-Glas: 40 Topinamburblätter, 4 g Salz, 150 ml Wasser

Gewürzmischung:
250 g Bierrettich, 1 cm Ingwerwurzel, 150 g Lauch, 5 Knoblauchzehen, 1 Chilischote, 2 EL Paprikapulver, 1 TL Honig, 3 g Salz

Zubereitung:
Die jungen Topinamburblätter sind bereits Ende Mai bis Anfang Juni, nachdem sich die Blätter entfaltet haben, ohne Stiele sauber zu sammeln. Das Salz im kalten Wasser auflösen und die Blätter eine Stunde in das Salzwasser legen.

Die Kraut- oder Grubenkrautrouladen sind gefüllt mit fermentierten Topinamburblättern und gekochten Kartoffelscheiben.

Für die Gewürzmischung den gewaschenen Bierrettich und die Ingwerwurzel fein reiben. Den gewaschenen Lauch, die geschälten Knoblauchzehen und die geputzte Chilischote fein schneiden und mit den restlichen Zutaten gut vermischen.

    Die Topinamburblätter gut abtropfen lassen, jedes Blatt mit ein wenig Gewürzmischung bestreichen und in ein sauberes Glas drücken, so fest, bis etwas Flüssigkeit darübersteht. Mindestens zwei Fingerbreit zur Glasöffnung bleiben frei, damit die sich ausdehnende Flüssigkeit während der Garung Platz findet. Einige große Blätter zum Abdecken darüberlegen, gut beschweren und mit dem Deckel verschließen. Zwei Tage in der warmen Küche stehen lassen, damit die Fermentierung in Gang kommt. Kontrollieren, ob genug Flüssigkeit über die zu fermentierenden Blätter steht, wenn nicht, zwei bis drei Esslöffel Salzwasser zufügen, danach kühl und dunkel lagern. Nach vier Wochen sind die fermentierten Topinamburblätter fertig und können zum Verspeisen aufgetischt werden. Sie lassen sich gut bis zu zwölf Monate lagern. Wobei darauf zu achten ist, dass die fermentierten Blätter ständig mit Flüssigkeit bedeckt sind und es kühl haben.

Die fermentierten Topinamburblätter hatten einen erfrischenden, säuerlichen Geruch, sie sahen mit der Gewürzmischung sehr appetitlich aus. Die jungen Blätter waren zart in ihrer Konsistenz und harmonisch mit den Gewürzen. Die älteren waren fester im Biss und etwas herber, jedoch zum Fermentieren geeignet.

Wir kombinieren sie mit gut reifem Obst, wobei die Süße des Obstes mit den säuerlichen und herben Blättern gut harmoniert. Gleichfalls eignet sich eine süße Soße oder stark reduzierter Apfelsaft zum Ausgleichen von Säure und Herbheit. In den Blättern eingerollter Schafweichkäse oder ein klebender warmer Gemüsereis stellen weitere tolle Varianten dar. Auch zum Jausnen als Beikost gut geeignet.

Topinamburblätter mit Gurken fermentiert
(*Helianthus tuberosus*)

Zutaten für ein 750-ml-Glas:
140 g Topinamburblätter, 180 g Gurken, 1 cm Ingwerwurzel, 1 Zwiebel, 3 Knoblauchzehen, 3 – 4 Tropfen Chili, 4 bis 5 g Salz

Zubereitung:
Die jungen Topinamburblätter ohne Stiele sauber sammeln und fein schneiden. Die Gurken und die Ingwerwurzel fein reiben. Die Zwiebel und Knoblauchzehen schälen und fein schneiden. Mit den restlichen Zutaten gut vermischen, danach in ein Schraubverschlussglas so fest hineindrücken, sodass etwas Flüssigkeit über der Fermentiermasse steht. Mindestens zwei Fingerbreit nach oben bleiben frei, damit die sich ausdehnende Flüssigkeit während der Gärung Platz bekommt. Eine Holzscheibe zum Abdecken darüberlegen, gut

Geschnittene und zu einem Ferment zubereitete Topinamburblätter dienen als Salat.

beschweren und mit dem Schraubdeckel verschließen. Etwa zwei Tage in der warmen Küche stehen lassen, damit die Fermentierung in Gang kommt, danach kühl und dunkel lagern. Nach vier Wochen ist das Topinambur-Blätterferment fertig und kann genossen werden. Man kann es noch nachreifen lassen und damit einen Vorrat anlegen, welcher kühl bis zu zehn Monate zu lagern ist. Dabei ist immer darauf zu achten, dass genug Fermentierflüssigkeit über das Gemüse steht.

Nach einer elfmonatigen Fermentierzeit ist das olivgrün gewordene Topinambur-Sauergemüse der langen Lagerzeit entsprechend säuerlich, durch ein Aroma nach Topinamburknollen charakterisiert und fest im Biss. In Kombination mit frischen Gurkenscheiben schmeckt es sehr gut und ist bekömmlich für die Verdauung.

Die Süße von gut ausgereiften und angebratenen Tomaten oder Kürbisscheiben mildert intensivere Fermente ebenfalls ab. Sehr gut finden wir die Kombination mit Getreidereis, Rollgerste, Reis und Buchweizen.

Eichenblätter im Naturzustand und rechts im Bild als „Sauerblätter" fermentiert.

Fermentierte Baumblätter und „Sauerblätter"

Wenn man heute die Landwirte verschiedener Regionen fragt, warum an markanten Stellen der weiten Landschaft oder um die Höfe bestimmte Bäume stehen, und welchen Nutzungen diese unterzogen werden, oder ob sie wüssten, welchen Gebräuchen sie einst unterstanden, so erfährt man über die Laubnutzungen selten etwas. Das zusammengerechte Falllaub dient heute nur mehr selten als Einstreu oder Tierfutter, sondern wird zumeist in einem Wald, auf Ruderalstandorte oder Kompostplätze entsorgt. Die Bäume und Hecken stellen lästig gewordene Landschaftselemente dar, welche „Müll" und einen unnötigen Pflegeaufwand erzeugen. In den Rentabilitätsrechnungen der landwirtschaftlichen Betriebe stellen Landschaftsgehölze Störfaktoren dar.

Die Bäume dienten früher für Werkholz- und Futterlaubnutzungen. Sie hatten auch Bedeutungen als Windschutz und Schattenspender oder markierten Grundstücksgrenzen. Manche Altbauern wussten das noch. Doch über die Baumwassergewinnung, die Speiselaubnutzung und „Sauerblattnutzung" wie bei der Sauerkrautbereitung wusste niemand mehr Bescheid. Dieses Wissen haben wir in mühevoller Kleinarbeit in den letzten Jahrzehnten zu rekonstruieren versucht.

In Erweiterung zur Herstellung der „Baumblattmehle" aus Baumblättern zur Streckung und Würzung der Nahrung haben wir uns mit deren Fermentation auseinandergesetzt. Der Duft und „Geschmack der Baum-Blätter" (s. MACHATSCHEK, MAUTHNER 2016) für sich gibt schon sehr viel her. Doch eine einfache Mahlzeit mit fermentierten Baumblättern hat unserer Meinung nach eine höherstehende Qualität. Damit ist die tägliche Versorgung

Blätter der Vogelkirsche sind fermentiert ein Gedicht.

mit den notwendigen Vitaminen, Mineralstoffen, Spurenelementen und Ballaststoffen verbessert, wenn man solche Fermente geschickt mit anderen Gemüse- und Obstarten kombiniert und damit pikante und süße Speisen bereichert.

Von folgenden Bäumen sind die Blätter zum Fermentieren geeignet:

Eichen (*Quercus robus, Qu. petraea* u.a.): Sobald die Blätter fertig entfaltet sind, und bevor sie die volle Kutikula ausbilden und sich versteifen, sind sie zur Fermentation geeignet. Die Blätter sind im Ganzen gut zu fermentieren und eignen sich gut für Röllchen, Salate und mehr. Sie sind auch nach der Fermentation pulverisiert verwendbar und geben ein sehr würziges Aroma mit Anklängen an Walnüsse her.

Vogelkirsche (*Prunus avium* u.a.): Die jungen Blätter, voll entfaltete und auch jene vom Sommer entwickeln durch den Fermentationsprozess ein delikates Amarettoaroma. Auch als würzender Bestandteil sind zerkleinerte Blätter in anderen Fermenten eine Bereicherung.

Traubenkirsche (*Prunus padus*): Die herben Blätter besitzen ebenfalls das cyanogene Glykosid Amygdalin und schmecken deshalb sehr herbbitter und intensiv nach Amaretto. Sie entwickeln bei der Fermentation ein typisches Kirscharoma und trotz der Blausäure verwenden wir diese in geringen Mengen kulinarisch.

Blätter von Feld- und Flatter-Ulme, Berg-Ahorn, und Maulbeer- und Zürgelbaum (unten).

Flatter- und Feld-Ulme (*Ulmus laevis, U. minor*): Diese sehr dekorativen Blätter sind bis November sammel- und fermentierbar. Ganze Blätter verwenden wir zum Einwickeln von Reis, Pasten und Gemüse. Das Pulver aus fermentierten Blättern ist ein Gedicht und vielfältig einsetzbar.

Berg-Ulme (*Ulmus glabra*): Die Blätter sind stärker behaart und ausschließlich in Form von Pulvern in Fermentationsprozesse eingebunden zu berücksichtigen. Oder sie werden nach der Fermentation getrocknet und pulverisiert. Die Blätter aller Ulmen dienen uns als wertvolle Mineralstofflieferanten.

Berg-Ahorn (*Acer pseudoplatanus*): Berg-Ahornblätter sind geschnitten, als Sauerkraut, oder ganz in Salzwasser eingelegt, hervorragend zum Fermentieren geeignet. Die Blätter schmecken mild bis nussig, bleiben fest im Biss und werden nicht zäh.

Feld-Ahorn (*Acer campestre*): Die Möglichkeiten, diese Blätter zu fermentieren, bestehen vom Frühling bis zum Spätsommer. Die Ganzblattfermente, die Mischfermente und die pulverisierten Fermente bieten uns eine bereichernde Gestaltung der Speisen und erweitern die Aromen.

Junge Blätter von Rotbuche und Wein ergeben brauchbare „Sauerblätter".

Sommer- und Winter-Linde (*Tilia platyphyllos*, *T. cordata* u.a.): Die fermentierten Lindenblätter sehen sehr dekorativ aus. Sie sind schleimig und zart im Biss, behalten ihre typische Form und lassen sich kreativ in der Küche einsetzen. Der weiche Habitus eignet sich besonders für eingerollte Appetithäppchen.

Maulbeerbaum (*Morus* spec.): Junge Blätter und jene bis zur Entfaltung eignen sich für Ganzblattfermente und zerkleinert in die Fermente eingebunden. Auch als Pulver geben die Fermente geschmacklich eine Basis für Nahrungskombinationen her.

Zürgelbaum (*Celtis australis*): Besitzt ein sehr mildes und zartes Blatt und lässt sich bis zum Laubfall, solange es grün ist, ernten und in Fermenten als ganzes Blatt und in Mischungen verwerten. Die schöne Blattform, die Bekömmlichkeit und der zarte Charakter ermöglichen dekorative Einsatzmöglichkeiten.

Rotbuche (*Fagus sylvatica*): Ausschließlich junge Blätter dienen der Fermentation mit Gemüse oder anderen Wildpflanzen gemischt. Die Blätter dienen als Streckmittel in Fermenten, geben aber unmittelbar nur sehr säuerliche Blätter her. Die Blattfermente pulverisiert verlieren das Säuerliche.

Wein (*Vitis vinifera*): Die Blätter sind jung oder bis vor der vollen Entfaltung zu ernten und im Ganzen oder zerkleinert für Speisen nutzbar. Sie bekommen durch die Fermentation ein angenehm säuerliches Aroma mit leichtem Weingeschmack im Abgang.

Hopfen (*Humulus lupulus*): Auch wenn die Blätter schön und dekorativ aussehen und rau sind, haben wir trotzdem Fermentationsversuche angestrengt. Bislang haben wir allerdings beileibe nur „bittere Erfahrungen" gemacht. Vielleicht liegt da noch mehr drin.

Fichte (*Picea abies*): Die jungen Triebe im Mai lassen sich wunderbar fermentieren und stellen geschmacklich eine sehr wertvolle Bereicherung und Kombinationsmöglichkeit dar. Voll entfaltete, jedoch keine alte Nadeln, denn die enthalten zu viele Harzstoffe, können fein zerkleinert in Fermenten als Würze dienen.

Aromatische Fichtensprossen

Feld-Ahorn natur

Wacholder- (*Juniperus communis*) und **Zirbennadeln** (*Arve, Pinus cembra*): Die jungen Triebe und jungen Nadeln lassen sich bei der Fermentation zerkleinert und als Pulver in geringen Mengen zum Würzen einsetzen. Verwendet man zu viel davon, kommt es zu herben und unangenehm schmeckenden Verseifungsprozessen.

Die hier genannten Blätter im Ganzen oder geschnitten fermentiert und gut getrocknet, lassen sich in Gläsern gut lagern und für den unmittelbaren Gebrauch pulverisieren. Die hergestellten „Baumblätter-Pulver" beeindrucken als „Würzmehle" im Geschmack und Geruch und bieten viele Möglichkeiten des Einsatzes bei der Speisenbereitung und -ausfertigung. Sie sollten jedoch nicht erhitzt werden.

Geeignete Sammelstandorte von Baumblättern

Schattige Standorte sind idealer zum Sammeln geeignet. Der Sonne abgewendete Astpartien und die Innenblätter in der Krone oder im Heckenkern liefern weniger herbes Laub. Der zweite Blattschub der sogenannten Johannisblätter ist im jungen Zustand ebenso verwendbar.

Zur Ernte der Blätter besteht ein kleines Zeitfenster: Ihre Konsistenz darf nicht zu weich, aber auch nicht zu fest sein. Von zu jungen bzw. weichen Blättern wird die Beschaffenheit des Fermentiergutes patzig. Zu feste Blätter enthalten einen hohen Faseranteil und schwerverdauliche unechte Fette und Wachse in der Kutikula der Blattaußenschicht. Die geeignete Konsistenz muss aus der Erfahrung hergeleitet werden.

Weitere Umgangsempfehlungen

Das Beschweren oder Niederdrücken soll durch schmale Gläser erfolgen, damit rundherum genug Flüssigkeit Platz hat. Die fermentierten Baumblätter saugen, nachdem der Gärprozess abgeschlossen ist, den durch das Salz und durch das Stampfen ausgetretenen Zellsaft wieder auf. Sie nehmen relativ viel Flüssigkeit auf, weshalb unbedingt nach drei Wochen kontrolliert werden soll, ob noch ein Fingerbreit Flüssigkeit über das Fermentiergut steht. Wenn der Überstand der Flüssigkeit fehlt, ist dieser durch Salzwasser zu ergänzen. Läuft während des Gärprozesses Flüssigkeit über und wird diese nicht ersetzt, entsteht tendenziell ein trockener Blattcharakter, und in vielen Fällen setzt sich ein Schimmel an.

Fermentierte Baumblätter eignen sich zum Einrollen von Speisen wie Reis, Getreide, Hirse, Fleisch und Gemüse, welche kalt gegessen werden. Restblätter können in kreativster Weise zu Mischsalaten verarbeitet werden. Als raffinierte Brotauflage für pikante Zwischenmahlzeiten eignen sie sich ebenso. Sie können getrocknet und zu Pulver gerieben werden, so geben sie ein Misoaroma. Die Abdeckblätter, die übrig bleiben, werden als essbare Unterlage für verschiedene Aufstriche oder rohes Gemüse verwendet.

Werden fermentierte Baumblätter z.B. mit einer Gewürzmischung zum Einrollen belegt, so empfiehlt es sich, mehrere Blätter der Längsseite nach versetzt aufzulegen, sie zu belegen und einzurollen. Durch diese Handhabung werden beim Schneiden nach der Fermentation optimal die meisten Blattnerven der eingerollten Blätter durchgeschnitten.

Berg-Ahorn-Sauerkraut mit oder ohne Gewürzen
(*Acer pseudoplatanus*)

Zutaten für ein 1200-ml-Glas: 700 g junge Berg-Ahornblätter, 5 g Salz

Gewürzmischung für gewürztes Baumblättersauerkraut: 2 Zwiebeln, 10 Knoblauchzehen, 4 cm Krenwurzel, 1 TL Kümmel und Senfkörner, 1 Handvoll Kresse, 5 Tropfen Chili, 2 g Salz

Zubereitung:
Junge Berg-Ahornblätter sammeln und die Blattstiele entfernen. Mehrere Blätter übereinanderlegen, zusammenrollen und gegen die Blattnerven zwei bis drei Millimeter breite Streifen schneiden. Auffällig starke Blattnerven herausnehmen. Mit Salz bestreuen und durchkneten. Für die Gewürzmischung die Zwiebeln und Knoblauchzehen schälen und fein schneiden, Krenwurzel reiben, Kümmel und Senfkörner zerstoßen, Kresse schneiden, Chili sowie Salz zufügen und alles mischen. Nach einer Stunde die geschnittenen Blätter mit der Gewürzmischung gut durchmischen und Lage für Lage in Behälter stampfen, bis etwas Flüssigkeit übersteht. Mit einigen großen Blättern abdecken, beschweren und verschließen. Zwei Tage in der warmen Küche ste-

hen lassen, damit die Gärung in Gang kommt. Wichtig ist die Kontrolle, ob genug Flüssigkeit über das Fermentiergut steht, wenn nicht, ein paar Esslöffel Salzwasser zufügen, danach kühl und dunkel lagern. Nach ca. vier bis fünf Wochen ist das fermentierte Berg-Ahorn-Sauerkraut für den Genuss fertig, kann aber locker ein Jahr und länger gelagert werden.

Kresse kann mit Bitterem Schaumkraut, Barbarakresse oder Sumpfkresse variiert werden. Wenn schon Radieschenblätter im Garten wachsen, können sie geschnitten dem Berg-Ahorn-Sauerkraut zugefügt werden. Anstelle von geriebenem Kren kann ein Stück Ingwerwurzel gerieben oder fein geschnitten werden.

Berg-Ahorn-Sauerkraut schmeckt pur ausgezeichnet, typisch nach Berg-Ahorn, nussig und bleibt fest im Biss. Mit ein paar Tropfen Öl nach Wahl verfeinert zu einem Kartoffelgröstl gereicht, ergibt eine bekömmliche Mahlzeit. Als Salat, mit wenig Essig, einem hochwertigen Öl und eventuell Zwiebel oder Lauch gemischt, zu Getreide, Reis und Fleischgerichten gegessen. Ein mit getrockneten Tomaten, Ingwer und Lauch gewürztes, mit wenigen Tropfen Walnussöl versehenes Ferment zu einem Butterbrot genossen, stellt eine köstliche und vollwertige Mahlzeit dar.

In gleicher Weise kann ein Sauerkraut aus den Blättern des Feld-Ahorns (*Acer campestre*) hergestellt werden. Diese Baumart wurde früher als „Mascholder" oder „Massholder" bezeichnet, da der alte, heute nicht mehr gebräuchliche Begriff „Mass" für Sauerkraut stand.

Berg-Ahornblätter mit Bärlauch fermentiert
(*Acer pseudoplatanus, Allium ursinum*)

Zutaten für ein 440-ml-Glas:
120 g junge Berg-Ahornblätter, 120 Bärlauchblätter, 60 g Karotten, 3 g Salz

Zubereitung für zwei Variationen:
Junge Berg-Ahornblätter sammeln und die Blattstiele entfernen. Mehrere Blätter übereinanderlegen, zusammenrollen und zwei bis drei Millimeter breite Streifen gegen die Blattnerven schneiden. Auffällig starke Blattnerven herausnehmen. Mit Salz bestreuen und durchkneten.

Bei der Variante mit Gewürzmischung den Bärlauch fein schneiden und die Karotten fein reiben. Nach einer Stunde die geschnittenen Blätter mit den

Baumblätterfermente eignen sich als würzige Salate zu getoasteten Broten.

restlichen Zutaten gut durchmischen und schichtweise in das Glas stampfen, bis etwas Flüssigkeit übersteht. Mit einigen großen Ahornblättern abdecken, beschweren und verschließen. Zwei Tage in der warmen Küche stehen lassen, damit die Gärung in Gang kommt. Wichtig ist die Kontrolle, ob genug Flüssigkeit über das Fermentiergut steht, wenn nicht, sind ein paar Esslöffel Salzwasser hinzuzufügen, danach kühl und dunkel lagern. Nach ca. drei Wochen ist das Ferment für den Genuss fertig, kann aber ein halbes Jahr gelagert werden.

Ebenfalls funktioniert die folgende Variante, bei welcher die geschnittenen Blätter kurz blanchiert, danach abgekühlt, ausgedrückt und mit wenig Salz bestreut in Gläsern oder Holzbehältnissen eingestampft werden.

Nach einer sechsmonatigen Lagerzeit hatte das Blätterferment einen sehr angenehmen, süßlichen Geruch entwickelt. Die Konsistenz war zart und weich. Pur war es etwas herb, leicht salzig, aber keineswegs sauer.

Unsere spezielle Empfehlung ist ein pures oder mit Kürbiskernöl beträufeltes Ferment. Walnussöl harmoniert ebenso gut. Mit eingelegten marinierten Zucchini oder Karotten kann es gemischt werden.

Rezepte – Fermentierte Baumblätter und „Sauerblätter"

Berg-Ahorn-Sauerblätter gerollt in Salzwasser
(*Acer pseudoplatanus*)

Zutaten für ein 300-ml-Glas: 60 Berg-Ahornblätter, 250 ml Wasser, 4 g Salz

Zubereitung:
Die Berg-Ahornblätter eine Minute in kochendem Wasser blanchieren, herausheben und in kaltem Wasser abschrecken. Jeweils sechs bis acht Blätter übereinanderlegen, eng einrollen und zusammenbinden. Die Röllchen in ein sauberes Schraubverschlussglas stellen, das Salz im Wasser auflösen und über die Röllchen gießen. Eine Press-down-Scheibe darüberlegen und verschließen. Zwei Tage in der warmen Küche stehen lassen, damit die Gärung beginnen kann. Dann kühl und dunkel gestellt fermentieren lassen. Nach fünf Wochen

sind die Blätter für den Genuss fertig, können jedoch über ein halbes Jahr gelagert werden.

Nach sechs Monaten Lagerzeit sind die Berg-Ahornblätter gut erhalten. Es bildet sich ein typischer nussiger Geruch nach Ahornblättern, (wie im Herbst Ahornblätter riechen). Die Blätter sind angenehm zu essen, bissfest, aber nicht zäh. Sie sind einfach zum Füllen mit Buchweizen, Tofu, Gemüsereis oder Topfencreme zu handhaben. Mit Essig beträufelt oder in eine Gewürzsoße getunkt, munden die Röllchen vorzüglich.

Feld-Ahorn-Sauerkraut mit Sellerie
(*Acer campestre*)

Zutaten für ein 440-ml-Glas: 100 g junge Feld-Ahornblätter, 100 g Sellerie, 60 g Lauch, 3 g Salz

Zubereitung:
Junge Feld-Ahornblätter sammeln und, wenn notwendig, sind die Blattstiele zu entfernen. Mehrere Blätter übereinanderlegen, zusammenrollen und gegen die Blattnerven in zwei bis drei Millimeter breite Streifen schneiden. Auffällig starke Blattnerven herausnehmen. Mit Salz bestreuen, durchkneten und ruhen lassen. Die Sellerie fein reiben und den Lauch fein schneiden. Nach einer Stunde die geschnittenen Blätter mit den restlichen Zutaten gut durchmischen und schichtweise in das Glas stampfen, bis die Flüssigkeit einen

Zentimeter übersteht. Mit einigen großen Blättern abdecken, beschweren und verschließen. Damit die Gärung in Gang kommt, das Glas zwei Tage in der warmen Küche stehen lassen. Wichtig ist die Kontrolle, ob genug Flüssigkeit über das Fermentiergut steht, um immer wieder einige Esslöffel Salzwasser hinzuzufügen. Danach sind die Gläser in kühlen und dunklen Räumen oder Schränken zu lagern. Nach ca. vier Wochen ist das Ferment für den Genuss grundsätzlich fertig, kann allerdings gut ein ganzes Jahr lang bevorratet werden.

Nach einer sechsmonatigen Fermentierzeit roch die olivgelbe Blättermischung nach guter Silage. Sie war zart im Biss, gut zu essen und schmeckte wie Sauerkraut. Sie passt gut zu Obst wie Birnen, Pfirsiche, Marillen und Pflaumen, eventuell mit ein paar Tropfen Öl gemischt. Auch zu Salaten oder Käse kann sie gereicht werden. Werden die Blätter jung geerntet, sind sie leicht schleimig, sind sie zu alt, werden sie trocken. Das Feld-Ahorn-Sauerkraut schmeckt auch mit einer scharfen Chilisoße interessant.

Fermentierte Eichenblätter
(*Quercus robus, Qu. petraea*)

Zutaten für ein 1000-ml-Glas: 500 g junge Eichenblätter, 4 g Salz

Zubereitung:
Junge Eichenblätter Mitte Mai sammeln und die Blattstiele entfernen. Eine dünne Lage der ganzbleibenden Blätter in ein sauberes Schraubverschlussglas geben, etwas Salz darüberstreuen, die nächste dünne Lage Blätter darübergeben und immer fest stampfen, bis sich Flüssigkeit bildet, wieder etwas Salz einstreuen, dann eine Blätterlage, und so weiter und immer zwischendurch stampfen. Einfüllen, bis alle Blätter dicht in das Glas gestampft sind. Ein paar große Blätter zum Abdecken verwenden, gut beschweren und mit dem Schraubdeckel verschließen. Ein bis zwei Tage in der warmen Küche stehen lassen, damit die Fermentierung in Gang kommt. Kontrollieren, ob genug Flüssigkeit über das Fermentiergut steht. Gegebenenfalls sind zwei bis drei Esslöffel Salzwasser zuzufügen, danach das Glas kühl und dunkel lagern. Nach vier bis fünf Wochen sind die Eichenblätter gut durchgezogen und können für Speisen aufbereitet werden. Freilich können die Blätter insgesamt als Vorrat für ein Jahr lang gelagert werden, wobei darauf zu achten ist, dass die Eichenblätter ständig mit Flüssigkeit bedeckt bleiben.

Nach sieben Monaten Lagerzeit haben wir den Behälter mit den fermentierten Eichen-Blättern für erste Essensversuche geöffnet. Die Blätter gelten im Allgemeinen als herb und bitter und werden heute nicht im Geringsten für Speisen in Erwägung gezogen. Doch wurden wir eines Besseren belehrt: Beim Aufmachen des Glases stieg uns ein typisches, unvergleichliches Eichenaroma in die Nase. Trotz langer Lagerzeit entwickelten die fermentierten Blätter wenig Säure, waren keineswegs bitter, sehr zart in ihrer Konsistenz und erfrischend im Geschmack. Wir waren völlig überrascht.

Die Sauerblätter der Eiche harmonieren u.a. mit Maroni und Schafkäse und wickeln auch die Menschen ein.

In einfacher Weise mit einigen Tropfen Walnussöl beträufelt, zu frisch gekochten Kartoffelknödeln gereicht, schmecken die fermentierten Eichenblätter sehr, sehr delikat.

Wir schnitten die zarten, goldgrün gewordenen Blätter in Streifen und mischten sie mit feingeschnittenen Äpfeln, die im Honig gewürztem Zitronensaft mariniert wurden, und beträufelten den Salat mit wenig Sonnenblumenöl. Das war eine sehr bereichernde Mahlzeit. Oder gekochte Kastanien in fermentierte Eichenblätter gewickelt, bieten mit Käse und Rotwein überraschende Geschmacksnuancen. Sie harmonieren auch mit Fleischgerichten. Weitere Kombinationsmöglichkeiten sind Kochfleisch, Rindfleischsalat, Räucherfisch, Schafkäse, Topfencreme, Sahne, fein geschnittener oder geriebener Apfel und freilich auch Avocado.

Berg-Ulmenblätter zu Sauerkraut fermentiert
(*Ulmus glabra, Ulmus campestre*)

Zutaten für ein 1200-ml-Glas: 700 g junge Berg-Ulmenblätter, 6 g Salz

Zubereitung:
Junge Berg-Ulmenblätter Ende Mai bis Mitte Juni sammeln und die Blattstiele entfernen. Mehrere Blätter übereinanderlegen, zusammenrollen und gegen die Blattnerven möglichst feine Streifen schneiden. Auffällig starke Blattnerven herausnehmen, damit sie später beim Essen nicht stören. Mit Salz bestreuen und durchkneten. Nach einer Stunde Lage für Lage in ein Schraubverschlussglas stampfen, bis einen Fingerhoch Flüssigkeit übersteht, sonst etwas Salzwasser darübergeben. Mit einigen großen Blättern abdecken und beschweren. Den Deckel zudrehen und zwei Tage in einem warmen Raum stehen lassen, damit die Fermentationsprozesse angeleiert werden. Anschließend für die Reifefermentation kühl und dunkel stellen. Zwischendurch kontrollieren, ob genug Flüssigkeit über das Fermentiergut steht, sonst etwas Salzwasser darübergeben. Das Blätter-Sauerkraut vier bis fünf Wochen gären lassen, dann kann man es schon genießen.

Doch wir machen nebenher seit 15 Jahren auch Lagerversuche mit den Fermenten aus Baumblättern: Nach neunmonatiger Lagerzeit haben wir ein Glas mit dem Bergulmen-Sauerkraut geöffnet. Ein Geruch nach Miso mit Kognac- und Parfümaromen machte sich breit. Die golden schimmernden, dunkel olivgrünen, behaarten Blätter wirken sehr appetitlich wie einladend. Beim längeren Kauen entwickelt sich ein Weidenaroma mit einer feinen Malznote. Pur genossen stören die Härchen etwas, doch mit Öl und Essig vermischt werden sie weicher, sind aber trotzdem zu spüren. Wobei Joghurt mit einem höheren Fettgehalt (3,6 %) das Härchenproblem löst: Die fein geschnittenen

Das delikate Baumblätter-Sauerkraut ergibt mit Butterbrot, Gemüse oder Obst eine hochwertige Mahlzeit.

Blätterstreifen mit Lauch mischen, Joghurt unterheben und eine halbe Stunde ziehen lassen. Je nach Säuregehalt eventuell ein paar Tropfen Essig zufügen. Frischer Paprika oder sonstige gekochte Gemüsearten erweitern den Salat. Das Ulmen-Blätter-Sauerkraut bereichert andere Salate. Fermentiert man größere Mengen Blätter, dann sind mehrere kleine Gärtöpfe als Behälter bestens geeignet.

Mit Gewürzmischung gefüllte Flatter-Ulmenblätter
(*Ulmus laevis*)

Zutaten für ein 700-ml-Glas:
100 – 120 Flatter-Ulmenblätter, 2 TL Salz, ½ l Wasser

Gewürzmischung:
3 Bund Radieschen, 4 cm Ingwerwurzel, 20 Knoblauchzehen, 2 Zwiebeln, 20 Getrocknete Tomaten, 10 Tropfen Chilisoße, 3 g Salz

Zubereitung:

Die Flatter-Ulmenblätter sammeln wir je nach jahreszeitlicher Entwicklung Mitte Mai bis Anfang Juni, wenn sie noch weicher sind. Das Salz in Wasser auflösen und die entstielten Blätter eine Stunde einlegen, herausheben und gut abtropfen lassen. Für die Gewürzmischung die Radieschen und die Ingwerwurzel fein reiben, die Knoblauchzehen und die Zwiebeln schälen und fein hacken, die getrockneten Tomaten klein schneiden, die Chilisoße und das Salz zufügen und mit den übrigen Zutaten gut durchmischen.

Jeweils fünf Blätter übereinanderlegen, zwischen den einzelnen Blättern etwas Gewürzmischung verteilen, fest einrollen und in ein passendes Schraubverschlussglas Röllchen für Röllchen dicht nebeneinanderlegen. Jede Lage gut andrücken, zum Schluss vier bis fünf Esslöffel Salzlake darübergeben, mit großen Blättern abdecken und einen passenden Stein zum Beschweren darauflegen. Den Schraubdeckel aufsetzen und leicht andrehen. Einen Tag in der warmen Küche stehen lassen, damit die Gärung rasch beginnt, anschließend kühl und dunkel lagern. Nach fünf Wochen sind die Röllchen bereits durchfermentiert und für den Genuss tauglich. Bei weiterer Lagerung stets kontrollieren, ob genug Flüssigkeit vorhanden ist, da die Blätter nach dem Fermentierprozess Flüssigkeit aufsaugen. Wenn notwendig, etwas Salzwasser nachfüllen.

Zur Vorweihnachtszeit haben wir das Glas mit den fermentierten Ulmenblätter-Röllchen, die Ende Mai zubereitet wurden, geöffnet. Ein fein würziger Duft erfüllte nach dem Öffnen den Raum. Die Blätter schmeckten leicht säuerlich und hatten eine milde Schärfe angelegt, sie waren fest im Biss wie Sauerkraut mit einer leichten Zähigkeit.

Die Blätter spüren sich trocken an und saugen das Apfelessig-Hanföl-Dressing, welches wir über die geschnittenen Blattröllchen gegeben haben, in kurzer Zeit auf. Um die Blattnerven klein zu zerteilen, können die Blattröllchen mit einer glatten Messerschneide in sehr ansprechende Scheiben geschnitten werden, die in Kombination mit einem hartgekochten Ei und Butterbrot eine vollständige Mahlzeit ergeben. Erweiterungen mit Schnittkäse oder Hartkäse, Schinkenspeck, Carpaccio, aber auch nur mit frisch gekochten warmen Kartoffeln sind empfehlenswert. Die fermentierten Blätter eignen sich auch wunderbar gut für Mischsalate. Wurden die beigegebenen Tomaten beim Trocknen gesalzen, so ist für die Gewürzmischung kein zusätzliches Salz notwendig.

Die anfallenden Radieschenblätter können eigenständig fermentiert werden oder dem Berg-Ahorn-Sauerkraut beigemengt werden.

Fermentierte Kirschenblätter
(*Prunus avium* subsp.)

Zutaten für ein 580-ml-Glas:
150 g junge Kirschenblätter, 150 g Karotten, 2 – 3 g Salz

Zubereitung:
Junge Kirschenblätter sammeln und die Blattstiele entfernen. Mehrere Blätter übereinanderlegen, zusammenrollen und in zwei bis drei Millimeter breite Streifen schneiden. Die Blätter sind quer zu den Blattnerven zu schneiden, auffällig starke zentrale Blattnerven können herausgenommen werden. Mit Salz bestreuen und durchkneten. Die Karotten fein reiben, zu den geschnittenen Blättern geben und durchmischen. Lage für Lage in das Glas stampfen, eine Scheibe darüberlegen, bis etwas Flüssigkeit übersteht, dann mit einigen großen Blättern abdecken, einschweren und verschließen. Zwei Tage in der warmen Küche stehen lassen, damit die Fermentionsprozesse in Gang kommen. Wichtig ist die ständige Kontrolle des Flüssigkeitsstandes über dem Fermentiergut. Liegt dieser im Manko, so sind ein paar Esslöffel Salzwasser hinzuzufügen und danach das Glas kühl und dunkel zu lagern. Nach ca. vier Wochen ist das Ferment für den Genuss fertig, kann sofort genossen oder gut ein ganzes Jahr lang gelagert werden.

    Nach dreimonatiger Fermentierung hatten die Blätter ein schönes Olivgrün angenommen und verströmten einen angenehm säuerlichen Amarettogeruch. Die Konsistenz der geschnittenen Blätter war sehr zart und delikat im Aroma. Sie sind gut kombinierbar mit verschiedenen Ölen, gebratenem Reis, Tofu, Geflügel und Fisch und allerlei Gemüse. Besonders aromatisch werden die Salate und Obst damit gewürzt. Auch für Nachspeisen ist das Kirschen-Blätterferment geeignet, und wir haben meist zu wenig von diesem Ferment, von dem wir wegen der würzenden Funktion ohnehin unmittelbar nur geringe Mengen verzehren.

Maulbeerbaumblätter fermentiert
(*Morus alba*, *M. nigra*, *M. rubra*)

Zutaten für ein 1-Liter-Glas:
100 g junge Maulbeerblätter, 150 g Radieschen, 2 cm Ingwerwurzel, 2 Knoblauchzehen, 100 g Lauch, 5 Tropfen Chilisoße, 3 g Salz

Zubereitung:
Junge, gesunde Maulbeerbaumblätter vom ersten Aufwuchs sammeln. Die Blattstiele entfernen, mehrere Blätter übereinanderlegen, zusammenrollen und gegen die Blattnerven in ganz feine Streifen schneiden. Auffällig starke Blattnerven aussortieren. Die Radieschen und die Ingwerwurzel fein reiben, die Knoblauchzehen und den Lauch fein hacken, die Chilisoße mit dem Salz zufügen und mit den geschnittenen Blättern gut mischen. Lage für Lage in ein Bügelverschlussglas stampfen, bis einen Fingerhoch Flüssigkeit übersteht, sonst etwas Salzwasser darüber geben. Mit einigen großen Blättern abdecken, eine Scheibe darüber legen und beschweren. Den Deckel leicht verschließen und zwei Tage im warmen Raum stehen lassen, damit die Fermentation in den Gang kommt, anschließend kühl und dunkel lagern. Ab ca. vier Wochen sind die fermentierten Blätter für den Genuss tauglich. Bei weiterer Lagerung ist die Flüssigkeit zu kontrollieren, ob genug davon übersteht, da die Blätter nach dem Fermentierprozess ausgetretenes Fermentwasser aufsaugen. Es ist dann unbedingt etwas Salzwasser nachzufüllen, um die Schimmelbildung zu vermeiden.

    Nach sieben Monaten haben wir das Glas mit dem Maulbeerbaumferment für Kostzwecke das erste Mal geöffnet. Ein fein würziger, leicht parfümierter Duft stieg aus dem Glas. Die gut erhaltene olivgrüne Blattmasse hatte einen leicht säuerlichen Geschmack mit einem Anklang an Wein und Früchten. Das Ferment verzeichnete eine milde Schärfe und war fest im Biss. Selbst alte, fest fermentierte Blätter lassen sich gut durchkauen und zerkleinern, und es bleibt keine Faserkugel im Mund zurück. Wenn es möglich ist, sind Blattsorten mit geringer Behaarung zu verwenden.

Es eignet sich gut für Mischsalate mit gekochtem Getreide, Kartoffeln, frischem Paprika und Karotten. Ebenso harmonieren in sonniger Lage früh geerntete und in Streifen geschnittene junge Inkagurken anstelle von Radieschen mit Maulbeerbaumblättern als Ferment.

Mit getrockneten Maulbeerbaumblättern fermentierte Mairüben, ohne Salz
(*Morus alba, M. nigra, M. rubra, Broussonetia papyrifera*)

Zutaten für ein 1-Liter-Glas:
700 g Mairüben, 40 – 50 g getrocknete Maulbeerbaumblätter

Zubereitung:
Junge, gewaschene Mairüben in Stifte hobeln und lagenweise mit den grob zerkleinerten oder pulverisierten Maulbeereblättern (zwischen den Handflächen zerrieben) in ein Bügelverschlussglas stampfen, bis einen Fingerhoch Flüssigkeit übersteht, sonst etwas Wasser darübergeben. Mit einigen großen Blättern abdecken und beschweren. Den Schraubdeckel leicht zudrehen und zwei Tage in einem warmen Raum stehen lassen, damit die Gärung in Gang kommt, anschließend kühl und dunkel stellen. Nach vier Wochen ist die Fermentmischung für den Genuss fertig. Bei einer längeren Lagerung kontrollieren, ob genug Flüssigkeit vorhanden ist, da das Blätterpulver nach dem Fermentierprozess Flüssigkeit aufsaugt. Wenn notwendig, ist etwas Wasser nachzufüllen.

Ebenfalls versuchten wir eine ähnliche Zubereitung mit den jung geernteten Blättern des Papier-Maulbeerbaums (*Broussonetia papyrifera*), welche uns aus Myanmar mitgebracht wurden und mit den Blättern des Osagedorns oder Milchorangenbaums (*Maclura pomifera*), die wir aus Kroatien mitgenommen hatten.

Die Behälter mit Maulbeerbaumblättern gewürzten Rüben haben wir nach neun und zwölf Monaten geöffnet. Jeweils stieg ein säuerlicher Duft aus den Gläsern. Die gut erhaltenen Rübenstifte sind weich im Biss, das olivgrüne

Blätterpulver fühlt sich kompakt an und ist von einer leichten Herbheit getragen. Mit Blütengelees, Natursirup oder Honig gemischt wird das Herbe abgemildert. Eventuell ist das Ferment etwas zu salzen und mit gebratenen Apfelscheiben oder frischem Obst zu genießen. Es eignet sich gut für pikante Mischsalate oder einfach mit Lauch, etwas Öl und Salz zubereitet. Fermentierte Mairüben eignen sich als salzfreie Kost bei gesundheitlichen Problemen.

Lindenblätter-Sauerkraut mit einer Lauchgewürzmischung
(*Tilia* spec.)

Zutaten für ein 700-ml-Glas: 5 Handvoll Lindenblätter

Gewürzmischung:
1 Bund Rucola, 200 g Lauch, 1 cm Ingwerwurzel, 1 TL Honig, 7 g Salz

Zubereitung:
Beim sauberen Sammeln junger Lindenblätter können die Stiele belassen werden, bei späteren Sammelgängen sind die fester gewordenen Stiele allerdings zu entfernen. Für die Gewürzmischung den gewaschenen Rucola und Lauch fein schneiden, dann in eine Schüssel geben. Den Ingwer fein reiben, mit Honig und Salz zum Rucola-Lauchgemüse geben, gut durchmischen und eine Stunde ziehen lassen. Eine dünne Schicht Lindenblätter in ein sauberes Schraubverschlussglas geben, darüber eine dünne Lage Gewürzmischung verteilen, wieder eine Schicht Lindenblätter darüber legen und fest hineindrücken oder stampfen, bis die Flüssigkeit austritt. Unter ständigem Hineindrücken alle Zutaten in das Glas schichten. Wie bei jeder profunden Vorgangsweise soll über der letzten Blätterschicht etwas Flüssigkeit stehen. Ungefähr drei Zentimeter sind bis zur Glasöffnung für das Gewicht und den Gärprozess frei zu lassen. Mit einer Holzscheibe abdecken und beschweren. Den Schraubdeckel zudrehen und zwei Tage im warmen Raum stehen lassen, damit die Gärung in Gang kommt, anschließend kühl und dunkel stellen. Nach vier Wochen sind die fermentierten Lindenblätter für den Genuss fertig. Bei weiter Lagerung ist ständig zu kontrollieren, ob genug Flüssigkeit vorhanden ist, wenn notwendig, ist etwas Salzwasser nachzufüllen.

Der erste Geruchseindruck war gut säuerlich und leicht herb, als wir nach sieben Monaten das Glas mit den fermentierten Lindenblättern geöffnet hatten. Die goldgelb gewordenen Blätter waren fest im Griff und sahen überraschend dekorativ aus. Sie zerrissen nicht, ließen sich gut schneiden und essen.

Die ganzen Blätter setzten wir kreativ ein: z.B. zum Umhüllen von Frischkäsekugeln und gewürztem Topfen, oder zum Einrollen von Gemüsereis, Quittenkäse, gekochtem Obst oder Kompottfrüchten. Sie sind geeignet als Beigabe zu Carpaccio und werten sonstige kleine Zwischenmahlzeiten mit Vitaminen und Spurenelementen auf. Raffiniert lassen sich die fermentierten Blätter in belegte Brötchen einbauen, und geschnitten veredeln sie die unterschiedlichsten Salate.

Mit gekochten Kartoffeln, Käse-, Wurst- oder Butterbrot aßen wir das Lindenblätter-Sauerkraut als Hauptmahlzeit, welche aus geschnittenen Blättern herrührt. Wenn man das fertige Ferment mit fein geriebenen Karotten mischt, tritt beim Kauen der Geschmack des Lindenholzes hervor. Besonders empfehlenswert ist die Mischung mit Kompottobst für Desserts.

Fermentierte Lindenblätter mit Karotten
(*Tilia* spec.)

Zutaten für ein 700-ml-Glas:
250 g Lindenblätter, 250 g Karotten, 100 g Zwiebel, 5 g Salz

Zubereitung:
Junge Lindenblätter sind im Mai sauber zu sammeln. Gegebenenfalls sind festere Blattstiele zu entfernen. Mehrere Blätter übereinanderlegen und fein schneiden. Die Karotten fein reiben und die Zwiebeln fein schneiden. Alle Zutaten gut durchmischen und in ein sauberes Schraubverschlussglas hineindrücken oder gut einstampfen, bis Flüssigkeit entsteht. Ungefähr zwei Fingerbreit nach oben freilassen. Mit Holzspateln oder anderen Materialien abdecken und beschweren. Den Schraubdeckel zudrehen und, damit die Gärung in den Gang kommt, zwei Tage in der warmen Küche stehenlassen, anschließend kühl und dunkel stellen. Nach vier Wochen ist das Lindenblätter-Karottenferment für den Genuss fertig. Bei längerer Lagerung ständig kontrollieren, ob genug Flüssigkeit übersteht, wenn notwendig etwas Salzwasser nachfüllen.

Das frisch säuerliche Lindenblätterferment spürte sich beim Kauen im Mund angenehm mollig an und war durch die Karotten gut saftig. Die beiden Farben ergänzten sich und sahen sehr einladend aus. Durch die Milde konnte es in größeren Mengen gegessen werden. Es eignet sich mit ein paar Tropfen Öl als Vorspeise, als Zwischenmahlzeit oder anstelle von Salat zu verschiedenen Hauptgerichten serviert.

Rotbuchenblätter eignen sich auch für Fermente
(*Fagus sylvatica*)

Zutaten für ein 700-ml-Glas:
80 g Buchenblätter, 150 g Lauch, 100 g Karotten, 1 TL Erbsenstreulingpulver, ¼ TL Honig, 4 g Salz

Zubereitung:
Fermentiert kann man den Rotbuchenblättern mehr abgewinnen, als wenn man sie z.B. roh in Salaten einsetzt. Die Fermentationsprozesse erhöhen und erweitern den Geschmack, und in Kombination mit anderen Nahrungsmitteln entstehen entsprechend gute Speisen. Das hatten wir uns nicht erwartet. Zudem führen wir eine weitere Steigerung der Würzmöglichkeiten z.B. mit dem Pulver des „Böhmischen Trüffels" (Gemeiner Erbsenstreuling, *Pisolithus arhizus*) an.

Junge Buchenblätter werden durch Versäuerung geschmacklich aufgewertet. Wir stellten damit ein Gericht mit saftigem Obst und frisch geriebenem Erbsenstreuling zusammen.

Beim sauberen Sammeln der jungen, noch zarten Blätter entfernt man sofort die Stiele, damit man zu Hause nicht nacharbeiten braucht. Mehrere Blätter werden übereinandergelegt und quer zu den Fasern fein geschnitten. Den Lauch ebenfalls fein schneiden und die Karotten fein reiben. Alle Zutaten gut vermischen und in ein sauberes Schraubverschlussglas hineindrücken oder stampfen, bis sich Flüssigkeit bildet. Ungefähr zwei Fingerbreit nach oben frei lassen. Mit einer Scheibe abdecken und beschweren. Den Schraubdeckel zudrehen und zwei Tage bei Zimmertemperatur stehen lassen, damit die Gärung beginnt, anschließend kühl und dunkel lagern. Nach vier Wochen ist das Buchenblätterferment für den Genuss fertig. Bei längerer Lagerung ständig kontrollieren, ob genug Flüssigkeit vorhanden ist, wenn notwendig, ist mit etwas Salzwasser nachzufüllen.

Nach dreimonatiger Fermentierzeit hatten die Buchenblätter eine schöne, ansprechende gelbgrüne Farbe. Der Geruch war säuerlich, mit leichten Nuancen nach Blausäure, Tinte oder Buchenteer. Die Blätter waren zart und weich im Biss, aber säuerlich. Geschmacklich verleiht der pulverisierte Erbsenstreuling dem Baumblätterferment eine besondere Note.

In Kombination mit Birnen, Pfirsichen, Nektarinen, Melonen, Gurkenstiften oder etwas Honig wurde die Säure abgemildert, schmeckte fruchtig und war gut verträglich. Zusätzlich können Gerichte mit fermentierten Blättern mit einem guten Öl angereichert werden. Hier wäre u.a. ein gutes Hanf- oder Walnussöl zu empfehlen. In der Fermentzubereitung sind Buchenblätter ohne weiteres mit Pilzpulver kompatibel.

Junge Weinblätter in Salzwasser fermentiert
(*Vitis vinifera*)

Zutaten für ein 1-Liter-Glas: 60 junge Weinblätter, ½ l Wasser, 10 g Salz

Nach dem Fermentieren ganzer Weinblätter rollt man damit gekochten und gewürzten Reis ein.

Fermentierte Weinblätter, gefüllt mit Gemüse, Reis, Buchweizen oder Hirse stellen eine herrliche Beilage zu Forelle dar.

Zubereitung:
Jeweils sechs saubere und junge Weinblätter sind übereinanderzulegen, eng einzurollen und mit einem Faden zusammenzubinden. Die Röllchen in ein sauberes Glas stellen, das Salz im Wasser auflösen und über die Röllchen gießen. Eine Holzscheibe darüberlegen, welche mit dem Deckel niedergedrückt wird, und verschließen. Zwei Tage in einem warmen Raum stehen lassen, damit die Gärung beginnt. Anschließend kühl und dunkel stellen und fermentieren lassen. Nach fünf Wochen sind die Blätter für den Genuss fertig, sie können gut ein halbes Jahr gelagert werden.

Nach sechs Monaten Lagerzeit sind die Weinblätter gut erhalten, leicht zäh und geben beim Kauen ein weinartiges Aroma frei. Die großen Weinblätter bieten eine einfache Möglichkeit sie mit gewürzten Kräuter- oder Gemüse-Reis zu füllen. Diese werden mit Zitronensaft oder Essig und etwas Hanföl beträufelt und genossen. Diese Fermentblätter eignen sich auch mit Käse gefüllt oder eingerollt und in Scheiben geschnitten als Brötchenauflage eines Buffets.

Fichtentriebe fermentiert (*Picea abies*)

Zutaten für ein 700-ml-Glas:
200 g junge Fichtentriebe, 400 ml Wasser, 10 g Salz

Gewürzmischung: 2 Karotten, 1 cm Ingwerwurzel, Schale einer halben Orange, 1 TL Senfkörner, 50 g Lauch, 2 Tropfen Chilisoße, 2 TL Honig

Zubereitung:
Junge Fichtentriebe sind noch weich und enthalten weniger Harzstoffe. Sie werden im Mai gepflückt, wenn gerade die Schuppen abgefallen sind. Sie werden sauber gesammelt und in eine Schüssel gegeben. Das Salz wird im Wasser aufgelöst, über die Fichtentriebe gegossen und vier Stunden stehen gelassen. Anschließend sind die Triebe abzuseihen und vorsichtig auszudrücken.

Für die Gewürzmischung die Karotten und den Ingwer fein reiben. Die Schale ist von der Orange abzureiben. Die Senfkörner im Mörser zerreiben und den Lauch fein schneiden. Chili und Honig zufügen und mischen.

Die Gewürzmischung zu den Fichtentrieben geben und gut durchmischen. Lage für Lage in ein sauberes Schraubverschlussglas fest eindrücken, bis etwas Flüssigkeit übersteht, sonst etwas Salzwasser darübergeben. Ungefähr drei Zentimeter nach oben, für das Gewicht und den Gärprozess, frei lassen.

Mit einer Holzscheibe abdecken und beschweren. Den Deckel zudrehen und zwei Tage im warmen Raum stehen lassen, damit die Gärung in Gang kommt, anschließend kühl und dunkel stellen. Nach vier Wochen sind die fermentierten Fichtentriebe für den Genuss fertig. Bei weiter Lagerung kontrollieren ob auch genug Flüssigkeit vorhanden ist, wenn notwendig etwas Salzwasser nachfüllen.

Nach einer achtmonatigen Reifezeit haben wir unser Fichtentriebe-Ferment geöffnet. Die Triebe hatten ein sehr säuerliches, herbes und harziges Aroma. Mit Honig, verschiedene Sirupsorten, Blütengelees und flüssige Marmeladen milderten wir das säuerlich, herbe Aroma ab und gaben die Triebe zu Topfencreme, Obstsalat oder Orangensalat als Desserts. Aber auch verschiedene Salate können mit den fermentierten Fichtentrieben angereichert werden. Auf Orangenscheiben angerichtet, mit etwas Honig gesüßt, sind sie sehr bekömmlich und bringen Farbakzente auf den Teller.

Baum-Sauerblätter in Salzwasser

z.B. mit Eichen- (*Quercus* spec.), Ulmen- (*Ulmus* spec.), Feld-Ahorn- (*Acer campestre*) oder Linden- (*Tilia* spec.) und Kirschenblättern (*Prunus avium*)

Zutaten für ein 500-ml-Glas:
60 bis 70 Blätter verschiedener Baumarten, ½ l Wasser, 10 g Salz

„Baum-Sauerblätter" sind ideal zum Einrollen von Speisen, zum Umwickeln von Früchten und Käse und fein geschnitten für Brotbeläge geeignet ...

Die Sauerblätter von Gehölzen und Kräutern dienen zusätzlich als sehr dekorative Unterlage von Speisen.

Zubereitung:
Von jeder Art werden jeweils die Blätter so übereinandergelegt und eingerollt, damit sie gut durchmischt sind. Jede Rolle enthält somit zehn oder acht Blätter insgesamt, die mit einem Zwirn zusammengebunden und eng in ein Schraubverschlussglas gestellt werden. Das Salz im Wasser auflösen, und das befüllte Glas damit auffüllen. Eine Scheibe darüberlegen, einen Stein zum Beschweren draufgeben und das Glas verschließen. Nach drei Wochen sind die Blätter fermentiert und können beliebig Verwendung finden.

Von den Kirschblättern nehmen die anderen Blätter Aroma an. Nach dem Entnehmen und Ausrollen können die fermentierten Blätter mit unterschiedlichen Cremen, gekochtem Getreide, Kartoffeln, Kastanien, Linsenpaste oder anderen Füllungen sehr kreativ gestaltet werden. Mit Wild- oder Pilzgerichten kombiniert, erfreuen die fermentierten Blätter den Gaumen und das Auge. Wir haben sie in einigen Fällen geschnitten und z.B. mit Frischgemüse für Salate verwertet.

Rezepte – Fermentierte Baumblätter und „Sauerblätter"

Verschiedene Streuwürzen aus fermentierten Baumblättern

Freilich können jeweils nur die einzelnen Blätter einer Gehölzart in Salzlake eingelegt werden, wenn man sie später einzeln in großen Mengen benötigt. Man sieht sie für bestimmte Speiseanrichtungen oder Weiterverarbeitungen wie z.B. für die würzende Pulverherstellung aus Baumblätterfermenten vor. Wie nennen diese wohlschmeckenden und vielseitig einsetzbaren Pulver „Baumblätterferment-Würzmehle". Im Folgenden sei eine weiterführende Anwendung von Baumblätterfermenten angeführt. Wir geben hier stellvertretend das Ulmenblätter-Fermentpulver an.

Ulmenblätter-Fermentpulver

Die mit Salz fermentierten Berg-Ulmenblätter (*Ulmus* spec.) lagerten wir mehrere Monate lang im Glas, ehe wir sie sanft trockneten, d.h. nicht unter Beteiligung aktiver Wärmezufuhr, sondern unter natürlichen Raumzirkulationsverhältnissen auf Sieben oder aufgehängt. Danach haben wir die Ware in Gläsern gelagert, bis sie in der Küche eingesetzt wurde.

Mit einem Messerrotor wird das Trockengut pulverisiert und eventuell ausgesiebt. Das dunkelolivgrüne Ulmenblätter-Fermentpulver hat brillante Geschmackskomponenten, ähnlich Algen und Gärheu mit einer feinen Fermentiersäure. Durch die Zerkleinerung kommt das Aroma noch einmal besser hervor, weshalb es erst kurz vor dem Verzehr pulverisiert werden sollte.

Aufgrund des Salzgehaltes ist es als Gewürzsalz oder Würzmittel einsetzbar. Es wird auf die am Teller angerichteten Speisen vor dem Servieren aufgestreut, oder man stellt es als Streuwürze auf den Tisch.

Wunderbar ist das aus der Fermentation stammende Baumblattmehl zu milden Weich-, Berg- und Schnittkäse oder zu Schafkäse zum Würzen von Buffetbrötchen, Nudeln, kalten und warmen Fischgerichten, Geflügel, Salaten oder Topfenbroten usw.

Mit Baumblätterpulver gefüllte Mairübenröllchen

Zutaten für ein 1000-ml-Glas: 2 größere Mairüben, 5 g Salz

Gewürzmischung: 1 kleinere Mairübe mit Grün, 1 Zwiebel, 3 Knoblauchzehen, 5 Tropfen Chilisoße, je 2 EL Pulver von Feld-Ahorn-, Berg-Ulmen-, Eichen- und Bärenklaublättern

Zubereitung:
Die gewaschenen Mairüben in dünne Scheiben schneiden und sechs Stunden in Salz einlegen. Drei Esslöffel Wasser darüber geben. Für die Gewürzmischung die Mairübe fein reiben und die jungen Blätter feinschneiden. Die Zwiebel und den Knoblauch feinschneiden. Die restlichen Zutaten zufügen und ver-

mischen. Die Mairübenscheiben abtropfen lassen, mit der Gewürzmischung bestreichen, fest einrollen und dicht in das Glas stellen. Nach obenhin müssen mindestens zwei Fingerbreit frei bleiben, damit die sich während der Gärung ausbreitende Fermentierflüssigkeit genug Platz bekommt. Zwei bis drei Esslöffel Salzwasser darübergeben. Mit einer Holzscheibe abdecken und beschweren. Den Schraubdeckel zudrehen und zwei Tage im warmen Raum stehenlassen, damit die Gärung in Gang kommt. Anschließend die Gläser kühl und dunkel stellen. Nach drei Wochen sind die fermentierten Röllchen für den Genuss fertig. Bei weiterer Lagerung kontrollieren ob genug Flüssigkeit vorhanden ist, wenn notwendig etwas Salzwasser nachfüllen.

Nach neun Monaten der Lagerung öffneten wir das erste Glas mit den fermentierten Mairübenröllchen und waren wirklich erstaunt über die Aromaentwicklung: Der Geruch war säuerlich mit leichtem Schwefelanklang. Der Geschmack ist erfrischend, säuerlich, mit leichter Schärfe und einer gut ausgeglichenen Salzdosierung. Die sehr aromatischen Röllchen sind zart und weich im Biss. Diese gefüllten Mairübenscheiben eignen sich als delikate, gesundheitsfördernde Vorspeise. Mit verschiedenen Beilagen wie gekochtem Dinkelreis, Reis oder Buchweizen dienen sie als kraftspendende Hauptmahlzeit, aber auch mit Käse, Räucher- oder Wurstwaren harmonieren sie bei der Jause. Ausschließlich mit Baum-Blätterpulver gefüllte und fermentierte Mairübenscheiben schmecken ebenso hervorragend.

Mit Baumblätterpulver fermentierte Kürbisscheiben

Zutaten für ein 1000-ml-Glas: 600 g Kürbisscheiben (Long de Nice)

Gewürzmischung:
1 kleiner Bierrettich (150 – 200 g) mit Blättern, 1 Zwiebel, 2 Knoblauchzehen, ½ TL Pfeffer, je 1 EL Pulver von Feld-Ahorn-, Berg-Ulmen- und Eichenblätter, ½ TL Steinkleepulver, 6 g Salz

Zubereitung:
Den Kürbis in dünne Scheiben schneiden. Für die Gewürzmischung den Bierrettich fein reiben. Die jungen Blätter, Zwiebel und den Knoblauch fein schneiden. Die restlichen Zutaten zufügen und zu einer Paste mischen. Die Kürbisscheiben mit der Gewürzmischung abwechselnd in ein Glas schichten und jede Lage gut andrücken. Nach obenhin müssen mindestens zwei Fingerbreit frei bleiben, damit die sich während der Gärung ausbreitende Fermentierflüssigkeit genug Platz bekommt. Zwei bis drei Esslöffel Salzwasser darüber geben. Mit einer Scheibe aus Holz abdecken und beschweren. Den

Deckel zudrehen und zwei Tage in warmen Räumen stehenlassen, damit die Gärung in Gang kommt, anschließend kühl und dunkel stellen. Nach drei Wochen sind die fermentierten Kürbisscheiben für den Genuss fertig. Bei einer weiteren Lagerung stets kontrollieren ob genug Flüssigkeitsstand vorhanden ist, wenn notwendig ist etwas Salzwasser nachzufüllen.

Nach einer zehn-monatigen Lagerung öffneten wir unser Glas mit den fermentierten Kürbisscheiben, und wir waren sehr begeistert. Der Geruch war mild säuerlich und roch nach Wiesenheu. Die Kürbisscheiben bekamen durch das Fermentieren eine schöne Marmorierung. Sie waren knackig bis weich und hatten einen mild-säuerlichen Geschmack. Das Aroma beim Essen war blumig und süß. Die fermentierten Kürbisscheiben eignen sich pur hervorragend als Vorspeise. Bei den Buffets und bei Seminaren begeisterten diese viele Menschen, wenn wir sie als Auflage auf einem mit guter Butter bestrichenen Roggenbrot offerierten.

Fermentierte Sprossen oder Triebe

Wunderbare Geschmacksrichtungen entwickeln die zarten, saftigen, noch jungen Sprossen und Triebe während der milchsauren Vergärung. Triebe mit einem großen Blätteranteil können mit Salz vermischt eingestampft werden. Dicke Sprossen hingegen, die nicht so dicht geschichtet und gestampft werden können, außer man will Brei erzeugen, benötigen eine Flüssigkeitszugabe, wie kaltes Salzwasser, damit alle Hohlräume ausgefüllt werden. Oder man bereitet eine saftige Gewürzmischung und schichtet diese abwechselnd mit den Sprossen in das Gefäß. Es ist darauf zu achten, bevor sehr bittere Sprossen dem Fermentationsprozess unterzogen werden, diese in kochendem Wasser zu blanchieren, um die Bitterstoffe zu reduzieren.

Bittere Schaumkrauttriebe mit Salz fermentiert
(*Cardamine amara*)

Zutaten z.B. für ein 1000-ml-Glas: 750 g Triebe mit Blättern vom Bitteren Schaumkraut, 7 g Salz

Zubereitung:
Bevor sie Blüten bilden, sind die jungen Triebe und Blätter des Bitteren Schaumkrauts sauber zu ernten. Mit der Verarbeitung soll nicht lange zugewartet werden: Sie sind zu waschen und sollen gut abtropfen, oder besser ist es, wenn man sie schleudert, damit nicht zu viel Wasser in das Glas kommt. Dann eine dünne Lage Kraut in ein sauberes Glas drücken, etwas Salz darüber streuen und die nächste Schicht Schaumkraut einfüllen, salzen und gut hineinstampfen, so lange, bis Flüssigkeit entsteht. So fortfahren, bis das Kraut aufgebraucht oder das Glas gut drei Viertel vollgefüllt ist. Mit einer Scheibe abdecken, beschweren und verschließen.

Das Glas zwei Tage in der Küche stehen lassen, damit die Fermentation in Gang kommt, anschließend kühl und dunkel stellen. Nach ca. vier Wochen ist das fermentierte Schaumkraut genussfertig. Freilich gelingt diese Zubereitung ebenso mit den Trieben oder Blättern der Echten Brunnenkresse (*Nasturtium officinale*) allein.

Nach sieben Monaten Lagerung in der kühlen Speisekammer haben wir das Bügelverschlussglas geöffnet, haben das kleine Glas, das von der Höhe passend das Kraut gut niedergedrückt hatte, und den Deckel darunter, den wir zum Abdecken verwendet hatten, entfernt. Ein feiner Säuregeruch stieg aus dem Glas. Der erste Eindruck war: Das ist gelungen! Die fermentierten Triebe waren gut erhalten, Stiele und Blätter waren knackig frisch, charakterisierten eine angenehm bekömmliche Säuerung. Viele fermentierte Kreuzblütler entwickeln ein schwaches Aroma, welches der Tinte aus dem Fass sehr ähnlich ist.

Im Laufe der Jahre führten wir jährlich mehrere Versuche durch, und es kristallisierten sich ob der ergiebigen Sammelstandorte mehrere Standardgerichte heraus:

Speiseempfehlung 1: Die fermentierten Triebe frisch aus dem Glas in Kombination mit warmen Polentanocken schmeckten mild und sehr delikat.

Speiseempfehlung 2: Zwiebel mit Speckwürfel geröstet, etwas auskühlen lassen, lauwarm mit kaltem, fermentierten Schaumkraut mischen und ein paar Minuten ziehen lassen. Schmeckt überaus gut!

Speiseempfehlung 3: Ist besonders köstlich in Kombination mit süßsauer eingelegten Topinamburknollen.

Bitteres Schaumkraut in Salzlake
(*Cardamine amara*)

Zutaten für ein 300-ml-Glas: 4 Handsträuße junger Schaumkrauttriebe, ¼ l Wasser, 5 g Salz

Zubereitung:
Die jungen Triebe vor der Blüte sauber sammeln, waschen und abtropfen lassen. Die Triebe stehend und so dicht als möglich in ein passendes, sauberes Glas schichten. Das Salz im kalten Wasser auflösen, das Glas damit auffüllen, bis die Schaumkrauttriebe bedeckt sind, mit einer Tonscheibe die Triebe in der Salzlake halten und verschließen. Einen Tag in der Küche stehen lassen, damit die Gärung anlaufen kann, danach kühl und dunkel fermentieren lassen. Nach vier Wochen sind die fermentierten Triebe für den Genuss fertig. Bis zum kommenden Frühling sollen diese Vorräte allerdings aufgebraucht werden.

Mitte April sammeln wir die Schaumkrauttriebe und lagern diese zum Fermentieren in Salzwasser. Geöffnet haben wir die Gläser zu unterschiedlichen Zeiten ab vier Wochen der Reifung. Zumeist stieg uns ein intensiver Pferdgeruch in die Nase. Die dunkelolivgrünen Triebe waren schön in ihrer Form geblieben, sie waren unerwartet knackig und schmeckten gut säuerlich.

Die fermentierten Schaumkrauttriebe schmecken pur recht gut, sie passen für Mischsalaten, zu gekochtem Gemüse, Röstkartoffeln, Eintöpfen, mildem Käse und zur Wurstbrotzeit. Und die übrig bleibende Salzlake verwenden wir zum Würzen von Salaten.

Fermentierte Sprossen vom Guten Heinrich
(*Blitum bonus-henricus*)

Zutaten für ein 700-ml-Glas: 350 g Guter Heinrich (Blätter und Sprossen), 100 g Lauch, 10 Knoblauchzehen, 15 Dörrbirnen, 1 cm Ingwerwurzel, ½ TL Chili, 4 g Salz

Die sauberen Blätter und Sprossen vom Guten Heinrich in Streifen schneiden. Den gewaschenen Lauch und die geschälten Knoblauchzehen fein schneiden. Die Dörrbirnen zwei Stunden in Wasser einweichen, abtropfen lassen und in kleine Würfel schneiden. Die Ingwerwurzel fein reiben. Alle Zutaten gut mischen und Lage für Lage in ein sauberes Schraubverschlussglas stampfen, bis sich Flüssigkeit bildet. Ein paar große Blätter zum Abdecken darüberlegen und mit einem Stein beschweren. Ungefähr drei Esslöffel Salzwasser darüber geben und mit dem Schraubdeckel verschließen. Zwei Tage in einem warmen Raum stehen lassen, damit die Fermentation in Gang kommt, danach kühl und dunkel fermentieren lassen. Nach vier Wochen ist das Gemüse vom Guten Heinrich fermentiert und kann genossen oder als Vorrat für die kalte Jahreszeit gelagert werden.

Nach sieben Monaten haben wir das Glas mit dem fermentierten Guten-Heinrich-Gemüse geöffnet. Ein angenehm süßsaurer Geruch machte sich beim Öffnen des Glases breit. Das Ferment hatte eine leicht bittere Note und schmeckte nach Miso. Das dunkelolivgrüne Gemüse mit brauner Scheckung hatte eine weiche Konsistenz, war aber nicht patzig.

Es schmeckte in Kombination mit Mandeln, Preiselbeeren, Käse und süßen Kürbissorten. Auf saftigen, leicht scharfen Mairübenscheiben angerichtet und ein Butterbrot dazu, das ergibt eine wohltuende Kleinmahlzeit.

Fermentierte Sprossen des Japanischen Staudenknöterichs
(*Fallopia japonica* = *Reynoutria japonica* = *Polygonum cuspidatum*)

Zutaten für ein 500-ml-Glas: 1 großer Bund Staudenknöterichsprossen, 300 ml Wasser, 6 g Salz

Zubereitung:
Junge Sprossen bis zu einer Höhe von 30 cm ernten, blanchieren, abseihen und in kaltem Wasser abschrecken. Die abgetropften Sprossen dicht in ein schlankes, hohes Glas schichten. Ist das Glas drei Viertel befüllt, ist mit einer Scheibe oder mehreren Holzspateln abzudecken und ein passender Stein zum Beschweren darauf zu geben. Das Salz im Wasser auflösen und über die Sprossen gießen, sodass ein Zentimeter Flüssigkeit über die Sprossen steht. Deckel aufsetzen und leicht zudrehen. Einen Tag bei Zimmertemperatur stehen lassen, damit der Fermentationsprozess startet, anschließend kühl und dunkel lagern. Nach ungefähr vier Wochen sind die Sprossen für den Genuss fertig, können aber bis zu zwei oder drei Monate gelagert werden.

Werden die Staudenknöterichsprossen vor dem Fermentieren blanchiert, verlieren sie ihre feste Konsistenz und werden weich. Beim Öffnen der Gläser nimmt man einen typischen Geruch nach Staudenknöterich wahr, welcher einen moosigen oder humosen Grundgeschmack hat. Manche Fermentzubereitungen des Staudenknöterichs schmecken wunderbar gut nach dem Moder des Waldbodens. Die Sprossen nach dem Fermentieren nur kurz lagern, damit sie nicht zu weich werden.

Die Sprossen haben eine sehr dekorative Form. Dieses Ferment eignet sich als Beilage zur Jause, zu vegetarischen Hauptspeisen und solche mit Fleisch, für Salate und für Soßen. Ebenfalls sind sie mit Obst zu einem süßen Salat mischbar.

Waldgeißbartsprossen in Salzwasser fermentiert
(*Aruncus dioicus,* früher *A. sylvestris*)

Zutaten für ein 700-ml-Glas:
2 Bund Waldgeißbartsprossen, 13 g Salz, ½ l Wasser

Zubereitung:
Etwa zehn bis zwölf Zentimeter lange junge Waldgeißbartsprossen putzen, eine Minute lang blanchieren und auskühlen lassen. Die kalten Sprossen eng in ein schmales, hohes Schraubglas schichten. Das Salz in kaltem Wasser auflösen und damit das Glas mit den Sprossen bis zwei Fingerbreit unter dem Rand auffüllen. Eine Glasscheibe darüberlegen, damit die Sprossen in der Flüssigkeit bleiben, und verschließen. Ein bis zwei Tage in der warmen Küche stehen lassen, damit die Gärung in Gang kommt, danach kühl und dunkel vier Wochen fermentieren lassen.

Nach fünf Monaten der Lagerung riechen die Sprossen säuerlich und herb. Sie haben eine schöne Ausstrahlung und sind in ihrer Konsistenz sehr gut erhalten. Die fermentierten Sprossen sind gut bissfest, sie schmecken leicht säuerlich und haben eine feine Herbheit. Sie harmonieren mit unterschiedlichen Speisen, wie Roggenbrot mit Butter, gebratene Fleischgerichte oder kalten Speisen. Sie in Salate einzumischen, ist wegen dem dekorativen Habitus einfach zu schade.

Waldgeißbartsprossen mit einer Gewürzmischung fermentiert
(*Aruncus dioicus,* früher *A. sylvestris*)

Zutaten für ein 700-ml-Glas: 2 Bund Waldgeißbartsprossen

Gewürzmischung: 2 große Karotten, 1 Zwiebel, 5 Tropfen Chili, 1 TL Ingwer gerieben, 4 g Salz

Zubereitung:
Etwa zehn Zentimeter lange junge Waldgeißbartsprossen putzen, eine Minute lang blanchieren und auskühlen lassen. Für die Gewürzmischung die Karotten reiben, die Zwiebel in kleine Würfel schneiden und mit den Gewürzen mischen. Abwechselnd in Schichten die kalten Sprossen mit der Gewürzmischung fest in das Bügelverschlussglas drücken. Bis zwei Fingerbreit unter dem Rand auffüllen. Eine Scheibe darüberlegen, beschweren und verschließen. Ein bis zwei Tage in der warmen Küche stehen lassen, damit die Gärung in Gang kommt, danach kühl und dunkel drei bis vier Wochen fermentieren lassen. Ab dann kann man das Hergestellte bereits genießen.

Nach einer sechsmonatigen Reifezeit ist der Geruch säuerlich und erinnert an die verwendeten Gewürze. Der Geschmack der Sprossen ist etwas herb. Der Spargel nimmt die Gewürze auf und verliert vielfach sein Eigenaroma. Die Sprossen harmonieren mit mildem Hartkäse, mit gekochten Kartoffeln und schmecken herrlich auf dem Butterbrot. Als Beilage dienen sie für verschiedene Hauptspeisen, mit einem dezenten Dressing angerichtet, sind sie eine vorzügliche Vorspeise.

Fermentierte Gierschblütensprossen

(*Aegopodium podagraria*)

Zutaten für ein 350-ml-Glas: 2 Bund Gierschblütensprossen, 2 Scheiben Ingwer, 250 ml Wasser, 6 g Salz, ½ TL Honig

Zubereitung:

Die sauber gesammelten Gierschblütensprossen und die Ingwerscheiben in ein Schraubverschlussglas geben. Das Salz und den Honig in kaltem Wasser auflösen und über die Sprossen gießen. Mit einer Holzscheibe abdecken und beschweren. Das Glas verschließen, zwei Tage bei Raumtemperaturen von 18 bis 24 Grad stehen lassen, damit die Gärung beginnen kann. Danach ist das Glas kühl und dunkel zu lagern. Nach drei Wochen sind die fermentierten Gierschblütensprossen für den Genuss fertig. Kühl und dunkel können sie bis sechs Monate gelagert werden.

Nach fünfmonatiger Lagerzeit tritt beim Öffnen ein guter Gierschgeruch aus dem Glas. Die Blütensprossen behalten ihre schöne grüne Farbe und schmecken typisch nach Giersch. Sie sind nicht sauer und haben einen leicht herben Nachgeschmack.

Die Sprossen passen gut zu Butterbrot, als edle Beigabe zur Jause oder zum Garnieren von Fleischspeisen und Salaten.

Die Gierschblütensprossen nicht von zu nährstoffreichen Standorten sammeln, sonst stinkt das Ferment nach Jauche. Dasselbe gilt auch für die Rohkostverwertung und Blattnutzung.

Eingesäuerte Barbarakrautblütensprossen
(*Barbarea vulgaris, Barbarea intermedia*)

Zutaten für ein 500-ml-Glas: 2 Bund Barbarakrautblütensprossen, 10 g Salz, 400 ml Wasser

Zubereitung:
Die Barbarakrautblütensprossen eng in ein Glas stellen. Das Salz in kaltem Wasser auflösen und über die Knospen gießen, eine Press-down- oder Holzscheibe darüberlegen, wenn notwendig beschweren, damit das Gemüse im Salzwasser bleibt und nicht aufschwimmen kann. Das Glas verschließen, zwei Tage bei einer Raumtemperatur von bis zu 24 Grad stehen lassen, damit die Gärung in Gang kommt, anschließend kühl und dunkel lagern. Nach drei Wochen sind die fermentierten Sprossen für den Genuss fertig und sollen bald aufgebraucht werden, denn nach längerer Lagerung werden sie weich und verlieren an Aroma.

Nach einer viermonatigen Lagerung war der Geruch beim Öffnen kresseartig und der Geschmack würzig nach Senfglykosiden, aber nicht umwerfend. Mit einem süßsäuerlichen Dressing überzogen, waren die Sprossen schmackhafter und wurden zum Garnieren verwendet. Wir appellieren deshalb für ein sofortiges Aufbrauchen dieses Ferments.

Fermentierte Straußenfarnsprossen
(*Matteuccia struthiopteris*)

Zutaten für ein 700-ml-Glas:
250 g junge Straußenfarnsprossen, 250 ml Wasser, 6 g Salz

Rezepte – Fermentierte Sprossen oder Triebe

Zubereitung:
Vom Straußenfarn nutzen wir die etwa zwölf Zentimeter vom Boden austreibenden, bischofsstabförmigen Schösslinge der schattigen Garten-, Wald- und Aubereiche. Sauber gesammelte junge, noch eingerollte Straußenfarnsprossen eine gute Minute in kochendes Wasser legen, herausheben, abtropfen lassen und in eiskaltem Wasser abschrecken. Die Sprossen dabei vorsichtig reiben, damit die braunen Schuppenhaare abgehen. Danach die Sprossen abseihen, gut abtropfen lassen und eng in ein Schraubverschlussglas stellen. Das Salz in kaltem Wasser auflösen und über die Sprossen gießen, sodass ein Zentimeter Flüssigkeit übersteht. Mit einer Scheibe abdecken, beschweren und mit dem Deckel verschließen. Einen Tag in der warmen Küche stehen lassen, damit die Gärung in Gang kommt, danach kühl und dunkel fermentieren lassen. Nach vier Wochen sind die Straußenfarnsprossen fermentiert und können genossen, oder als Vorrat bis zu einem dreiviertel Jahr für den langen Winter gelagert werden.

Die sehr dekorativen Straußenfarnsprossen fermentiert, geben bei längerer Lagerung Erdmoderaromen frei.

Nach einer fünfmonatigen Fermentierzeit haben wir unser Glas mit den Straußenfarnsprossen geöffnet. Kein aufdringlicher, sondern ein milder Geruch verbreitete sich. Die schönen, dekorativ aussehenden Sprossen rochen und schmeckten wie parfümiert nach Zimt und Heu. Sie waren knackig bis weich, bei längerem Kauen nahm man die leicht schleimige Konsistenz wahr.

Die sehr einladenden und dekorativen Sprossen sind pur zu essen, mit einer Soße schmeckt man das feine Heu-Zimt-Aroma nicht mehr. Sie passen zu Wild, mildem Käse oder Schinken. Wegen der Bischofsstabform können Vorspeisen oder warme Hauptspeisen damit garniert werden.

Auch legten wir blanchierte Adlerfarnsprossen (*Pteridium aquilinum*) zum Fermentieren in einer Salzlösung ein. Doch nach mehreren Versuchen haben wir resigniert, denn der Geruch und Geschmack sind nicht einmal den fanatischsten Fermentliebhabern zuzumuten.

Fermentierte junge Sprossen der Knoblauchsrauke
(*Alliaria petiolata*)

Zutaten für ein 700-ml-Glas: 500 g junge Knoblauchsraukesprossen, 5 g Salz, ½ TL Honig

Zubereitung:
Sauber gesammelte Knoblauchsraukesprossen eine Minute in kochendes Wasser legen, herausheben, abtropfen lassen und in eiskaltem Wasser abschrecken. Die Sprossen abseihen, gut abtropfen bzw. leicht ausdrücken und in einer Schüssel mit Salz und Honig vermischen. Die Sprossen in ein Schraubverschlussglas drücken, mit einer Holzspatel abdecken und beschweren, sodass die Flüssigkeit einen guten Zentimeter über das Fermentiergut steht, und mit dem Schraubdeckel verschließen. Einen Tag in der warmen Küche stehen lassen, damit die Gärung in Gang kommt, danach kühl und dunkel fermentieren lassen. Nach drei Wochen sind die Knoblauchsraukesprossen durchgesäuert und können bereits genossen werden. Oder man legt damit einen Vorrat für die kalte Jahreszeit an. Es ist darauf zu achten, dass ein ausreichender Flüssigkeitsstand über das zu fermentierende Gemüse steht.

Die säuerlichen Sprossen dienen als Beilage für die Brotzeit, für Salate oder mit einer milden Soße oder Marinade versehen als Vorspeise.

Fermentierte Blasenleimkrautblattsprossen
(*Silene vulgaris*)

Zutaten für ein 700-ml-Glas:
200 g Blasenleimkrautblattsprossen, 200 g Radieschen, 50 g Lauch, 5 g Salz

Rezepte – Fermentierte Sprossen oder Triebe

Zubereitung:
Junge, zarte Blattsprossen (ca. 10 cm) vom ersten Aufwuchs (immer vor der Blüte!) sauber sammeln, waschen, gut abtropfen lassen und grob schneiden. Die Sprossen können für das Einlegen auch ganz belassen werden. Die Radieschen fein reiben und den Lauch fein schneiden. Alle Zutaten mit den Händen vermischen, Lage für Lage in ein sauberes Glas drücken, bis sich Flüssigkeit bildet. Drei Fingerbreit nach oben für die Gärung frei lassen. Holzspateln darüberlegen, ein Gewicht zum Beschweren daraufgeben und mit dem Deckel verschließen. Das Glas einen Tag in der warmen Küche stehen lassen, damit die Gärprozesse in Gang kommen, anschließend kühl und dunkel lagern. Nach drei Wochen ist das Blasenleimkrautferment für den Genuss fertig. Kühl und dunkel gelagert, bleiben die fermentierten Sprossen aber gut sechs Monate lang haltbar.

Ein mattes Olivgrün hatten die Sprossen nach einer dreimonatigen Fermentierung entwickelt. Der nach Leimkraut typische Geschmack war säuerlich. Die Blätter waren sehr zart und weich, die Stängel hingegen bissfest. Im Abgang gut nach Leimkraut schmeckend.

Das Blasenleimkrautferment ist pur sehr gut und in großen Mengen zu essen oder als Salat zu Butterbrot geeignet. Es harmoniert mit Weißbrot, Hartkäse, Räucherfisch und Weißwein.

Fermentierte Brennnesseltriebe mit Gurken oder Zucchini
(*Urtica dioica, Urtica urens*)

Zutaten für ein 1000-ml-Glas:
6 Handvoll junge Brennnesseltriebe, 450 g Gurken, 10 Knoblauchzehen, 2 TL Dille, ½ TL Kümmel, ½ TL Koriander, 5 Tropfen Chilisoße, 1 TL Honig, 6 g Salz

Zubereitung:
Die Brennnesseltriebe waschen, trockenschleudern und in feine Streifen schneiden. Die Gurken in feine Stifte hacheln, die Knoblauchzehen schälen

und fein blättrig schneiden. Die Gewürze mahlen und mit den übrigen Zutaten vermischen. Lagenweise in ein sauberes Schraubverschlussglas füllen und jede Lage gut niederdrücken oder stampfen, bis ausreichend Flüssigkeit über dem Fermentiergut steht. Eine Holzscheibe darüberlegen, ein Gewicht zum Beschweren darauf geben und mit dem Schraubdeckel verschließen.

Das Glas mit Untersatz oder Teller einen Tag in einem warmen Raum stehen lassen, damit die Gärung in Gang kommt, anschließend kühl und dunkel lagern. Nach vier Wochen ist das Brennnessel-Gurkenferment essfertig. Kühl und dunkel gelagert bleibt dieses Gemüseferment aber bis zu zwölf Monate lang frisch und knackig.

Ab November hatten wir die Gläser mit den Brennnessel-Gurkenfermenten geöffnet, welche Anfang bis Mitte Juni zubereitet wurden. Der Geruch und Geschmack waren sehr sauer. Wir vermuten hier beeinflussende Auswirkungen der Ameisensäure auf die Milchsäurebakterien. Die Konsistenz des Fermentierten war knackig mit gutem Biss.

Wir hatten das sauer schmeckende Ferment mit einer leicht gesüßten Marinade abgemildert und zu dünn aufgeschnittenem, gekochtem Rindfleisch gegessen. Diese Kombination war sehr interessant. Oder gemischt mit frischem Gemüse wird ebenfalls die Säure abgemildert. Mit Öl gemischt als Salat zu gekochten Kartoffeln gegessen, ergibt dieses Ferment eine gute Mahlzeit. Weiters bereiteten wir mit den fermentierten Brennnesseln einen köstlichen Nudelsalat zu. Zum Süßen eignen sich Blütengelees, Honig, Marmeladereste, gesüßte Essige oder Kompottsäfte.

Sauerampfersprossen mit Dörrbirnen fermentiert
(*Rumex acetosa*)

Zutaten für ein 500-ml-Glas: 3 Bund Sauerampfersprossen, 5 Dörrbirnen mittelgroß, 100 g Lauch, 1 Karotte, 1 cm Ingwerwurzel, 5 Tropfen Chilisoße, 5 g Salz

Zubereitung:
Die jungen Sauerampfersprossen vor der beginnenden Blüte sammeln, waschen, gut abtropfen lassen und schräg in drei Millimeter breite Streifen schneiden. Die Dörrbirnen und den gewaschenen Lauch fein schneiden, die Karotte und die Ingwerwurzel fein reiben. Alle Zutaten gut mischen, Schicht für Schicht in ein Schraubverschlussglas stampfen oder drücken, bis etwas Flüssigkeit darübersteht. Zwei Fingerbreit nach oben müssen frei bleiben, damit die sich während der Gärung ausdehnende Flüssigkeit genug Platz hat. Eine Scheibe darüberlegen und beschweren. Das Glas verschließen, zwei Tage in der warmen Küche stehen lassen, um die Milchsäurebakterienentwicklung zu fördern, anschließend kühl und dunkel lagern. Geschnittene Sauerampfer-Blätter eignen sich pur oder auch mit Gewürzen gemischt ebenso zum Fermentieren.

Nach vier Wochen ist das Sauerampferferment für den Genuss fertig, und es kann kühl und dunkel drei bis vier Monate gelagert werden. Bei längerer Lagerung wird es matschig. Das Aroma der Mischung war harmonisch. Das Ferment verzeichnete eine ausgeprägte Säure und eine leichte Schärfe. Wir machten Rouladen aus einem blanchierten Kohlblatt, gefüllt mit Sauerampferferment und frisch gebratenen Kartoffelspalten.

Portulaktriebe mit Salz fermentiert
(*Portulaca oleracea*)

Zutaten für ein 700-ml-Glas: 500 g junge Portulaktriebe, 5 g Salz

Zubereitung:
Die Portulaktriebe oder -triebspitzen putzen, waschen und gut abtropfen lassen oder schleudern. Mit Salz mischen und in ein passendes Glas stampfen, bis etwas Flüssigkeit übersteht. Eine Scheibe darüberlegen und beschweren. Das Glas verschließen und zwei Tage in der warmen Küche stehen lassen, damit die Gärung in Gang gebracht wird, anschließend kühl und dunkel lagern. Nach fünf Wochen sind die fermentierten Portulaktriebe genussfertig, kühl und dunkel gelagert bleiben diese aber Monate frisch und knackig. Das Beimengen eines Säuerungs- und Süßungsmittels ist von Vorteil, denn dadurch schmecken die fermentierten Portulaktriebe ausgewogener.

    Nach sieben Monate Lagerzeit haben wir eines unserer Gläser mit dem „Portulak-Sauerkraut" geöffnet. Beim Hineinriechen nahmen wir ein senfähnliches Aroma mit leichtem Anklang nach guter Silage wahr. Obwohl die fermentierte Masse eine schleimige Konsistenz aufwies, waren die Triebe fest im Biss und gut zu kauen. Mit Honig gesüßtem Apfelessig und Sonnenblumenöl (oder Hanföl, Rapsöl) gemischt, ergeben die fermentierten Triebe einen hervorragenden Salat. Mit frischem Kern- oder Steinobst bzw. Obstkompotten gemischt, werden die Triebe, unter Beigabe von mit Honig gesüßtem Weißweinessig, zu einer erfrischenden Nachspeise.

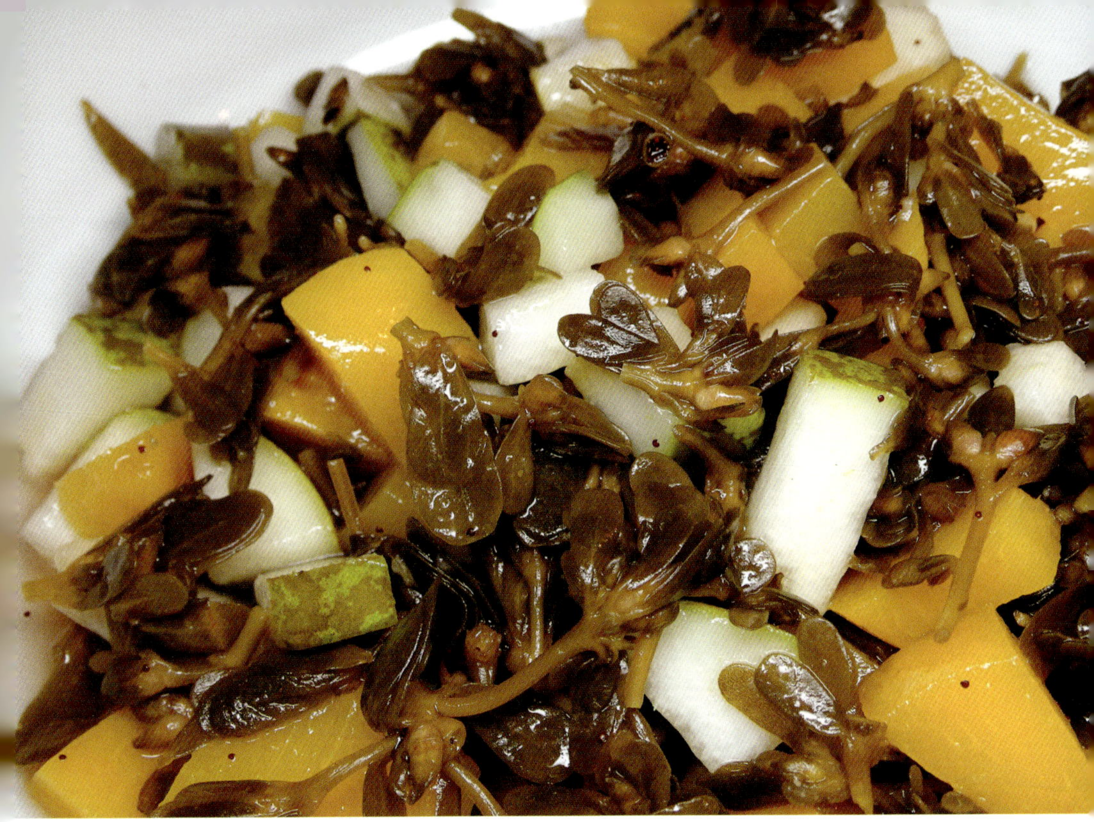

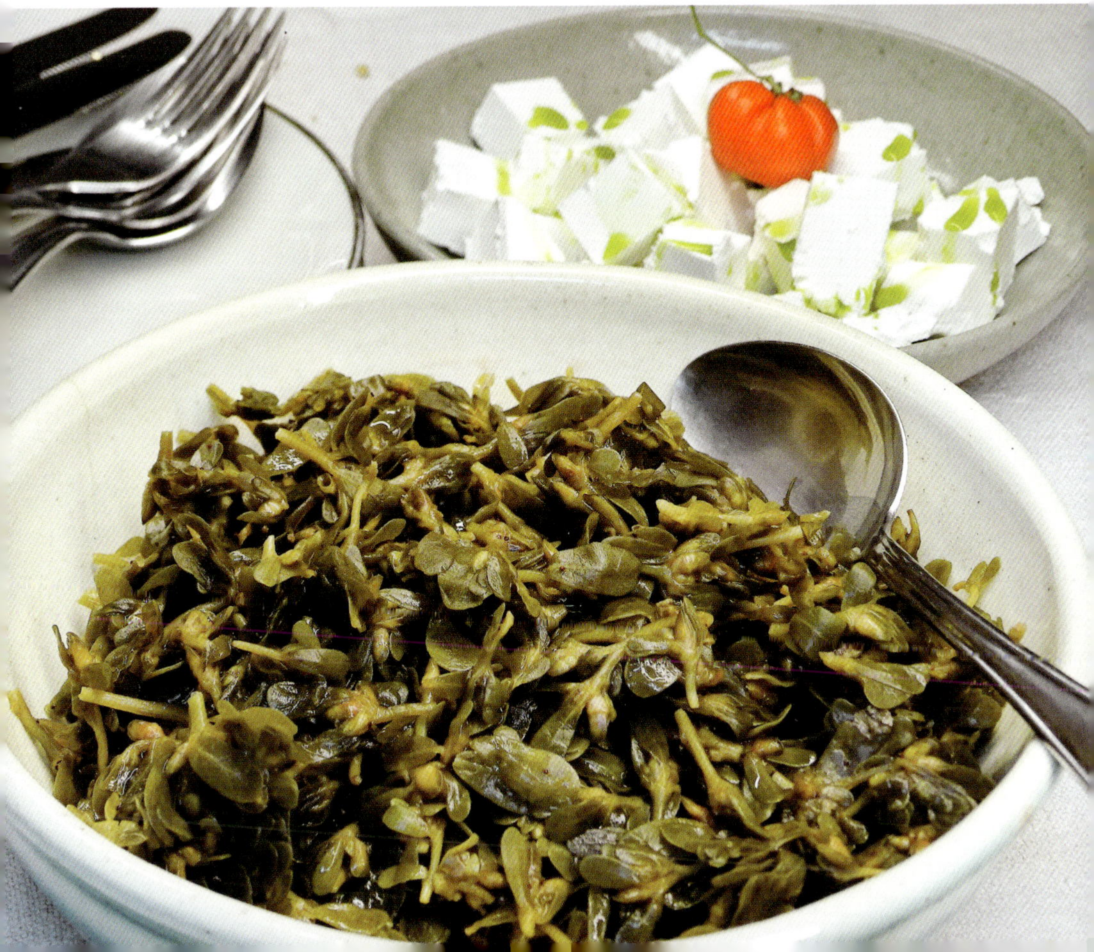

Portulaktriebe mit Bierrettich fermentiert
(*Portulaca oleracea*)

Zutaten für ein 700-ml-Glas: 300g Portulaktriebe, 100 g Bierrettich, 100 g Lauch, je ½ TL Schwarzkümmel, Pfeffer, Senfkörner, 5 g Salz

Zubereitung:
Die Portulaktriebe waschen und gut abtropfen lassen. Den Bierrettich und den Lauch in feine Streifen schneiden. Alle Zutaten gut durchmischen und eine Stunde stehen lassen. Nach nochmaligem Durchmischen die Ware in ein sauberes Glas drücken, sodass die Flüssigkeit über das Fermentiergut steht. Mit Holzspateln abdecken, mit einem Gewicht beschweren und mit dem Schraubdeckel verschließen. Das Glas zwei Tage im Warmen stehen lassen, damit die Gärung in Gang kommt, anschließend kühl und dunkel lagern. Nach fünf Wochen sind die fermentierten Portulaktriebe zum Genuss fertig. Kühl und dunkel gelagert bleiben diese viele Monate frisch und knackig.

Nach einer fünfmonatigen Reifezeit machten wir den ersten Essversuch: Das Ferment roch stark beim Öffnen. Das tat dem Essen aber keinen Abbruch, und überraschender Weise bot sich ein sehr empfehlenswertes Sauergemüse. Der Portulak war säuerlich, saftig und fest im Biss. Er schleimte beim Kauen gut. Wir verwendeten etwas Honig zum Süßen, damit die Säure gebunden war.

Das Ferment schmeckt mit frisch geschnittenem Chinakohl gemischt als Wintersalat oder mit fermentierten Mairüben und Kürbiskernöl gemischt zu gekochten oder gebratenen Kartoffeln ausgezeichnet. Angebratene

Zwiebelscheiben mit fermentierten Portulaktrieben, dazu Reis oder Getreide ist ebenso empfehlenswert. Das Ferment ist zum Füllen von Crêpes, auch in Kombinationen mit rohem und gekochtem Obst einsetzbar. Und als Beigabe zur Brotzeit gereicht, erfrischen die Triebe ungemein. Das Ferment mit den Portulaktrieben ist sehr gut mit der würzig schmeckenden Giersch-Fermentierflüssigkeit (siehe Speisekammer-Buch S. 66f.) zu mischen.

Portulaktriebe mit getrockneten Tomaten fermentiert
(*Portulaca oleracea*)

Zutaten für ein 1000-ml-Glas: 500 g junge Portulaktriebe, 60 g getrocknete Tomaten, 10 Knoblauchzehen, je ein ¼ TL Wacholderbeeren, Piment, Koriander, Kümmel, Senfkörner, 5 g Salz, 2 TL Paprikapulver, 5 Tropfen Chilisoße, 1 EL Zitronensaft

Zubereitung:
Die Portulaktriebe putzen, waschen und gut abtropfen lassen oder schleudern. Die Tomaten in feine Streifen schneiden, die Knoblauchzehen schälen und fein hacken, Wacholderbeeren, Piment, Koriander, Kümmel und Senfkörner im Mörser zerreiben. Alle Zutaten gut durchmischen, in ein Glas stampfen oder drücken, bis etwas Flüssigkeit darübersteht. Eine Holzscheibe darüberlegen und beschweren. Das Glas verschließen und eine Nacht in der Küche stehen lassen, damit die Gärung in Gang kommt, anschließend kühl und dunkel lagern. Nach vier bis fünf Wochen sind die fermentierten Portulaktriebe genussfertig, kühl und dunkel gelagert bleiben diese aber Monate frisch und knackig.

Nach einer fünfmonatigen Reifezeit hat das Ferment einen erfrischenden, säuerlichen Geruch, es schmeckt mit einer leichten Schärfe gut pikant und ist durch die gesalzenen, getrockneten Tomaten etwas salzig. Die olivgrünen Sprossenstiele sind gut bissfest, die Blätter sind leicht schleimig und haben ein tomatenartiges Aroma angenommen. Die rotbraune Fermentierflüssigkeit verzeichnet ein angenehm pikantes und misoartiges Aroma, in der sich die feinen ausgefallenen, schwarzen Portulaksamen befinden.

Das würzige Portulakferment eignet sich als Hauptmahlzeit zu Polentaschnitten, gebratene Kartoffelscheiben und zu verschiedenen Fleischgerichten. Aber auch zum Würzen von Salaten oder auf mit Zitronensaft beträufelten Apfelscheiben angerichtet, überrascht es. Zudem sind die glasigen Blatttriebe sehr dekorativ.

Portulaktriebe mit Dörrbirnen fermentiert
(*Portulaca oleracea*)

Zutaten für ein 1200-ml-Glas: 500 g junge Portulaktriebe, 100 g Dörrbirnen, 200 g Gurken, 5 Knoblauchzehen, 2 EL Dille fein gehackt, 2 TL Senfkörner, 1 TL Kümmel, 7 g Salz

Zubereitung:
Die Portulaktriebe putzen, waschen und gut abtropfen lassen. Die Dörrbirnen in feine Streifen schneiden, die Gurken in Stifte hobeln, die Knoblauchzehen schälen und fein hacken, Senfkörner und Kümmel im Mörser zerreiben. Alle Zutaten gut mischen, in ein Glas stampfen oder drücken, bis etwas Flüssigkeit darübersteht. Eine Abdeckscheibe darüberlegen und beschweren. Das Glas verschließen, zwei Tage in der warmen Küche stehen lassen, damit die Gärung in Gang kommt, anschließend kühl und dunkel lagern. Nach fünf Wochen sind die fermentierten Portulaktriebe genussfertig, kühl und dunkel gelagert bleiben diese über ein Jahr lang frisch und knackig.

Bei der ersten Probe nach vier Monaten hatte das Ferment einen etwas säuerlichen und fein würzigen Duft. Die Portulaktriebe waren gut durchgezogen und harmonierten mit der süß-säuerlichen Dörrbirnengewürzmischung.

Das Ferment ist als anregende Vorspeise mit ein paar Tropfen Öl und gekochtem Gemüse zu genießen.

Fermentiertes Knopfkraut mit unreifen Äpfeln
(*Galinsoga ciliata, G. parviflora*)

Zutaten für ein 1000-ml-Glas:
450 Knopfkrauttriebe, vor der Blüte; 300 g unreife Frühäpfel, 200 g Lauch, 10 Knoblauchzehen, 1 Chilischote, 2 TL Senfkörner, je ½ TL Kümmel und Koriander, 10 g Salz

Zubereitung:

Die jungen Knopfkrauttriebe waschen und gut abtropfen lassen oder schleudern. Die Frühäpfel vierteln, Kerngehäuse entfernen und in kleine Würfel schneiden. Den Lauch, die Knoblauchzehen und die entkernte Chilischote fein schneiden. Die Senfkörner, den Kümmel und Koriander im Mörser zerreiben. Alle Zutaten gut durchmischen und eine Stunde stehen lassen, dann Lage für Lage in ein sauberes Glas drücken, sodass die entstehende Flüssigkeit über die zu fermentierende Knopfkraut-Apfel-Mischung steht. Mit Holzstäbchen abdecken, einem Gewicht beschweren und dem Deckel verschließen. Das Glas zwei Tage im Warmen stehen lassen, damit die Gärung zum Anlaufen kommt, anschließend kühl und dunkel lagern. Nach vier Wochen ist das Knopfkraut-Apfel-Ferment für den Genuss fertig. Kühl und dunkel gelagert, bleibt das Fermentierte im Aussehen und Geschmack ein Jahr gut erhalten. Zu beobachten ist jedoch die Fermentier-flüssigkeit, denn bei längerer Lagerung zieht sich die Flüssigkeit zurück, weshalb mit leicht gesalzenem Wasser aufzugießen ist.

Nach sechsmonatiger Lagerung hatte die Knopfkraut-Apfel-Mischung einen gut gesäuerten Geruch und bekömmlichen Geschmack. Das sonst intensive Knopfkrautaroma erhält durch die Fermentation leichte Anklänge nach Tinte. Das olivgrüne Kraut ist gut bissfest, keineswegs zäh und auch nicht strohig. Das sanft gesalzene Wildgemüseferment, kann in großen Mengen gegessen werden. Die Apfelwürfel sind leicht glasig, gelblichweiß bis gelb. Die Äpfel dürfen vor der Fermentation nicht zu reif sein, denn zu reife Exemplare werden mehlig weich, und außerdem besteht die Gefahr einer alkoholischen Gärung.

Mit kalt gepresstem Sonnenblumenöl gemischt ist das fermentierte Knopfkraut als eigenständiger Salat zu verschiedenen Reis-, Hirse-, Kartoffel- und Fleischgerichten passend. Mit roten Linsen und Öl gemischt, erhält man eine nicht alltägliche Salatidee.

Fermentierte Borretschtriebe mit Gurken
(*Borago officinalis, Cucumis sativus*)

Zutaten für ein 1500-ml-Glas:
500 g junge Borretschtriebe, 800 g Gurken, 10 Knoblauchzehen,
1 Handvoll Weinbergzwiebeln, 1 cm Ingwerwurzel, 1 TL Kümmel,
5 Tropfen Chilisoße, 1 TL Honig, 11 g Salz

Zubereitung:
Die Borretschtriebe waschen, trockenschleudern und fein schneiden. Die Gurken in feine Stifte hacheln, die Knoblauchzehen schälen und fein schneiden, die Weinbergzwiebeln schälen. Die Ingwerwurzel fein reiben. Den Kümmel mahlen und mit den übrigen Zutaten vermischen. Lagenweise in ein sauberes Schraubverschlussglas füllen und jede Lage gut niederdrücken oder stampfen, bis sich Flüssigkeit bildet. Eine Scheibe darüberlegen, mit einem Gewicht beschweren und dem Schraubdeckel verschließen.

Das Glas zwei Tage in der warmen Küche stehen lassen, damit die Gärung in Gang kommt, anschließend kühl und dunkel lagern. Nach vier Wochen ist das Borretsch-Gurken-Ferment genussfertig. Kühl und dunkel gelagert, hält dieses fermentierte Gemüse aber über ein halbes Jahr.

Zum Beispiel haben wir ein Glas des Borretsch-Gurkenferments nach sechs Monaten Lagerzeit geöffnet. Der erste Geruchseindruck war säuerlich und kam den Gurken nach, das Borretscharoma war leicht im Hintergrund wahrnehmbar. Beim Essen trat der Borretschgeschmack deutlicher hervor und die Gurken schmeckten wie Essiggurken. Die Konsistenz des Fermentierten war knackig und gut im Biss, die Borretschstiele nicht faserig, die Weinbergzwiebeln hatten eine leichte Schärfe und erfreuen das Genießerauge.

Die Fermentation mit Borretsch und Gurken war gut gelungen, das Gemüse war scharf und hatte einen Ingwerüberhang. Deshalb haben wir bei weiteren Fermentmischungen dieser Art die Ingwer- und Chilimenge etwas reduziert. Die Schärfe haben wir durch Beigabe von Öl, Kartoffeln, Tofu und roten Linsen abgemildert. Das Ferment eignet sich wunderbar zum Mischen mit Blattsalat.

Fermentierte Stiele und Stängel

Junge Blatt- oder Blütenstiele sind einfach und schnell zu sammeln, es kommt relativ schnell eine größere Menge zusammen. Sie eignen sich besonders gut zum Fermentieren. Verwendung finden ausschließlich junge, saftige Stiele, deren Fasern fein und schräg durchgeschnitten werden, damit diese beim Essen nicht stören und für die Verdauungsorgane zu bewältigen sind. Zu bedenken ist bitte: Wenn man Stiele sammelt, so sind auch die Blätter und Blüten einer sinnvollen Nutzung zuzuführen, um diese nicht zu verschwenden!

Fermentierte Angelikablattstiele
(*Angelica archangelica*)

Zutaten für ein 1200-ml-Glas: 10 Angelikablattstiele, ¾ l Wasser, 15 g Salz

Gewürzmischung: 10 Dörrbirnen, 200 g Lauch, 2 cm Ingwerwurzel

Zubereitung:
Die Angelikablattstiele schräg, feinblättrig (!) schneiden, damit die Fasern durchgeschnitten werden, und in eine Schüssel geben. Das Salz im Wasser auflösen und über die geschnittenen Stiele gießen. Drei Stunden ziehen lassen und abseihen. Danach die Dörrbirnen eine Stunde in das Salzwasser legen und immer wieder umrühren. Inzwischen den gewaschenen Lauch fein schneiden und den Ingwer fein reiben. Die Dörrbirnen aus dem Salzwasser heben und ebenso klein schneiden. Die geschnittenen Angelikastiele mit den Dörrbirnen, Lauch und Ingwer mischen, Lage für Lage in ein sauberes Glas drücken, eine Glas- oder Holzscheibe darüberlegen und beschweren. Das Glas verschließen, zwei Tage in der warmen Küche stehen lassen, damit die Gärung in Gang kommt, anschließend kühl und dunkel lagern. Nach vier Wochen ist das Ferment für den Genuss fertig. Kühl und dunkel kann es über neun Monate gelagert werden.

Nach neun Monaten haben wir unser Angelikafermentglas erstmals geöffnet. Ein würzig-scharfer Geruch, der uns das Wasser im Mund zusammenlaufen ließ, breitete sich aus. Die Stiele hatten einen angenehmen süßeren Geschmack bekommen, welcher von den Dörrbirnen ausgeht. Da die Angelika-Stiele quer zur Faser geschnitten wurden, waren die bissfesten, leicht herben Stücke gut zu kauen. Das penetrante Angelikaaroma war durch die Fermentation vollständig abgemildert.

Eine gelungene Kombination, die gut zu mit Sahne und Salz hergestellten Stampfkartoffeln passt. Auch in pikante oder süße Salate mischen wir dieses Ferment ein, wo es eine gute Aufwertung des Gemüses und Obstes bewirkt und neue Geschmacksvariationen eröffnet.

Fermentierte Wiesenkerbelblattstiele und -stängel
(*Anthriscus sylvestris*)

Zutaten für ein 1000-ml-Glas: 3 Handvoll Wiesenkerbelblattstiele und -Stängel, ¾ l Wasser, 15 g Salz

Gewürzmischung: 10 getrocknete Tomaten, 1 große Zwiebel, 5 Knoblauchzehen, 2 cm Ingwerwurzel, ¼ TL Chilipulver

Zubereitung:
Die Wiesenkerbelblattstiele und -stängel schräg, feinblättrig schneiden, damit die Fasern durchgeschnitten werden, und in eine Schüssel geben. Das Salz im Wasser auflösen und über die geschnittenen Stiele und Stängel gießen. Drei Stunden ziehen lassen und abseihen. Danach die getrockneten Tomaten eine halbe Stunde in das Salzwasser legen und immer wieder umrühren.

Inzwischen die Zwiebel und die Knoblauchzehen schälen und fein schneiden. Die Ingwerwurzel fein reiben. Die getrockneten Tomaten aus dem Salzwasser heben und ebenso klein schneiden. Die geschnittenen Kerbelstiele mit den Tomaten, Lauch und den restlichen Gewürzen mischen. Lage für Lage in ein sauberes Glas drücken, eine Glas- oder Holzscheibe darüberlegen und beschweren. Das Glas verschließen, zwei Tage in der warmen Küche stehen lassen, damit die Gärung beginnen kann, anschließend kühl und dunkel lagern. In drei Wochen ist das Kerbelferment für den Genuss fertig. Kühl und dunkel kann es bis zu einem Jahr gelagert werden.

Nach zehn Monaten Lagerzeit machten wir bei unserem Kerbelstiele- und -stängelferment die erste Kostprobe. Es hatte einen fruchtigen und säuerlichen Geruch. Das aus dem Glas entnommene fermentierte Gemüse sah sehr appetitlich aus und lud zum Zugreifen ein. Die Stiele und Stängel schmeckten erfrischend, säuerlich, waren sehr knackig mit einer minimalen herben und leicht tintigen Komponente im Hintergrund.

Die quer zur Faser geschnittenen Kerbelstiele und -stängel sind angenehm zu kauen. Mit einem guten Sonnenblumenöl wird die Säure und leichte Schärfe abgemildert und harmoniert wunderbar gut mit neutralem Basmatireis und in Butter gebratenem Austernseitling. Auch in Butter gebratene Paprika- und Gurkenstreifen passen optimal dazu. Herrlich schmeckt das Fermentierte im Reis untergemischt mit Thunfisch.

Durch die Fermentation werden die herben Stoffe umgewandelt, im Gegensatz zu gekochtem Blatt- und Stängelgemüse des Kerbels. Wir vermuten, dass getrocknete Tomaten und Birnen mit ihren Süßstoffen die Fermentation in eine bestimmte Richtung lenken.

Fermentierte Klettenblattstiele
(*Arctium lappa, A. minus*)

Zutaten für ein 1200-ml-Glas: 750 g Klettenblattstiele, ½ l Wasser, 10 g Salz

Gewürzmischung:
1 saurer Apfel, 200 g Lauch, 2 cm Ingwerwurzel, 5 Tropfen Chilisoße, 2 g Salz

Zubereitung:
Da die Klettenblattstiele im Laufe ihres Auswachsens rasch Fasern anlegen, muss deren Ernte jung erfolgen. Die gewaschenen Blattstiele schräg fein blättrig schneiden und in eine Schüssel geben. Das Salz im Wasser auflösen und über die geschnittenen Stiele gießen, über Nacht stehen lassen, danach abseihen. Während dieser Zeit löst das Wasser einen Teil der herben Stoffe heraus und die geschnittenen Stielstücke geben einen parfümartigen Duft frei.

Rezepte – Fermentierte Stiele und Stängel

Den sauren Apfel und Lauch fein schneiden. Die Ingwerwurzel fein reiben. Die Zutaten der Gewürzmischung mit den Stücken der Klettenblattstiele gut durchmischen und Lage für Lage in ein sauberes Glas drücken. Ungefähr drei Zentimeter zum oberen Glasrand frei lassen, damit die sich während der Gärphase ausdehnende Flüssigkeit genug Platz hat. Zwei Esslöffel Salzlake darübergeben, eine Holzscheibe darüberlegen und beschweren. Das Glas verschließen, zwei Tage in der warmen Küche stehen lassen, damit die Gärung in Gang kommt, anschließend kühl und dunkel lagern. Nach drei Wochen ist das Ferment für den Genuss fertig. Kühl und dunkel kann es bis zu eineinhalb Jahre gelagert werden.

Nach einer sechzehnmonatigen Lagerung war der Geruch beim Öffnen fruchtig-würzig. Die Scheibchen der Klettenblattstiele waren sehr zart, knackig und saftig. Das frisch säuerliche Ferment hatte eine der Gewürzmenge entsprechende Schärfe. Eine kleine Ölbeigabe milderte das Ferment ab. Es passt pur als appetitanregende Vorspeise, aber auch mit Obst gemischt als verdauungsfördernde Nachspeise.

Fermentierte Wiesenbärenklau-Blattstiele
(*Heracleum sphondylium*)

Zutaten für ein 700-ml-Glas: 300 g Bärenklau-Blattstiele, 200 g Gurken, 1 cm Ingwerwurzel, 1 Orange

Zubereitung:
Das Sammelgut des Wiesenbärenklaus darf nicht von überdüngten Standorten stammen, denn beim Fermentationsprozess entstehen einerseits Entwicklungen mit unangenehmen Gerüchen und Geschmäckern und die

Rezepte – Fermentierte Stiele und Stängel

Fermente sind zumeist unbrauchbar. Andererseits sind sie anfälliger für Schimmelbildungen und eine breiartige Konsistenz.

Die gewaschenen Bärenklau-Blattstiele schräg feinblättrig schneiden. Die gewaschenen (evt. geschälten) Gurken in feine Stifte hobeln. Die unbehandelte Orange gut waschen und trocken reiben. Die Ingwerwurzel und die Schale einer halben Orange fein reiben, das filetierte Orangenfruchtfleisch schneiden. Die Zutaten gut durchmischen und schichtweise in ein Glas drücken. Ungefähr drei Zentimeter zum oberen Glasrand frei lassen, damit die sich während der Gärphase ausdehnende Flüssigkeit genug Platz findet. Eine passende Keramik- oder Holzscheibe darüberlegen und beschweren. Das Glas verschließen, zwei Tage in der warmen Küche stehen lassen, damit die Gärung beginnt, anschließend kühl und dunkel lagern. Schon nach drei Wochen ist das Ferment von den Milchsäurebakterien gut durchgearbeitet worden und genussfertig. Kühl und dunkel kann es sieben bis acht Monate gelagert werden.

Nach fünfzehnmonatiger Lagerung haben wir das letzte ohne Salz zubereitete Bärenklau-Blattstieleferment genossen. Der Duft war frisch säuerlich nach Grapefruits und Mandarinen. Der Geschmack ist ebenso säuerlich mit deutlichen Noten der Gewürze. Pur gegessen ist es lecker, ein wenig herb durch die Schalenanteile der Orange und leicht scharf vom Ingwer. Die schräg geschnittenen Bärenklau-Blattstiele sind knackig bis weich, man spürt jedoch keine Fasern beim Essen.

Das angenehme Orangenaroma kommt, mit einem süßlichen Apfel gemischt, erst richtig zum Tragen. Durch die Schärfe vom Ingwer wirkt das Ferment als Vorspeisensalat mit Apfel sehr anregend und muntermachend. Aber auch als verdauungsfördernde Nachspeise in Form eines Fruchtsalates haben wir es liebgewonnen. Verwendet man einen süßlichen Apfel, so bedarf es keines zusätzlichen Süßstoffs. Ist jemanden die Orangenschale und der Ingwer zu herb oder würzig, so kann die Speise mit einem höheren Frischobstanteil gestreckt werden.

355

Fermentierte Löwenzahnstiele
(*Taraxacum officinale*)

Zutaten:
1 Handvoll Löwenzahnstiele, 10 Radieschen,
¾ l Wasser, 15 g Salz

Gewürzmischung:
10 Radieschen, 1 Zwiebel, 1 EL Senfkörner,
5 Tropfen Chilisoße

Zubereitung:
Die Löwenzahnstiele in zwei Zentimeter lange Stücke schneiden, die Radieschen in Stifte hobeln und in eine Schüssel geben. Das Salz im Wasser auflösen und über das geschnittene Gemüse gießen. Zwei Stunden ziehen lassen und abseihen. Inzwischen für die Gewürzmischung die restlichen Radieschen fein reiben, die Zwiebel klein schneiden und die Senfkörner im Mörser zerreiben.

Die geschnittenen Löwenzahnstiele mit den Radieschen, der Zwiebel, Senfmehl und der Chilisoße mischen, Lage für Lage in ein sauberes Schraubverschlussglas drücken, zwei Esslöffel Salzlake darübergeben, einige Ulmenblätter darüberlegen und beschweren. Das Glas verschließen, zwei Tage in der warmen Küche stehen lassen, damit die Fermentation in Gang kommt, anschließend kühl und dunkel lagern. Nach vier Wochen ist das Löwenzahnstieleferment für den Genuss fertig. Kühl und dunkel kann es bis zu einem Jahr gelagert werden.

Wenn man das Glas mit den fermentierten Löwenzahnstielen nach neun Monaten öffnet, kommt ein feiner, sehr guter Geruch heraus. Die fermentierten Stiele sind gut erhalten, keineswegs zäh, sondern knackig und bissfest. Erfrischend mit einer angenehmen Herbheit in den Stielen und einer ausgewogenen Schärfe in der Gewürzmischung. Die Radieschen verleihen dem Ferment einen gleichmäßigen rosa Farbton.

Mit in Butter gebratenen Mangoldstielen und Polenta harmoniert das erfrischende Löwenzahnstieleferment sehr gut. Als Senfersatz zu Kesselwurst gereicht, gibt das mit Senfkörner gewürzte Ferment den typischen Geschmack und unterstützt die Verdauung. Innerhalb der ersten fünf Wochen schmecken die Löwenzahnstiele etwas herber, bei längerer Lagerung werden sie milder.

Fermentierte Dillestiele
(*Anethum graveolens*)

Zutaten für ein 500-ml-Glas: 150 g Dillestiele, 100 g Lauch, 100 g Bierrettich, 1 EL Paprikapulver, 1 TL Schwarze Senfsamen, 3 g Salz

Zubereitung:

Die Dillestiele drei Millimeter breit und schräg schneiden. Den Lauch und den Bierrettich fein schneiden. Die Senfsamen im Mörser zerdrücken. Alle Zutaten in einer Schüssel gut durchmischen und Lage für Lage in ein Glas drücken, bis etwas Flüssigkeit das Gemüse überdeckt. Ungefähr drei Zentimeter zum oberen Glasrand frei lassen, damit die sich während der Gärung ausdehnende Flüssigkeit genug Platz hat. Eine Scheibe darüberlegen, beschweren und mit dem Deckel verschließen. Zwei Tage in der warmen Küche stehen lassen, damit die Tätigkeit der Milchsäurebakterien in Gang kommt, anschließend kühl und dunkel lagern. Nach vier Wochen ist das Ferment für den Genuss fertig. Kühl und dunkel kann es bis zu sieben Monate gelagert werden.

Eine erste Verkostung des Dillestieleferments führten wir nach dreimonatiger Lagerzeit durch. Ein sinnliches Dillearoma stieg uns in die Nase. Beim Verspeisen bieten sich weitere überraschende Geschmacksnuancen aus den Gewürzzutaten. Die Fermentmischung ist erfrischend, angenehm zu Essen und wunderbar gut in Kombination mit geschnittenem Chinakohl als Salat. Sie ist als Vorspeise oder purer Salat sehr gut zu Fisch zu empfehlen.

Fermentierte Alpen-Ampferblattstiele
(*Rumex alpinus, Rumex obtusifolius*)

Zutaten für ein 700-ml-Glas: 300 g Alpen-Ampferblattstiele, 150 g Lauch, 150 g Karotten, 1 cm Krenwurzel, 1 TL Honig, ½ TL Chilipaste, 5 g Salz

Zubereitung:
Die Alpen-Ampferblattstiele schräg in Scheiben schneiden, damit die Fasern durchgeschnitten werden und in eine Schüssel geben. Den Lauch fein schneiden. Die Karotten und die Krenwurzel fein reiben. Alle Zutaten gut miteinander vermischen und schichtweise in ein sauberes Schraubverschlussglas drücken, Holzspateln darüberlegen und beschweren. Das Glas verschließen, zwei Tage in der warmen Küche stehen lassen, damit die Gärung in Gang kommt, anschließend kühl und dunkel lagern. Nach drei Wochen ist das Alpen-Ampferferment für den Genuss fertig. Kühl und dunkel kann es bis zu einem Jahr gelagert werden. Dieses Rezept funktioniert auch hervorragend mit den Blattstielen des Breitblättrigen Ampfers (*Rumex obtusifolius*).

Als wir nach viermonatiger Reifezeit unser Alpen-Ampferstieleferment geöffnet hatten, trat ein Geruch nach Senf mit einer feinen Säure entgegen. Das aus dem Glas entnommene Gemüse sieht sehr appetitlich aus, hat einen süßlichen Geschmack mit einer milden Säure. Die im Ampfer enthaltene

Oxalsäure wurde durch den Fermentationsprozess abgebaut. In Kombination mit der Gewürzsoße sind die klein geschnittenen Stiele kompakt, knackig und gut saftig geblieben.

    Das Ferment mit in Butter gedünsteten lauwarmen Gemüsewürfeln gemischt, ergibt eine energiereiche Mahlzeit, wenn man dazu Hirse, Reis oder Getreidereis serviert. Als Salat mit einem kleinen Schuss Öl bereitet, kann man davon eine größere Menge verzehren.

Fermentierte Alpen-Ampferblattstiele mit Bärwurzblättern
(*Rumex alpinus, Meum athamanticum*)

Zutaten für ein 700-ml-Glas:
300 g Alpen-Ampferblattstiele, 3 große Handvoll Bärwurzblätter,
1 TL Honig, 5 bis 6 g Salz

Zubereitung:
Die Alpen-Ampferblattstiele schräg in Scheiben schneiden, damit die Fasern durchgeschnitten werden, und in eine Schüssel geben. Die Bärwurzblätter fein schneiden, mit Honig und Salz vermischen und lagenweise mit den Stielen in ein sauberes Schraubverschlussglas drücken, bis etwas Flüssigkeit übersteht, eine Holzscheibe darüberlegen und beschweren. Das Glas verschließen, zwei Tage in der warmen Küche stehen lassen, damit die Gärung beginnen kann, anschließend kühl und dunkel lagern. Nach drei Wochen ist das Alpen-Ampfer-Bärwurzferment zum Essen fertig. Kühl und dunkel kann es bis zu einem Jahr gelagert werden.

Rezepte – Fermentierte Stiele und Stängel

Nach vier Monaten war der Geruch beim Öffnen zitronenartig und fruchtig nach Kompott. Es hatte ein Aroma nach Grapefruitschale. Die Ampferstücke waren gut im Biss und die würzigen Bärwurzblätter weich. Beim Kauen entwickelte sich ein moosig bis modriges Aroma mit einer gering herben, aber leicht scharfen Komponente. Die Herbe des Ausgangsmaterials war reduziert, man schmeckt und riecht dennoch den Erdmoder der Ampferflur und den felsigen Untergrund des Bärwurzstandortes heraus.

Madaun-Alpen-Ampferstieleferment
(*Ligusticum mutellina, Rumex alpinus*)

Zutaten für ein 300-ml-Glas:
200 g Alpenampfer-Blattstiele, 30 g Madauntriebe, ½ TL Honig, 4 g Salz

Zubereitung:
Im Alpenraum nutzte man die natürlich vorkommende Kraft der Wildkräuter zum Würzen von Sauerkraut. Eine dieser Pflanzen ist der Madaun oder Mutterwurz, die zum Einsäuern von Alpenampfer-Sauerkraut verwendet wurde. Wir sammelten die Madaunblätter vor oder während der Blüte, da sie ansonsten faserig und herb werden.

Die jungen Alpen-Ampferblattstiele sauber sammeln und schräg in Scheiben schneiden, damit die Fasern durchgeschnitten werden, und in eine Schüssel geben. Die würzigen Madauntriebe fein schneiden, mit Honig und Salz vermischen und in Lagen mit den Stielen in ein Glas drücken, bis etwas Flüssigkeit übersteht, eine Scheibe darüberlegen und beschweren. Das Glas verschließen, zwei Tage in der warmen Küche stehen lassen, damit die Gärprozesse in Gang kommen, anschließend kühl und dunkel lagern. Nach drei Wochen ist das Madaun-Alpen-Ampferferment für den Genuss fertig. Kühl und dunkel kann es bis zu einem Jahr gelagert werden.

Die Mischung hatte nach vier Monaten einen blumigen Duft. Der Geschmack war säuerlich, leicht würzig und etwas scharf. Die beiden Pflanzen ergänzen sich ausgezeichnet. Das würzige Ferment passt zu gekochtem Gemüse, gibt mildem Hartkäse eine besondere Note und bereichert Wildgerichte.

Alpen-Ampferblattstiele in Salzwasser fermentiert
(*Rumex alpinus*)

Zutaten für ein 500-ml-Glas:
2 Bund Alpen-Ampferblattstiele, 300 ml Wasser, 6 g Salz

Zubereitung:
Wenn möglich ein schlankes hohes Glas verwenden. Junge, saftige Alpen-Ampferblattstiele sammeln und die Länge abgleichen. Die gewaschenen Stiele eng in ein sauberes Glas stellen. Zum oberen Rand hin müssen zwei Fingerbreit frei bleiben. Das Salz in kaltem Wasser auflösen und über die Stiele gießen. Eine Press-down- oder Holzscheibe darüberlegen und beschweren. Das Glas verschließen, zwei Tage in der Küche stehen lassen, damit die Gärung anlaufen kann. Danach das Glas kühl und dunkel lagern. Nach drei Wochen sind die fermentierten Alpen-Ampferblattstiele schon genussreif. Bis zu einem Jahr können sie kühl und dunkel gelagert werden.

Die Ampferblattstiele blieben in der Farbe und Konsistenz gut erhalten. Sie waren knackig bis weich im Biss und hatten einen mild säuerlichen Geschmack. Anstelle von Essiggurken sind die schräg geschnittenen Stiele pur zu essen. Ebenso sind sie als Garnitur oder Gewürz einsetzbar.

In gleicher Weise lassen sich die Blattstiele des Stumpfblättrigen Ampfers (*Rumex obtusifolius*) der überdüngten Grünländer, wenn man will, zubereiten. Jedoch muss darauf hingewiesen werden, dass dieser mehr Oxalsäure enthält.

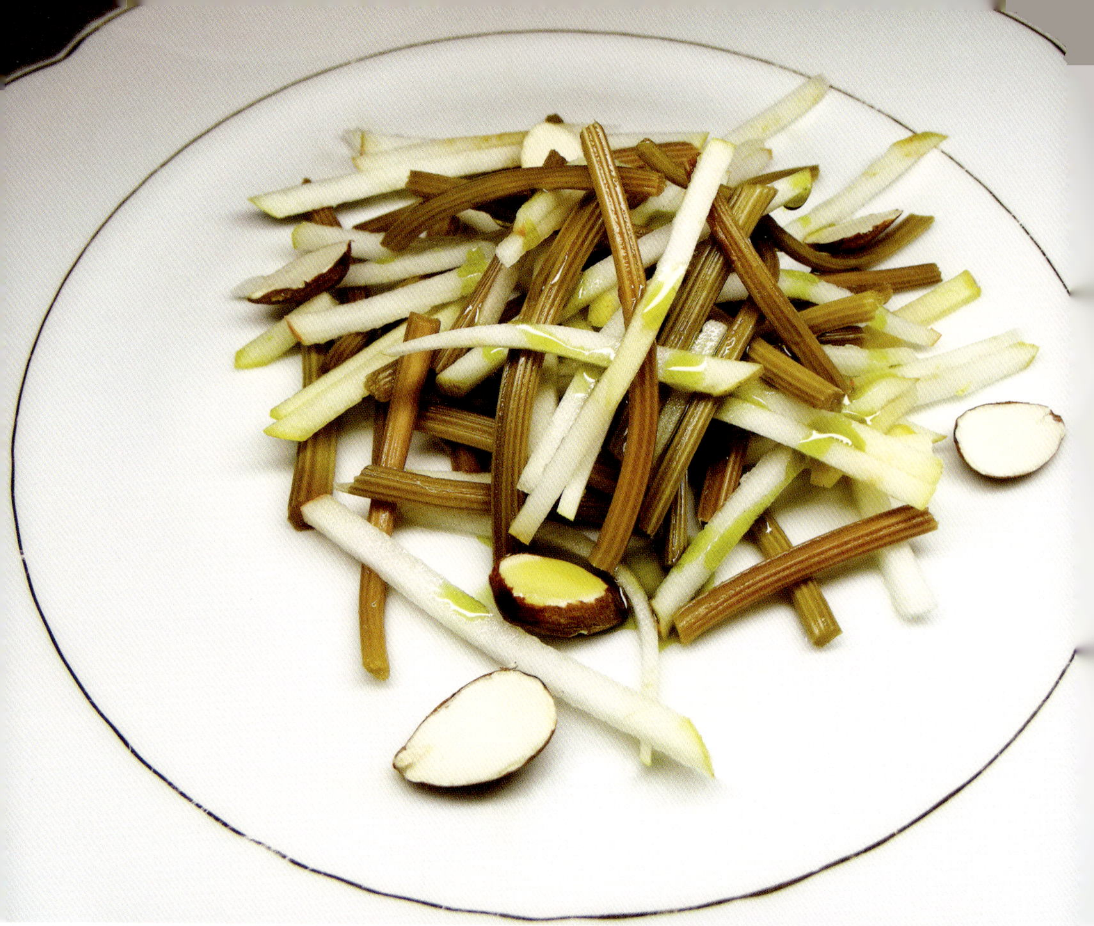

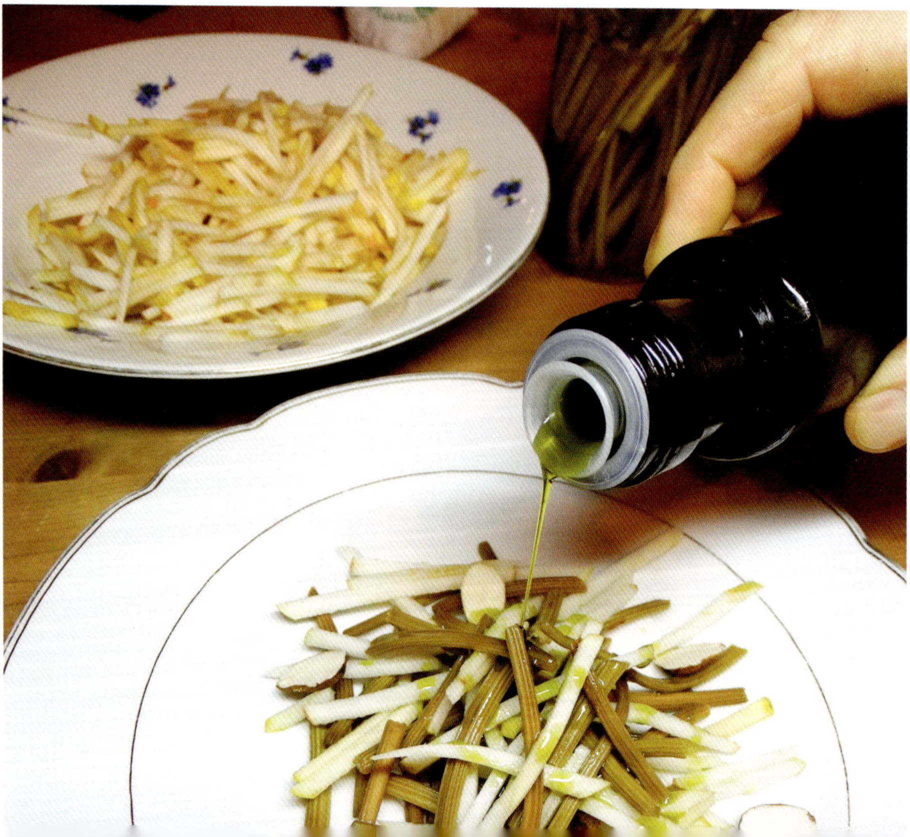

Ein Knabberferment aus Gierschblattstielen
(*Aegopodium podagraria*)

Zutaten für ein 300-ml-Glas:
2 Bund Gierschblattstiele, 150 ml Wasser, 4 g Salz

Zubereitung:
Bei der Gartenarbeit bekommt man große Mengen Giersch oder bei der Spinatbereitung bleiben die Blattstiele zurück. Die jungen Gierschblattstiele werden sauber gesammelt und gewaschen. In Abstimmung an die Glashöhe wird die Stiellänge abgeglichen und muss deshalb um gut zwei Zentimeter mehr eingekürzt werden.

Das Salz in kaltem Wasser durch Rühren auflösen und über die stehend eingeschichteten Blattstiele gießen. Eine Glasscheibe darüberlegen und beschweren. Das Glas verschließen, zwei Tage in einem warmen Raum bei ca. 18 bis 20°C stehen lassen, damit die Gärprozesse in Gang kommen. Anschließend das Glas kühl und dunkel lagern. Nach vier Wochen ist das Blattstielferment für den Genuss tauglich. Kühl und dunkel kann es bis zu einem Jahr gelagert werden, und das Wildgemüse bleibt immer noch knackig.

Die Blattstiele waren gut zu essen, da sie die feste Konsistenz beibehalten.

Der Geschmack war säuerlich und hatte ein typisches Gierscharoma mit einer leichten Komponente nach Karotte. Die Blattstiele können vor der Milchsäurevergärung ebenso in kleine Stücke von ein bis zwei Zentimeter geschnitten werden oder wenn man sie aus dem Glas nimmt. Jedoch erscheinen die langen Blattstiele zum Knabbern einladender zu sein.

Wir verwenden sie zur Käsejause ähnlich wie Essig- oder Sauergurken, da sie praktisch zum Dazuessen sind, oder für Brotaufstriche. Oder sie passen als Servierbeilage bei Vorspeisen und Salaten.

Fermentierte Blütenknospen

Die Kraft der Knospen löst seelische Kälte, Angst und Verkrampfungen, sie baut auf, stärkt und gibt den Menschen Sicherheit (s. NEDOMA, G. 2016). Um Knospen länger verfügbar zu haben, besteht die Möglichkeit, sie zu fermentieren. Die dafür verwendeten Knospen sollen ganz jung und geschlossen gesammelt und sofort verarbeitet werden. Auch kleine Mengen gelingen gut. Auch Knospenmehle eignen sich zum Aromatisieren. Knospen werten Gerichte mit Käse, Obst, Brötchen und verschiedene Salate auf. Beim Gustieren ist eine Ölbeigabe vorteilhaft. Gegebenenfalls kann das Pulver von getrockneten Knospen Einsatz in die Fermentation finden.

Löwenzahnblütenknospen mit Bierrettich oder Radieschen
(*Taraxacum officinale, Raphanus sativus* var. *sativus, Raphanus sativus* var. *albus*)

Zutaten für ein 500-ml-Glas: 3 Handvoll Löwenzahnblütenknospen, 1 mittelgroßer Bierrettich, 5 g Salz, 150 ml Wasser

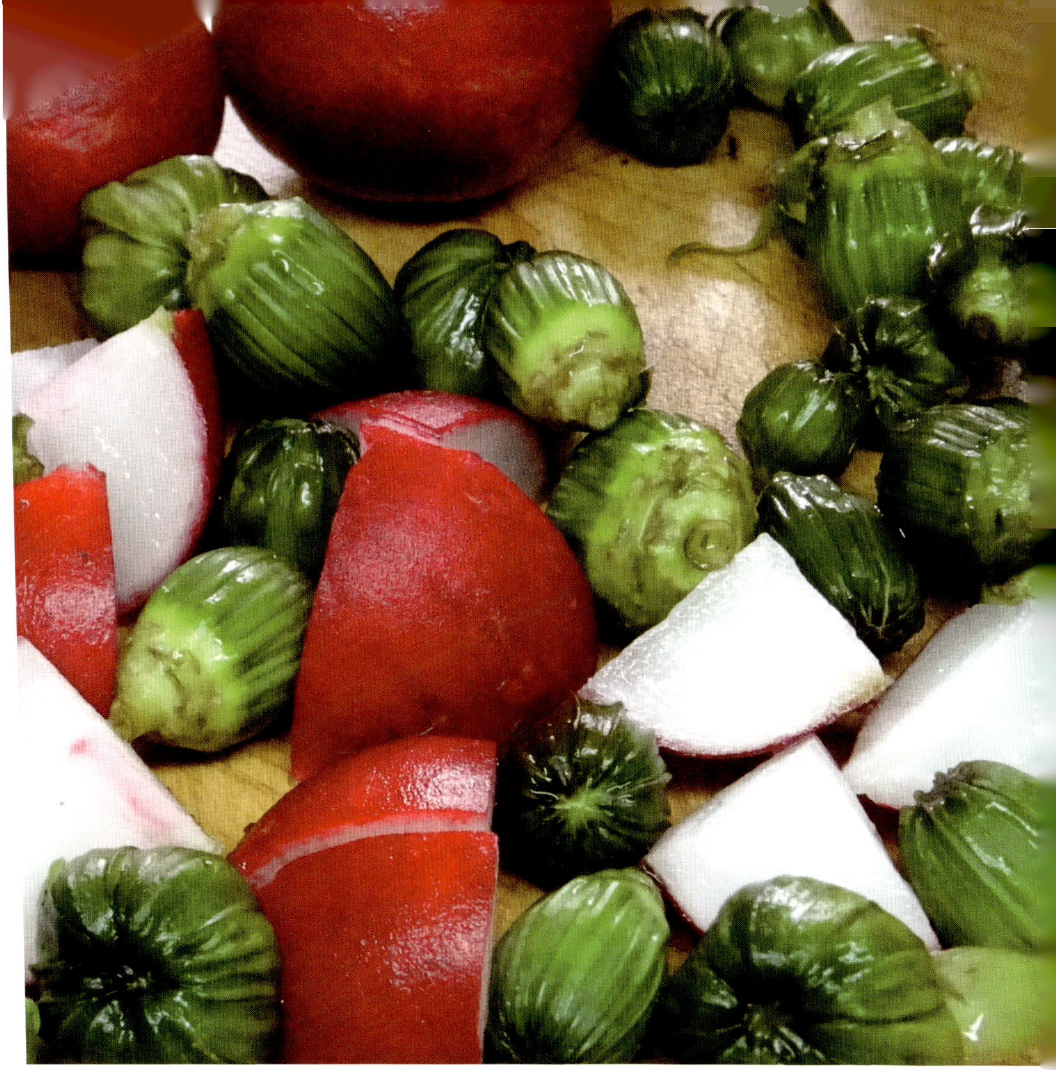

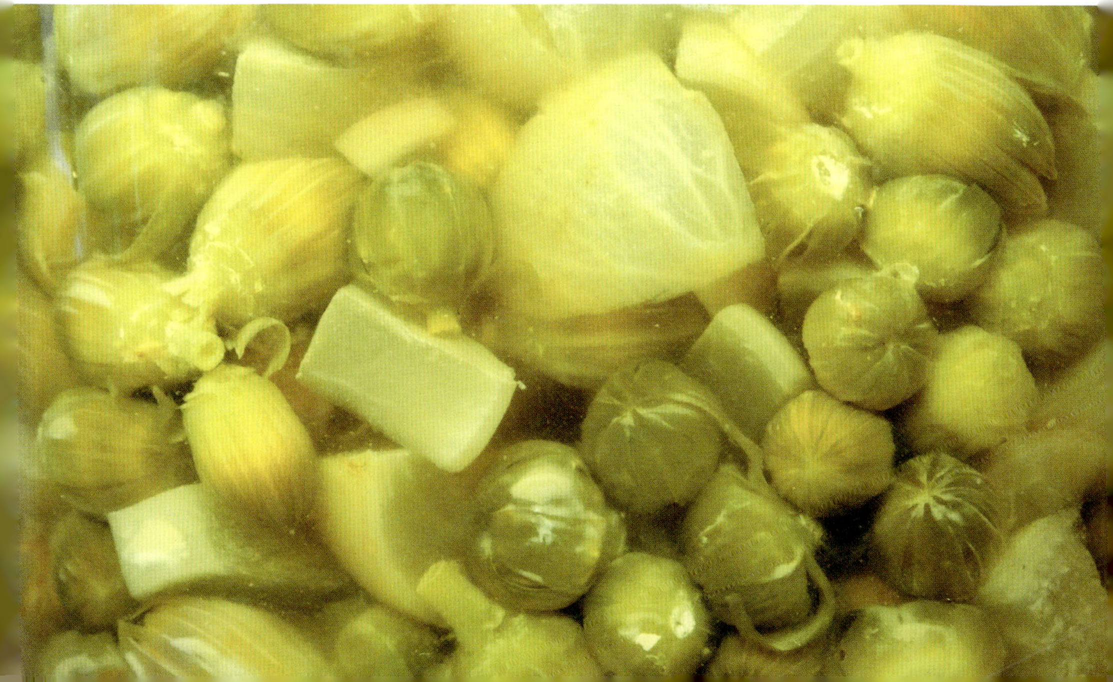

Rezepte – Fermentierte Blütenknospen

Zubereitung:
Solange sich die Löwenzahnknospen noch im Zentrum der Blattrosette befinden, eignen sie sich für diese Zubereitung. Den Bierrettich waschen, putzen und in kleine Würfel schneiden, welche an die Löwenzahnknospen in der Größe angepasst sind. Die Blütenknospen und die Bierrettichstücke schichtweise in ein Glas geben. Das Salz in kaltem Wasser auflösen, das Glas mit dem Salzwasser auffüllen, eine Press-down-Scheibe darüberlegen, wenn notwendig beschweren, damit das Gemüse im Salzwasser bleibt und nicht aufschwimmen kann. Das Glas verschließen, zwei Tage bei einer Raumtemperatur von 18 bis 24 Grad stehen lassen, damit die Gärung rascher hervorgerufen wird, anschließend kühl und dunkel lagern. Nach drei Wochen ist das Ferment für den Genuss fertig. Kühl und dunkel kann es bis zu einem Jahr gelagert werden.

Die Löwenzahnknospen sind zum Fermentieren bestens geeignet. In Kombination mit Bierrettich bekommt das Ferment eine schöne Ausstrahlung. Beim Essen ergänzen sich die zarten Knospen und die knackigen Bierrettichstückchen optimal. Das Ferment stellt als Vorspeise, Zwischenmahlzeit oder als Salat eine wunderbare Bereicherung unserer Speisenpalette dar.

Bärlauchblütenknospen in Salzwasser
(*Allium ursinum*)

Zutaten für zwei 350-ml-Gläser: 200 g Bärlauchblütenknospen, 400 ml Wasser, ca. 12 g Salz

Zubereitung:
Die Bärlauchblütenknospen in saubere Schraubverschlussgläser geben. Das Salz in kaltem Wasser auflösen und über die Knospen gießen. Eine passende Scheibe darüberlegen, damit das Gemüse im Salzwasser bleibt und nicht aufschwimmen kann. Die Gläser verschließen, zwei Tage bei Raumtemperatur im Bereich von 18 bis 24 Grad stehen lassen, damit die Gärung in Gang kommt, anschließend kühl und dunkel lagern. Nach drei Wochen sind die fermentierten Bärlauchblütenknospen für den Genuss fertig. Kühl und dunkel können sie zehn Monate bis zu einem Jahr gelagert werden, danach baut sich das Aroma ab.

    Das Ferment hat einen süßlichen, karamellartigen Geruch nach Schwefel. Die knackigen Knospen waren angenehm mild und gut zu kauen. Sie hatten ein rundes Aroma, keine Säure, und die Schärfe hatte sich beinahe abgebaut.

Rezepte – Fermentierte Blütenknospen

Die Bärlauchknospen sind schön zum Garnieren von kalten Gerichten, aber auch als kleiner Imbiss für zwischendurch geeignet. Bei geringem Salzgebrauch lässt sich die appetitanregende Fermentierflüssigkeit gut trinken oder für Salate nutzen. Auch zum Garnieren der Salate oder von Brötchen sind die länglichen Knospen gut geeignet.

Fermentierte Ackerwitwenblumenkapern
(*Knautia arvensis*)

Zutaten für ein 350-ml-Glas: 4 Handvoll Witwenblumenblütenknospen, 1 kleine, milde Chilischote, 150 ml Wasser, ca. 4 g Salz

Zubereitung:
Die Witwenblumenblütenknospen mit der geschnittenen Chilischote in ein sauberes Glas geben. Das Salz in kaltem Wasser auflösen und über die Knospen gießen. Eine Glasscheibe darüberlegen, damit das Gemüse im Salzwasser bleibt und nicht aufschwimmen kann. Das Glas verschließen, zwei Tage bei einer Raumtemperatur von 18 bis 24 Grad stehen lassen, damit die Gärung ausgelöst wird, anschließend kühl und dunkel lagern. Nach drei Wochen sind die fermentierten Witwenblumenkapern für den Genuss tauglich. Kühl und dunkel können sie zehn Monate oder bis zu einem Jahr gelagert werden.

Nach einer zehnmonatigen Lagerzeit öffneten wir das Glas mit den Witwenblumenkapern. Der Geruch war mild und angenehm säuerlich. Die typische Knospenform blieb schön erhalten. Die Blütenknospen waren ideal als Kapern einsetzbar und hatten einen neutralen bis leicht herben Geschmack. Die jungen, sehr dekorativen Kapern bleiben in der Konsistenz zart, die älteren sind etwas haarig und werden zäher. Die fermentierten Knospen sind unempfindlich beim Hantieren und schmecken gut zu Weißbrot und Käse oder auf Brötchen.

Schnittlauchknospen mit Radieschen fermentiert
(*Allium schoenoprasum*)

Zutaten für ein 500-ml-Glas: 3 Handvoll Schnittlauchknospen, 3 Handvoll Radieschen, 5 bis 6 g Salz, 150 ml Wasser

Zubereitung:
Wir nutzen in unseren Gärten die anfallenden, geschlossenen Knospen des Schnittlauchs für Speise- und Vorratszwecke, indem wir die Knospen mit Radieschen fermentieren. Um ein vorzügliches Ferment zu erhalten, werden die Radieschen gewaschen, geputzt und je nach Größe halbiert oder geviertelt. Die geschlossenen Schnittlauchknospen und die Radieschenstücke geben wir schichtweise in ein Glas. Dann das Salz in kaltem Wasser auflösen, das Glas mit dem Salzwasser auffüllen, eine Scheibe darüberlegen, wenn notwendig beschweren, damit das Gemüse im Salzwasser bleibt und nicht aufschwim-

men kann. Das Glas verschließen, zwei Tage bei einer Raumtemperatur von 18 bis 24 Grad stehen lassen, damit die Gärung in Gang kommt, anschließend kühl und dunkel lagern. Nach vier Wochen ist die fermentierte Mischung aus Schnittlauchknospen und Radieschen zum Verzehr fertig. Kühl und dunkel können sie bis zu einem Jahr gelagert werden.

Wir haben unser Glas nach einer neunmonatigen Lagerzeit geöffnet. Ein dezent säuerlicher Geruch nach Schwefelaromen entwich dem Glas. Das Ferment hatte ansprechende Farben: olivgrüne Schnittlauchknospen, rosa durchzogene Radieschenstücke sowie die rote Fermentierflüssigkeit, welche

von der Schale der Radieschen und den Schnittlauchknospen herrührte. Nicht nur in den Farben, sondern auch in den Aromen bereicherten sich die Schnittlauchknospen und Radieschen wunderbar, auch die Schwefelaromen harmonierten. In der Konsistenz blieben die Schnittlauchknospen sehr kompakt, die Radieschenstücke waren ideal bissfest und der Salzgehalt ausgewogen.

Einsetzbar ist dieses Ferment für Mischsalate, die länger mariniert werden, damit sich Salz und Säure verteilen können. Essig und Salz sind zusätzlich nicht unbedingt notwendig, etwas Öl aber schon. Der Salat ist jedoch mit ein paar Tropfen Zitronensaft oder Essig harmonischer im Geschmack. Sollte es übersalzen sein, gleichen andere Zutaten den Salzgehalt aus.

Gut ist das Schnittlauchknospenferment in Kombination mit Bohnen, Linsen, Getreide, Reis, Buchweizen und verschiedenen Blattsalaten. Als Beigabe sind sie zur Jause wunderbar geeignet. Schnittlauchknospen eignen sich allein hervorragend zum Fermentieren, sie werden in der Konsistenz zart, sind dennoch knackig und behalten eine geringe Schärfe. Die leicht säuerlich schmeckenden und nach Schwefel riechenden Knospen sind vom Aussehen wie auch vom Geruch her sehr appetitanregend.

Fermentierte Nachtkerzenblütenknospen
(*Oenothera biennis*)

Zutaten für ein 350-ml-Glas: 100 g Nachtkerzenblütenknospen, 2 Knoblauchzehen, 2 Scheiben einer Krenwurzel, 250 ml Wasser, ca. 5 g Salz

Zubereitung:
Die langen Nachtkerzenblütenknospen in ein schlankes Glas geben und die geschälten Knoblauchzehen hinzufügen. Das Salz in kaltem Wasser auflösen und über die Knospen gießen. Mit den Krenwurzelscheiben abdecken und beschweren. Das Glas verschließen, zwei Tage bei einer Raumtemperatur von 18 bis 24 Grad stehen lassen, damit die Gärung anspringen kann, anschließend kühl und dunkel lagern. Nach vier Wochen sind die fermentierten Nachtkerzenblütenknospen bereits genusstauglich. Kühl und dunkel können sie zehn Monate bis zu einem Jahr reifen.

Nach vierzehnmonatiger Lagerzeit hatten die Knospen ein appetitliches olivgrün, eine herrlich knackige Konsistenz, ein rundes, ausgereiftes, kapernähnliches Aroma mit einer im Hintergrund wahrnehmbaren Schärfe der Gewürze. Wahrlich eine Delikatesse, welche mit den Fingern mitsamt den Stängeln zu essen ist. Da haben wir einen neuen tollen Gaumenkitzel entdeckt.

Kapern aus Wiesenpippaublütenknospen
(*Crepis biennis*)

Zutaten für ein 350-ml-Glas: 4 Handvoll zarte Wiesenpippaublütenknospen, 250 ml Wasser, ca. 5 g Salz

Zubereitung:
Von den jungen, zarten, noch fest verschlossenen Wiesenpippaublütenknospen sind die kleineren Exemplare zu nehmen und in ein Schraubverschlussglas zu geben. Das Salz in kaltem Wasser auflösen und über die Knospen gießen. Mit Baumblättern abdecken und beschweren. Das Glas verschließen, zwei Tage in der Küche bei 18 bis 24 Grad stehen lassen, damit die Gärung in Gang kommt, anschließend kühl und dunkel lagern. Nach vier Wochen sind die fermentierten Blütenknospen für den ersten Verzehr fertig. Kühl und dunkel können sie bis zu zehn Monate gelagert werden.

Wir machten dann eine Verkostung, wobei der Geruch beim Öffnen modrig war, obwohl keine Fehlgärung stattfand. Wir wiederholten diese Zubereitung, und offenbar gehört dieser Geruch zum Wiesenpippauferment dazu. Die Farbe der Knospen war dunkeloliv, sie hatten eine kompakte Konsistenz, waren weich beim Kauen und verzeichneten einen herben Abgang. Mit ein paar Tropfen Öl oder Honig kombiniert, verliert sich das herbe Aroma. Die fermentierten Knospen sind unempfindlich, sehen dekorativ aus und lassen sich vielfältig einsetzen.

Kapern erhält man, indem man die Blütenknospen nur in Salzlake einlegt. Das herbe Aroma verliert sich, wenn man diese mit ein paar Tropfen Öl oder Honig anrichtet.

Wiesenpippaublütenknospen mit Radieschen fermentiert
(*Crepis biennis*)

Zutaten für ein 350-ml-Glas: 3 Handvoll Wiesenpippaublütenknospen, 10 Radieschen, oder ein kleiner Bierrettich, 200 bis 250 ml Wasser, 6 g Salz

Zubereitung:
Die Wiesenpippaublütenknospen und die geviertelten Radieschen schichtweise in ein Schraubverschlussglas geben. Das Salz in kaltem Wasser auflösen und über die Knospen-Radieschenmischung gießen. Mit einer Glasscheibe abdecken und beschweren. Das Glas verschließen, zwei Tage in der Küche bei 18 bis 24 Grad stehen lassen, damit die Gärung beginnen kann, anschließend kühl und dunkel lagern. Nach vier Wochen ist die fermentierte Knospen-Radieschenmischung für den Genuss fertig. Kühl und dunkel können sie zehn Monate bis zu einem Jahr gelagert werden.

Das Mischen mit den Radieschen wirkt sich bereichernd auf die Knospen aus, denn das Herbe der Knospen wird dadurch abgemildert, und sie bringen zusätzlich ein erfrischendes Aroma in das Ferment. Die Fermentmischung kann kreativ in verschiedene Gerichte integriert werden.

Fermentierte Margeritenblütenknospen
(*Leucanthemum vulgare*)

Zutaten für ein 250-ml-Glas: 3 Handvoll Margeritenblütenknospen, 100 ml Wasser, 3 g Salz

Zubereitung:
Nur kleine Mengen Margeritenknospen sammeln und nur auf Wiesen, wo sehr viele davon vorkommen. Vorteilhaft ist, bestimmte Gartenflächen nicht als Scherrasen sondern als Wiesen zu bewirtschaften, wo sich die Margeriten vermehren können.

Die fest geschlossenen Margeritenblütenknospen in ein Schraubverschlussglas geben. Das Salz in kaltem Wasser auflösen und über die Knospen gießen. Mit einer Holzscheibe abdecken und beschweren. Das Glas verschließen, zwei Tage in der Küche bei warmer Temperatur stehen lassen, damit die Gärung bewirkt wird, anschließend kühl und dunkel lagern. Nach vier Wochen sind die fermentierten Margeritenknospen für den Genuss fertig. Kühl und dunkel können sie drei bis vier Monate gelagert werden.

Beim Glasöffnen verströmten die fermentierten Margeritenknospen nach einer dreimonatigen Reifezeit einen parfümartigen Geruch, der an Lavendelseife im Kleiderschrank erinnert. Die ansprechenden Knospen waren sehr zart und hatten beim Kauen ein nussartiges Aroma. Sie sind ein herrlicher Dekor zu verschiedenen Speisen.

Fermentierte Angelikablütenknospen in Salzlake
(*Angelica archangelica*)

Zutaten für ein 1000-ml-Glas: 1 große oder 2 bis 3 kleinere Angelikablütenknospen, 800 ml Wasser, 15 g Salz

Zubereitung:
Da die jungen, frischen Angelika-Blütenknospen beachtliche Größen erreichen, empfiehlt es sich, die großen Knospen einzeln in schlanke, hohe Schraubverschlussgläser zu geben. Da die Angelikablütenknospen ein stark ausgeprägtes Eigenaroma besitzen, benötigen sie keine zusätzlichen Gewürze.

Die große Knospe in ein passendes Glas geben, nach oben müssen mindestens zwei Fingerbreit frei bleiben, damit die während der Gärung sich ausdehnende Flüssigkeit genug Platz hat. Das Salz in kaltem Wasser auflösen und über die Knospe gießen. Mit einer Holzscheibe abdecken und beschweren. Das Glas verschließen, zwei Tage bei Raumtemperatur von 18 bis 24 Grad stehen lassen, damit die Gärung in Gang kommt, anschließend kühl und dunkel lagern. Nach vier Wochen ist die fermentierte Riesenknospe für den Genuss fertig. Kühl und dunkel kann sie bis zu einem Jahr gelagert werden.

Je nach Größe der Knospen muss die Glasauswahl getroffen werden. Schlanke, hohe Gläser sind der Knospenform entsprechend von Vorteil, da der fermentierte Glasinhalt nach dem Öffnen bald verbraucht werden muss. Werden große Mengen auf einmal benötigt, sind breite Gläser hilfreich, da die Knospen dicht nebeneinander hineingestellt, fermentiert werden können.

Nach einer fünfmonatigen Reifezeit war beim Öffnen des Glases der Fermentgeruch neutral. Das Eigenaroma der Angelikapflanze bleibt etwas abgeschwächt erhalten. Pur genossen, brennen die fein geschnittenen, bissfesten Ringe der Blütenknospe leicht auf der Zunge. In Kombination mit gebratenen Kartoffeln oder Fleisch ist die enthaltene Schärfe stark abgemildert.

Im Vergleich zu den gekochten Knospen sind die fermentierten im Geschmack runder und wesentlich milder. Die in feine Ringe geschnittene Knospe wird in kleinen Mengen als würzende Beigabe zu gebratenem Fleisch und Gemüse gegessen.

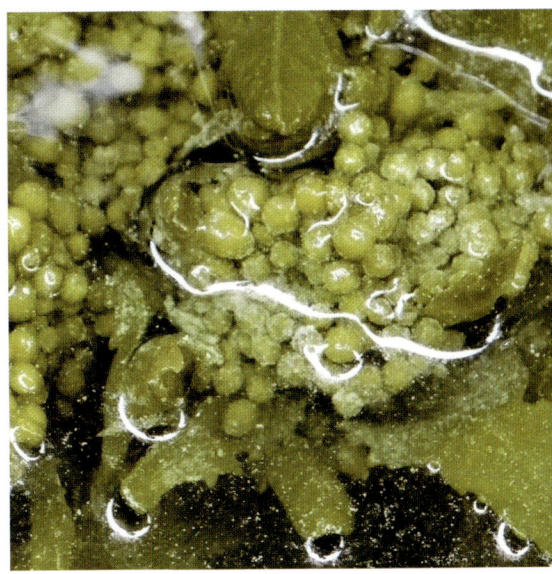

Krenblütenknospen in Salzlake
(= Meerrettich, *Armoracia rusticana*)

Zutaten für ein 390-ml-Glas: 1 Bund Krenblütenknospen, 6 g Salz, ½ TL Honig, 300 ml Wasser

Zubereitung:
Die jungen Krenblütenknospen eng in ein Glas stellen. Das Salz und den Honig in kaltem Wasser auflösen und über die Knospen gießen. Eine Krenwurzelscheibe darüberlegen, wenn notwendig beschweren, damit das Gemüse im Salzwasser bleibt und nicht aufschwimmen kann. Das Glas verschließen, zwei Tage bei Raumtemperatur (18 bis 24°C) stehen lassen, damit die Gärung angeregt wird, anschließend kühl und dunkel lagern. Nach drei Wochen sind die fermentierten Knospen für den Verzehr fertig. Kühl und dunkel können sie bis zu zehn Monate gelagert werden.

    Nach fünf Monaten öffneten wir ein Glas. Der Geruch war krenartig und fruchtig. Der Geschmack der dunkelolivgrünen, sehr dekorativen Knospen war kohlartig mit einer angenehmen Bitterkeit. Die Konsistenz blieb fest, die Schärfe vom Kren war durch das Fermentieren vollständig verarbeitet und die leichte Herbheit der kleinen Blätter war fast gänzlich verschwunden.

    Die Knospen schmecken pur zu kalten Mahlzeiten und sind als Beigabe zu warmen Fleischgerichten oder Salaten geeignet. Sie sind vielfältig einsetzbar.

Rezepte – Fermentierte Blüten und Blütenstände

Fermentierte Blüten und Blütenstände

In Kombination mit geschmacksneutralem Gemüse bringen junge Blüten oder Randblütenblätter bezaubernde Aromen in die Fermentgläser, oder sie werden als heilsame oder farbgebende Komponente eingesetzt. Kompakte Blütenstände können für sich allein fermentiert werden.

Fermentierte Gurken mit Holunderblüten
(*Sambucus nigra*)

Zutaten für ein 200-ml-Glas: 2 Gurken, ¾ l Wasser, 20 g Salz

Gewürzmischung: 20 Holunderblüten, 10 Knoblauchzehen, Schale und Saft einer halben Zitrone, 1 TL schwarzer Pfeffer, 1 TL Honig

Zubereitung:
Die Gurken waschen, abtrocknen, in Stifte hobeln und in eine größere Schüssel geben. Das Salz im Wasser auflösen und über die Gurkenstifte gießen. Vier Stunden ziehen lassen, dann abseihen und ausdrücken.

Für die Gewürzmischung die Holundereinzelblüten von den Schirmrispen möglichst stielfrei abzupfen. Die Knoblauchzehen schälen und fein schneiden. Die Schale von der Zitrone abreiben und den halben Saft auspressen und zu den Gurken geben. Pfeffer und Honig zufügen und alles gut vermischen. Lage

für Lage in ein sauberes Schraubverschlussglas drücken, eine Holzkscheibe darüberlegen, beschweren und mit dem Schraubdeckel verschließen. Das Glas zwei Tage in der warmen Küche stehen lassen, damit die Gärung in Gang kommt, anschließend kühl und dunkel lagern. Nach vier Wochen ist das Holunderblüten-Gurken-Ferment für den Genuss fertig. Kühl und dunkel kann es ein Jahr gelagert werden.

Wir haben unser Glas in der Speisekammer sieben Monate gelagert, ehe wir die Verkostung starteten. Der Geruch beim Öffnen war einladend und gut säuerlich, als wir in das Glas hineinrochen, war ein starkes Holunderblütenaroma im Vordergrund. Der Geschmack war ebenfalls eindeutig nach Holunderblüten, jener der Gurken blieb im Hintergrund. Das Ferment besaß eine angenehm weiche Konsistenz.

    Als appetitanregende Vorspeise auf gebratene Fenchelscheiben oder auf marinierten Mairübenscheiben anrichten und mit Honig, Blütengelee oder Birkenblättersirup leicht süßen. Weitere Kombinationsmöglichkeiten sind Apfelspalten, Blattsalate, Reis, Kartoffeln und Butterbrot. Vom Holunderblüten-Gurken-Ferment kann man größere Mengen essen.

    Das zurückbleibende Fermentwasser mit einem kräftigen Holunderblüten-Gurkenaroma kann mit Essig und Würzkräutern abgeschmeckt als Salatmarinade verbraucht werden. Auch zum Würzen von Suppen, Soßen und sonstigen Gemüsegerichten kann es Verwendung finden.

Fermentierte Ringelblumen-Randblütenblätter mit Karotten
(*Calendula officinalis*)

Zutaten für ein 700-ml-Glas: 3 Handvoll Ringelblumen-Randblütenblätter, 350 g Karotten, 2 cm Ingwerwurzel, ½ Stange Lauch, Saft einer Orange, ¼ TL milde Chilisoße, 4 g Salz

Die Randblüten der Ringelblume können gut mit fruchtigen Komponenten fermentiert werden.

Zubereitung:
Die Karotten und die Ingwerwurzel fein reiben, den gewaschenen Lauch fein schneiden, die Orange waschen, durchschneiden und den Saft auspressen. Alle Zutaten gut durchmischen, Lage für Lage in ein sauberes Schraubverschlussglas stampfen, bis etwas Flüssigkeit übersteht. Mit einer Glasscheibe abdecken, ein Gewicht zum Beschweren daraufgeben und mit dem Schraubdeckel verschließen. Zwei Tage in der warmen Küche stehen lassen, anschließend kühl und dunkel lagern. Nach ungefähr vier Wochen ist das Fermentierte für den Verzehr fertig. Es kann aber bis zu sechs Monate bevorratet werden.

Zumeist befüllen wir Anfang Juni das Glas mit der Ringelblumen-Karotten-Mischung zum Fermentieren, und Mitte Dezember bis Mitte Jänner öffnen wir das Ferment. Die beiden Farben harmonieren und blieben über Monate grell und anschaulich als Blickfang. Die Konsistenz der Randblütenblätter war zart und in der Form erhalten geblieben. Die Karotten waren erfrischend knackig mit einem leicht säuerlichen Geruch und Geschmack. Auch das Orangenaroma setzte sich deutlich durch. Die Rezeptzusammensetzung hatte insgesamt eine gut durchdringende Schärfe mit leichter Säure.

Das Ferment ist gut kombinierbar mit rohen, in Zitronensaft marinierten Apfelscheiben, Honig, Rosinen und gekeimten Sonnenblumenkernen. Zusätzlich bringt geschnittenes Dörrobst eine bekömmliche Süße in Gerichte mit fermentierten Blüten hinein. Wobei nach siebenmonatiger Lagerung der Geruch einen Anklang an faule Orangen hatte. Deshalb haben wir in diesem Rezept den Orangensaft reduziert und die Orangenschale weggelassen.

Fermentierte Indianernesselblütenblätter mit Kohlrabi
(*Monarda didyma*)

Zutaten für ein 700-ml-Glas: 3 Handvoll Indianernesselblütenblätter, 200 g Kohlrabi, 200 g Radieschen, 2 cm Ingwerwurzel, ½ Stange Lauch, 1 TL Honig, ¼ TL Chilisoße, mild, 4 g Salz

Zubereitung:
Den Kohlrabi grob, die Radieschen und die Ingwerwurzel fein reiben, den gewaschenen Lauch fein schneiden. Alle Zutaten gut durchmischen, Lage für Lage in ein sauberes Schraubverschlussglas stampfen, bis etwas Flüssigkeit übersteht. Mit einer Scheibe abdecken, ein Gewicht zum Beschweren daraufgeben und mit dem Schraubdeckel verschließen. Zwei Tage in der warmen Küche stehen lassen, anschließend kühl und dunkel lagern. Nach ungefähr vier Wochen ist das Fermentierte für den Genuss fertig, kann aber bis zu sechs Monate gelagert werden.

    Anfang Juni haben wir das Glas mit der Indianernessel-Kohlrabi-Mischung zum Fermentieren befüllt, und Anfang November wurde das Ferment geöffnet. Der Geruch war würzig, pikant nach Indianernessel. Die Farbe ist gut erhalten geblieben und war sehr einladend. Die Kohlrabistifte waren weich und schmeckten säuerlich mit einer leichten Schärfe.

    Das Ferment ist mit Obst, verschiedenen Blattsalaten und Ölsorten, gekochtem Reis, Getreide, Kartoffeln und allerlei Gemüsearten verträglich.

Mit Honig fermentierte Mutterwurzblütenstände
(Madaun, Muttern = *Ligusticum mutellina*)

Zutaten für ein 250-ml-Glas: 4 Handvoll Madaunblütenstände, 2 TL Blütenhonig, 3 g Salz, etwas Salzwasser

Zubereitung:
Die mitgesammelten jungen Madaunblätter fein schneiden, die Blütenstände ganz lassen, mit Blütenhonig und Salz vermischen und fest in ein Glas drücken. Zwei Fingerbreit nach oben frei lassen, damit die sich ausdehnende Flüssigkeit während der Gärung Platz hat. Mehrere Baumblätter darüberlegen und gut beschweren. Einen Zentimeter Salzwasser darübergeben, sodass ausreichend Flüssigkeit darübersteht, und mit dem Deckel verschließen. Zwei Tage in der warmen Küche bei 18 bis 24 Grad stehen lassen, anschließend kühl und dunkel lagern. Nach ungefähr vier Wochen ist das Fermentierte für das Verspeisen fertig, kann aber bis zu acht Monate gelagert werden.

    Nach siebenmonatiger Lagerzeit haben wir mit großen Erwartungen, das Glas mit den fermentierten Madaun-Blütenständen geöffnet. Kein erwarteter säuerlicher Geruch war wahrnehmbar, sondern ein fruchtiger Madaun-Honigduft überraschte uns. Die Blütenstände waren in ihrer rosa Farbe und in der Konsistenz gut erhalten. So ist unser Anliegen, Genuss und Gesundheit im Fermentierglas zu vereinen, gelungen. Kaute man eine größere Menge pur, so war im Hintergrund eine leichte Herbheit wahrzunehmen, welche sich in Kombination mit Kartoffeln und wenig Sauerrahm ausglich. Die geschnittenen Blätter und die ganzen Blütenstände waren bissfest und angenehm zu Kauen. Das Aroma hatte leichte Anklänge an einen fruchtigen Rohhumus-Moder. Hintergründig traten aus dem Moderaroma die abfallenden und zu Humus verrotteten Zwergsträucher wie Alpenrose, Heidekraut, Schwarz- und Preiselbeere hervor.

    Die mit Blütenhonig fermentierten Mutterwurzblütenstände sind mit fermentierten Preiselbeeren optimal für Nachspeisen verwendbar. Zum Beispiel: Topfencreme mit Preiselbeeren und Mutternblüten auf frischen Honigwaffeln.

Sonnenhutferment
(*Echinacea purpurea*)

Zutaten für ein 700-ml-Glas:
5 Handvoll Sonnenhutblütenblätter,
20 Sonnenhutblätter, 1 mittelgroße
Stange Lauch, 1 feste Birne,
1 EL gehackte Dille, 2 TL Senfmehl,
6 g Salz

Zubereitung:
Die Sonnenhutblütenblätter und -blätter in feine Querstreifen schneiden. Den gewaschenen Lauch fein und die Birne in kleine Würfel schneiden. Alle Zutaten vermischen, etwas stehen lassen und fest in ein Drehverschlussglas drücken. Zwei Fingerbreit nach oben frei lassen, damit die sich ausdehnende Flüssigkeit während der Gärung genug Platz hat. Eine Scheibe darüberlegen

und gut beschweren. Darauf achten, dass genug Flüssigkeit übersteht, dann mit dem Schraubdeckel verschließen. Zwei Tage in der warmen Küche, bei 18 bis 24 Grad, stehen lassen, damit die Gärung anlaufen kann, anschließend kühl und dunkel lagern. Nach ungefähr vier Wochen ist das Ferment für den Genuss fertig, kann aber bis zu einem Jahr gelagert werden.

Nach genau einem Jahr Lagerzeit haben wir das Fermentglas mit dem braunen bis rotbraunen Inhalt geöffnet. Ein süßsäuerlicher Duft strömte aus dem Glas, die Fermentkomponenten harmonierten im Geruch und im Geschmack, wobei die Dille leicht hervortrat. Die Konsistenz der Mischung war gut erhalten, fest im Biss, aber nicht zäh.

Hier haben wir in überraschender Weise eine sehr wohlschmeckende Kombination entwickelt, welche wir selber nicht erwartet hatten. Dieses Ferment ist in kleinen Portionen pur als Vorspeise geeignet, harmoniert gut mit Zuckermelone oder anderen reifen Obstsorten, mit Gemüse wie Gurken und Zucchini, aber auch mit Fisch.

Margeritenblüten in Salzwasser
(*Leucanthemum vulgare*)

Zutaten für ein 250-ml-Glas:
2 Handvoll Margeritenblüten, 150 ml Wasser,
4 g Salz

Zubereitung:
Nachdem wir unseren Garten wie eine Wiese bewirtschaften, verfügen wir über größere Mengen dieses Korbblütlers. Die jungen Margeritenblüten in ein Drehverschlussglas geben. Das Salz in kaltem Wasser auflösen und dieses über die Blüten gießen. Mit einer Glasscheibe abdecken und beschweren. Das Glas verschließen, zwei Tage in der temperierten Küche stehen lassen, damit die Gärung angelassen wird, anschließend kühl und dunkel lagern. Nach drei Wochen sind die fermentierten Margeritenblüten für den Genuss fertig. Kühl und dunkel können sie bis zu einem halben Jahr gelagert werden.

    Bei einigen Monaten der Lagerung erhalten sich die weiß-gelben Blütenköpfe farblich sehr gut, das Weiß bräunt nicht nach. Sie haben eine feste bis knackige Konsistenz mit mildem Blütenaroma. Ein wahrer Blickfang auf dem Teller, auf Buffet- oder Jausenbroten, wo die Blüten als würziges Dekor dienen. Die Salzlake verwenden wir für Salate. Etwas herber ist das Aroma, wenn man die Blüten nur mit Salz eingedrückt fermentiert. Die fermentierten Blüten sind zum Garnieren von pikanten wie süßen Speisen interessant. Mit einigen Tropfen Zitronensaft, Honig oder verschiedenen Soßen gewinnen sie zusätzlich an Aroma.

Margeritenblüten mit Salz
(*Leucanthemum vulgare*)

Zutaten für ein 250-ml-Glas:
4 bis 5 Handvoll Margeritenblüten,
5 g Salz, etwas Wasser

Zubereitung:
Die Margeritenblüten abwechselnd mit Salz bestreut in ein Schraubverschlussglas drücken. Mit einer Keramikscheibe abdecken und beschweren. Zwei bis drei Esslöffel Wasser darübergeben. Das Glas verschließen, zwei Tage bei Raumtemperatur von 18 bis 24 Grad stehen lassen, damit die erste Gärung aufleben kann, anschließend kühl und dunkel lagern. Nach zwei Wochen sind die fermentierten Margeritenblüten für den Genuss fertig. Kühl und dunkel können sie bis zu einem halben Jahr gelagert werden.

Die fermentierten Margeritenblüten haben wir nach sechs Monaten Reifezeit verkostet. Der Geruch war den Margeriten entsprechend herb. Die Blüten blieben in ihrer Form und Farbe anschaulich erhalten. Sie waren salzig, etwas säuerlich und schmeckten typisch nach Margeriten und etwas nach Moder. Beim Kauen spürt man die Fasern, diese lassen sich aber gut zerkleinern.

Die fermentierten Blüten sind zum Garnieren von pikanten wie süßen Speisen interessant. Mit einigen Tropfen Zitronensaft, Honig oder verschiedenen Soßen gewinnen sie zusätzlich an Aroma.

Sonderkapitel

Spezielle Gemüseraritäten und Gemüseteile wie Strünke oder Maisbart oder besondere Pflanzennutzungen, welchen üblicherweise in der Küche wenig Bedeutung beigemessen wird, eignen sich ebenso gut zum Fermentieren. Obwohl diese nicht zum Wildgemüse zählen, haben wir einige ausgefallene Nutzungen in einem Sonderkapitel zusammengefasst.

Maisbart in Salzlake fermentiert (*Zea mays*)

Zutaten für ein 200-ml-Glas: Maisbart von acht Kolben, 100 ml Wasser, 3 g Salz

Zubereitung:
Die Maiskolben Ende Juli bis Anfang August ernten.
Die Hüllblätter (Fiedern, Lieschen) entfernen, den gelbgrünen „Maisbart" (die 20 bis 40 Zentimeter langen Griffeln) vom Kolben herunterlösen und von den trockenen, braunen Teilen trennen. Nun den Maisbart kreisförmig in ein Schraubverschlussglas legen. Das Salz im Wasser auflösen und über den Maisbart gießen. Eine Glasscheibe darüberlegen, beschweren und mit dem Schraubdeckel verschließen. Das Glas zwei Tage in der warmen Küche bei 18 bis 24 Grad, stehen lassen, anschließend kühl und dunkel lagern. Nach ungefähr drei Wochen ist der fermentierte Maisbart für den Genuss fertig, kann aber auch bis zu zehn Monate lang gelagert werden.

Nach sechseinhalbmonatiger Lagerzeit haben wir eines unserer Versuchsgläser mit dem fermentierten Maisbart geöffnet, hineingerochen und verkostet. Ein leicht moosartiger Geruch typisch nach Maisbart und Maiskörnern stieg in unsere Nasen. Der lange Maisbart war perfekt erhalten, zart und trotzdem gut im Biss, mit herrlichem Maisaroma. Sie haben auch die Farbe gut gehalten.

Die langen Fäden sind interessant zum Gestalten und sehen sehr dekorativ aus. Zum Beispiel, mit fermentiertem Maisbart umschlungene Räucherforellen-Dreiecke auf Berglinsensalat gesetzt und serviert. Gebratenen Tofu, Karotten, sowie Scheiben von Sellerie, Melanzani, Fenchel, Apfel und Geflügel ziert der würzende fermentierte Maisbart ebenso.

Mit Gewürzmischung fermentierte Maiskolben (*Zea mays*)

Zutaten für ein 500-ml-Glas: 5 bis 6 junge Maiskolben, 100 g Lauch, 100 g Bierrettich, 1 cm Ingwerwurzel, 2 EL Indianernesselblütenblätter, 5 Tropfen Chilisoße, 5 g Salz

Zubereitung:
Von den jungen Maiskolben – der Durchmesser sollte nicht mehr als zweieinhalb Zentimeter haben – die Hüllblätter und den Maisbart entfernen bzw. anderweitig nutzen. Die Blätter für Bastelmaterial trocknen, den Maisbart fermentieren oder für eine spätere Teenutzung trocknen und in einem Glas aufbewahren.

Die Maiskolben in Scheiben und den Lauch fein schneiden. Den Bierrettich grob und die Ingwerwurzel fein reiben. Alle Zutaten vermischen und fest in ein Glas drücken. Zwei Fingerbreit nach oben frei lassen, damit die sich während der Gärung ausdehnende Flüssigkeit genug Platz findet. Dann Mais-Fiederblätter einlegen und gut beschweren. Wenn notwendig, etwas Salzwasser nachfüllen, damit genug Flüssigkeit darübersteht und mit dem Deckel ver-

schließen. Zwei Tage in der warmen Küche stehen lassen, anschließend kühl und dunkel lagern. Nach vier Wochen ist das Ferment genusstauglich, kann aber gekühlt bis zu zehn Monate gelagert werden.

Bei mehreren Kostversuchen des Maiskolbenscheibenferments sind wir jedes Mal wie auch beim „Maisbartferment" in Euphorie ausgebrochen. Geruch und Geschmack waren gut säuerlich, die dekorativen Scheiben von den Maiskolben waren saftig und knackig und harmonierten mit der erfrischenden Gewürzmischung.

Das Ferment ergibt, auf Blaukrautsalat angerichtet und mit Erdäpfelnudeln aufgetragen, ein schmackhaftes Mittagessen. Weiters haben wir mit frischem Gemüse gemischt damit wundervolle Salate zubereitet, welche als Vorspeise oder Speisenbeilage dienen.

Um den puren Geschmack der jungen Maiskolbenscheiben zu bekommen, können diese auch ohne Ingwerwurzel und Chili mild zubereitet werden. Doch da fehlt ihnen das Feuer.

Junge Maiskolben in Salzwasser fermentiert (*Zea mays*)

Zutaten für ein 200-ml-Glas: 8 junge Maiskolben,
je nach Größe, 100 ml Wasser, ca. 5 g Salz

Zubereitung:
Die jungen Maiskolben Ende Juli bis Anfang August ernten. Die Hüllblätter entfernen und den Maisbart vom Kolben herunterlösen. Die sauberen Kolben in ein schlankes Schraubverschlussglas stellen. Das Salz im Wasser auflösen und über die Maiskolben gießen. Eine Press-down-Scheibe darüberlegen, beschweren und mit dem Schraubdeckel verschließen. Das Glas zwei Tage bei Raumtemperatur zwischen 18 und 24 Grad stehen lassen, anschließend kühl und dunkel lagern. Nach ungefähr fünf Wochen sind die fermentierten Maiskolben für den Genuss fertig, können aber bis zu zehn Monate lang gelagert werden.

Nach sechseinhalb Monaten der Lagerung haben wir unsere Gläser mit den fermentierten Maiskolben geöffnet und begutachtet. Ein leicht säuerlicher Geruch nach Maiskörnern stieg in unsere Nasen. Die Maiskolben waren perfekt erhalten, zart und trotzdem gut im Biss, mit herrlichem Maisaroma. Auch die eiweiß- und stärkereiche Spindel ist gut zu essen.

Die schlanken Kolben sind interessant zum Gestalten und sehen sehr dekorativ aus. Sie können als Sauergemüse zum Jausnen oder fein geschnitten für Salate dienen oder man legt sie zu Hauptspeisen als Beilage dazu.

Rohe Fisolen in Salzwasser fermentiert und mit Kleinem Wiesenknopf aromatisiert

(Grüne Bohnen, Bohnenschoten, Strankerl = *Phaseolus vulgaris; Sanguisorba minor*)

Zutaten für ein 500-ml-Glas, 2 Handvoll Fisolen, 2 Knoblauchzehen, 2 Scheiben Ingwer, 20 Fiederblätter des Kleinen Wiesenknopfs, 1 halbe Chilischote, mild, 250 ml Wasser, 6 g Salz

Zubereitung:
Die geputzten, jungen Fisolen gemeinsam mit den geschnittenen Gewürzen in ein Schraubverschlussglas schichten und mit Salzwasser auffüllen. Zwei Fingerbreit nach oben frei lassen, damit die sich ausdehnende Flüssigkeit während der Gärung ausreichend Platz hat. Eine Press-down-Scheibe auflegen, wenn notwendig beschweren und mit dem Schraubdeckel verschließen. Zwei Tage in der warmen Küche bei 18 bis 24°C stehen lassen, um die Tätigkeit der Milchsäurebakterien anzuregen, anschließend kühl und dunkel lagern. Nach ungefähr vier Wochen sind die fermentierten Fisolen für den Genuss fertig, können aber bis zu einem Jahr gelagert werden.

Nach einem Jahr Lagerzeit haben wir ein Glas von den olivgrünen fermentierten Fisolen geöffnet. Der gesamte Glasinhalt roch angenehm säuerlich und fein würzig. Die Fisolen waren knackig im Biss mit den wohlschmeckenden Noten nach zarter Chili und Kleinem Wiesenknopf.

Die fermentierten Fisolen sind lange lagerbar, frisch aus dem Glas als saure Knabberei zwischendurch geeignet und als erfrischende, verdauungsanregende Beigabe zur Jause oder Brotzeit ideal.

Inkagurken in Salzwasser
(*Cyclanthera pedata, Allium schoenoprasum*)

Zutaten für ein 500-ml-Glas: 2 bis 3 Handvoll Inkagurken, 1 Bund Schnittlauch, 250 ml Wasser, 6 g Salz

Zubereitung:
Da wir mit den Inkagurken sehr gute Erfahrungen machen konnten, möchten wir dieses delikate Ferment nicht hinter dem Berg halten: Die jungen Inkagurken (1,5 bis 2,5 cm groß) sind gemeinsam mit dem geschnittenen

Schnittlauch oder den zerteilten Knoblauchzehen in ein Schraubverschlussglas zu schichten und mit Salzwasser aufzufüllen. Zwei Fingerbreit nach oben frei lassen, damit die sich ausdehnende Flüssigkeit während der Gärung Platz hat. Eine Holz- oder Glasscheibe darüberlegen, beschweren und mit dem Schraubdeckel verschließen. Zwei Tage in der warmen Küche bei 18 bis 24 Grad stehen lassen, anschließend kühl und dunkel lagern. Nach ungefähr vier Wochen sind die fermentierten Inkagurken für den Genuss fertig. Sie können aber bis zu zwei Jahre gelagert werden.

Nach einem Jahr Lagerzeit haben wir ein Glas von den olivgrünen fermentierten Inkagurken geöffnet. Der gesamte Glasinhalt roch angenehm säuerlich und fein würzig. Die Inkagurken hatten keine Schrumpelfalten, die Gärung erfolgte von innen nach außen. Beim Anstechen waren teilweise noch die Gärgase bemerkbar. Das Ferment war knackig im Biss mit einer wohlschmeckenden zarten Schnittlauchnote. Auch vorzügliche Varianten mit zwei Knoblauch-Zehen führten wir durch, um die reiche Ernte zu bevorraten.

Die fermentierten Inkagurken sind lange lagerbar. Sie sind pur angerichtet für Buffets geeignet und als abwechslungsreiche, sehr dekorative Beigabe zur Jause oder Brotzeit anstelle von Essiggurken einsetzbar.

Heilferment aus Schwarzem Rettich mit Honig
(*Raphanus sativus* var. *niger* = *Raphanus sativus* var. *longipinnatus*)

Zutaten für ein 1000-ml-Glas: 600 g Schwarzer Rettich, 3 g Salz, 1 EL Honig

Zubereitung:
Im Folgenden sei eine alte Anwendung aus der Volksmedizin gegen Husten und Erkältungen wiedergegeben: Die mit einer Bürste lediglich gewaschenen Schwarzen Rettiche grob reiben, Salz zufügen, gut durchmischen und eine halbe Stunde ziehen lassen. Den Honig untermischen und fest in ein Schraubverschlussglas drücken. Da das Rettichferment stürmisch gärt, mindestens drei Fingerbreit nach oben frei lassen. Eine Keramikscheibe darüberlegen, gut beschweren und mit dem Schraubdeckel verschließen. Zwei Tage in der warmen Küche bei 18 bis 24 Grad stehen lassen, anschließend kühl und dunkel lagern. Nach drei Wochen ist das Ferment für den Genuss fertig, kann aber gut gekühlt bis zu zehn Monate gelagert werden. Eine ständige Flüssigkeitskontrolle ist von Vorteil. Falls sich die Fermentierflüssigkeit zurückzieht, etwas Salzwasser nachgießen.

Die Überlegung, Schwarzen Rettich mit Honig zu fermentieren, war einerseits, ein probates Mittel bei Husten und Erkältungen zur Hand zu haben, und andererseits, den wertvollen Rettich über den Winter zu bevorraten, da wir zu wenig geeignete Lagerräume für Wurzeln und Knollen zur Verfügung hatten. Außerdem hat in der Steiermark der Rettichsalat mit gekochten Käferbohnen, Apfelessig und Kürbiskernöl gemischt noch Tradition. So haben wir dieses Ferment dem „Steirischen Rettich-Salat" nachempfunden. Wir verwenden anstelle von Honig zumeist unseren eigenen Honigsirup aus Deckelwachs zubereitet.

Geschmacklich war dieses Heilferment eine Wonne, und der Verdauungsprozess verlief ohne großen Blähbauch angenehm. Der Fermentgeruch hatte eine leichte Schwefelkomponente, der vergorene Rettich war gut bissfest, schmeckte süß mit einem leicht säuerlichen Anklang. Die Fermentierflüssigkeit hatte ein rübenartiges, exotisches Fruchtlimonadenaroma.

Die überaus gesundheitsfördernde Wirkung des Rettichs kann in den Alltag einfließen, indem das Ferment zu Butterbrot, Obst, zu gekochten Hülsenfrüchten und/oder zu gebratenem Gemüse gegessen wird. Als Vor- oder Nachspeise ist es ebenfalls geeignet.

Rezepte – Sonderkapitel

Kleine Herbstrüben in Salzlake
(*Brassica rapa* subsp. *rapa* var. *majalis*)

Zutaten für ein 1000-ml-Glas:
500 bis 600 g kleine Mairüben,
500 ml Wasser, 8 g Salz

Zubereitung:
Die kleinen Rüben sind nicht zu verachten. Ganz im Gegenteil, sie werden mitsamt den jungen Blättern mit einer Bürste gewaschen und nach dem Abtropfenlassen in ein Schraubverschlussglas geschichtet. Dann ist das Salz im Wasser aufzulösen und über die Rübchen zu gießen, ist mit Holzspateln abzudecken und zu beschweren, damit keine Rübe auftauchen kann. Mit dem Schraubdeckel wird verschlossen. Zwei Tage in der warmen Küche bei 18 bis 24 Grad stehen lassen und anschließend kühl und dunkel lagern. Nach drei Wochen sind die kleinen Rüben für den ersten Genuss tauglich, können aber gut gekühlt bis zu einem Jahr gelagert werden. Eine ständige Flüssigkeitskontrolle ist notwendig.

In gleicher Weise lassen sich die sehr eng verwandten Teltower, Mai- und Speiserüben oder die jungen Garten- oder Bierrettiche (*Raphanus sativus*) mit den Blättern in Mischung mit etwas Pfefferoni gewürzt fermentieren. Die Idee, zu klein geratene Herbst- oder Mairüben zu fermentieren, kam aus einer Notsituation heraus. Da wir die Herbstrübensamen Ende Juli, nach der Salaternte, ohne eine weitere Kompostgabe einsäten und durch einen Düngermangel der Großteil der Rüben klein blieb, war es die effizienteste Lösung, sie ganz, mitsamt den jungen Blättern in Salzwasser einzulagern. Nach einem Jahr schmeckten die fermentierten Rübchen überraschend mild, leicht rauchig, weich und knackig, aber nicht strohig. Diese reinigende Kraftnahrung ist mit Spiegeleiern als schnelles Gericht gut kombinierbar oder als kalte Beilage zu Fleischgerichten geeignet.

Einige Jahre später erzählte uns bei einer Wanderung eine Frau: „Meine Mutter hat die großen Herbst- und Mairüben zum Fermentieren in einen

Bottich geschabt und die kleinen Rüben hat sie in die geschabte Masse hineingedrückt, und so wurden sie mitfermentiert." Und dann betonte sie: „Aber die kleinen sauren Rüben beanspruchte ausschließlich mein Vater, denn er aß sie nach jeder durchzechten Nacht zum Ausnüchtern."

Die Graupen-Bohnenpaste – fermentierte Paste aus Isländischem Moos und Käferbohnen

Graupen = *Cetraria islandica;* Feuerbohne = Käferbohne = *Phaseolus coccineus*

In der Garten- und Bauernwirtschaft wurde früher alles Anfallende verwertet. Bei der Ernte im Spätherbst führte man die nicht zur Ausreifung gekommenen Bohnen einer unmittelbaren Nutzung zu, damit sie nicht verdarben. Da manchmal der Frost schon Mitte Oktober auftreten kann, sodass wir alle frostempfindlichen Gemüsesorten abernten müssen, fallen des Öfteren größere Mengen Gemüse und unausgereifte Bohnen an. Aus dieser Situation heraus, sind wir angehalten, uns über die Bevorratung des Ernteguts Gedanken zu machen. Ebenso wurden beim Herausnehmen der Samen aus den getrockneten Hülsenschoten die schlechten Bohnen, welche verkrümmt, schmal oder zu klein geblieben waren, separiert und einer sofortigen Weiterverarbeitung unterstellt.

Und in Jahren, in denen uns reiche Bohnenernten ins Haus standen, überlegten wir uns verschiedene Rezepte, um die Ernte in eine breitere Speisenvielfalt einfließen zu lassen. So entstanden Versuche, die Bohnen in ein Vergärungsprodukt einzugliedern. Anfänglich würzten wir die Bohnenfermente mit Kräutern, doch später nutzten wir die haltbar machenden Eigenschaften der Flechten. Sowohl essbare am Boden vorkommende als auch Baumflechten verwendeten wir wegen ihren Aromen.

Die Graupen oder das Isländische Moos (*Cetraria islandica*), welche nicht nur im Hochgebirge, sondern auch in den Heiden und Wäldern der Ebene und in den Mooren vorkommen, eigneten sich aus verschiedenen Gründen für unsere Fermentversuche besonders gut. Sie sind für uns leicht verfüg- und erntbar, lassen sich leicht trocknen und dadurch lagern und verzeichnen je nach Handhabung ein wunderbares Pilzaroma, welches uns sehr entgegenkam. Das Isländische Moos kann einen Stärkegehalt von bis 50 % haben. Zusätzlich hat es sehr wirksame Heilkräfte, welche wir in verschiedenen Speisen berücksichtigt wissen wollten. Und selbst wenn die Graupen über verschiedene Nutzungskaskaden zurückbleiben, so verwerten wir sie, indem wir sie in eine Suppe einbauen oder schlichtweg aufessen.

Zutaten für ein 3000-ml-Glas: 650 g Käferbohnen, getrocknet, 8 Handvoll Isländisches Moos (Graupen), 100 g Salz, 350 ml Käferbohnenkochflüssigkeit, 3 EL Fermentierflüssigkeit (Sauerkrautsaft), 1 TL Salz zum Abdecken

Zubereitung:
Die Käferbohnen über Nacht in reichlich kaltem Wasser einweichen. Das Wasser abgießen, die Bohnen spülen und mit ca. vier Liter ungesalzenem Wasser weichkochen. Abseihen und die Kochflüssigkeit aufheben. Gereinigtes Isländisches Moos fünf Stunden in genügend Wasser einweichen und anschließend abtropfen lassen. 100 Gramm Salz in 350 Milliliter lauwarmer Kochflüssigkeit auflösen, den Sauerkrautsaft oder eine andere Fermentierflüssigkeit dazugeben und verrühren, zu den Bohnen gießen und das Ganze zerstampfen. Das Isländische Moos klein schneiden, davon für das spätere Abschließen eine Handvoll zur Seite legen, den Rest zu den Bohnen geben und nochmals durchstampfen. Ohne Luftblasen in ein Schraubverschlussglas füllen, das zur Seite gelegte Isländische Moos und das Salz zur Abdeckung verteilen. Bei geraden Gefäßen mit einem gut abschließenden Teller, einer Keramik- oder Holzscheibe abdecken. Bei oben enger werdenden Gläsern mit großen Blättern oder einer angepassten, biegsamen Scheibe abdecken. Mit einem passenden kleineren Glas, das durch das Verschließen mit dem Schraubdeckel hineingepresst wird, die Paste niederdrücken, sodass die Flüssigkeit aufsteigt, darübersteht und die Paste luftdicht abschließt. Zwischen Glas und Schraubdeckel kann eine Kunststofffolie gelegt werden, damit der Deckel nicht korrodiert. Vor Licht geschützt mindestens ein Jahr in der warmen Küche bei 18 bis 24 Grad reifen lassen.

Nach einer vierzehnmonatigen Reifezeit war die anfangs überstehende Flüssigkeit im Glas beinahe verbraucht. Ein leicht säuerlicher Geruch war beim Öffnen und nach dem Entnehmen der Holzscheibe wahrzunehmen. Die dicke Paste duftete appetitlich und schmeckte frisch säuerlich und würzig nach frischer Brotrinde. Die Paste kann pur eingesetzt zu einer Tunke verarbeitet oder getrocknet werden. Wobei die getrocknete Masse, direkt zum Würzen oder zu Pulver verarbeitet, Verwendung findet.

Wir haben mit anderen Flechtenarten Kombinationen und auch pure Experimente mit verschiedenen Hülsenfrüchten wie z.B. Linsen, Kichererbsen und Bohnensorten versucht und haben auch hierbei sehr geschmackvolle und vielfältig einsetzbare Erzeugnisse gewonnen.

Im Herbst unreife Bohnen gemeinsam mit Isländischem Moos zu einem Ferment verwertet, ergeben eine misoähnliche Tunke, Paste, Suppenwürze oder Würzpulver.

Paste

Pur ist die aromatisch duftende Paste mit ungekochten Speisen gut kombinierbar. Sie kann auch für Brotaufstriche mit geriebenen oder gehackten Nüssen, Kürbis- oder Sonnenblumenkernen und Pilzpulver verarbeitet werden. Gekochte Kartoffeln, Linsen und Kichererbsen, Topfen, Joghurt oder Schlagobers bzw. Schmand geben eine gute Basis für Aufstriche und streichbare Cremen. In lauwarme Gemüsesuppen und Soßen eingerührt, bereichert die Graupen-Bohnen-Paste ungemein. Mit der Fermentpaste gewürzte Cracker, die anschließend schonend luftgetrocknet wurden, sind nicht nur für den Gaumen eine Freude, sondern helfen auch der Verdauung auf die Sprünge. Die Paste lässt sich für eine längere Lagerung vakuumieren.

Soße zum Tunken und Überziehen von Speisen

Um eine Soße zu erhalten, werden zwei Teile Fermentpaste mit einem Teil Wasser püriert, wobei auch gröbere Teile in der Soße verbleiben können. Die Soße dient zum Eintunken für lauwarme Speisen, wie Gemüsesticks, Reis, Polentaschnitten, Rote Rüben, Kartoffeln, Süßkartoffeln, Tofu, Teigtaschen, gegrillte Fleisch- und Fischstücke. Sie ist als aromagebende Salatmarinade und zum Überziehen von verschiedenen Speisevariationen geeignet. Zahlreiche Gerichte bekommen mit der Graupenbohnensoße erst den gewissen Kick: wie Blinis, pikante Palatschinken, Tortillas, Ciabatta, gefüllte Baumblätter usw.

Getrocknete Kugeln als Suppenwürze

Kleine Kugeln aus der fermentierten Graupen-Bohnen-Paste formen und bei niedriger Temperatur trocknen lassen. Kühl und dunkel in einem Schraubglas aufbewahrt, stehen die leicht nach Algen schmeckenden Kugeln jederzeit zur Verfügung. In einer warmen Flüssigkeit, wie Suppe, Soße oder Eintopf, löst sich die getrocknete Masse schnell auf und aromatisiert diese. Die industriell hergestellten Suppenwürfel und Suppenwürzmittel kommen uns nicht ins Haus.

Würzpulver

Die Paste aus Flechten und Bohnen dünn auf ein Butterbrotpapier aufstreichen, über Nacht trocknen lassen und pulverisieren. Das Würzpulver eignet sich im Besonderen zum Würzen für fertig gegarte Fisch- und Geflügelgerichte, allerlei Gemüsespeisen, für kalte Soßen, Dips, Pasten, Buttermischungen und Brotaufstriche. Ebenso zum Ummanteln von Kürbis- und anderen Gemüsescheiben wie verschiedenen Fleischspeisen. Das Pulver streut man auf die servierten Speisen, damit die volle Fermentkraft gegeben ist.

Milchsauer vergorene Pilze

Schon vor vielen Generationen wurden in Osteuropa und der Sowjetunion Pilze siliert. Überlieferungen solcher einfachen Zubereitungen sind noch aus Skandinavien, Polen, Weißrussland, Ukraine, Slowakei, Rumänien und Balkanstaaten sowie aus Russland bekannt. Wir haben vor Jahren diese Hinweise aufgegriffen und an heimischen Pilzen ausprobiert und stückweit dazu die Praxis erarbeitet:

Bevor Pilze fermentiert werden, muss ihnen ein Teil des Wassergehaltes durch Trocknen entzogen werden, sonst werden sie unappetitlich und matschig und geben keine brauchbaren Aromen her. Sie sollen jedoch nicht ganz getrocknet werden, sonst funktioniert die Fermentation nicht.

Zum Beschweren oder Niederdrücken der zu fermentierenden Pilze ist ein kleineres Glas, das in das Glas mit dem Fermentiergut hineinpasst und von der Höhe durch das Verschließen mit dem Schraubverschlussdeckel die Schwammerln gut niedergepresst, von Vorteil, damit während der Gärung keine Hohlräume entstehen können, in denen sich Schimmel bilden kann.

Semmelstoppelpilz fermentiert
(*Hydnum repandum*)

Zutaten für ein 500-ml-Glas: 500 g Semmelstoppelpilze, 6 g Salz, 3 EL Wasser

Zubereitung:
Der Semmelstoppelpilz ist ein fester, zäher Pilz und daher bestens zum Fermentieren geeignet. Die Pilze sind nicht zu klein zu zerteilen. Sie werden auf ein Gitter oder Tuch aufgelegt und halb getrocknet, damit sie als Ferment eine gute Konsistenz bekommen.

Die Pilze lagenweise mit Salz in ein Glas geben und so fest andrücken, dass keine Lufträume bleiben. Mit einer Scheibe abdecken und gut beschweren. Zwei bis drei Esslöffel Wasser darübergeben, mit dem Deckel verschließen und einen Tag in der warmen Küche stehen lassen, dann kühl (anfänglich zwischen 13 bis 15°C und danach bis zu 5°C) und dunkel stellen.

Am Anfang färbt sich die Flüssigkeit rotbraun, später in ein hellrot-braun, braun mit hellroter Schattierung, einige Pilze werden dunkelbraun. Nach ca. vier Wochen sind die Pilze fertig fermentiert, können verschlossen drei bis vier

Monate gelagert werden. Wird das Glas geöffnet, ist es im Kühlschrank gelagert innerhalb einer Woche aufzubrauchen.

Nachdem wir das Glas mit den fermentierten Semmelstoppelpilzen geöffnet hatten, kam ein lieblicher Pilzgeruch entgegen. Der Geschmack war salzig, unmerklich herb mit wenig Säure. Die schön erhaltenen Stücke schmeckten angenehm nach Pilzen. Sie waren fest im Biss, von trockener und schleimfreier Konsistenz. Durch die Fermentierung kommen der Fichtennadelhumus, Waldbodenmoder oder das Waldhumusmyzelium zum Ausdruck.

Fermentierte Semmelstoppelpilze sind gut für Salat mit Getreide und Gemüse geeignet, auch zu Braten schmecken die würzigen Pilze. In Kombination mit gebratenen Speck- und Zwiebelscheiben, auf in Essig eingelegten Fisolen, überraschen sie die Genießer.

Fermentierter Wiesenchampignon
(*Agaricus campestris*)

Zutaten für ein 250-ml-Glas: 500 g Wiesenchampignons, 6 g Salz, 2 EL Wasser

Zubereitung:
Die geputzten Wiesenchampignons blättrig schneiden, auf ein Gitter auflegen und halb trocknen. Sie sollen eher trockener als zu feucht sein. Die Pilze abwechselnd mit Salz ganz dicht in ein sauberes Glas fest eindrücken, sodass keine Lufträume bleiben. Mit einer Holzscheibe abdecken und gut beschweren. Zwei Esslöffel Wasser darübergeben, mit dem Deckel verschließen und einen Tag in der warmen Küche stehen lassen, dann kühl und dunkel stellen. Nach ca. vier Wochen sind die fermentierten Wiesenchampignons für den Genuss fertig, können aber bis zu ein Jahr gelagert werden.

Nach dreizehnmonatiger Reifezeit hatten unsere fermentierten Wiesenchampignons einen fruchtig-süßen misoartigen Geruch. Die braunen Pilzscheiben waren zart, gut würzig, etwas süß und hatten eine feine Säure. Im Abgang schmeckt man ausgereifte Champignons, welche mit reifen Sporen geerntet und in Butter angeröstet wurden. Das Aroma füllt den Mund aus und hält an. Mit dem dicken Saft kann man neutrale Speisen optimal würzen und marinieren. Das geöffnete Glas ist im Kühlschrank aufzubewahren und in wenigen Tagen zu verbrauchen.

Gesäuerte Kraterellen für Feinschmecker
(*Cantharellus lutescens, C. tubaeformis*)

Zutaten: 500 g Kraterellen, 5 g Salz, 1 EL Sonnenblumenöl, 2 EL Essigmarinade, ½ Knoblauchzehe, Sonnenblumenöl zum Abdecken

Zubereitung:
Kleine bis mittlere Kraterellen ganz lassen, große Exemplare zerteilen und gesalzen in zwei Esslöffel Öl im eigenen austretenden Saft andünsten. Die halbe Knoblauch-Zehe pressen, unterrühren und ganz kurz mitdünsten. Die Essigmarinade in eine Schüssel geben, die Kraterellen hinzufügen. Über Nacht ziehen lassen, mehrmals umrühren, dann abschmecken und in ein sauberes Glas füllen. Mit Sonnenblumenöl abdecken und verschließen. Kühl und dunkel lagern.

Wir führten Lagerversuche durch und öffneten jeweils pro Monat ein Glas mit jeweils guten Geschmackserlebnissen. Im längsten Falle kam beim Öffnen nach ca. eineinhalb Jahren Lagerzeit ein eindeutiges Kraterellenaroma aus dem Glas. Die Form und die strahlende Farbe der Kraterellen blieben gut erhalten. Von der Konsistenz waren sie weich bis bissfest. Die Pilze nahmen geringfügig die Aromen der zugefügten Gewürze auf, somit entstand ein angenehm säuerlich-würziges Kraterellenaroma. Durch die Fermentation wird das Waldboden-Humusaroma gut herausgearbeitet und stellt somit eine ungemein reizvolle Bereicherung unserer Speisenvielfalt dar.

Beim Andünsten soll mit Öl sparsam umgegangen werden, und um das Pilzaroma im Vordergrund zu halten, ist nur eine ganz geringe Knoblauchmenge oder gar kein Knoblauch zu verwenden. Die fermentierten Kraterellen passen gut zu Reis, Getreide oder Kartoffelsalat, vor allem zur Jause.

Pfifferlinge fermentiert sind wunderbar
(*Eierschwammerl, Cantharellus cibarius*)

Zutaten für ein 1200-ml-Glas:
1 kg Pfifferlinge, 12 g Salz

Zubereitung:
Von den geputzten Pfifferlingen sind die größeren Exemplare zu zerteilen, die kleinen können ganz bleiben. Um die darin enthaltenen Bitterstoffe wegzubringen, werden sie eine Minute in kochendem Wasser blanchiert und kalt abgeschreckt. Abgetropft auf Gitter auflegen und halb trocknen lassen. Die angetrockneten Pfifferlinge abwechselnd mit Salz ganz dicht in ein sauberes Schraubverschlussglas drücken, mit einer Scheibe abdecken und beschweren. Drei bis vier Esslöffel Salzwasser darübergeben und verschließen. Eine Nacht in der warmen Küche stehen lassen, damit die Gärung startet, dann kühl und dunkel stellen. Nach vier Wochen sind die fermentierten Pfifferlinge für die neugierigen Tester fertig, können aber bis zu fünf Monate kühl gelagert werden.

Nach einer dreimonatigen Fermentationszeit entwich ein Geruch von Fichtennadeln und Waldmoosboden dem Glas. Der Geschmack war salzig mit dem typischen Eierschwammerlaroma. Die schönen goldgelben Pilzstücke waren kompakt und fest im Biss. Die fermentierten Pfifferlinge sind in kalten wie warmen Gerichten vielfältig einsetzbar.

Noch eine wichtige Anmerkung: Unsere ersten Versuche mit nicht blanchierten Pfifferlingen verzeichneten leicht herbe Geschmäcker, wobei sich in Kombination mit Reis oder dezent gesüßtem Paprikachutney das Herbe etwas verlor.

Reisrolle mit fermentierten Pfifferlingen und Eichenblättern
(*Cantharellus cibarius, Quercus* spec.)

Zutaten: 1 Tasse Sushi-Reis,
2 schwache Tassen Wasser,
½ TL Salz, 30 fermentierte Eichenblätter,
50 g fermentierte Pfifferlinge,
Paprika-Robinienhonig-Chutney

Zubereitung:
Den Reis waschen, abtropfen lassen, mit zwei schwachen Tassen kaltem Wasser zum Kochen bringen, Salz hinzufügen und zehn Minuten auf kleiner Stufe köcheln lassen. Den Topf von der Herdplatte ziehen und zehn Minuten quellen lassen. Die Eichenblätter dachziegelförmig zu einem Rechteck auf eine Bambusmatte oder eine Folie auflegen, den ausgekühlten Reis darauf verteilen und andrücken. In der Mitte der Länge nach die fermentierten Pfifferlinge geben und einrollen. Mit einem Messer mit glatter Schneide in zwei Zentimeter breite Stücke schneiden. Die Röllchen mit einem mittelscharfen, roten Paprika-Robinienhonig-Chutney und Pfifferlingen auf Eichenblättern anrichten. Oder mit einem gewürzten Eichenblätter- oder Eichelfruchtessig anstelle einer Sojasoße genießen.

Fermentierte Stein- oder Herrenpilze zum Garnieren
(*Boletus edulis*)

Zutaten:
1 kg Steinpilze mittlerer Reife, 2 EL Öl, 12 g Salz, 2 EL Essig

Zubereitung:
Beim Pilzsammeln erhält man verschiedene Größen und Qualitäten. Für das Fermentieren verwendet man jene mit mittlerer Reife und festerem Fleisch, da zu junge durch die Gärprozesse patzig werden würden oder sich zu Brei verwandeln.

Die geputzten Steinpilze blättrig schneiden und in Öl goldbraun andünsten, damit Wasser entzogen wird, danach Salz und Essig zufügen und ziehen lassen. Die Pilze dicht in ein sauberes Glas drücken, sodass keine Lufträume bleiben. Mit einer Scheibe abdecken, ein passendes kleineres Glas zum Niederdrücken draufgeben und verschließen. Eine Nacht in der Küche stehen lassen, dann kühl und dunkel lagern. Nach vier Wochen sind die fermentierten Steinpilze für den Genuss fertig. Sie können vier Monate kühl gelagert werden.

Nach drei Monaten Fermentierzeit entwich ein streng-säuerlicher, leicht herber, allerdings intensiv nach Pilzen riechender Geruch aus dem Glas. Ein leicht herber Geschmack machte sich beim Kosten breit, von einer weichen

Konsistenz. Das Fleisch der Stiele und Fruchtkörper älterer Exemplare war fester. Jene Steinpilze, welche zum Zeitpunkt des Sammelns zu jung für das Fermentieren waren oder im Glas zu lange gelagert wurden, werden weich bis patzig.

Fermentierte Pilze sind eine Augenweide und Gaumenfreude und damit lässt sich vieles machen: Sie eignen sich am besten als Garnierung für pikante warme Speisen, für Salate und zur Brotzeit oder für Vorspeisenteller. Besonders gut passen Stampfkartoffeln, Reis, Buchweizen und Hirse sowie gedämpftes oder gekochtes Gemüse zu diesen Pilzen. Doch gebratene Zwiebelringe mit Speck verstärkten den herben Geschmack.

Reisbällchen mit fermentierten Steinpilzen gefüllt
(*Boletus edulis*)

Zutaten:
1 Tasse Rundkornreis, 2 Tassen Wasser, ½ TL Salz, 4 bis 5 EL fermentierte Steinpilze, 1 TL geschnittene Petersilie, ½ TL Estragon

Zubereitung:
Den Reis waschen, abtropfen lassen, mit zwei Tassen kaltem Wasser zum Kochen bringen, Salz zufügen und zehn Minuten auf kleiner Stufe köcheln lassen. Den Topf von der Herdplatte ziehen und zehn Minuten quellen las-

sen. Die fermentierten Steinpilze fein schneiden, mit der Petersilie und dem Estragon mischen. Die Hände nass machen, einen großen Löffel Reis auf eine Hand geben, flach drücken, in die Mitte einen Teelöffel Pilzfülle geben, rund Formen und etwas zusammendrücken, damit das Bällchen hält. Dann kann man sie in gekochten und gehackten Kastanien oder in Ulmenblätterpulver drehen und mit einer süß-sauer-scharfen Gewürzsoße verspeisen.

Würziges Ferment aus dem Echten Reizker
(*Lactarius deliciosus*)

Zutaten:
500 g Reizker, 5 g Salz, 2 EL Wasser
Zubereitung:
Den Echten oder Edelreizker putzen, blättrig schneiden, auf ein Gitter auflegen und halb trocknen lassen. Die Teile sollen außen gut abgetrocknet, aber innen noch saftig sein. Die Pilze abwechselnd mit Salz ganz dicht und fest in ein sauberes Schraubverschlussglas drücken, damit keine Lufträume bleiben. Zwei Esslöffel Wasser darübergeben, mit einer Holzscheibe abdecken und gut beschweren, mit dem Schraubdeckel verschließen und einen Tag in der warmen Küche stehen lassen, danach kühl und dunkel stellen. Nach ca. vier Wochen sind die fermentierten Pilze für den Genuss fertig. Da der Reizker eine feste Konsistenz besitzt, kann er bis zu drei Monaten gelagert werden. Das geöffnete Glas im Kühlschrank aufbewahren und in wenigen Tagen verbrauchen.

Nach gut drei Monaten der Lagerung haben wir das Glas mit den fermentierten Reizkern, deren Farbe sich vom anfänglichen Orange zu einem dunklen Braun entwickelt hatte, geöffnet. Eine konzentrierte Fermentierflüssigkeit mit einem modrigen Pilz-Waldaroma deckte das eingepresste Pilzgut ab. Wobei der Geschmack und die Konsistenz der fermentierten Reizkerstücke in Richtung Salzheringe tendierten, welche für den puren Genuss zu würzig waren. Bei einem anderen Versuch halb getrocknete Reizkerscheiben mit gesalzener Essigmarinade zu fermentieren, entwickelten sich zusätzlich Gerüche nach Schmierseife oder feuchtem Leder.

Kleingeschnitten oder durch den Fleischwolf gedreht, finden sie als Würzpilze für Brotaufstriche, Salate aus Getreide, die länger ziehen sollen, damit das Salz in die Getreidemasse einzieht, zum Würzen von Knödeln, Fleischgerichten, Suppen und Soßen Verwendung. Auch zum Marinieren von Fleisch können die klein geschnittenen Pilze eingesetzt werden, da sie Aroma und Salz abgeben. Etwas ausgewässert können sie unter Blattsalate gemischt gegessen werden, wobei das zurückbleibende Salzwasser in Suppen verkocht werden kann. Weitere Möglichkeiten, sehr würzige Pilze, aber auch andere Fermentierprodukte einzusetzen, sind sie zu trocknen und zu pulverisieren oder daraus eine Würzpaste herzustellen.

Fermentierte Ohrenpilze oder Judasohr
(*Auricularia auricula-judae*)

Zutaten für ein 500-ml-Glas: 3 Handvoll Ohrenpilze, 250 ml Wasser, ca. 5 g Salz

Zubereitung:
Im November sind noch die gallertigen Ohrenpilze vom Holunderbusch sammelbar. Die sauber geernteten Pilze in ein Schraubverschlussglas schichten. Das Salz im Wasser auflösen und über die Pilze gießen. Sind die Pilze eher trocken, benötigen sie mehr Flüssigkeit, da sie viel aufnehmen. Mit Holzspateln abdecken und beschweren, sodass die Pilze nicht aufschwimmen können. Mit dem Schraubdeckel verschließen. Zwei Tage in der warmen Küche, bei 18 bis 24 Grad stehen lassen, anschließend kühl und dunkel lagern. Nach drei Wochen ist die Fermentation fertig und der Pilz ist bald aufzubrauchen.

Die aufgedunsenen Ohrenpilze besitzen nach der Fermentation einen ungewohnten Geruch nach zersetzter Holunderrinde. Sie sind zart, haben

dennoch eine gallert- bis schleimartige und bissfeste Struktur und ein salziges Aroma. Durch Mazeration löst sich die äußere Haut ab. Die Fermentierflüssigkeit haben wir nicht verwendet.

Das Ohrenpilzferment dient als Einlage in eine klare Gemüsesuppe. Verarbeitet werden sie für Soßen oder Streichpasten auf der Basis von gekochtem Gemüse. Schweinsohr und essbare Täublinge eignen sich ebenfalls zum Fermentieren.

Wilde Wurzeln mit einer Gewürzmischung fermentiert

Das Graben der einjährigen, wild wachsenden Wurzeln erfolgt im frostfreien Spätherbst, wenn sich die Blätter einziehen oder im Frühjahr, bevor sie austreiben. In Kombination mit einer Gewürzmischung können Wurzeln erstaunlich gut fermentiert werden. Saftige Gemüsesorten wie Lauch, Zwiebeln, Rettich oder Karotten, bringen ausreichend Flüssigkeit in die Wurzelfermente. Herbe Wurzeln wie Löwenzahn werden mit Kulturgemüse gemischt milder. Kleinere Mengen der wilden Wurzeln können auf diese Weise gestreckt werden.

Wilde Karotten mit einer Gewürzmischung fermentiert
(*Daucus carota*)

Zutaten für ein 500-ml-Glas:
250 g Wurzeln der Wilden Karotte

Gewürzmischung:
1 Bund Weinberglauch oder Lauch,
3 Knoblauchzehen, 1 cm Ingwerwurzel,
1 mittlere Karotte, ¼ TL Koriandersamen,
5 Tropfen scharfe Chilisoße, 1 TL Honig, 3 g Salz,
eventuell etwas Salzwasser

Zubereitung:
Wir lassen im Garten eine blumenbunte zweimähdige Wiese stehen, die eine Vielfalt an Nutzpflanzen beherbergt, welche regelmäßig zum Absamen kommen können. Die Standorte mit der Wilden Karotte mähen wir erst, wenn die Samen reif sind. Die zweijährige Pflanze bildet im ersten Jahr gut genießbare und gehaltvolle Wurzeln aus. Diese weißen, aber schlanken „Rüben" sind bald im Frühling des zweiten Jahres zu ernten, bevor sie Sprossen bilden, oder man sticht die einjährigen im Herbst heraus. Über den Sommer verholzen die zweijährigen Wurzeln stark und sind für den unmittelbaren Verzehr nicht geeignet.

Die einzelnen Karotten sauber waschen und bürsten, anschließend fein hacheln oder schneiden. Für die Gewürzmischung den Weinberglauch putzen und fein schneiden, die Knoblauchzehen schälen und hacken. Die Ingwerwurzel und die Karotte fein reiben, die Korianderfrüchte zerstoßen. Alle Zutaten der Gewürzmischung mit den geschnittenen Wildkarotten durchmischen und in ein sauberes Glas stampfen. Eine Holzscheibe darüberlegen und mit einem Gewicht beschweren. Den Schraubdeckel aufsetzen und leicht zudrehen. Zwei Tage in der warmen Küche stehen lassen, damit die Fermentierung in Gang kommt. Kontrollieren, ob genug Flüssigkeit über das Fermentiergut steht, wenn nicht, sind zwei bis drei Esslöffel Salzwasser zuzufügen, danach kühl und dunkel lagern. Nach drei bis vier Wochen sind die Wilden Karotten gut durchgezogen und können genossen oder als Vorrat ein Jahr gelagert werden.

Nach vier Wochen Fermentierzeit konnten wir unsere Neugier nicht mehr zügeln und haben das erste Glas geöffnet, um vorerst einmal daran zu riechen. Ein mild säuerlicher und besonders frischer Duft stieg uns in die Nase. Kaum daran gerochen, war unsere Speichelproduktion im Mund voll im Gang und somit auch die Bereitschaft, das Fermentierte zu essen. Das Aroma der Wilden Karotten war nach einem Monat perfekt zu schmecken, gut durchgegoren, erfrischend und kraftgebend. Derartige Fermente liefern eine gute Ballaststoffversorgung für den Darm.

Das gustiöse und knackige Ferment dient als Vorspeise, Zwischenmahlzeit und als Hauptmahlzeit, wenn man frisch geschnittene Salate und Gemüse untermischt. Dann eignet es sich auch zum Mitnehmen in die Arbeit oder auf Reisen.

Löwenzahnwurzeln mit Gewürzen fermentiert
(*Taraxacum officinale*)

Zutaten für ein 500-ml-Glas: 250 g Löwenzahnwurzeln, 200 ml Wasser, 4 g Salz

Gewürzmischung: 1 Zwiebel, 3 Knoblauchzehen, 3 cm Krenwurzel, 5 Tropfen Chilisoße, 1 TL Honig, 2 g Salz, eventuell etwas Salzwasser

Zubereitung:

Die Löwenzahnwurzeln sauber waschen und bürsten. Diese schräg in dünne Scheiben schneiden. Das Salz im Wasser auflösen und die geschnittenen Wurzeln über Nacht in das Salzwasser einlegen, herausnehmen und gut abtropfen lassen. Für die Gewürzmischung die Zwiebel und Knoblauchzehen schälen und fein schneiden. Die Krenwurzel fein reiben, Chili, Honig und Salz zufügen und vermischen.

Die Wurzeln und die Gewürzmischung abwechselnd in ein sauberes Schraubverschlussglas schichten, jede Lage gut andrücken, wenn das Glas drei Viertel vollgefüllt ist, eine Keramikscheibe darüberlegen und mit einem

Gewicht beschweren. Den Schraubdeckel aufsetzen und zudrehen. Zwei Tage in der warmen Küche stehen lassen, damit die Gärung beginnen kann. Nachsehen, ob genug Flüssigkeit über das zu fermentierende Gemüse steht, wenn nicht, ist mit ein paar Esslöffeln Salzwasser nachzufüllen. Anschließend kühl und dunkel fermentieren lassen. Nach drei bis vier Wochen sind die Löwenzahnwurzeln fermentiert und können genossen oder als vitaminreicher Vorrat für die kalte Jahreszeit bevorratet werden.

Nach einer dreimonatigen Reifezeit war das Ferment harmonisch durchgegoren. Der Geruch und Geschmack waren erfrischend und säuerlich. Die Löwenzahnwurzelscheiben waren von den Gewürzen durchzogen, mit einer angenehmen Herbheit. Als verdauungsstärkende Vorspeise oder zu Reis, Butterbrot oder anstelle von Salat zu den Hauptmahlzeiten gegessen, bereichert das Ferment unsere Essensvielfalt in überraschender Weise. Das vom Einlegen übrig gebliebene Salzwasser zum Kochen verwenden.

Pastinaken- und Krenwurzeln mit Karotten
(*Pastinaca sativa, Armoracia rusticana*)

Zutaten für ein 1-Literglas: 200 g Pastinakenwurzeln, 200 g Krenwurzel (Meerrettich), 200 g Karotten, 400 ml Wasser, ca. 8 g Salz
Gewürzmischung: 10 getrocknete Tomaten, 100 g Lauch, 4 cm Ingwerwurzel, 1 EL Senfkörner, 10 Tropfen Chilisoße, 2 TL Honig, 4 g Salz

Zubereitung:
Die Wurzeln gut waschen, Kren dünn schälen und mit den Pastinaken und Karotten feinblättrig schneiden. Das Salz im Wasser auflösen und die geschnittenen Wurzeln drei bis vier Stunden in das Salzwasser legen, herausheben und gut abtropfen lassen.

Für die Gewürzmischung die getrockneten Tomaten und den Lauch klein schneiden, die Ingwerwurzel fein reiben, die Senfkörner zu Mehl zerstoßen, mit Chili, Salz und Honig gut mischen. Die Wurzeln und die Gewürzmischung abwechselnd in ein sauberes Schraubverschlussglas schichten. Jede Schicht gut in das Glas drücken oder stampfen, bis sich Flüssigkeit bildet. Das Glas drei Viertel füllen, mit Baumblättern abdecken und einem Gewicht beschweren. Den Schraubdeckel aufsetzen und leicht zudrehen. Zwei Tage in der warmen Küche stehen lassen, damit die Gärung in Gang kommt, danach kühl und dunkel fermentieren lassen. Nach ca. vier Wochen sind die Wurzeln durchgegoren und können genossen oder als Vorrat für die kalte Jahreszeit gelagert werden.

Herrlich erfrischend schmecken Pastinaken mit Krenwurzeln gemeinsam fermentiert. Die Karotten bleiben im Hintergrund. Das Senfmehl verstärkt in einem harmonischen Spiel das Krenaroma. Es entsteht aber auch ein besonderes, etwas schärferes Senfaroma, das eine gute Abwechslung in die fermentierten Wildgemüsearten bringt. Das angefallene Salzwasser zum Kochen verwenden.

Das Ferment dient als appetitanregende Vorspeise oder Salat zu Hauptgerichten. Zwischendurch in kleinen Portionen genossen, regt es gut die Verdauung an. Auch Kombinationen mit Walnuss oder gerösteten Mandeln sind ein Gedicht.

Pastinakenwurzel mit Gewürzen
(*Pastinaca sativa*)

Zutaten für ein 700-ml-Glas:
300 g Pastinakenwurzeln

Gewürzmischung: 50 g Lauch, 5 Knoblauchzehen, 1 cm Ingwerwurzel, 1 Karotte, 5 Tropfen Chilisoße, 1 TL Honig, 3 bis 4 g Salz, eventuell etwas Salzwasser

Zubereitung:
Die Pastinaken sauber waschen und bürsten, anschließend in feine Scheiben schneiden. Für die Gewürzmischung den Lauch putzen und fein schneiden, die Knoblauchzehen schälen und hacken. Die Ingwerwurzel und die Karotte fein reiben. Alle Zutaten der Gewürzmischung mit den geschnittenen Pastinaken durchmischen und in ein Glas stampfen. Eine Holzscheibe darüberlegen und mit einem Gewicht beschweren. Den Schraubdeckel auf-

setzen und zudrehen. Zwei Tage in der warmen Küche stehen lassen, damit die Fermentierung in Gang kommt, kontrollieren, ob genug Flüssigkeit über das Fermentiergut steht, wenn dies nicht der Fall ist, zwei bis drei Esslöffel Salzwasser hinzufügen, danach kühl und dunkel lagern. Nach vier Wochen sind die Pastinakenscheiben gut durchgezogen und können genossen werden.

Nach einem halben Jahr strömte die Fermentmischung einen säuerlich-würzigen Geruch aus. Die Wurzelscheiben der Pastinaken waren harmonisch mit den Gewürzaromen durchgezogen, zart im Biss und angenehm zu essen.

Ein paar Gabeln voll genügen als den Speichelfluss anregende Vorspeise oder mit anderen Nahrungsmitteln gestreckt als Salat oder Zwischenmahlzeit.

Klettenwurzelferment (*Arctium lappa*)

Zutaten für ein 500-ml-Glas: 100 g Klettenwurzeln, 150 ml Wasser, 3 g Salz

Gewürzmischung:
100 g Bierrettich oder Schwarzer Rettich, 100 g Lauch, 2 Knoblauchzehen, 2 Tropfen Chilisoße, 1 TL Honig, 2 g Salz

Rezepte – Wilde Wurzeln mit einer Gewürzmischung fermentiert

Zubereitung:
Die einjährigen Klettenwurzeln sauber waschen und bürsten. Diese schräg in ganz feine Scheiben schneiden. Das Salz im Wasser auflösen und die geschnittenen Wurzeln über Nacht in das Salzwasser einlegen, herausnehmen und gut abtropfen lassen. Für die Gewürzmischung den gewaschenen Bierrettich, Lauch und die geschälten Knoblauchzehen fein schneiden. Chili, Honig und Salz zufügen und vermischen.

Die Wurzeln und die Gewürzmischung abwechselnd in ein sauberes Glas schichten, jede Schicht gut andrücken, wenn das Glas drei Viertel vollgefüllt ist, eine Keramikscheibe darüberlegen und mit einem Gewicht beschweren. Den Deckel aufsetzen und zudrehen. Zwei Tage in der warmen Küche stehen lassen, damit die Gärung in Gang kommt, nachsehen, ob genug Flüssigkeit über das Fermentiergut steht. Gegebenenfalls sind ein paar Esslöffel Salzwasser darüberzugeben. Anschließend kühl und dunkel fermentieren lassen. Nach vier bis fünf Wochen sind die Klettenwurzeln fermentiert und können genossen oder als Vorrat für die kalte Jahreszeit und insgesamt ein Jahr lang gelagert werden.

Nach vier monatiger Lagerung haben wir das erste Glas mit dem Klettenwurzelferment geöffnet. Der Geruch und Geschmack sind säuerlich, leicht herb mit einer würzenden Schärfe. Die braun umrandeten Wurzelstücke sehen sehr dekorativ aus und lassen sich gut kauen.

Dieser sehr gute Appetitanreger eignet sich als rustikale Vorspeise mit einer Speck-, Schinken- oder Räucherwurstscheibe. In Salate untergehoben, bringen die Wurzelstücke Abwechslung hinein. Das Glas ist für eine Mahlzeit schnell greifbar und zu gebratenem Kürbis oder Kartoffelscheiben zu genießen.

Eine Kürbiscreme aus zerdrücktem, im Backrohr gebratenen Kürbisfleisch mit untergehobenen Schafkäsestückchen, Olivenöl, Estragon und Kümmel harmoniert ebenso mit dem würzigen Klettenwurzelferment. Das übrig gebliebene Salzwasser unbedingt zum Kochen verwenden. Die Blätter und Blattstiele vom jungen Rettich eignen sich, geschnitten in die Gewürzmischung gemengt, ebenfalls gut zum Fermentieren.

Fermentierte Chinakohlrippen mit der Wurzel der Bibernelle
(*Pimpinella major*)

Zutaten für ein 1-Literglas: 600 g Chinakohlrippen, 100 g Lauch, 100 g Bierrettich, 2 Knoblauchzehen, 6 g Bibernellewurzel, frisch, 3 Tropfen Chilisoße, 6 g Salz

Zubereitung:
Die Chinakohlblattrippen grob schneiden, Lauch, Bierrettich, Knoblauch und die gebürstete Bibernellewurzel fein schneiden. Alle Zutaten gut miteinander vermischen und Lage für Lage in ein sauberes Schraubverschlussglas stampfen. Drei Zentimeter nach obenhin frei lassen. Zwei kleinere Chinakohlblätter zum Abdecken darüberlegen und mit einem Gewicht beschweren. Den Schraubdeckel aufsetzen und zudrehen. Zwei Tage in der warmen Küche stehen lassen, damit die Fermentierung in Gang kommt, kontrollieren, ob genug Flüssigkeit über das Gemüse steht, wenn dies nicht der Fall ist, sind drei

Esslöffel Salzwasser darüberzugeben, danach kühl und dunkel lagern. Nach drei bis vier Wochen ist das Gemüse fermentiert und kann genossen oder als Vorrat für die kalte Jahreszeit bis zu sechs Monaten lang gelagert werden.

Nach einer viermonatigen Lagerzeit haben wir ein Glas mit dem Chinakohl-Bibernelle-Ferment geöffnet und erwartungsvoll daran gerochen. Ein eindeutiger Bibernellegeruch stieg aus dem Glas und somit eine völlig neue Geschmacksrichtung für uns. In fermentiertem Zustand ist das Aroma der Bibernellewurzel keineswegs penetrant, sondern aromatisch und mit einer leichten Herbheit versehen.

Die erfrischende und knackige Fermentmischung stellt eine ideale Vorspeise dar, um den Appetit anzuregen, ist aber auch als Salat in größerer Menge gut essbar. Es schmeckt ohne Öl hervorragend und kann mit einem hochwertigen Speiseöl noch um eine Nuance aufgewertet werden. Als vitalisierende Beigabe zur kalten Jause ist das Fermentierte ein Gewinn und mit warmen sowie kalten Teigwaren gemischt eine Gaumenfreude. Auch mit Paprikaspätzle, welche mit selber hergestelltem Paprikapulver zubereitet wurden, harmoniert das erfrischende Ferment. Und ebenso haben wir mit den Blättern der Bibernelle gute Geschmacksnoten in verschiedene Fermente gebracht.

Weißkrautstrünke mit Laserkrautwurzel fermentiert
(*Laserpitium latifolium, L. siler*)

Zutaten für ein 1000-ml-Glas:
300 g Weißkrautstrünke, 1 Karotte, 50 g Laserkrautwurzel, 1 Zwiebel, ½ TL geriebener Ingwer, 5 g Salz, evtl. 1 bis 2 kleine Bierrettiche

Zubereitung:
Die Weißkrautstrünke schälen und mit der Karotte feinblättrig schneiden. Die Laserkrautwurzel mit einer Bürste waschen und fein reiben. Die Zwiebel schälen und kleinwürfelig schneiden. Alle Zutaten miteinander vermischen und in ein Glas drücken. Mit einer Holzscheibe abdecken und beschweren. Mit dem Deckel verschließen. Zwei Tage in der Küche bei 18 bis 24 Grad stehen lassen, anschließend kühl und dunkel lagern. Nach drei Wochen ist das Ferment für den Genuss fertig, kann aber gut gekühlt bis zu einem Jahr gelagert werden. Eine ständige Kontrolle des Flüssigkeitsstands ist notwendig.

Nach einer siebenmonatigen Reifezeit ist der Geruch dem Sauerkraut sehr ähnlich, mit leichten Gewürzanklängen, welche von den Zutaten herrühren. Die würzige Laserkrautwurzel gibt dem Gemüse einen angenehmen Geschmack. Die plättrigen Krautstrünke sind knackig, bissfest und trotz der langen Lagerzeit nicht zu sauer, wobei im Abgang eine milde Herbheit wahrnehmbar ist.

Das Ferment kann als appetitanregende Vorspeise oder als Hauptspeise mit Butterbrot gegessen werden. Weiters schmeckt es als Salat bzw. Mischsalat in größeren Mengen zu Reis, Kartoffeln und Getreide exquisit. Ebenfalls fermentieren wir die anfallenden grünen, äußeren Krautblätter, die beim Einschneiden vom Sauerkraut anfallen als ganze Blätter im Gärtopf.

Natürliches Wurzelgewürz

Das Rezept für die Suppenbasis mit wild wachsenden Wurzeln basiert ebenfalls auf einer Milchsäurevergärung und haben wir im Buch „Speisekammer aus der Natur" auf Seite 270 ausführlich beschrieben.

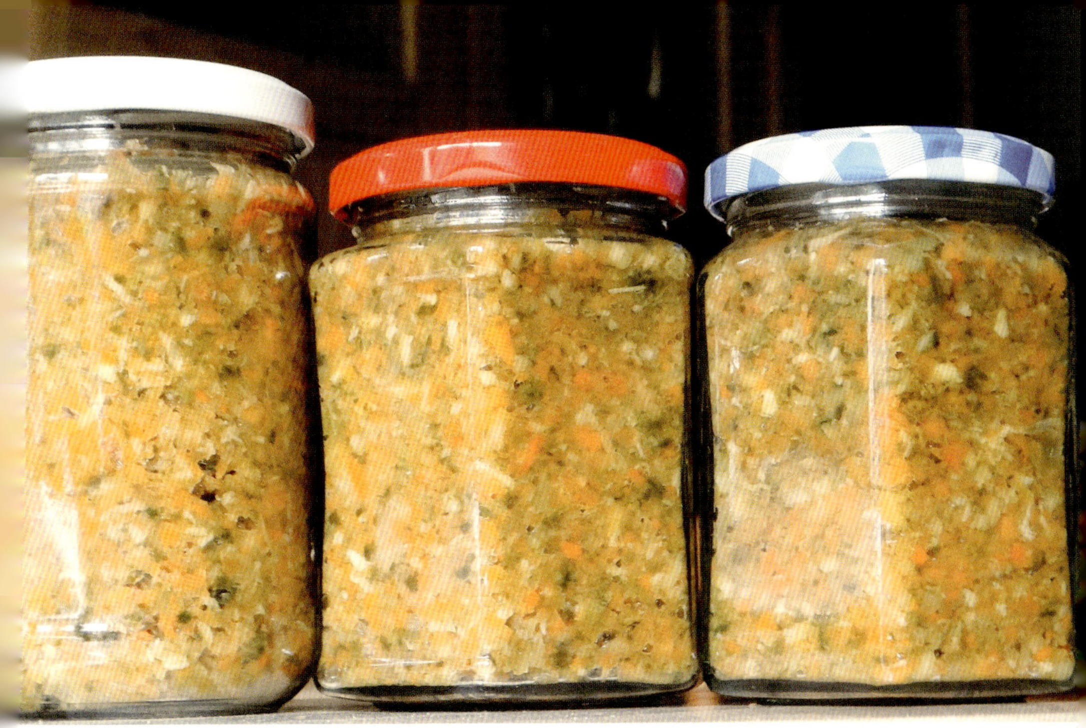

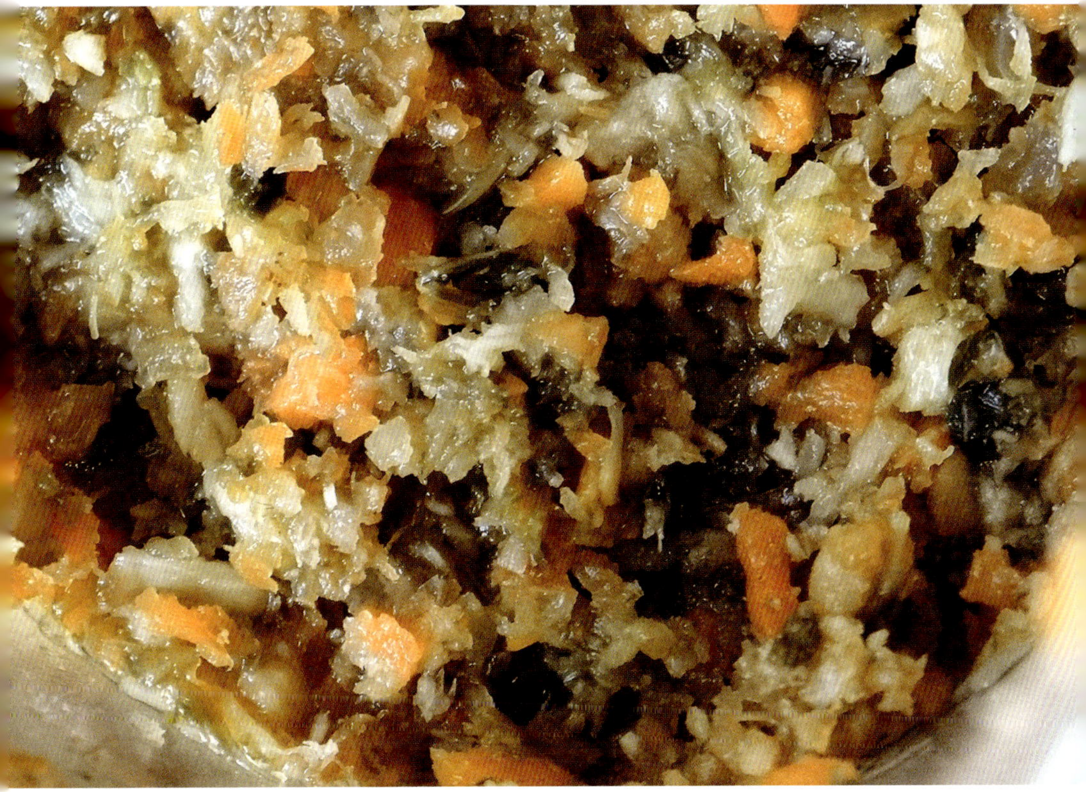

Fermentierte Früchte und Nussfrüchte

Einige Steinobst- und Beerenobstfrüchte eignen sich zum Herstellen von Olivenersatzprodukten oder garniertauglichem „Sauerobst". Sie müssen allerdings unreif und fest sein. Durch die Fermentation in Salzwasser und einen Nachreifeprozess entwickeln die Früchte ein olivenähnliches Aroma. Dabei spielt der Reifegrad der Früchte eine wesentliche Rolle. Ist dieser fortgeschritten, das Obst süß und weich, kommt es zu einer alkoholischen Vergärung. Aber auch Obstabfall wie die Schalen von Apfel, Birne, Quitte oder entsaftete Preiselbeeren lässt sich wunderbar milchsauer vergären und wird dadurch wohlschmeckende Beilage zu Vor-, Haupt- oder Nachspeisen. Aus Edelkastanien, angekeimten Eichenfrüchten und jungen Bucheckernbechern haben wir ebenfalls versucht, fermentierte Köstlichkeiten herzustellen. Die Rezepte von Dirndl- und Schlehenoliven sind im Speisekammer-Buch angeführt, welches 2015 im Böhlau-Verlag veröffentlicht wurde.

lz-Kirschpflaumen oder Myrobalanen
(*runus cerasifera*)

ass die zumeist für Zierzwecke angepflanzte Kirschlaume (*Prunus cerasifera*) für Speisezwecke nutzbar , ist vielen unbekannt. Im noch unreifen Zustand ntet man die Früchte der „Myrobalanen" des rauchförmigen bis weit ausladenden, meist mehrämmigen Kleinbaumes. Die Wuchshöhe kann bis acht Meter betragen (vgl. REIFELTSHAMMER, . 2001; zur Unterscheidung mit *Prunus insititia*-ruppe siehe bei SCHRAMAYR, G. 2014). Das aus steuropa und Gebieten Vorderasiens eingeführte osengewächs findet man heute als Zierpflanze in arks, Gärten oder als Wildling an Ruderalstellen, öschungen und Straßenrändern. Auffällig sind ie vielen rotblättrigen Zuchtsorten. Die Blüten nd meist weiß oder zartrosa und erscheinen meist or den Blättern. Die gelben, hell- bis dunkelroten der blauvioletten und essbaren Früchte haben eine ugelform, deren Durchmesser zwischen zwei und rei Zentimeter beträgt. Der Geschmack wechselt von uer bis süß, fad mehlig bis knackig aromatisch.

Schon ab Juni beginnen die Früchte zu reifen, wesalb man sie für die Fermentation vorher in einem sten und grünen Zustand ernten soll. Das Einlegen der kugeligen Steinfrüchte in einer Lake ist einfach, wobei man die Stiele nicht entfernen muss. Da das Fruchtfleisch an den Kernen fest ansetzt, ist es auch im unreifen Zustand schwierig zu lösen. Entkernte Früchte mit geringen Mengen Salz bestreut und lageweise eingelegt, sind vielfältig kulinarisch verwertbar. Sie dienen auch anstelle von Salz als Würzmittel. Dazu werden sie zerquetscht mit etwas Kardamom und Honig vor dem Servieren Gemüsespeisen oder Salaten untergemischt. In Japan gibt man zu den unreifen, entkernten Früchten neben Salz auch geschnittene Meerrettichblätter und etwas geriebene Meerrettichwurzel und andere Gewürze dazu, schichtet dies fest in Gläser ein und so lagert man dies bis zu drei Jahre. Dann entsteht auch eine sehr delikate Soße.

In der asiatischen und vor allem in der alten japanischen Heilkunde gilt die Frucht als ein Mittel bei Darmbeschwerden. Damit die Gerbstoffe in den Hintergrund treten, werden die Früchte ähnlich den Oliven fermentiert. Die an Mineralstoffen und Vitamin-C reichen Früchte und Fermente haben den Ruf der Gesundhaltung der Verdauungsorgane und Erhöhung der Resistenz vor Krankheiten.

Noch eine Anmerkung: Die Kirschpflaumen, welche in Europa auch als Myrobalanen bezeichnet werden, sind nicht mit der Pflanzengattung Myrobalane (*Terminalia* spec.) der Familie der Flügelsamengewächse (*Combretaceae*) zu verwechseln, welche in tropischen Zonen verbreitet ist.

Rote Zierpflaumen in Salzlake fermentiert
(*Prunus* c.f. *cerasifera*)

Zutaten für 500-ml- bis 700-ml-Glas: 300 g Rote Zierpflaumen, ¼ bis ½ l Wasser (ca.), 5 g Salz

Zubereitung:
Zur Bestimmung: Der mittelgroße Zierpflaumenstrauch ist rot belaubt. Die Frucht hat einen Durchmesser von zwei Zentimeter und der Stängel eine Länge von eineinhalb Zentimeter. Der feste, holzige Kern besitzt kein Grätenmuster, und von den unreifen wie reifen Früchten löst sich das Fruchtfleisch.

Hier handelt es sich um ein einfaches Rezept: Unreife, leicht rot gefärbte, feste Zierpflaumen in ein sauberes Schraubverschlussglas geben. Das Salz im Wasser auflösen und über die Früchte gießen. Eine Press-down-Scheibe darüberlegen, um die Früchte unter der Flüssigkeit zu halten, und verschließen. Zwei Tage in der warmen Küche stehen lassen, damit die Gärung einsetzt, dann kühl und dunkel zwölf Monate fermentieren lassen.

Nach sechsmonatiger Reifezeit hatten wir beim Öffnen des ersten Glases eine perlende und prickelnde Fermentierflüssigkeit mit herrlichem Amarettoaroma. Die angenehm säuerlich-salzige Flüssigkeit hat eine schöne Rotfärbung und schmeckt ebenfalls nach Pflaumen. Sie ist eine Wohltat für die Nase und den Gaumen. Die glasig gewordenen sehr bissfesten und knackigen Früchte lösen sich von den Kernen.

Die sehr dekorativen Früchte nutzen wir als Garnierung für festliche Hauptspeisen, für Salate und Vorspeisen allerlei Art. Auch für Desserts mit einer süßen Soße sind die fermentierten Zierpflaumen geeignet.

Unreife Myrobalanen in Salzwasser fermentiert
(*Prunus* cf. *cerasifera*)

Zutaten für drei kleine Gläser: 400 g Myrobalanen, 250 ml Wasser, 7 g Salz

Zubereitung:
Die noch grünen bzw. unreifen Früchte werden sehr früh geerntet, bevor der Kern zu verholzen beginnt. Sie werden gewaschen und in die Gläser geschichtet. Das Salz im Wasser auflösen, über die Früchte gießen, eine Press-down-Scheibe darüberlegen und jedes Glas mit dem Schraubdeckel verschließen. Zwei Tage in der warmen Küche stehen lassen, damit die Gärung einsetzt, dann kühl und dunkel drei Monate fermentieren lassen.

Das erste Glas mit den fermentierten Myrobalanen haben wir nach achtmonatiger Reifezeit geöffnet. Der Geruch und Geschmack kommt den Oliven sehr nahe, mit einer leichten Amarettoaroma-Tendenz. Der Geschmack der Früchte ist dem Olivengeschmack sehr ähnlich. Die Früchte können mitsamt dem weichen Kern genossen werden, da sie vor der Steinkernbildung geerntet wurden. Diese „Schein-Oliven" schmecken gut mit Olivenöl und passen gut für Salate, für Dekorationen teils halbiert oder zur Brotzeit.

Grüne Kriecherl-Oliven
(Kriechen-Pflaume, *Prunus domestica* subsp. *insititia*)

Zutaten für zwei 700-ml-Gläser: 500 g unreife Kriecherln, 400 ml Wasser (ca.), 8 g Salz

Zubereitung:
Ab Ende Mai bis Anfang Juni die unreifen, grünen, noch ganz festen Kriecherln in saubere Schraubverschlussgläser geben. Zu diesem Zeitpunkt ist der Kern noch so weich, dass er mitgegessen werden kann. Die Früchte können bis ca. drei bis vier Wochen vor der Endreife zum Fermentieren geerntet werden. Das Salz in kaltem Wasser auflösen und über die Früchte gießen. Eine Press-down-Scheibe darüberlegen und verschließen. Zwei Tage in der warmen Küche stehen lassen, damit die Gärung einsetzt, dann kühl und dunkel zwei bis drei Monate fermentieren lassen. Dieser Olivenersatz kann problemlos zwei Jahre gelagert werden. Beim Öffnen des Glases entwich ein Geruch nach Kirschblätter. Beim Hineinbeißen hingegen hatten wir ein Amarettoaroma mit einer idealen Salz-Säure-Kombination im Mund. Die schon etwas gelblichen Früchte waren kompakt im Biss und lösten sich vom Kern. Die grünen, unreifen waren knackig, und die Kerne lösten sich schwer. Die reiferen Früchte bekamen durch eine alkoholische Vergärung ein angenehmes, mildes Mostaroma.

Die fermentierten Kriecherln eignen sich als Beilage für kalte und warme Speisen, auch als ganze oder in Scheiben geschnittene Dekoration für das Buffet. Sie dienen auch als Beigabe für Salate oder in Soßen festlicher Hauptgerichte.

Salz-Kriecherl
(Kriechen-Pflaume, *Prunus domestica* subsp. *insititia*)

Zutaten für vier Gläser: 1 kg Kriecherln, 20 bis 25 g Salz

Zubereitung:
Eine weitere Variante kann mit Kriecherln durchgeführt werden, die man ca. drei Wochen, bevor sie zur Endreife kommen und der Kern schon hart geworden ist, erntet. Die Früchte (eventuell einschneiden oder halbieren, damit der Saft austritt) mit dem Salz mischen und in die Gläser geben. Es ist zu beobachten, ob sich über Nacht genug Flüssigkeit bildet, wenn nicht, dann ist die Fruchtmasse einmal gut umzurühren und dann zu beschweren. Das Glas verschließen und zwei Tage an einem warmen Ort stehen lassen, damit der Fermentationsprozess startet. Anschließend kühl und dunkel zwei bis drei Monate reifen lassen. Solche Früchte können gemeinsam mit Kren eingelegt werden.

Diese fermentierten Früchte schmecken salzig, werden etwas weicher in der Konsistenz und eignen sich im Ganzen oder zerdrückt herrlich zum Würzen von verschiedenen kalten Gerichten, wie Kartoffelkäse, Topfenaufstriche oder Würzbutter, da das sanfte Amarettoaroma in die Gerichte hineingebracht wird. Als Beilage dienend, sollen sie zur Entsalzung in Wasser eingelegt werden.

Verwilderte, grüne Weinbergpfirsiche in Salzwasser fermentiert
(*Prunus persica*)

Zutaten für ein 1000-ml-Glas: 20 unreife Weinbergpfirsiche, 500 ml Wasser, 10 g Salz

Zubereitung:
Die Ernte der grünen Pfirsiche soll ab Mitte bis Ende Mai stattfinden, bevor die Kerne zu verholzen beginnen. Die einwandfreien Früchte in ein Schraubverschlussglas schlichten. Das Salz in kaltem Wasser auflösen und über die Pfirsiche gießen. Zwei Fingerbreit nach oben frei lassen, damit die sich ausdehnende Flüssigkeit während der Gärung Platz hat. Holzspateln darüberlegen, wenn notwendig, beschweren und mit dem Schraubdeckel verschließen. Zwei Tage in der warmen Küche bei 18 bis 24 Grad stehen lassen, damit die

Gärung in Gang kommt, anschließend kühl und dunkel lagern. Nach ca. vier Wochen ist der Fermentationsprozess abgeschlossen. Die Weinbergpfirsiche sollen aber noch ein bis zwei Monate zum Reifen gelagert werden, damit die Früchte gut durchziehen können.

Der Geruch beim Öffnen der fermentierten Pfirsiche war leicht amarettoartig. Die in feine Scheiben geschnittenen „Sauer-Früchte" waren gut knackig, etwas säuerlich und hatten ein leicht olivenähnliches Aroma. Werden sie mit Gewürzen wie Knoblauch, Kren, Ingwer, Senfkörnern oder Kümmel eingelegt, nehmen die Früchte die Aromen an.

Die in feine Scheiben geschnittenen Früchte bereichern Geflügelgerichte, Fruchtsalate und verschiedene kalte Speisen oder Brotbelage. Sie können wegen des amarettoähnlichen Aromas vielseitig eingesetzt werden.

Wilde Marillen mit den Blättern der Schwarzen Johannisbeere
(*Prunus armeniaca, Ribes nigrum*)

Zutaten für ein 1000-ml-Glas: 700 g feste, unreife Marillen, 12 bis 15 Schwarze Johannisbeerenblätter, 10 g Salz

Zubereitung:
Die Marillen unbedingt sehr jung ernten, wenn sich Früchte schon vom grünen Farbton ins Gelbliche umfärben. Bei zu später Ernte werden die Früchte beim Fermentieren weich, schmecken dennoch gut. Die einwandfreien, festen, noch unreifen Marillen zuerst in Spalten, dann die Spalten in feine Scheiben schneiden. Von den Johannisbeerenblättern die Stiele entfernen, übereinanderlegen und in feine Streifen schneiden. Beides mit Salz vermischen und in ein Glas drücken. Zwei Fingerbreit nach oben frei lassen, damit die sich ausdehnende Flüssigkeit während der Gärung ausreichend Platz hat. Ein paar ganze Blätter zum Abdecken darüberlegen, beschweren und mit dem Deckel verschließen. Zwei Tage in der warmen Küche stehen lassen, anschließend kühl und dunkel lagern. Nach vier Wochen sind die Marillen fermentiert und für den Genuss fertig. Sie können aber bis zu vier Monate gelagert werden.

Beim Öffnen der jeweiligen Gläser strömte der Duft der Johannisbeerenblätter entgegen. Der Geruch und der Geschmack wiesen eine champagnerartige Note auf. Beim Essen trat das Aroma der Marillen gut hervor, und sie schmeckten säuerlich und leicht salzig.

Das Marillenferment passt gut zu Huhn und Ente. Ist es zu weich geworden, können damit wohlschmeckende Pasten hergestellt und als Beilagen für Soßen und Nachspeisen verwendet werden.

Grüne Mostbirnen als „Sauer-Früchte" bereitet
(*Pyrus communis*)

Zutaten für ein 1000-ml-Glas:
Ca. 20 unreife Mostbirnen, 500 ml Wasser, 10 g Salz

Zubereitung:
Die einwandfreien, festen noch unreifen Mostbirnen mitsamt den Stängeln in ein Schraubverschlussglas schlichten. Das Salz in kaltem Wasser auflösen und über die Birnen gießen. Drei Fingerbreit nach oben frei lassen, damit die sich ausdehnende Flüssigkeit während der Gärung Platz hat. Eine Glasscheibe darüberlegen, wenn notwendig beschweren und mit dem Schraubdeckel verschließen. Zwei Tage in der warmen Küche stehen lassen, anschließend kühl und dunkel lagern. Nach vier Wochen sind die Mostbirnen fermentiert, sollen

aber noch ein bis zwei Monate gelagert werden, damit die Früchte gut durchziehen können. Je nach Sorte und Festigkeit können sie zwei oder drei Jahre gelagert werden.

Nach gut einem Jahr öffneten wir ein Glas von den fermentierten Mostbirnen. Sie hatten einen neutralen Geruch, die Konsistenz war knackig und sie schmeckten salzig mit einem leichten Mostbirnengeschmack im Abgang. Dünn geschnittene Birnenscheiben neben die Speisen gelegt, sehen sehr kunstvoll aus. Bei manchen Sorten färbt sich das Fruchtfleisch in ein schönes Rotbraun. Die Scheiben sind mitsamt den Kernen essbar. Lediglich Stängel werden auf den Tellern zurückgelassen.

Die kleinen, sehr dekorativen Kleinformen aus der Gruppe der Scheibelbirnen dürfen keinesfalls vernachlässigt werden. Im unreifen festen Reifegrad bzw. kurz bevor sie zu reifen beginnen, können sie wie die Mostbirnen eingesäuert werden.

Mit Salz fermentierte Apfelschalen
(*Malus sylvestris*)

Zutaten für ein 500-ml-Glas:
300 g Apfelschalen von sauren Äpfeln, 3 g Salz

Zubereitung:
Die Apfelschalen mit dem Salz gut vermischen und Lage für Lage in ein sauberes Schraubverschlussglas stampfen. Nach obenhin müssen drei Zentimeter frei bleiben, damit die sich während des Gärprozesses ausdehnende Flüssigkeit Platz hat. Eine Glasscheibe darüberlegen, beschweren und verschließen. Zwei Tage in der warmen Küche stehen lassen, damit die Gärung einsetzt. Kontrollieren, ob genug Flüssigkeit über die Apfelschalen steht, wenn nicht, zwei bis drei Esslöffel Salzwasser darüber geben. Anschließend kühl und dunkel fermentieren lassen. Nach vier Wochen sind die fermentierten Apfelschalen für den Genuss fertig, können aber bis zu zehn Monate gelagert werden.

Je nach Apfelsorte verfärben sich die Schalen lachsrosa, und dann haben wir voller Spannung das erste Glas mit den fermentierten Apfelschalen nach sechsmonatiger Lagerzeit geöffnet. Der Geruch ist angenehm und leicht säuerlich nach Apfelmost. Die schönen lachsfärbigen, fermentierten Schalen sind von glasiger, knackiger und bissfester Konsistenz mit leichter Herbheit.

Fein geschnitten zum Würzen unter das Rollgerstenrisotto mit in Butter gebratenen Pilzen gehoben, bekommt dieser eine fruchtige Apfelweinnote.

Auch Kürbisgerichte und verschiedene Salate profitieren von der fein geschnittenen, leicht säuerlich fermentierten Apfelschale. Dieses Rollgerstenrisotto ist ausgekühlt als Essen zum Mitnehmen geeignet.

Je nach Apfelsorte entstehen Aromen von Apfelwein bis Apfelessig, manchmal mit süßer oder herber Note. Indem die Schale verwendet wird, werden die unter der Schale enthaltenen Wirkstoffe mitgegessen. Durch das Schälen entstehen auf der Unterseite der Schale streifenartige Muster, welche sehr dekorativ aussehen. Ähnliche Versuche führten wir mit den Schalen fester Birnen (*Pyrus communis*) durch.

Entsaftete Preiselbeeren fermentiert
(Granten, Grangen = *Vaccinium vitis-idaea*)

Zutaten für ein 1000-ml-Glas: 700 g entsaftete Preiselbeeren, 2 TL Honig

Zubereitung:
Dampfentsaftete Preiselbeeren mit wenig Honig verrühren und in ein passendes Schraubverschlussglas drücken. Eine Glasscheibe und ein Gewicht darüber legen und das Glas verschließen. Zwei Tage in der warmen Küche stehen lassen, damit die Gärung einsetzt. Anschließend kühl und dunkel fermentieren lassen. Nach sechs Wochen sind die fermentierten Preiselbeeren für den Genuss fertig, können aber bis zu einem Jahr gelagert werden.

Nach einer achtmonatigen Lagerzeit hatten die fermentierten Preiselbeeren eine gute Säure mit einem starken Preiselbeerengeruch und -geschmack entwickelt. Zudem bekommen sie einen leicht glasigen Charakter und sehen dadurch wunderschön aus. Durch die Beigabe von etwas Honig erhält man einen leicht süßen Geschmack.

Die fermentierten Granten sind eine edle Zutat für Süßspeisen, wie aufgeschnittenes Obst, Kekse, Kuchen oder Joghurtdesserts. Sie sind auch zu pikanten Gerichten und Fleischsoßen vielseitig einsetzbar.

Edelkastanienscheiben mit Gewürzen fermentiert
(*Castanea sativa*)

Zutaten für ein 700-ml-Glas: 60 Kastanien, 100 g Lauch, 2 Knoblauchzehen, 1 Karotte, 2 cm Ingwerwurzel, 3 bis 4 Tropfen Chilisoße, 10 g Salz

Zubereitung:
Die Kastanien schälen, die innere Haut abziehen und das Samen- bzw. „Fruchtfleisch" feinblättrig schneiden. Den gewaschenen Lauch und die geschälten Knoblauchzehen fein schneiden. Die Karotte und die Ingwerwurzel fein reiben. Alle Zutaten gut mischen und Lage für Lage in das saubere Schraubverschlussglas drücken, wenn es geht, so dicht als möglich. Einige Esslöffel Wasser zufügen, sodass mindestens ein Zentimeter Flüssigkeit über die Kastanien steht. Eine Holzscheibe darüberlegen und verschließen. Zwei Tage in der warmen Küche stehen lassen, damit die Gärung einsetzt. Regelmäßig kontrollieren, ob genug Flüssigkeit über die Kastanien steht, wenn nicht, ist kaltes Salzwasser nachzugießen. Anschließend kühl und dunkel fermentieren lassen. Nach drei Wochen sind die fermentierten Kastanien für den Genuss fertig, können aber bis zu sechs Monate gelagert werden. Bei zu langer Lagerung trocknen die Früchte aus.

Das erste Glas mit den fermentierten Kastanienscheiben haben wir nach einer Lagerzeit von etwa vier Monaten geöffnet. Der Geruch war angenehm und leicht säuerlich. Die Fermentationskräfte vermögen die Konsistenz der rohen Kastanien nicht weichzumachen, sie bleiben geschmacklich unverändert, sind bissfest bis knackig und schmecken wie Rohkost.

Das Nussaroma der Kastanien harmoniert gut mit Ingwer und der leichten Schärfe vom Chili. Das Ferment mit wenig Honig und Öl gemischt, passt zu saftigen Äpfeln und Birnen als Zwischenmahlzeit oder Nachspeise. Aber auch in Mischsalaten und zu einer süßen Soße, schmecken die vergorenen Kastanien erfrischend.

Wenn man von der aufwendigen Arbeit absieht, bietet die „Trockene Fermentation" eine gute Haltbarmachung für Rohkostkastanien, denn geschmacklich erfahren sie keine Veränderung oder Einbuße.

Ganze Edelkastanien in Salzwasser fermentiert
(*Castanea sativa*)

Zutaten für zwei 500-ml-Gläser: 60 Edelkastanien, ½ l Wasser, 10 g Salz

Zubereitung:
Die Kastanien schälen, die innere Haut abziehen und in saubere Schraubverschlussgläser schichten. Das Salz im Wasser auflösen und die Gläser bis drei Zentimeter unterm Rand auffüllen. In jedes Glas eine Glasscheibe legen, damit die Kastanien unter die Flüssigkeit gedrückt werden, und mit dem Schraubdeckel verschließen. Zwei Tage in der warmen Küche stehen lassen, damit die Gärung einsetzt, dann kühl und dunkel sieben Wochen fermentieren lassen.

Die fermentierten Kastanien hatten die typische Kastanienfarbe, sie rochen und schmeckten fein säuerlich und waren relativ fest im Biss. In feine Scheiben geschnitten können sie pur gegessen oder anstelle anderer Nussfrüchte zum Salat oder Dessert gegeben werden. Als Beilage sind Stücke oder Scheiben davon immer eine lohnende Bereicherung des Essens.

Eicheln mit Topinambur und Gewürzen fermentiert
(*Quercus* spec., *Helianthus tuberosus*)

Zutaten für ein 500-ml-Glas: 3 Handvoll angekeimte Eichenfrüchte, 8 g Salz, ½ l Wasser, 5 Topinamburknollen, 1 Zwiebel, 2 Knoblauchzehen, 2 cm Ingwerwurzel, 3 Tropfen Chilisoße, 5 g Salz

Zubereitung:
Die angekeimten Eicheln schälen, 24 Stunden in Salzwasser (4 g Salz in ein ¼ l Wasser auflösen) legen und gut abspülen. Danach weitere 24 Stunden in ein frisch zubereitetes Salzwasser legen, abspülen und ein bis zwei Millimeter feinblättrig schneiden. Die gewaschenen Topinamburknollen, die geschälte

Zwiebel und Knoblauchzehen fein schneiden. Die Ingwerwurzel fein reiben. Alle Zutaten gut mischen und Lage für Lage dicht in das Glas drücken. Wenn notwendig einige Esslöffel Wasser zufügen, sodass mindestens ein Zentimeter Flüssigkeit über die Fermentmischung steht. Eine Glasscheibe darüberlegen und verschließen. Zwei Tage in der warmen Küche stehen lassen, damit die Gärung einsetzt. Regelmäßig kontrollieren, ob genug Flüssigkeit über die Fermentmischung steht. Ansonsten ist kaltes Salzwasser nachzugießen. Anschließend kühl und dunkel fermentieren lassen. Nach sechs Wochen ist das Eichel-Topinamburferment für den Genuss tauglich. Bei kühler Lagerung bleibt es bis zu zwölf Monate in der Qualität gut erhalten.

Nach fünfmonatiger Lagerzeit haben wir das erste Eichelfermentglas geöffnet. Und wir sind nach dem ersten Eindruck sehr überrascht, welche Geschmacksnuancen sich entwickelt haben. Der Geruch ist süßlich, fruchtig, nach Ingwer, im Hintergrund leicht alkoholisch, schwefelhaltig und etwas modrig. Die fermentierten Eichelscheiben und die Topinamburstücke sind saftig und knackig, die Eicheln resch im Biss, wobei sie eher mehlig und beim Kauen breiartig werden, aber nicht faserig sind. Der Kern bleibt hell und der ehemalige äußere Rand verfärbt sich dunkelbraun.

Durch das Fermentieren eignen sich die Eichelfrüchte wunderbar gut zum Essen, da sich ein Großteil der Bitterstoffe umwandelt bzw. abbaut. Weiters profitieren sie von der Gewürzmischung, da sie die Aromen annehmen. Die Fermentation ist eine gute Haltbarmachung für Eichelfrüchte, denn geschmacklich erfahren sie eine wunderbare Veränderung und können anstelle der Nussfrüchte zu verschiedenen Salaten gegeben werden.

Sie passen zu knackig angebratenem Gemüse, wie Kohlrabi, Sellerie, Karotten, Pastinaken usw. Wir haben frisch gekochte Kartoffelknödel nach Engadiner Art, in zerlassener Butter geschwenkt und mit dem Eichel-Topinamburferment gegessen und waren im siebenten Himmel, da diese Kombination – mild verträgt würzig – sehr gut zusammenpasst.

Junge Bucheckernbecher für Abenteuerinnen
(*Fagus sylvatica*)

Zutaten für ein 500-ml-Glas: 4 Handvoll junge, zarte Bucheckernbecher, 200 ml Wasser, 5 g Salz

Zubereitung:
Meist schon ab Anfang bis Mitte April sind die jungen, noch sehr zarten, grünen und noch fest geschlossenen Bucheckernbecher zu sammeln. Diese in ein Schraubverschlussglas geben. Das Salz in kaltem Wasser auflösen und das Glas damit auffüllen. Zwei Fingerbreit nach oben frei lassen, damit die sich ausdehnende Flüssigkeit während der Gärung Platz hat. Mehrere Buchenblätter darüber geben, einschweren und mit dem Schraubdeckel verschließen. Zwei Tage in der warmen Küche stehen lassen, anschließend kühl und dunkel lagern. Nach ungefähr acht Wochen sind die fermentierten Bucheckernbecher für den Genuss fertig, können aber bis zu einem Jahr gelagert werden.

Unsere ersten Versuche, Bucheckernbecher zu fermentieren, waren nicht zufriedenstellend, denn die Becher waren zu spät gesammelt worden und waren dementsprechend spröd, holzig im Biss und schwer verdaubar. Dennoch haben wir sie nicht entsorgt, sondern getrocknet und ein wohlfeiles Würzmehl hergestellt. Dieses verwendeten wir für Koch- und Bratgemüse, welches wir kurz vor dem Servieren damit bestreuten.

Spätere Versuche waren geglückt, da wir die Becher ganz jung geerntet hatten. Diese waren nach acht Wochen Fermentierzeit in der Konsistenz fest und knackig, säuerlich und mit wenig Eigenaroma, aber gut zu essen. In kleinen Mengen haben wir die ballaststoffreichen Bucheckernbecher genascht.

Unreife Samen fermentiert

Die Verwendung pflanzlicher Samen und Früchte ist für Genießer etwas ganz Besonderes. Da durch den Fermentationsvorgang vor allem Bitterstoffe reduziert werden, die scharfen und würzigen Inhaltsstoffe aber gut erhalten bleiben, bieten sich verschiedene grüne Samen mit intensivem Aroma, solang sie nicht zu faserig sind, für diese Art der Bevorratung an.

Von diesen Fermenten werden nur geringe Mengen verwendet. Pro Bissen würzt man mit ein bis drei Samen, um genussvolle Mischaromen bzw. geringe Aromanoten in die Speisen zu bringen. Durch die Scharfstoffe (Furanoglycoside) und die Ballaststoffe in den Samenhüllen sind einige fermentierte Samen der Doldenblütler hilfreich für die Verdauung.

Die unreifen Samen der Süßdolden fermentiert
(*Myrrhis odorata*)

Zutaten für ein 350-ml-Glas:
100 g grüne Süßdoldensamen, 120 ml Wasser, 3 g Salz

Zubereitung:
Die noch zarten, grünen Süßdoldensamen ernten und in ein Schraubverschlussglas geben. Das Salz in kaltem Wasser auflösen und über die Samen gießen. Zwei Fingerbreit nach oben frei lassen, damit die sich ausdehnende Flüssigkeit während der Gärung nicht übergeht. Eine Scheibe zum Niederdrücken darüberlegen, beschweren und mit dem Schraubdeckel verschließen. Zwei Tage in der warmen Küche stehen lassen, damit die Gärung einsetzt, anschließend kühl und dunkel lagern. Nach ungefähr drei Wochen sind die fermentierten Samen für den Genuss fertig, können aber bis zu einem guten Jahr gelagert werden.

Nach vier Monaten besitzen die fermentierten Samen ein gefälliges Grün. Die Duftkomposition von Fenchel und einem Hauch Zimt waren unerwartete Erlebnisse in der Nase. Das Aroma der rohen Samen bleibt im Vergleich zu den getrockneten voll erhalten. Die fermentierten Samen schmecken sehr erfrischend und appetitanregend. Sie sind sowohl für pikante Speisen als auch für Desserts als Gewürzbeigabe bedeutend. Ein Geheimtipp!

Unreife Pastinakensamen
(*Pastinaca sativa* subsp. *sylvestris*)

Zutaten für ein 200-ml-Glas: 50 g unreife Pastinakensamen, 100 ml Wasser, 2 bis 3 g Salz

Zubereitung:
Die noch grünen, zarten Pastinakensamen von den Dolden zupfen und in ein Schraubverschlussglas geben. Das Salz in kaltem Wasser auflösen und über die Samen gießen. Zwei Fingerbreit nach oben frei lassen, damit die sich ausdehnende Flüssigkeit während der Gärung ausreichend Platz findet. Eine Deckscheibe darüberlegen, beschweren und mit dem Schraubdeckel verschließen. Zwei Tage in der warmen Küche bei 18 bis 24 Grad stehen lassen, anschließend kühl und dunkel lagern. Nach drei Wochen sind die zarten Pastinakensamen fermentiert und können genossen werden.

Der Geruch der fermentierten Pastinakensamen war würzig, scharf und etwas kratzig nach ätherischen Ölen. Sie hatten ein außergewöhnliches und interessantes Aroma mit einem scharfen, leicht brennenden Geschmack. Die Fasern der scheibenförmigen Flügelansätze stören beim Kauen nicht.

Das Ferment besitzt einen stark aromagebenden Geruch. Die Samen sind mit strukturreichen Speisen, die man gut kauen muss, gut kombinierbar. Mageres Fleisch und jenes vom Wild, bissfestes Gemüse und Brot sind dafür geeignet. Mit fettreichem Fleisch oder Speck schlägt sich der Geschmack und kann ein seifiges Aroma bekommen.

Fermentierte grüne Angelikasamen
(*Angelica archangelica*)

Zutaten für ein 300-ml-Glas: 70 g unreife Angelikasamen, 150 ml Wasser, 3 g Salz

Zubereitung:
Die noch grünen, zarten Angelikasamen von den Dolden abzupfen und in ein Schraubverschlussglas geben. Das Salz in kaltem Wasser auflösen und über die Samen gießen. Zwei Fingerbreit nach oben frei lassen, damit die sich aus-

dehnende Flüssigkeit während der Gärung Platz hat. Eine Glasscheibe darüberlegen, beschweren und mit dem Schraubdeckel verschließen. Zwei Tage in der warmen Küche stehen lassen, anschließend kühl und dunkel lagern. Nach drei Wochen sind die zarten Angelikasamen fermentiert und können bereits probiert oder als Vorrat für besondere Anlässe gelagert werden.

Die appetitlich aussehenden fermentierten Angelikasamen rochen beim Öffnen scharf. Das strenge Aroma der Samen ist durch den Fermentationsprozess abgemildert. Pur schmecken sie sehr aromatisch und typisch nach Angelika. In Kombination mit anderen Speisen nehmen sie eine würzende Komponente ein. Die verdauungsfördernden Samen würzen Fleisch- und neutrale Gemüsespeisen.

„Gänsefuß-Kaviar" vom fermentierten Weißen Gänsefuß
(*Chenopodium album*)

Zutaten für ein 200-ml-Glas: 40 bis 45 g unreife Meldensamen, 100 ml Wasser, 2 bis 3 g Salz

Zubereitung:
Von den Gänsefußarten können die jungen ganzen Fruchtstände geerntet oder die kleinen Samenansammlungen abgerebelt werden. Die noch grünen Gänsefußsamen sorgfältig absammeln und in ein Schraubverschlussglas geben. Das Salz in kaltem Wasser auflösen und über die Samen gießen. Zwei Fingerbreit nach oben frei lassen, damit sich während der Gärung die Flüssigkeit ausdehnen kann. Eine Keramikscheibe darüberlegen, beschweren und mit dem Schraubdeckel verschließen. Zwei Tage in der warmen Küche

bei 18 bis 24 Grad stehen lassen, anschließend kühl und dunkel lagern. Nach drei Wochen ist das kaviarähnliche Ferment fertig und kann probiert oder für Genussabende aufbewahrt werden.

Nach vier Wochen hatte der „Gänsefuß-Kaviar" einen erdigen bis leicht moosigen Geruch. Die beim Kauen knisternden Samen waren leicht salzig und hatten wenig Säure entwickelt. Sie hatten überraschende Geschmacksnuancen von Maiskolben bis Mangoldblättern. Der angenehme Geschmack der festen Samen wirkt lange nach. Wir verwenden dieses Ferment für Buffetbrötchen, für die Brotzeit, für einen schön garnierten Salat oder als Beigabe zu Gemüse und Hauptgerichten.

Fermentierte Samen der rubinroten Gartenmelde
(*Atriplex hortensis* var. *rubra*)

Zutaten für ein 300-ml-Glas: 200 g junge Samen der Roten Melde, 3 g Salz

Zubereitung:
Roh sind die Samen extrem herb, und im Rachen kommt es zu Schleimhautreizungen. Durch den Fermentationsprozess werden sie abgemildert. Immer die jungen und noch weichen Samen ernten, ansonsten bekommt man einen zu hohen Gehalt kratziger und herber Anteile in das Ferment.

Die frischen, jungen Samen mit Beginn der Rotfärbung ernten. Mit Salz vermischen und in das Glas drücken. Zwei Fingerbreit nach oben frei lassen, damit die sich ausdehnende Flüssigkeit während der Gärung Platz hat. Eine genau angepasste Scheibe darüberlegen, zwei Esslöffel Wasser darübergeben, beschweren und mit dem Schraubdeckel verschließen. Zwei Tage in einem warmen Raum stehen lassen, anschließend kühl und dunkel lagern. Nach drei Wochen sind die zarten Samen der Roten Melde fermentiert und können probiert oder als Vorrat gelagert werden.

Der Geruch beim Öffnen ist erdig, der erste Geschmackseindruck erinnert an Muskatnuss, der aber rasch vergeht. Ein erdiger etwas herber Geschmack entwickelt sich beim Kauen der Samen und spürt sich im Rachen kratzig an. Durch eine geringe Ölbeigabe wird das Kratzige abgemildert, in Kombination mit anderen Speisen ist es jedoch nicht mehr zu spüren. Aromamäßig, schmecken die Samen pur am besten.

Die wunderschöne Textur der Früchte dient zur Verzierung von Brötchen, Topfenaufstrichen, weißem Fleisch und Käse. Die Fermentierflüssigkeit brachte ein Purpurrot hervor. Und: Die jungen, keinesfalls ausgereiften Samen der roten Meldearten können in gleicher Weise wie die des Gänsefußes zubereitet werden.

Junge, grüne Bärenklausamen für Würzmittel genutzt
(*Heracleum sphondylium*)

Zutaten für ein 200-ml-Glas: 50 g unreife Bärenklausamen, 100 ml Wasser, 2 bis 3 g Salz

Zubereitung:
Die Fruchtstände des Wiesen-Bärenklaus wurden wegen ihres aromatischen Geschmacks in verschiedenen Regionen zum Würzen verwendet. Die Samen sollen im jungen, grünen, noch nicht stark verfaserten Zustand in einer Größe von vier bis fünf Millimeter geerntet werden. Zu ausgereifte Samen besitzen nach der Fermentation verstärkt in den Samenhüllen Fasern.

Die Samen werden in ein Schraubverschlussglas gegeben. Das Salz wird in kaltem Wasser aufgelöst und über die Samen gegossen. Zwei Fingerbreit muss nach oben frei gelassen werden, damit die sich ausdehnende Flüssigkeit während der Gärung ausreichend Platz hat. Eine genau angepasste Scheibe darüberlegen, beschweren und mit dem Schraubdeckel verschließen. Zwei Tage in der warmen Küche bei 18 bis 24 Grad stehen lassen, anschließend kühl und dunkel lagern. Nach drei Wochen sind die zarten Bärenklausamen fermentiert und können für Würzzwecke verwendet werden. Wir lagern diese Gläser im höchsten Maß bis über ein Jahr.

Rezepte – Unreife Samen fermentiert

Bereits nach den drei Wochen Fermentierzeit gestaltet sich der Geruch beim Öffnen streng nach ätherischen Ölen. Der Inhalt schmeckt salzig und scharf und hat ein fruchtiges Aroma. Die fermentierten Samen bzw. Früchte sind mit bissfester bis faserreicher Nahrung zu kombinieren, da beim Kauen die Strukturen gemeinsam zerkleinert werden und dadurch das gemeinsame Mischaroma hervortritt. Genießt man sie mit Brei oder Flüssigkeit, so verstärkt sich mit den faserreichen Resten ihr ätherischer Gehalt zu stark.

Gekochtes und gedünstetes Rindfleisch harmoniert mit den Samen, wenn es warm gegessen wird, aber auch kalt mit Sesam- oder Hanföl, Essig oder saurem Apfeldicksaft kombiniert. Wildfleisch und saures Fleisch sind ebenfalls gut geeignet.

Grüne Kapuzinerkressesamen fermentiert zum Naschen
(*Tropaeolum majus*)

Zutaten für ein 350-ml-Glas: 100 g grüne Kapuzinerkressesamen, 120 ml Wasser, 3 g Salz

Zubereitung:
Die noch grünen Kapuzinerkressesamen in ein Schraubverschlussglas geben. Das Salz in kaltem Wasser auflösen und über die Samen gießen. Zwei Fingerbreit nach oben frei lassen, damit die sich ausdehnende Flüssigkeit während der Gärung Platz findet. Eine Scheibe darüberlegen, beschweren und mit dem Schraubdeckel verschließen. Zwei Tage in einem warmen Raum (18 bis 24 Grad) stehen lassen, anschließend kühl und dunkel lagern. Nach ungefähr vier Wochen sind die fermentierten Kapuzinerkresse-Kapern für den Genuss fertig, können aber bis zu einem Jahr gelagert werden.

Nach vier Wochen bekommen die fermentierten Kapuzinerkressesamen eine blassgrüne Färbung. Der kresseartige Geruch besitzt eine leichte Zimtkomponente im Hintergrund. Der Geschmack ist angenehm bis mild salzig mit einer leichten Herbheit im Nachgeschmack.

Die Samen passen zu mildem Hart- und Weichkäse oder sind pur zum Naschen. Wer die Schärfe genießen möchte, sollte die Samen nach zwei Wochen Fermentierzeit aufbrauchen. Sie können einige Monate gelagert werden, verlieren aber mit der Zeit an Schärfe.

Knackige Zucchinikerne mit Salzwasser aufbereitet
(*Cucurbita pepo s*ubsp. *pepo* convar. *giromontiina*)

Zutaten für ein 500-ml-Glas:
Zucchinikerne von einer großen, unreifen Frucht,
1 Knoblauchzehe, 250 ml Wasser, 7 g Salz

Zubereitung:
Die ausgeputzten noch weichen Zucchinikerne in ein Schraubverschlussglas geben, die in Scheiben geschnittene Knoblauchzehe beigeben und mit Salzwasser auffüllen. Zwei Fingerbreit nach oben frei lassen, damit sich die Flüssigkeit während der Gärung ausdehnen kann. Eine Holzsscheibe darüberlegen, beschweren und mit dem Schraubdeckel verschließen. Zwei Tage in der warmen Küche bei ca. 18 bis 24 Grad stehen lassen, anschließend kühl und dunkel lagern. Nach ungefähr drei Wochen sind die fermentierten Zucchinikerne für den Genuss fertig. Sie können bis zu zwei Jahre gelagert werden.

Nach einem Jahr Lagerzeit waren die fermentierten Zucchinikerne unverändert gelblich weiß, der Geruch säuerlich, etwas beeinflusst vom Knoblauch. Die Kerne waren leicht schleimig mit weichem Biss.

Wir veredelten damit Obst- und Gemüsegerichte. Beim Fermentieren der Zucchinikerne sind unterschiedliche Gewürzeinflüsse wie Paprikapulver, Anis, Koriander, Stein- oder Schabziger-Klee interessant.

Zucchinikerne mit einer scharfen Gewürzmischung
(*Cucurbita pepo* subsp. *pepo* convar. *giromontiina*)

Zutaten für ein 500-ml-Glas: Zucchinikerne von einer großen, unreifen Frucht, 200 g Lauch, 3 TL Paprikapulver, 3 bis 5 Tropfen Chili, 1 EL gehackte Dille, 7 g Salz

Zubereitung:
Die ausgeputzten noch weichen Zucchinikerne in eine Schüssel geben, den fein geschnittenen Lauch und die restlichen Zutaten zufügen. Alles gut vermischen und eine halbe Stunde ziehen lassen. Die Zucchinikernmischung in ein Glas drücken, zwei Fingerbreit nach oben frei lassen, damit die sich ausdehnende Flüssigkeit während der Gärung genug Platz hat. Mit Blättern abdecken, beschweren und mit dem Deckel verschließen. Zwei Tage in der warmen Küche stehen lassen, anschließend kühl und dunkel lagern. Nach ungefähr drei Wochen sind die fermentierten Zucchinikerne für den Genuss fertig, können aber bis zu einem Jahr gelagert werden.

Die in einer scharfen Gewürzmischung eingebetteten, leicht gesäuerten Zucchinikerne eignen sich in kleinen Mengen als appetitanregende Vorspeise. Sie können zu Salate gegeben oder als Beilage für die Jause verwendet werden.

Fermentierte Würzsoße aus den grünen Samen von Doldenblütlern

Überlegungen, die grünen Samen von verschiedenen Doldenblütlern zu fermentieren und die Fermentierflüssigkeit als Würzsoße zu verwenden, machten wir, als verschiedene Pflanzen im Garten reduziert werden mussten und wir deren Samenstände nicht ausschließlich dem Kompost zuführen wollten.

Zutaten für ein 350-ml-Glas:
150 g grüne Samen, 120 ml Wasser, 5 g Salz, 2 Scheiben Ingwerwurzel

Zubereitung:
Die noch grünen Samen von Dille (*Anethum graveolens*), Wiesen-Bärenklau (*Heracleum sphondylium*), Pastinake (*Pastinaca sativa*), Wilder Karotte (*Daucus carota*), Bibernelle (*Pimpinella major, P. saxifraga*), Liebstöckel (*Levisticum officinalis*) und Kümmel (*Carum carvi*) von den Dolden abzupfen und in ein Schraubverschlussglas geben. Das Salz in kaltem Wasser auflösen und über die Samen gießen. Darauf sind die Ingwerscheiben zu legen. Zwei Fingerbreit nach oben frei lassen, damit die sich ausdehnende Flüssigkeit während der Gärung Platz hat. Eine Glasscheibe darüberlegen, beschweren und mit dem Schraubdeckel verschließen. Zwei Tage in der warmen Küche bei 18 bis 24

Grad stehen lassen, anschließend kühl und dunkel lagern. Nach ungefähr drei Wochen sind die fermentierten Samen, so diese jung geerntet wurden, und die Fermentierflüssigkeit als Würzsoße für den Genuss verwendbar. Wir lassen sie bis zu zwei Jahre im Glas ausreifen.

Nach einem guten Jahr Reifezeit waren die fermentierten Samen angenehm aromatisch und mit einer ausgewogenen Würzkraft versehen. Der Geruch war leicht säuerlich. Die einzelnen Samen und die Tunke bildeten einen harmonischen Gesamtgeschmack. – Die interessante würzige Fermentflüssigkeit wird als Tunke mit biskuitartigem Gebäck, gedämpftem Gemüse oder Kartoffeln verwertet. Die dekorativen Samen können über warme und kalte Fleisch- und reine Gemüsespeisen angerichtet werden. Pro Bissen jeweils ein Samen zum Würzen schmeckt wunderbar.

Gewürzsalz

Verwendet man nur die flüssige Komponente der Gewürzsamenmischung zum Tunken oder Würzen, so bleiben die aromatischen Samen, welche viel Salz enthalten, zurück. Wir legen sie zum Trocknen in einer flachen Glaswanne auf und bereiten aus dem Trockengut ein delikates und vielfältig einsetzbares Gewürzsalz.

Für Erfrischungsgetränke lässt man Pflanzenteile für kurze Zeit (8 bis 12 Stunden) im natürlichen Wasser fermentieren (im Bild: Dirndlfrüchte, Wildkarottenblüten sowie etwas Schwarzholunderblüten und Pfefferminze).

Fermentierte Getränke für den Hausgebrauch

Aus Platzgründen beschränken wir uns in diesem Buch innerhalb der Getränke auf das erfrischende Kräuter-Brotbier, fermentierte Tee-Blätter, Met und Kräuter-Honigweine.

Kräuter-Brotbier oder -Kwass

Die ohnehin sehr selten im Haushalt übrig bleibenden und getrockneten Brotscheiben verwerten wir in sinnvoller Weise unter anderem für die Herstellung von Brotbier während der Wintermonate. Dieses Gärgetränk benötigt nicht viel Aufwand, und die Rezeptur stammt aus slawischen und russischen Ländern. Arkadij KOSCHTSCHEJEW [KOSCEEV] definierte

1986 den Kwass (Kwas, Quas) folgendermaßen: „Ein durch gleichzeitig saure und alkoholische Gärung aus kohlehydratreichen Produkten (Mehl, Brot, Getreide, Obst u.a.) gewonnenes erfrischendes, durstlöschendes, praktisch alkoholfreies Getränk, das sich im Zustand der Nachgärung befindet."

Das Brot dient bei der Bierbereitung als Malzersatz. Beim vergärenden Kaltansatz geben wir Kräuter dazu, mit denen wir zusätzlich Aromen in das Getränk bringen. Etwas Hefepulver geben wir als Starthilfe bei. Diese Versuche sind noch nicht abgeschlossen, weiten sich von Jahr zu Jahr weiter aus und eröffnen ein schier unendliches Universum natürlicher Getränkemöglichkeiten für den Hausgebrauch. Besondere Erweiterungen ergeben sich aus der Kombination von Wildkräutern, Wildobst oder Dörrobst mit Getreide- und anderen Mehlprodukten.

Die Kwassbereitungen mit Wildkräutern haben uns selbst bei ausgiebigen Verkostungen nicht einmal kleinere Räusche abverlangt, da durch die Gärung kaum Alkohol entsteht. Selbst im Winter kann man Brotbier mit getrockneten Kräutern herstellen, wie wir dies zumeist machen. Kräuter, wie z.B. Oregano oder Schafgarbe, Brennnesselblätter und -samen, Mädesüßblätter und -samen, Indianernesselblüten oder Klettenlabkraut, Garten-Pfefferminze, Majoran, Hopfenblüten, Mutterwurzkraut, Ruchgras oder fermentierte Himbeerblätter, Löwenzahn- und Klettenwurzeln haben sich unserer Erfahrung nach

schon für die Brotbierherstellung bewährt. Mit Brennnesseln und Zinnkraut angesetztes Brotbier ist als Entschlackungsgetränk im Frühjahr, aber während anderer Jahreszeiten geeignet.

Im Besonderen entsteht ein interessantes Aroma, wenn man die Blüten des Schwarzen Holunders (*Sambucus nigra*) als Zutat verwendet. Im frühen Sommer geerntete und getrocknete Ulmen- und Eichenblätter mit Bauernbrot aus Roggen fermentiert, lassen sehr runde Aromen und süffige Brottrunke entstehen. Deshalb gilt: Nie wieder hart gewordenes Brot wegwerfen, was wir ohnehin nie taten, sondern es für die Herstellung heilsamer Entschlackungsgetränke verwenden. Im Folgenden soll ein Kräuter-Brotbier als Beispiel ausgeführt werden, welches in ähnlicher Weise mit anderen Wildpflanzen umsetzbar ist.

Brotbier oder Kwass mit Oregano
(Echter Dost = *Origanum vulgare*)

Zutaten für ein 1500-ml-Glas:
120 g altes Roggenbrot, 1 Liter Wasser,
5 Datteln, 1 Prise Hefepulver,
1 Handvoll Oregano

Zubereitung:
Das alte und hart gewordene Roggenbrot zerkleinern, in ein Schraubverschlussglas geben und mit Wasser auffüllen. Die Datteln klein schneiden, mit der Hefe (Trockenhefe) und dem getrockneten Oregano in das Wasser-Brot-Gemisch einrühren. Zur Förderung der Gärung ist das Ferment in einen warmen Raum zu stellen. Zwischenzeitlich immer wieder durchrühren, damit das Brot zerfällt. Mit dem Schraubdeckel locker verschließen und wegen der Gefahr des Übergehens auf einen Untersatz stellen. Salz soll keines zugefügt werden, denn im Brot ist ausreichend enthalten. Nach ca. vier Tagen haben wir unser Brotbier gefiltert, in kleine Flaschen gefüllt und in den Kühlschrank oder einen kalten Raum gestellt. Es kann schon ab vier Tagen genossen werden oder längere Zeit kühl für einen späteren Genuss gelagert werden. Zum Süßen verwenden wir auch Rosinen, Sultaninen, Korinthen, Dörrbirnen, Dörrzwetschken oder gedörrtes Wildobst.

Der Kwass liefert nach einem Monat ein gehaltvolles, würziges und fruchtiges Aroma mit leichter Säure. Dieses beispielhafte, kreislaufanregende und erfrischende Gärgetränk hat einen hefigen Geschmack, ist leicht prickelnd und alkoholisch und mit einem Oreganoaroma versehen. Mit Wasser verdünnt in größerer Menge getrunken, wirkt das Getränk verdauungsanregend, abführend und ist deshalb bei sehr festem Stuhlgang einsetzbar.

Kwass nach sechsmonatiger Lagerung abgezogen schmeckt pur getrunken schärfer bis beißend scharf und kratzig. Lässt man den Brottrunk länger ziehen, entsteht daraus im Endeffekt ein für Speisezwecke ohne Weiteres einsetzbarer Essig.

Fermentierte Wildpflanzenblätter für Tee

Von einigen Arten der Kräuter und Gehölze können für eine spezielle Teeaufbereitung die Blätter Verwendung finden. Um ihr Aroma zu verändern, werden größere Mengen nach einem eigenen Verfahren wenige Tage etwas angefeuchtet eingewickelt einem Fermentationsprozess unterzogen. Beim Fermentieren der Wildpflanzenblätter z.B. aus Brombeere, Himbeere und Erdbeere laufen Oxidations- oder Gärungsprozesse des beim Durchkneten austretenden Zellsaftes ab. Durch das Benetzen mit Wasser entstehen optimale Voraussetzungen für die arbeitenden Bakterien. Die Blätter beginnen sich braun zu verfärben. Dadurch entwickelt sich das Aroma einerseits intensiver und noch besser und andererseits verändert es sich völlig. Einige der hier erwähnten Arten werden fermentiert nur in geringen Mengen verwendet oder anderen beim Aufgießen bei der Teeherstellung zugesetzt.

Durch das jeweilige Fermentieren der Blätter von Himbeere, Brombeere, Erdbeere, schwarze Johannesbeere/Ribisel oder Odermennig u.a. erhält man ein dem Schwarztee ähnliches Aroma.

Als Lernbeispiel – Fermentierte Himbeerblätter für Tee

Als das bekömmlichste Beispiel für fermentierte Blättertees führen wir jenen mit Himbeerblättern (*Rubus idaeus*) an: Die sauber, ohne Stängel gesammelten jungen Himbeerblätter werden zum Welken wenige Stunden auf einem Tuch aufgelegt. Dann knetet man sie mit den Händen durch, zerkleinert sie etwas durch Zerreißen, besprengt sie mit etwas Wasser, durchmischt sie und gibt sie in die Mitte eines ausgebreiteten, starken Tuchs (Geschirrtuch). Das Tuch mit den Blättern wird fest zusammengerollt, mit einem starken Bindfaden zu einem Knäuel gebunden und über Nacht in einem warmen Raum aufgehängt, damit für die Fermentation im Inneren des Knäuels die notwendige Wärme entsteht. Bei der Fermentierung der Blätter werden durch die Bearbeitung die Pflanzenzellen gequetscht. Dabei reagieren unter Beisein von Bakterien die Enzyme (in der Hauptsache Phenoloxidasen) mit Sauerstoff und entwickeln Polyphenole und Aromastoffe. Es kommt zu einer Dunkelfärbung der Blatteile.

Am nächsten Tag den Faden lösen, das Tuch aufrollen und die Teeblätter auflockern. Eine Hand in Wasser tauchen und die Blätter wenig besprengen, gleich danach gut durchmischen, damit die zu fermentierenden Blätter gleichmäßig befeuchtet werden. In der Tuchmitte häufeln, ein weiteres Mal fest einrollen, zu einem Knäuel binden und frei in einem normal temperierten Raum aufhängen. Diesen Vorgang am nächsten Tag noch einmal wiederholen. Am vierten Tag das Knäuel aufbinden, ausrollen und die fermentierten Teeblätter locker zum Trocknen auflegen. Die getrockneten Blätter in Gläsern aufbewahren.

Im gebundenen Tuch fermentiert, danach aufgelockert getrocknet, lässt sich das Teeblätterferment gut bevorraten und zum Aromatisieren verwenden.

Beispiele anderer fermentierter Blätter für Tee

Neben den Blättern der Himbeere (*Rubus idaeus*) eignen sich ebenso gut jene der heimischen Brombeerarten (*Rubus* sectio *Rubus*) und der Wald-Erdbeere (*Fragaria vesca*) zur trockenen Fermentation. Zumeist verwenden wir die genannten drei Arten gemeinsam bei der fermentativen Aufbereitung (s. MACHATSCHEK, M. 1999). Zu unseren Favoriten zählen auch die Blätter der Schwarzen Johannisbeere (*Ribes nigrum*), Odermennigblätter (*Agrimonia eupatoria*) und Mädesüßblätter (Echtes Mädesüß, *Filipendula ulmaria*).

Als weitere Beispiele haben sich nach diesem Verfahren bestens bewährt: verschiedene Sorten der Blätter von Hanf (*Cannabis sativa* var.), Salbei (*Salvia officinalis, Salvia sclarea, Salvia pratensis*), Hohlzahn (*Galeopsis* spec.), Wiesen-Frauenmantel (*Alchemilla vulgaris*), Beifuß (*Artemisia vulgaris*), Heilziest (*Betonica officinalis*), Oregano (*Origanum vulgare*), Schafgarbe (*Achillea millefolium*), Dorniger Hauhechel (*Ononis spinosa*), Gänse-Fingerkraut (*Argentina anserina*, Syn.: *Potentilla anserina*), Eisenkraut (*Verbena officinalis*), Ehrenpreis (*Veronica officinalis*), Braunelle (*Prunella vulgaris*), Schmalblättriges Weidenröschen (*Epilobium angustifolium*), Waldmeister (*Galium odoratum*), … Bei der Ernte der Gehölzblätter soll man eine Phase zwischen jungem Zustand und bevor sie sich vollständig entfalten anvisieren. Geeignet sind z.B.: Ulme (*Ulmus* spec.), Linde (*Tilia* spec.), Kirsche (*Prunus avium*), Feld-Ahorn (*Acer campestre*), Weißdorn (*Crataegus* spec.), Eiche (*Quercus petraea, Qu. robur*), Maulbeere (*Morus* spec.), Feige (*Ficus carica*), Berberitze (*Berberis vulgaris*), Schlehdorn (*Prunus spinosa*), Stachelbeere (*Ribes uva-crispa*, Syn.: *Ribes grossularia*), Sanddorn (*Hippophae rhamnoides*), Rose (z.B. *Rosa canina*), …

Junge Blätter, ganz junge Triebe und Sprossen von Heidelbeere (*Vaccinium myrtillus*), Heidekraut (*Calluna vulgaris*), Alpenrose (*Rhododendron hirsutum, Rhododendron ferrugineum*) und Wacholder (*Juniperus communis*) kommen ebenfalls in geringen Mengen zur Fermentation für Tee zum Einsatz.

Wildkräuter-Honigwein und -Met

Je nach Herkunftsgebiet und Jahreszeit schwanken die Gehalte des Honigs. Er enthält 77 bis 85 g Kohlehydrate (ca. 38 % Fructose, ca. 30 % Glucose), 16 bis 33 g Wasser und 0,4 g Proteine sowie Vitamine, Mineralstoffe, Spurenelemente, Aminosäuren und Enzyme. Aufgrund des hohen Zuckergehaltes und der Ameisensäure besitzt er eine konservierende Wirkung. Honig wurde früher zur Hemmung der Schimmelbildung auf Konfitüren oder Marmeladen gegeben. Dies machte man so lange, bis die Behälter mit alkoholgetränktem Pergamentpapier oder Deckelarten verschlossen wurden.

Hingegen reagiert ein Gemisch Honig oder Honigmaterialien mit Wasser, indem Fermentationsvorgänge bzw. eine alkoholische Gärung stattfinden. Mikroorganismen, welche für die Verhefung von Substanzen zuständig sind, benötigen die Süßstoffe zum Existieren und zur Vermehrung. Dazu sind grundsätzlich keine Hefezusätze notwendig, sondern es genügen die in der Luft umherschwirrenden Hefepilze, um Zuckerverbindungen zu Alkohol zu vergären.

Zutaten:
Wildkräuter-Met: 1 kg Honig, 4 l Wasser, 1 gute Handvoll Kräuter

Um mit einem Kilogramm Honig und vier Liter Wasser Met herzustellen, bedarf es einfacher Ton- oder Glasgefäße. Wer möchte, kann einen Gärballon mit einem Gärverschluss oder Gärstopfen verwenden. Dieses Zubehör ist aber nicht unbedingt notwendig. An Wildkräutern verwenden wir Mädesüß, Odermennig, Schafgarbe, Himbeer- und Brombeerblätter, Kamille-, Löwenzahn-, Holunder-, Linden- oder Traubenkirschen-Blüten – alle in frischem bzw. blühendem Zustand, doch verwenden wir im Winter auch getrocknete Kräuterwaren. Von einem Kraut wird nur eine gute Handvoll verwendet, damit der Eigengeschmack bleibt. Grundsätzlich mischen wir nicht mehrere

Kräuter miteinander, sondern verwenden jeweils nur ein Kraut für diese Zubereitung. Die Versuche mit Beigabe von Wildobst behalten annähernd die typische Fruchtnote. Genannt werden sollen Vogelkirsche, Brombeere, Himbeere, Schlehdorn, Hagebutte, Berberitze, Rot- und Schwarzholunder, …

Zubereitung:
Der von verlässlichen Imkern erhaltene Honig ist naturrein. Mit natürlichem, unbeeinflusstem Wasser wird er im Gefäß angerührt, bis er sich darin auflöst. Bei der Herstellung eines Kräuter-Mets ersetzen wir einen Teil der

Wassermenge – ca. einen halben oder ganzen Liter – durch den abgesiebten Absud aus Kräutern. Bei Wildobst-Met geben wir entweder frisch gepressten Saft bei oder einen bereits fertig zubereiteten Fruchtsirup. Auch kalte Nachansätze und einen vorsichtig gesimmerten Wildobst-Fruchtabsud verwenden wir für einen eigenen Wildobst-Met.

Das Gefäß wird mit einem Tuch abgedeckt und in einem warmen Raum einige Tage lang aufgestellt. Das süße Gemisch soll mehrmals während dieser Zeit umgerührt werden. Über die Luft gelangen die Hefepilze in die Flüssigkeit, wodurch das Gemisch nach drei Tagen zu gären beginnt und schäumt. Dann ist es ratsam, das Gefäß in einen kühleren Raum zu stellen, damit der Inhalt nicht überschäumt. Nach weiteren zwei Tagen ist der wohlriechende Saft in einen anderen Behälter mit einem Schlauch abzuziehen. Damit sich am Prozess nicht weiterer Sauerstoff beteiligt, ist ein Gärstopfen oder ein schließender, jedoch Gärgase auslassender Deckel zu verwenden.

Nach zwei oder drei Wochen der Lagerung bei Zimmertemperatur von 18°C klingen die Gärvorgänge ab und ist der Met fertig. Bei kühleren Temperaturen kann der Prozess vier bis fünf Wochen dauern. Als „Met" ist die Flüssigkeit nun genießbar, kann allerdings nach dem Abziehen (Siphonieren) ebenso mehrere Monate lang gelagert werden, wodurch man „Honigwein" erhält.

Weitere Rezepte und Hinweise

Siegfried und Sabine KELEMINA aus Stanz (im Stanzertal, Steiermark) verweisen in einem Schreiben auf ein Honig:Wasser-Verhältnis von 1:8. Ihre Vorfahren haben die Mischung aufgerührt und „gekocht, bis sie sich klebrig anfühlt und zu schäumen aufhört". Dabei wird „der Schaum laufend abgeschöpft". Durch das lange Köcheln „entsteht eine dickflüssige Konsistenz. In einem kleinen Säckchen hängt man eine Gewürzmischung hinein, wie Zimtschote, Muskatnuss und Muskatblüte, Gewürznelke, Ingwer, etwas Kalmus und Senfkörner." In Fässern oder Gärbehältern lässt man das Honigferment vergären und füllt die Flüssigkeit danach in Flaschen ab und „lässt ihn mindestens drei Monate kühl und dunkel lagern. Je länger er ruht, desto wohlschmeckender wird der Met." Die KELEMINAs verweisen auf eine schnellere Variante, indem „Germ (weniger als 1 dag auf 2 Liter) in den bereits abgekühlten Honigwein" eingerührt wird.

Richard WILLFORT (1959) merkt zur Heilwirkung des Honigs an: „Durch Aufkochen oder Erhitzen verliert der Honig seine Heilkraft völlig, die Vitamine und Fermente werden zerstört, es verflüchtigen sich auch die ätherischen Öle, die Ameisensäure und teilweise auch die Duftstoffe! Über 45 Grad Celsius erwärmter Honig ist nur ein Genussmittel, aber kein Heilmittel." So ist diese Aussage nicht stimmig, denn real gehen durch Kochvorgänge ca. 40 bis 60 Prozent der Wirkstoffe verloren. Es werden allerdings auch wieder welche durch natürliche Synthesevorgänge dazugewonnen.

Fichtennadel- oder Kräuter-Met hergestellt aus dem Deckelwachs

Um die hohen Mengen Honig des Deckelwachses zu verwerten, bereiten wir daraus einen ähnlichen Met zu. Darin befinden sich noch die Reste des Propolis und Aromastoffe. Wir erwärmen das Wasser auf ca. 70°C und geben das Deckelwachs hinzu. Das Wachs schmilzt und gibt den Honig frei, welcher sich im Wasser auflöst. Auf der braunen Flüssigkeit schwimmt das Wachs, und am Boden setzen sich Festteile ab. Über die Nacht lassen wir den großen Topf abkühlen, wodurch das Wachs fest wird und eine reine gelbe Farbe ausbildet. Die verbleibende Flüssigkeit gießen wir durch ein feines Sieb, teilen sie in mehrere Chargen auf und versetzen diese jeweils mit einem konzentrierten Kräutertee (s. beim vorigen Rezept), um die jeweiligen Aromen und die Wirkstoffe verfügbar zu machen. Diese füllen wir in einzelne Flaschen ab und etikettieren sie.

Kräuterauszug und Deckelwachs

Durch das Kochen des Deckelwachses aus der Imkerei in Wasser erhält man nach dem Abkühlen reines Wachs und verdünnten Honig. Die Flüssigkeit mit Auszügen bestimmter Kräuter aufgewertet und reduziert, ergibt Kräuterhonigsirup, oder man kann einen Kräuter-Met daraus herstellen.

Ein besonders guter Trank ist jener, der mit einem Fichtennadelauszug versetzt wurde. Gleichfalls versuchten wir, die Aromen der Wacholdernadeln und anderseits die der Eichenblätter oder verschiedener Flechten einwirken zu lassen, und sind über diese Versuche selber sehr überrascht, da sie wunderbare und sehr heilkräftige Medizin ergeben.

Literatur- und Quellenverzeichnis

BARKER, Horace Albert – 1956: Bacterical Fermentations. CIBA lectures in microbial biochemistry. John Wiley & Sons, Inc. New York.

BAUER, Fritz – 2018: Erfahrungen über die Grubenkrautbereitung. Feistritz am Wechsel.

BIZJAK, Janez und Marija – 2018: Über die Salz-Frage bei Sauer- und Grubenkraut, die Rübenlagerung im Rebentrester und über die Bevorratung der Fisolen und Bohnenkultur in Slowenien. Briefliche Mitteilungen. Bled.

BLASER, Martin J. – 2017: Antibiotika-Overkill – So entstehen die modernen Seuchen. Verlag Herder GmbH. Freiburg im Breisgau.

BLECH, Jörg – 2015: Leben auf dem Menschen – Warum Billionen von Bakterien gut für unsere Gesundheit sind. Fischer Verlag. Frankfurt am Main.

BROCKMANN-JEROSCH, Heinrich – 1921: Surampfele und Surchrut. Ein Rest aus der Sammelstufe der Ureinwohner der Schweizeralpen. Neujahrsblatt v. d. Naturforschenden Gesellschaft Zürich. 123. Stück. Zürich.

BUHNER, Stephen Harrod – 2002: The Lost Language of Plants. The Ecological Importance of Plant Medicine to Life on Earth. White River Junction. Chelsea Green Publishing. Vermont.

COLCORD, Samuel M. – 1889: Colcord's System of preserving greem forage without heat of fermentation by the use of the silo governor. Chicago.

DOYLE, Michael P. and Larry R. BEUCHAT (Ed.) – 2007: Food microbiology – fundamentals and frontiers. ASM Press – American Society for Microbiology. Washington DC.

Duden Band 7 – 1963: Etymologie, Herkunftswörterbuch der deutschen Sprache. Hg.: Bibliographisches Institut Mannheim. Dudenverlag Mannheim, Wien, Zürich.

ERIKA u. RENATO – o.J.: Haltbarmach-Almanach – Alternativen zu Tiefkühltruhe und Konservendose. Grüner Zweig 77. Packpapier Verlag. Osnabrück.

FRANCÉ, Raoul H. – 1922: Das Leben im Boden – Das Edaphon. Untersuchungen zur Ökologie der bodenbewohnenden Mikroorganismen. OLV Organischer Landbau. 2. Auflage 2012. Kevelaer.

FRIES, Georg – 1917: Über Dünnbier. Mitteilungen d. wissenschaftl. Station f. Brauerei in München. Zeitschr. f. d. ges. Brauwesen 40: 185 u. 193.

FRIES, Georg – 1917: Über Bierersatzgetränke. Mitteilungen d. wissenschaftl. Station f. Brauerei in München. Zeitschr. f. d. ges. Brauwesen 40: 202.

FUCHS, Georg u. Hans-Günter SCHLEGEL – 2007: Allgemeine Mikrobiologie. Georg Thieme Verlag. Stuttgart, New York.

GAMERITH, Anni – 1988: Speise und Trank im südoststeirischen Bauernland. In: Grazer Beiträge zur europäischen Ethnologie, Band 1. Graz. S. 389.

GOTTSCHALK, Gerhard – 2015: Welt der Bakterien, Archaeen und Viren: Ein einführendes Lehrbuch der Mikrobiologie Taschenbuch. Wiley-Blackwell Verlag. Weinheim.

GRIESSMAIR, Hans – 2004: Bewahrte Volkskultur – Führer durch das Volkskundemuseum in Dietenheim.

HANSEN, Emil Chr. – 1896: Practical studies in Fermentation being contributions to the life history of micro-organisms. London, New York.

HARDEN, Arthur – 1914: Alcoholic Fermentation. London.
HOF, Herbert, DÖRRIES Rüdiger, GEGINAT Gernot – 2009: Mikrobiologie – Immunologie, Virologie, Bakteriologie, Mykologie, Parasitologie, Klinische Infektiologie. Georg Thieme Verlag. Stuttgart.
HÜLBUSCH, Karl Heinrich – 1988: Ein Stück Landschaft – sehen, beschreiben, verstehen. In: MACHATSCHEK, M./ MOES, G. (Hg.): Ein Stück Landschaft – sehen, beschreiben, verstehen - am Beispiel von Oberrauchenödt/ Mühlviertel: 116 –121. Wien.
JALOWETZ, Eduard – 1917: Über die Quecke. Die Brau- u. Malzindustrie 18: 186.
JALOWETZ, Eduard – 1917: Queckenbier. Mitteilungen a. d. Institut f. Gärungsindustrie in Wien. (Vorläufige Mitteilung.) Die Brau- u. Malzindustrie 18: 187.
JÖRGENSEN, Alfred – 1893: Micro-Organisms and Fermentation. New edit. Copenhagen, London.
KATZ, Sandor Ellix – 2003: Wild Fermentation – The Flavor, Nutrition and Craft of Live-Culture Foods. Chelsa Green Publishing. Vermont. 2013 auf Deutsch erschienen unter: So einfach ist Fermentieren. Rottenburg.
KATZ, Sandor Ellix – 2012: The Art of Fermentation: An In-Depth Exploration of Essential Concepts and Processes from Around the World. Chelsea Green Publishing Company. Vermont.
KATZER, Gernot u. Jonas FANSA – 2007: Picantissimo – Das Gewürzbuch. Verlag Die Werkstatt. Göttingen.
KAUER, Walther – 1986: Gastlosen. Fischer, Münsingen.
KELEMINA, Siegfried – 2017: Wertvolle Hinweise über die Met- und Honigweinherstellung. Rezeptbeschreibungen und briefliche Anmerkungen. Stanz im Stanzertal (Steiermark).
KLEVER, Eva und Ulrich – 1990: Alles hausgemacht in der Stadt und auf dem Lande. Gräfe und Unzer GmbH. München.
KLUGE, Alexander – 2018: „Was ist ein Liebeslied gegen ein Maschinengewehr?" Alexander Kluge über Trauer, die Macht der Poesie, Silicon Valley, Donald Trump und Sebastian Kurz. Interview durchgeführt von Stefan Grissemann. In: profil 37: 86– 89. Wien.
KÖGLER, Gerhard, KÖGLER, Vera u. Matthias KÖGLER – 2017: Über Kimchi und die Bedeutung der Kimchi-Erzeugnisse für die Gesundheit. Schriftliche und mündliche Ausführungen. Wien.
KRÄMER, Johannes – 2006: Lebensmittel-Mikrobiologie. 4. Aufl. UTB. Ulmer.
KRAUTGARTNER, Alois u. Michael MACHATSCHEK – 2013: Die Wandlung durch den Magen unserer Nutztiere – Betrachtungen der Naturgeschehnisse aus spagyrischer Sicht. Arbeitsmanuskript. Hermagor, Salzburg.
LEXER, Georg (Hg.) – o.J.: Essen voll Wert gegen Krebs. Gesundheit mit Genuss aus der Alpen-Adria-Region und der heilsamen Landschaft des Lesachtals.
LILLI – 1968: Lillis Sauertopf. Naturkost-Reihe Lilli. Packpapiere Nr. 24. Packpapier Verlag. Osnabrück.
LIM, Byung-Hi u. Byung-Soon LIM – 2016: Kimchi – die Seele der koreanischen Küche. Edition Fackelträger. Köln.

MACHATSCHEK, Michael – 1999: Nahrhafte Landschaft. Ampfer, Kümmel, Wildspargel, Rapunzelgemüse, Speiselaub und andere wiederentdeckte Nutz- und Heilpflanzen. Bd. 1. Böhlau Verlag. Wien, Köln, Weimar.

MACHATSCHEK, Michael – 2015: Nahrhafte Landschaft Bd. 3. Wien, Köln, Weimar.

MACHATSCHEK, Michael – 2017: Nahrhafte Landschaft Bd. 4. Von Ferkelkräutern, Wiesenknopf, Ziegenmilch, Ruchgras, Rasch, Birnmehl, Kraterellen und anderen wiederentdeckten Nutz- und Heilpflanzen. Wien, Köln, Weimar.

MACHATSCHEK, Michael u. Elisabeth MAUTHNER – 2015: Speisekammer aus der Natur – Bevorratung und Haltbarmachung von Wildpflanzen. Böhlau Verlag. Wien, Köln, Weimar.

MACHATSCHEK, Michael u. Elisabeth MAUTHNER – 2016: Vom Geschmack der Baum-Blätter. In: Obst – Wein – Garten – Zeitschrift für Praktiker. Hg.: Landes-Obst-, Wein- und Gartenbauverein für Steiermark. 85. Jg. Nr. 4: 33 –35 Graz.

MACHATSCHEK, Michael u. Elisabeth MAUTHNER – 2018: Knopfkraut – Ein Teufelskraut erobert Gärten, Äcker und unsere Küchen. Böhlau Verlag. Wien, Köln, Weimar.

MACHATSCHEK, Michael u. Georges MOES (Hrsg.) – 1988: Ein Stück Landschaft – Sehen, beschreiben, verstehen. Beiträge anlässl. des Kompaktseminars in Oberräuchenödt/ St. Oswald im Mühlviertel. Wien.

MIGGE, Leberecht – 1919: Jedermann Selbstversorger – Eine Lösung der Siedlungsfrage durch neuen Gartenbau. Verlegt bei Eugen Diederichs. Jena.

MIGGE, Leberecht – 2015: Laubenkolonien, Kleingärten, Siedlergärten. Reprint im Packpapier-Verlag. Osnabrück.

MONTVILLE, Thomas J. u. Karl R. MATTHEWS – 2004: Food microbiology – an introduction. ASM Press. Washington DC.

MÜLLER, Gunther, LIETZ, Peter u. Hans-Dieter MÜNCH – 1983: Mikrobiologie pflanzlicher Lebensmittel – Eine Einführung. Steinkopff Verlag. Darmstadt.

MÜLLER, Gunther u. Herbert WEBER – 1996: Mikrobiologie der Lebensmittel – Grundlagen. Behr's Verlag. Hamburg.

MÜLLER, Hannes u. Martin NUART – 2018: Lebensmittelpunkt Weissensee. Krenn Verlag. Wien.

MUNK Katharina, DERSCH Petra, EIKMANNS Bernhard, EIKMANNS Marcella u. Reinhard FISCHER – 2018: Mikrobiologie. Georg Thieme Verlag. Stuttgart, New York.

NEDEOMA, Gabriela – 2019: Das große Buch vom Oxymel – Medizin aus Honig und Essig. Aeseulus Verlag. Wolkersdorf.

OTTOW, Johannes C.G. von – 2011: Mikrobiologie von Böden – Biodiversität, Ökophysiologie und Metagenomik. Springer-Verlag. Berlin, Heidelberg.

PASTEUR, Louis – 1858: Nouveaux faits concernant l`histoire de la fermentation alcoolique. Comptes rendus. S. 1011.

PASTEUR, Louis – 1862: Die in der Atmosphäre vorhandenen organisirten Körperchen, Prüfung der Lehre von der Urzeugung. Abhandlung von L. Pasteur. Annales de Chimie et de Physique. 3. Serie. Bd. LXIV. 1862. In: Ostwald's Klassiker der exakten Wissenschaften Nr. 39. Leipzig, 1892.

RADLER, Karl – 1948: Vom Grubenkraut. In: Oberösterreichische Heimatblätter 1948 1: 65 – 67. Linz.

REIFELTSHAMMER, Stefan – 2001: Eine alte bäuerliche Baumschulnutzung am Waldrand unter besonderer Berücksichtigung von Ziberln (*Prunus domestica* ssp. *prisca*) und Myrobalane (*Prunus cerasifera* ssp. *myrobalana*). In: Oberösterr. Heimatblätter 55, H. 1–2: 105–111. Linz.

RHYNER, Hans-Heinrich – 1997: Das Praxis Handbuch Ayurveda – Gesund leben, sanft heilen. Urania Verlag. Neuhausen / CH.

ROOS, Adolf – 1929: Unsere Brotversorgung, Rückblicke und Ausblicke. In: Schweiz. Monatszeitschrift d. Zahnheilkunde. Bd. 39. Heft 1. Zürich.

ROSEGGER, Peter – o.J.: Das Volksleben in Steiermark. L. Staackmann. München.

ROSEGGER, Peter – 1906: Heimgarten. Eine Monatsschrift 30/9. Graz.

SCHATALOVA, Galina – 2002: Wir fressen uns zu Tode. Das revolutionäre Konzept einer russischen Ärztin für ein langes Leben bei optimaler Gesundheit. München.

SCHATALOVA, Galina – 2006: Heilkräftige Ernährung. Eine energetische Lebensmittel- und Heilkräuterkunde für wahre Gesundheit. München.

SCHRAMAYR, G. – 2014: Die Kriecherl – *Prunus domestica* subsp. *insititia* (L.) POIRET. Hg.: NÖ Agrarbehörde, FAbt. Landentwicklung. St. Pölten.

SCHUBERT, Ernst – 2006: Essen und Trinken im Mittelalter. Wissenschaftlich Buchgesellschaft. Darmstadt.

SHANKARA u. PARVATEE – 1980: Handbuch für Selbstversorger-Tips aus eigener Erfahrung. Grüner Zweig 66. Verlag Lichtheimat-Ashram, Grüne Kraft, Edition Sonnenschein. Höchst, Lörbach, Basel.

SVANBERG, Olof – 1919: Über die Optimalbedingungen der Milchsäurebakterien vom Typus Streptococcus lactis. In: Zeitschr. f. techn. Biologie. N.F. d. Zeitschr. für Gärungsphysiologie. Bd. VII: 129 –132. Leipzig.

THIS-BENCKHARD, Hervé – 2001: Rätsel und Geheimnisse der Kochkunst, naturwissenschaftlich erklärt. Pieper Verlag. München, Zürich.

TROUESSART, Edouard-Louis – 1889: Microbes, Ferments and Moulds. London.

VOGEL, Hans – 1948: Getreidekeime und Keimöl. Basel.

WERNECK, Heinrich L. – 1958: Die Formenkreise der bodenständigen Pflaumen in Oberösterreich. Ihre Bedeutung für die Systematik und die Wirtschaft der Gegenwart. Sonderabdruck aus Mitteilungen Serie B Obst und Garten, 8. Jahrgang, Klosterneuburg.

WILLFORT, Richard – 1959: Das große Handbuch der Heilkräuter. Linz.

WINDISCH, Wilhelm – 1917: Zur Dünnbierfrage. Wochenschr. f. Brauerei 34: 299 u. 307.

ZIEGLERN, Jacob – 1647: Fermentatio generationis et corruptionis causa: ein kurtzer Bericht, wie ein Ding natürlich vergeben und ein anders daraus werden konnte. Zürich, Basel.

Danksagung

In all unseren Tätigkeiten wurden wir von verschiedenen Leuten unterstützt, bei denen wir uns im Folgenden ganz herzlich bedanken möchten: Sandor Ellix KATZ (Cannon County, Tennessee) sei für seine tollen Bücher und seinen wertvollen Einsatz für die Wiederbelebung des Fermentationswissens gedankt und ebenso Alois KRAUTGARTNER (Aigen bei Salzburg), mit dem wir viele anregende Gespräche über Sal, Merkur und Sulfur führten. Robert VINCE (Radnigforst, Hermagor) für spezielle Tomatensorten, Tomatillo, Chilischoten und die Vermittlung englischer Sprachkenntnisse während der Kaffeepausen. Roland ERTL (Eggerding im Innviertel, Oberösterreich) für Anregungen zu Miso, Puh-Er-Tee, Fermentation, Kompostierung und kluge Zusammenhänge. Die Chilisoße von LIPNIK Fritz (Maria Trost, Steiermark) fand Eingang in unsere Gewürzsoßen, Herbert EHMANN (Oberhaag, Steiermark) versorgte uns mit Weinblättern, Kirschblättern, Weintrauben, Honig, Honigwaben und Deckelwachs. TRIEBAUMER Herbert (Rust, Burgenland) beschenkte uns mit seinem selbergemachten, scharfen Paprikapulver.

In großzügiger und dankenswerter Weise beschenken uns immer wieder Edith und Hans BAUMGARTNER (Degust in Vahrn bei Brixen, Südtirol) mit ihren Käse-Gaumenfreuden. Erna und Helmut POLLAN (Hohenthurn, Kärnten) stellten Gemüse- und Obstüberschüsse für die Verarbeitung und eine gute Stimmung bereit. Ingrid NAGGLER (Jadersdorf) lieferte uns Gurken- und Paprika-Gemüse frei Haus. Rosemarie JURY (Jadersdorf im Gitschtal, Kärnten) half uns mit Geschirr aus und versorgte uns mit Einkäufen, Bier und sonstigen Stärkungen. In den Unweiten des Weinviertels werkte Margit SCHICK (Niederösterreich) beim Myrobalane-Fladern und Kriecherl-Verarbeiten mit.

Bernadette, Hans, Daniela und David SCHÜTZENHOFER (Rohr im Kremstal, Oberösterreich) schenkten frisches Gemüse, Honig und Ajvar. Siegfried und Sabine KELEMINA aus Stanz (Stanzertal, Steiermark) regte uns zur Metbereitung an. Silke, Sarah und Lea BIBER (Hochkarhof in Göstling, Niederösterreich) sei herzlich für die praktische Unterstützung beim Fermentieren mit alpinen Heilkräutern gedankt. Helmut KNOLL aus dem oberpfälzischen Markt Regenstauf (bei Regensburg, Bayern) erweiterte unser Pilzwissen.

Manfred HAUSER (Köstendorf, Land Salzburg) danken wir für die liebevoll hergestellten Wurstwaren. Markus KECK sei für die leckeren Honiggaben und das wunderschöne Quartier in der Abgeschiedenheit des Tessins (Intragna, CH) gedankt. Wolfgang PALMEs Initiative für sein Engagement der Asia-Salate und Gemüse-Raritäten finden wir sehr spannend. Gerhard KÖGLER und seine Familie vermittelten ganzheitliche Querverbindungen der asiatischen Ernährung mit Heilaspekten. Zum Thema Grubenlagerung und Grubenkrautbereitung vermittelten Karin und Edith PONGRATZ (Osterwitz bei Deutschlandsberg, Steiermark) und Fritz BURGER mit Marion KAPS und Robert SLAVIK (Feistritz am Wechsel, Niederösterreich), sowie Marija und Janez BIZJAK (Bled, Slowenien) wertvolle Hinweise und Bilder für die Dokumentation dieser Kulturweise, Anlage und Zubereitung. Günther MAUTHNER danken wir für Fermentierutensilien und Florian MAUTHNER (Weinitzen bei Graz, Steiermark) unterstützte uns bei archäologischen Fragestellungen.

Anstelle zweier Biografien

Das im Buch angeführte Wissen entstand aus der Dokumentation unserer täglichen Arbeit und der Essenskultur heraus. Wir verspeisen auch das, was wir zubereiten und versuchen, einen sorgsamen Umgang mit den natürlichen Ressourcen zu verfolgen. Es liegt in unserem Urvertrauen verankert, dass im Wildwachsenden alle Stoffe enthalten sind, welche der menschliche Körper und Geist braucht, um gesund zu sein. Durch das in die Praxis umgelegte Wissen bekräftigen wir unser Selbstbewusstsein und den Bezug zur Natur, und es kommt dadurch unsere Kreativität im Alltag nicht zu kurz.

Die Kundigkeit über das Gebrauchswissen und der praktische Umgang mit Wildpflanzen decken einen guten Teil unseres Bedarfs ab. Deshalb haben wir nicht das Bedürfnis, ständig den Konsumgütern nachzueifern. Durch die kulinarische Verwertung der Wildpflanzen wird das Erfahrungswissen erweitert, in Verantwortung gelebt und an die nächsten Generationen weitervermittelt. Aus diesem Zugang eröffnen sich stets neue Türen für Gedanken, welche sich im Laufe der Zeit festigen und wieder in andere Umsetzungen ausufern. Die Ideen tun sich in der Natur auf und fördern unsere Verknüpfungen für landschaftsökologische Bedeutungen, therapeutische Zugänge oder Fragen zur „archäologischen Erforschung unserer Ernährung". Sie liefern uns das Wissen für das praktische Leben, das Überleben.

Erst über die Jahre dieser praktischen Erfahrungen entwickelten sich praktikable Handhabungen, welche in Rezepte mündeten. Die Fotos entstanden nebenher und nicht bei Fototerminen in den Studios der Foodstylisten, und sie stammen auch nicht aus einem Fotoshop. Das Buch zeigt unsere Ausführungen handwerklicher Arbeiten, auch wenn einige Bilder aus den Lebenszusammenhängen anderer Leute stammen.

Wir schreiben weder bequem, noch massentauglich. Unsere Bücher sollen die Realität einer Sache, eines Themas treffen. Dieses Werk über die Fermentation von Wildpflanzen stellt einen Anstoß dar, der industrialisierten Nahrungsaufbereitung kritisch zu begegnen und den Leuten eine andere, urtümlichere Welt vor Augen zu führen und auf den Gaumen zu legen, einer Welt aus der wir herstammen und sich unsere Bakterien in Koevolution mitentwickeln konnten. Diese Erfahrungen bieten Anknüpfungspunkte für eine Veränderung im Denken und Fühlen einer in die Irre geleiteten Welt. Werden

Foto: Karl Brunner

die Geschmacksknospen z.B. durch Wildpflanzenfermente angeregt, so werden auch die Verbindungen zum Gehirn aktiviert, was sich hoffentlich auf ein anderes Denken auswirkt.

Wer liest versteht – vielleicht, doch wer selbermacht und kostet, versteht mehr. In diesem Sinn soll das Buch zu mehr Bescheidenheit verhelfen und zu einem bewussteren und selbstbestimmteren Leben mit mehr Qualität führen.

Michael Machatschek und Elisabeth Mauthner

Anhang

Messen oder Wiegen

Bei einfachen Rezepten misst man mit Esslöffel oder Teelöffel. Dabei muss beachtet werden, dass es sich um einen mittelgroßen Löffel handelt, der gestrichen voll, nicht gehäuft vollgefüllt wird.

Maße wie eine Handvoll oder Tasse, sind immer ungenau, da deren Größen verschieden sind. Für das Gelingen eines Gerichts spielt dies aber keine Rolle, da es nicht die Grundzutaten betrifft, sondern würzende Zugaben, die nach persönlichem Geschmack und den gegebenen Verhältnissen angepasst werden können.

Löffelmasse (mittlerer Löffel)

1 Teelöffel Salz   5 g
1 Esslöffel Salz   12 g
1 Esslöffel Zucker   15 g
4 Esslöffel Flüssigkeit   1/16 l
8 Esslöffel Flüssigkeit   1/8 l

Ein Bund definiert jene Menge gepflückter Pflanzentriebe, welche mit dem Zeigefinger und dem Daumen umfasst werden kann.

Anhang

Glossar

Gröstl: Blättrig geschnittene Bratenreste, die nach Anrösten der Zwiebel mit gekochten, blättrig geschnittenen Kartoffeln zusammen geröstet werden

Holzknecht-Nocken: Der Teig wird aus Mehl und heißem Salzwasser hergestellt, mit einem Löffel ausgestochen, rund geformt und in Salzwasser garziehen gelassen

Krautschabe oder **Krauthobel:** ein Küchengerät zum Zerkleinern der Weißkrautköpfe oder anderer Gemüsearten durch Schaben über eingestellte Messer

Kren: Meerrettich, Wurzel dient zum Würzen und für Heilzwecke

Kriecherl: Kriechen-Pflaume, Krieche, Kriecherl, Kroos, Kroosjes, Krike, Kræge, Slivoň slíva, Susion selvatico, Ternosliva, Prune de Damas, Damson, Trnovaca, Lubsoka, … (s. u.a. bei SCHRAMAYR, G. 2014)

Marille: Aprikose oder Malete

Portulak: Eine uralte Nahrungspflanze mit fleischigen, spatelförmigen Blättern, ist roh als Salat und fermentiert in unserem Haushalt nicht mehr wegzudenken und sollte in keinem Garten fehlen

Ribisel: Johannisbeere

Roggene Blattln: Ein aus Roggenmehl hergestellter einfacher Teig, wird dünn ausgerollt und in Öl oder Schmalz schwimmend gebacken

Topfen: oder Quark, ein aus aufgestellter Milch durch natürliche Milchsäurevergärung hergestellter Weißkäse

Zesten: Schmale Streifen aus der äußersten Fruchtschale der Zitrusfrüchte oder von Gemüse durch einen Zestenreißer hergestellt

Folgende Buchtitel sind im Böhlau Verlag Wien von

Michael Machatschek

erschienen:

Nahrhafte Landschaft
Böhlau Verlag, Wien 1999, 3. Auflage 2007

Laubgeschichten
Böhlau Verlag, Wien 2002

Nahrhafte Landschaft Band 2
Böhlau Verlag, Wien 2004

Alleebäume: Wenn Bäume ins Holz, Laub und in die Frucht wachsen sollen
Grüne Reihe, BM LFWU, Böhlau Verlag, Wien 2008
gemeinsam mit Peter Kurz

Mitautor des Bandes:
Wieviele Arten braucht der Mensch
Grüne Reihe, BM LFWU, Böhlau Verlag, Wien 2010

Nahrhafte Landschaft Band 3
Böhlau Verlag, Wien 2015

Speisekammer aus der Natur
Böhlau Verlag, Wien 2015, gemeinsam mit Elisabeth Mauthner

Nahrhafte Landschaft Band 4
Böhlau Verlag, Wien 2017

Knopfkraut
Böhlau Verlag, Wien 2018 gemeinsam mit Elisabeth Mauthner

Fermentieren von Wildpflanzen
Böhlau Verlag, Wien 2019 gemeinsam mit Elisabeth Mauthner